関西大学東西学術研究所資料集刊十三—十

天保七年薩摩片浦南京船金全勝號資料

—江戸時代漂着唐船資料集十—

松浦　章　編著

関西大学出版部

金全勝号、唐船入津之圖
（長崎版画、大和屋）

金全勝号　通航一覧續輯

はさ森のうへよ
り岩屋坊なりし
たゝ方
小瀬済とか
來人家建續
きより唐人
館の前まて出し

乍浦の市街

乍浦の英国軍船攻撃圖
Views of China による

乍浦（浙江省嘉興市）の埠頭（2001年 8 月撮影）

乍浦の市内（2013年 8 月撮影）

乍浦港（2013年 8 月撮影）

序文

この度、関西大学東西学術研究所資料集刊十三―十として松浦章名誉教授による『天保七年薩摩片浦漂着金全勝資料―江戸時代漂着唐船資料集十―』が刊行される運びになった。誠に喜ばしい限りである。

本「江戸時代漂着唐船資料集刊」シリーズは、松浦教授の後書きにもあるように第一輯が『寶暦三年八丈島漂着南京船資料―江戸時代漂着唐船資料集一―』として一九八五年に刊行されて以来、実に三十余年にわたり連綿と刊行が続けられてきたものであり、東西学術研究所の資料群の中でも特に無類の学術的価値が高さを誇るもので、世界の研究者から注目され続けてきたものである。

本資料は日中文化交流史やアジアにおける海洋史、物流史、船舶史といったいわゆる「歴史学」の立場から極めて有益であるばかりでなく、実は様々な分野に跨がる資料として有用なものである。とりわけ、筆者の個人的な学問領域の興味から言えば、こうした漂着船に見られる資料群は言語資料としての価値を高く評価すべきであると考えている。たとえば、第二輯の『文政九年遠州漂着得泰船資料』は田中謙二氏の日本語訳を付して松浦教授との共編者として出版されたものであるが、ここに見られる「漢文」が実は単なる漢文或いは「筆談」というものではなく、むしろ当時の中国語の口語を反映した書き言葉＝「白話」というべきものであり、近代漢語史の貴重な資料として扱うことが可能である。最近、浙江大学の王勇教授を中心として「筆談」資料が大きくクローズアップされてきているが、中国言語史、近代漢語史、更には「中国語文体論」という視点からの研究はほとんどなされてはいない。漂着船資料はまさに当時の言語状況を反映した重要な言語資料であり、本シリーズの刊行はこうした領域の研究にも有益なものであると考えている。

私たちは二〇〇七年から「文化交渉学」という新しい学問体系の確立に向けて奮闘してきている。その一つの方法論が「周縁からのアプローチ」というものであり、そのキーワードとして「脱領域」「脱地域」「脱文化」を挙げることが出来る。そういった観点から見れば、本シリーズはまこと「文化交渉学」を地で行く資料群であり、様々な学問領域に裨益すること大であると確信している。

二〇一七年十二月

関西大学東西学術研究所
所長　内　田　慶　市

目次

影印

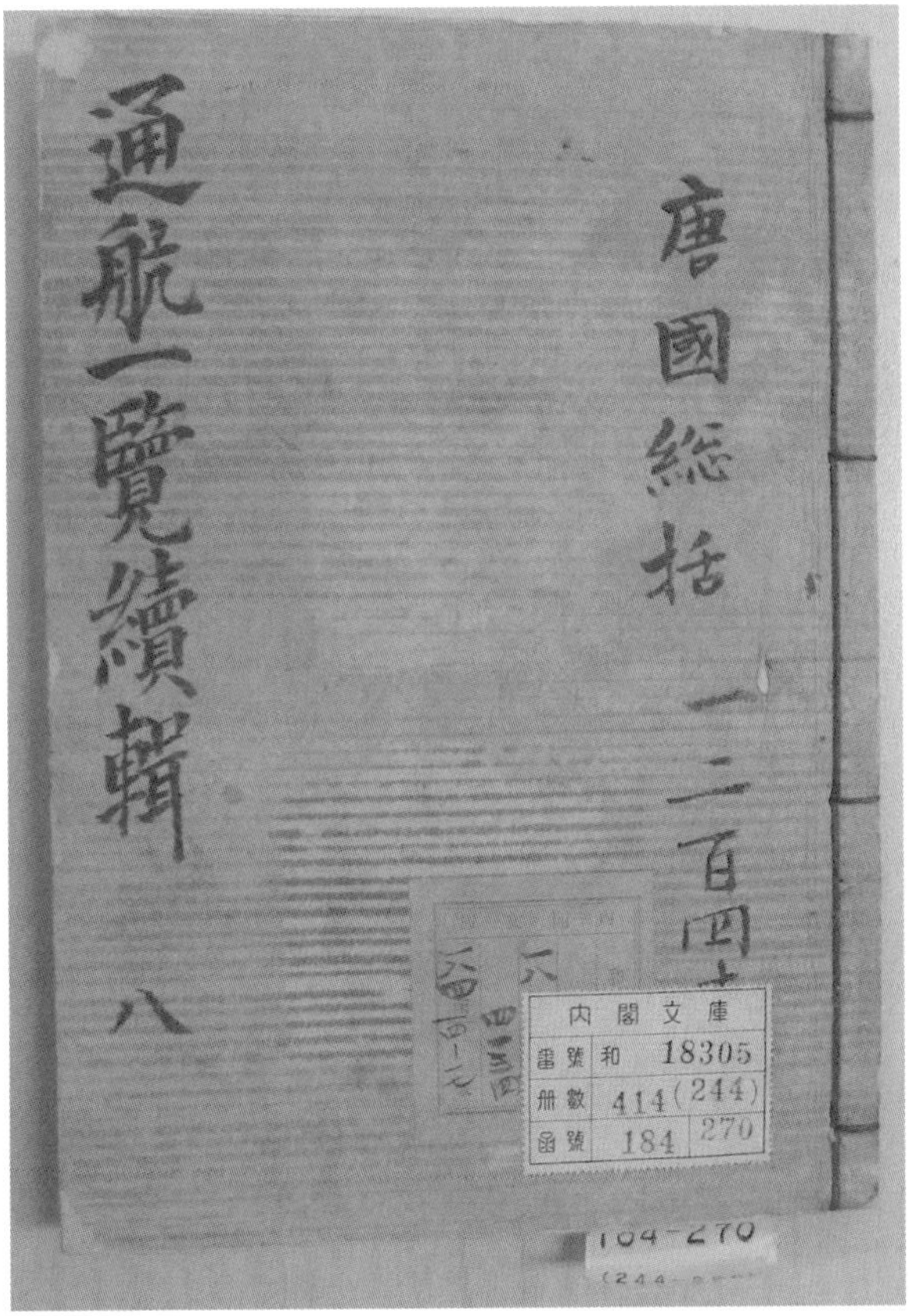
通航一覽續輯
八
唐國総括
内閣文庫
書號 和 18305
冊數 414(244)
函號 184 270

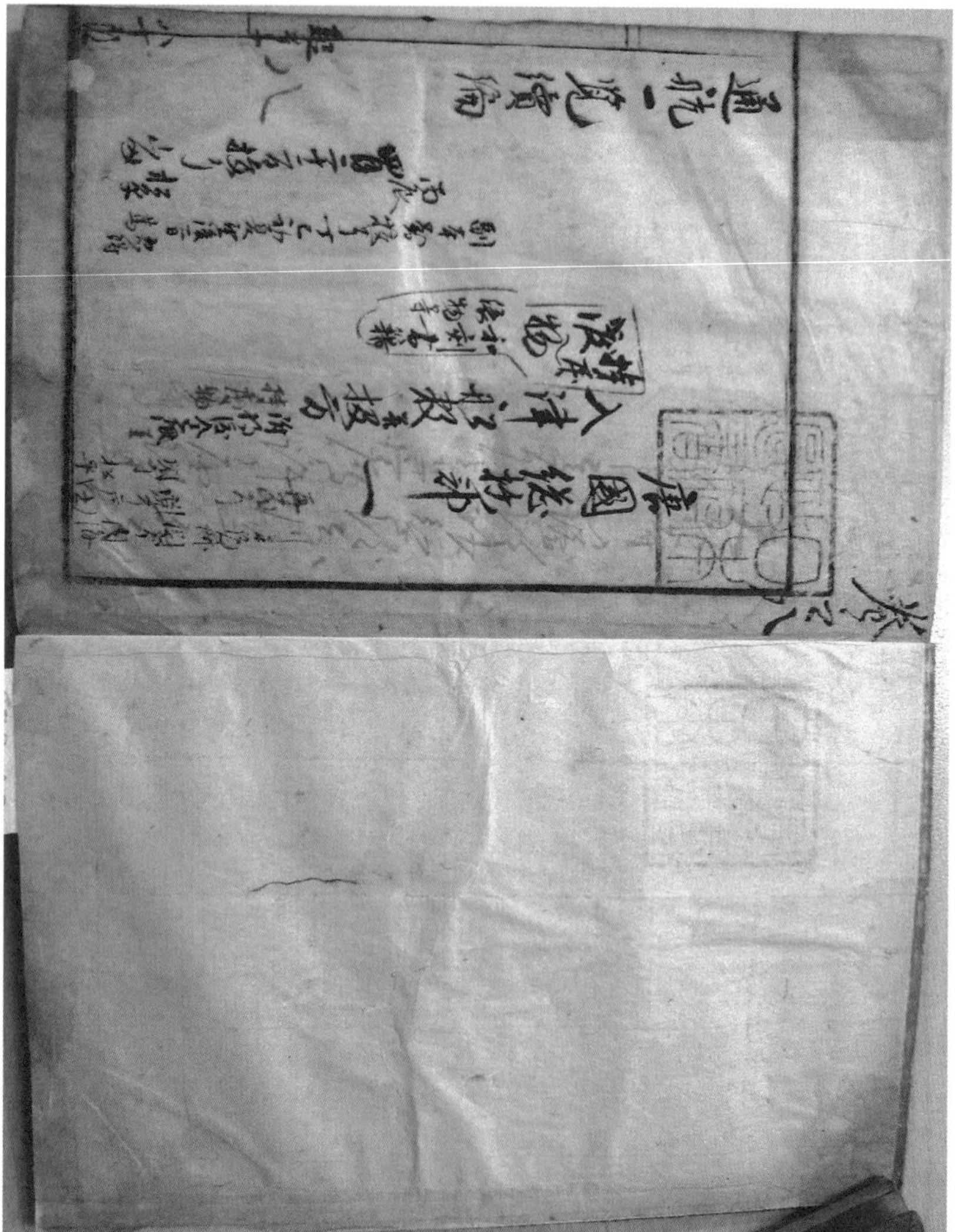

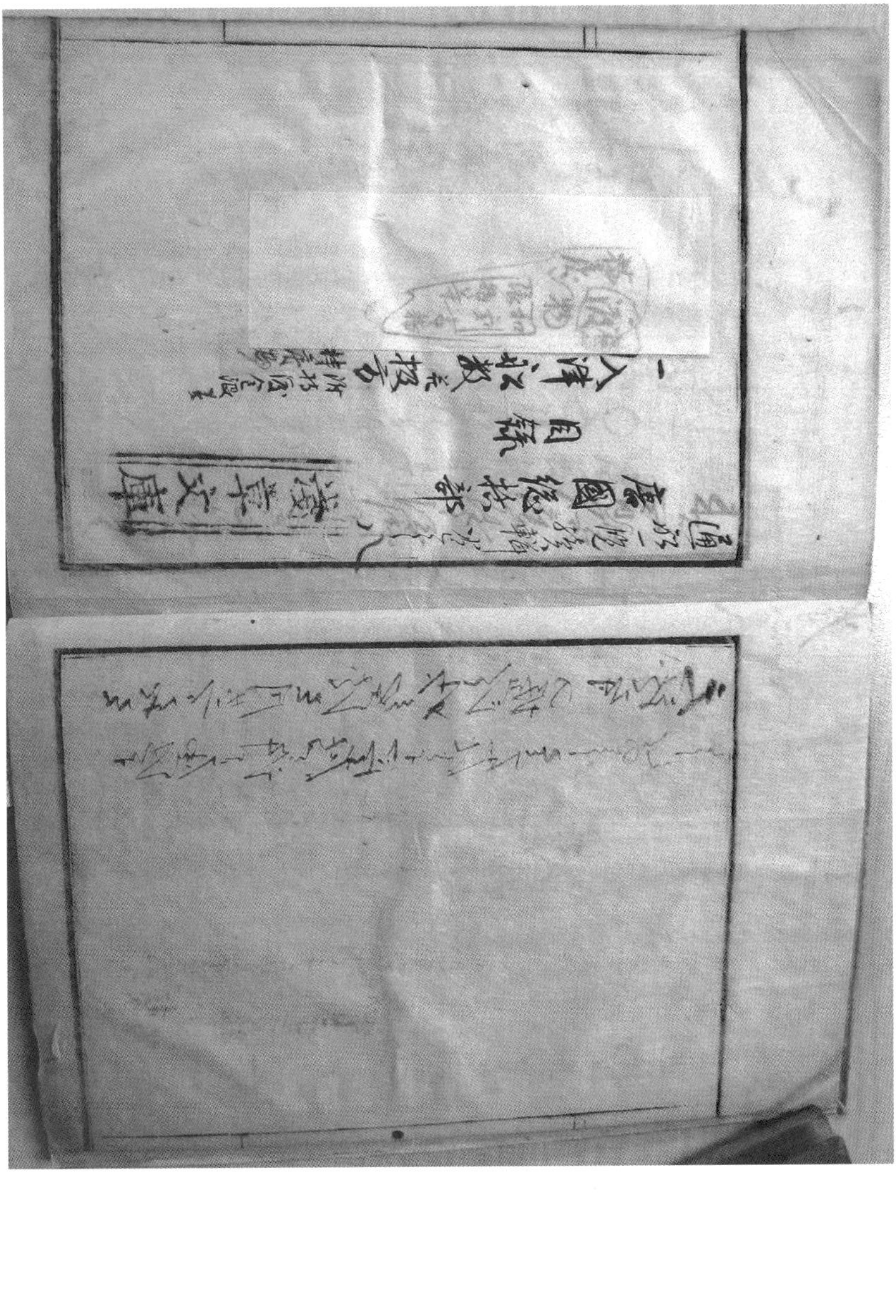

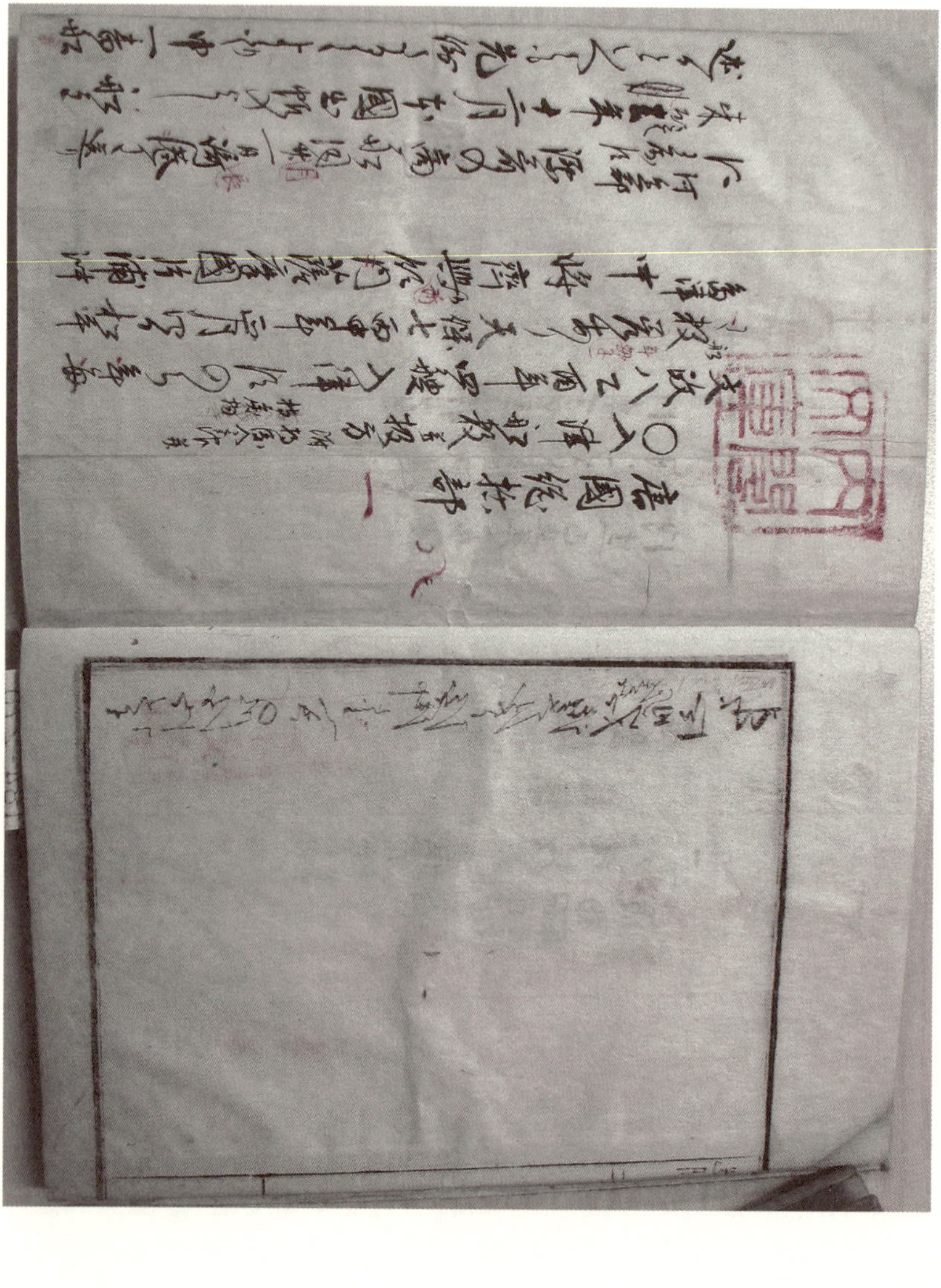

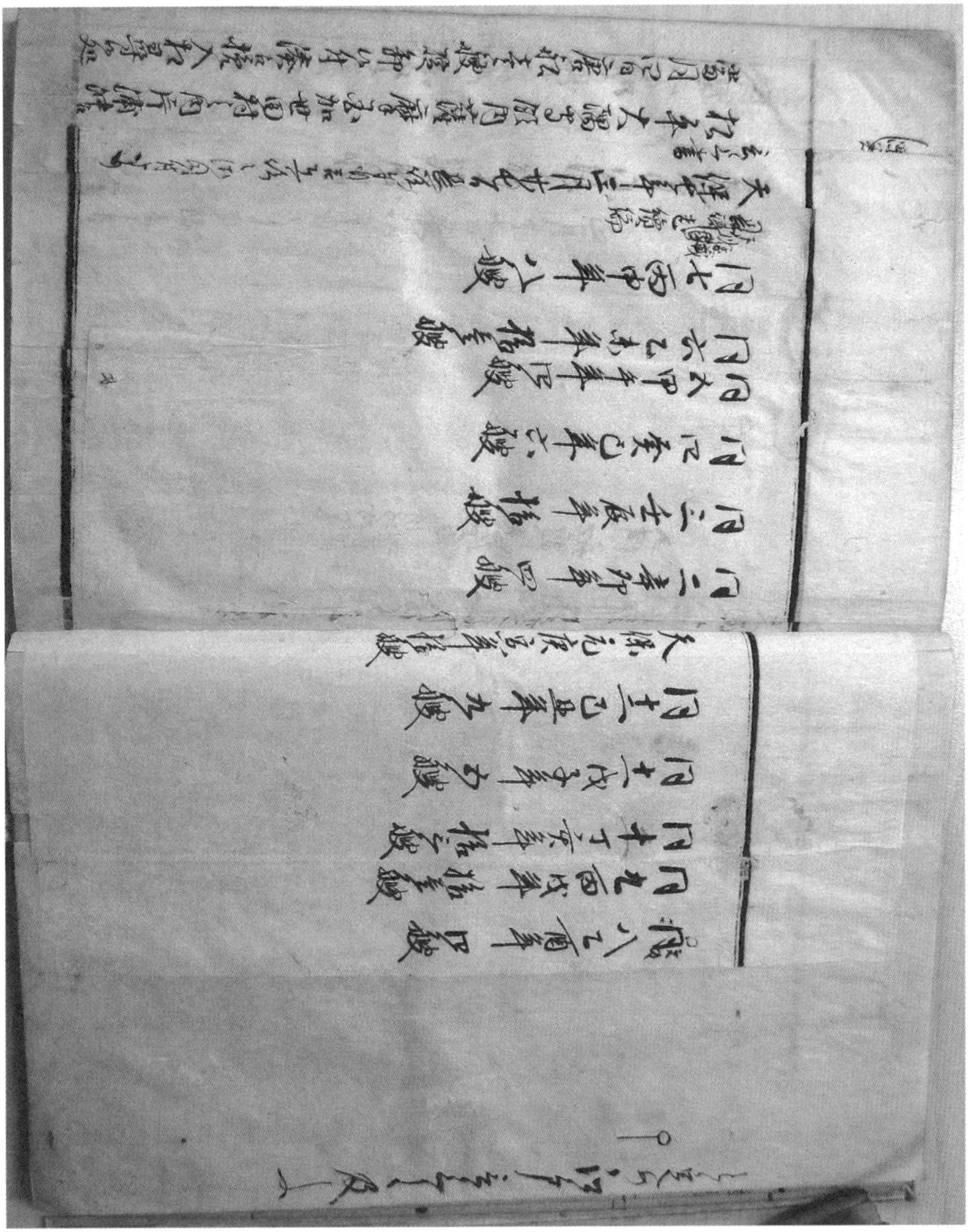
政八乙酉年四艘
同九丙戌年拾弐艘
同十丁亥年拾弐艘
同十一戊子年五艘
同十二己丑年九艘
天保元庚寅年拾弐艘
同二辛卯年四艘
同三壬辰年拾艘
同四癸巳年六艘
同五甲午年四艘
同六乙未年拾弐艘
同七丙申年八艘

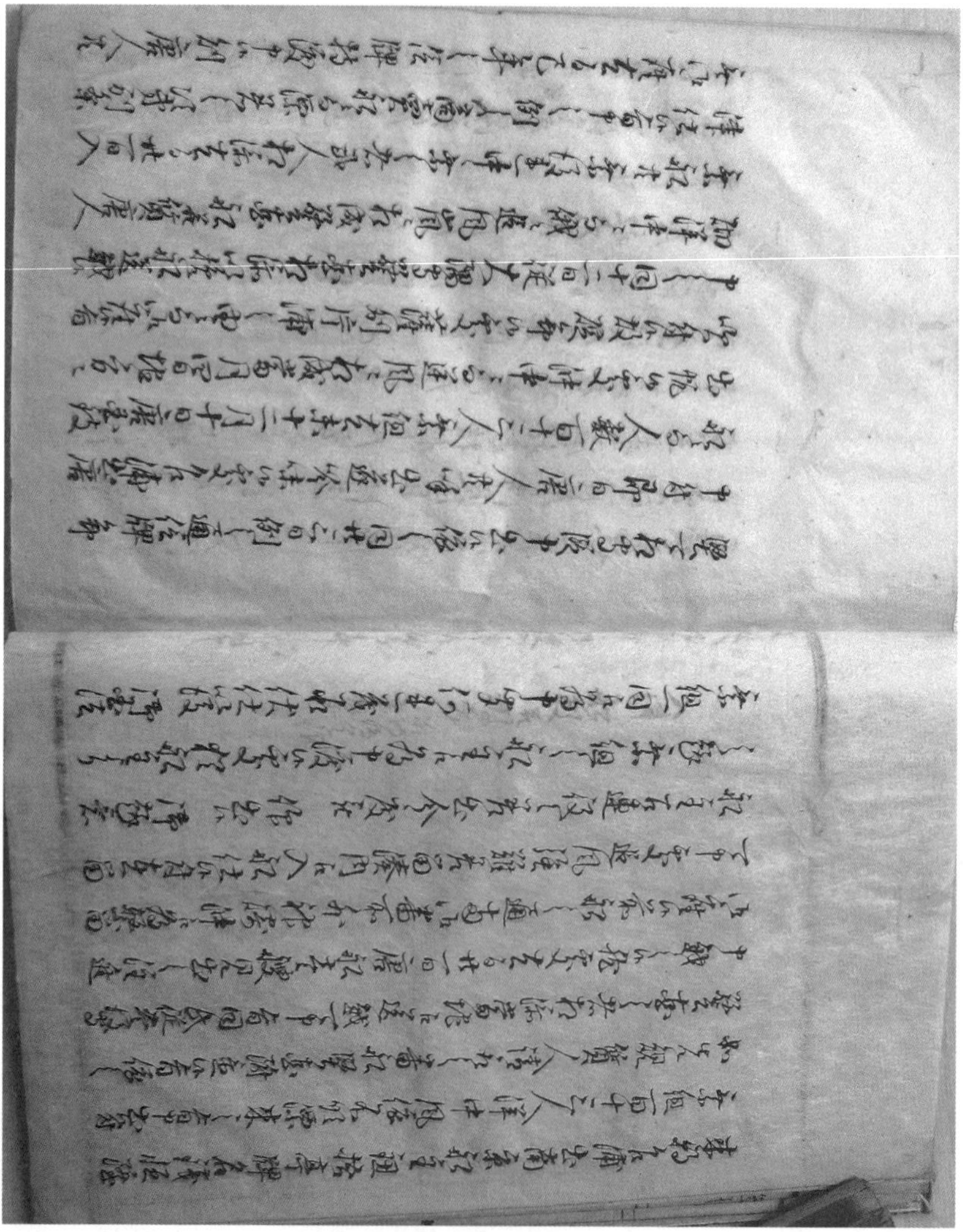

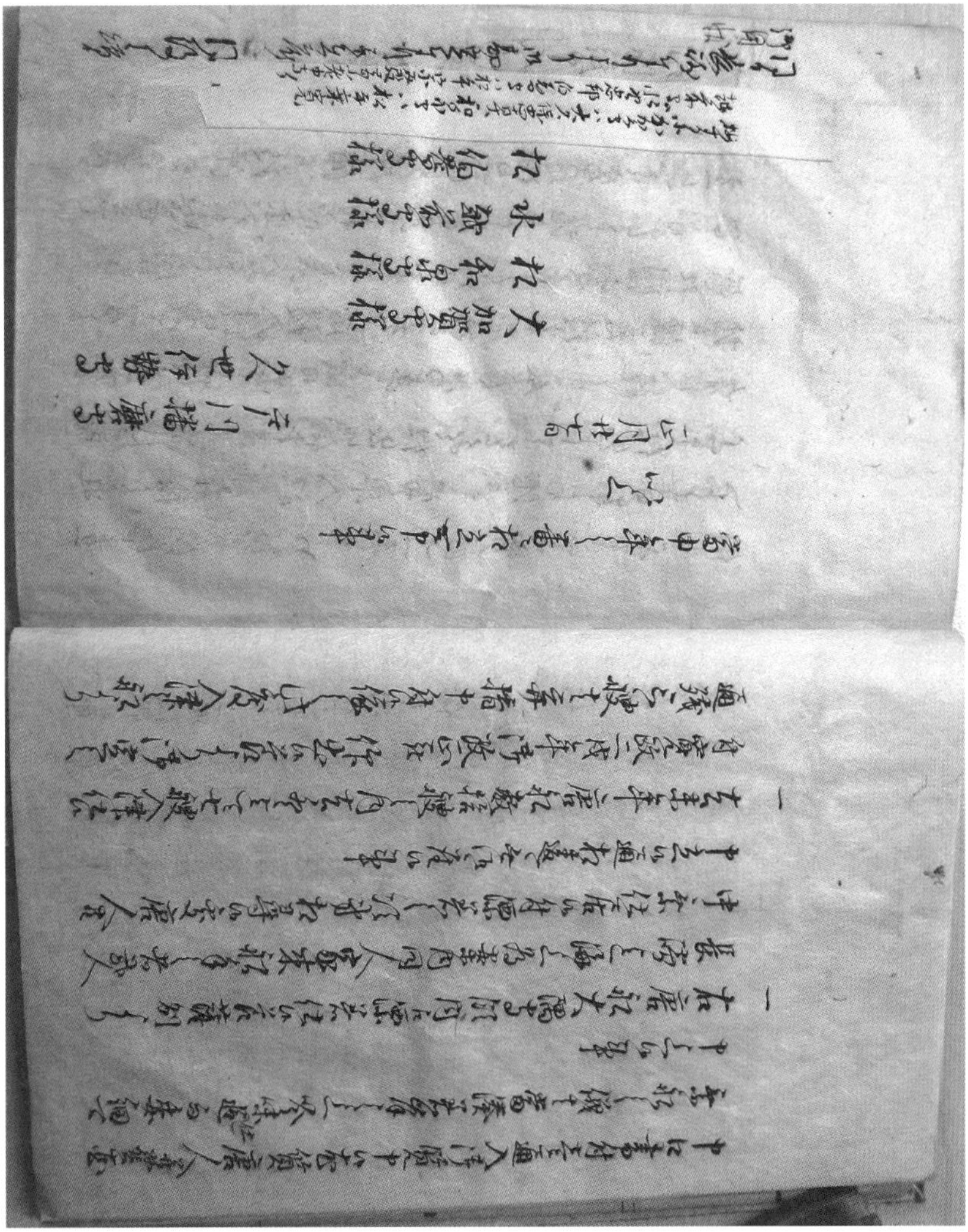

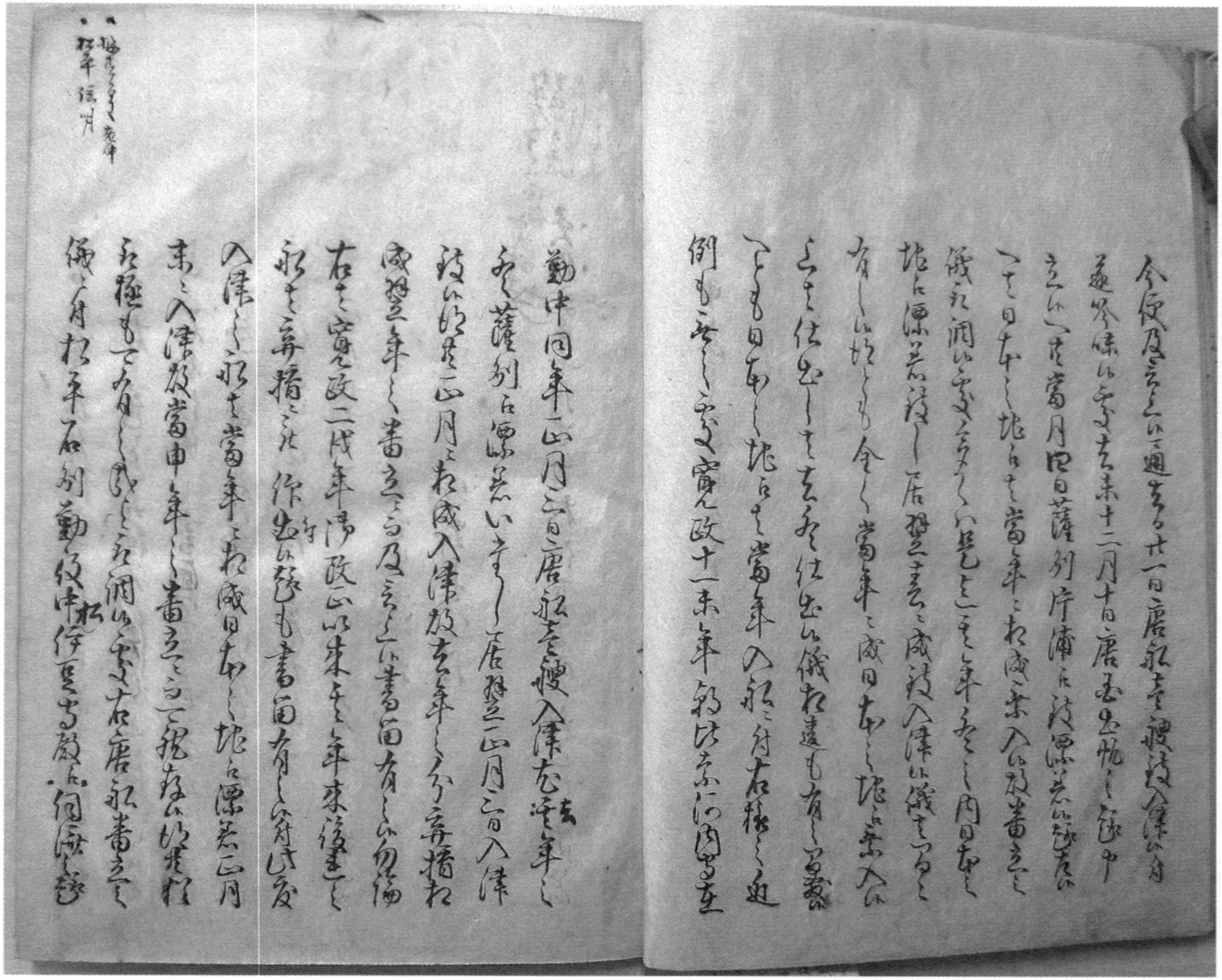

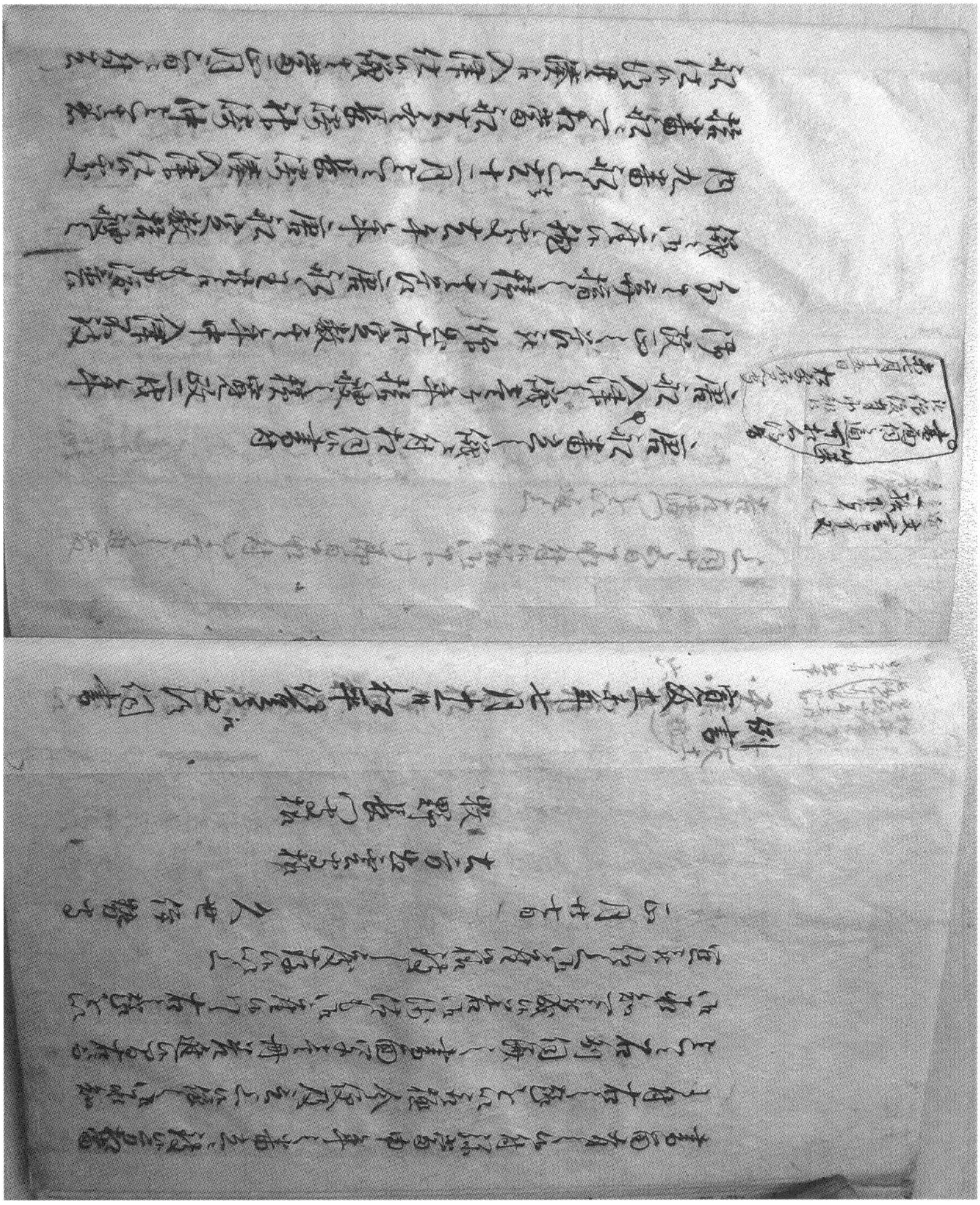

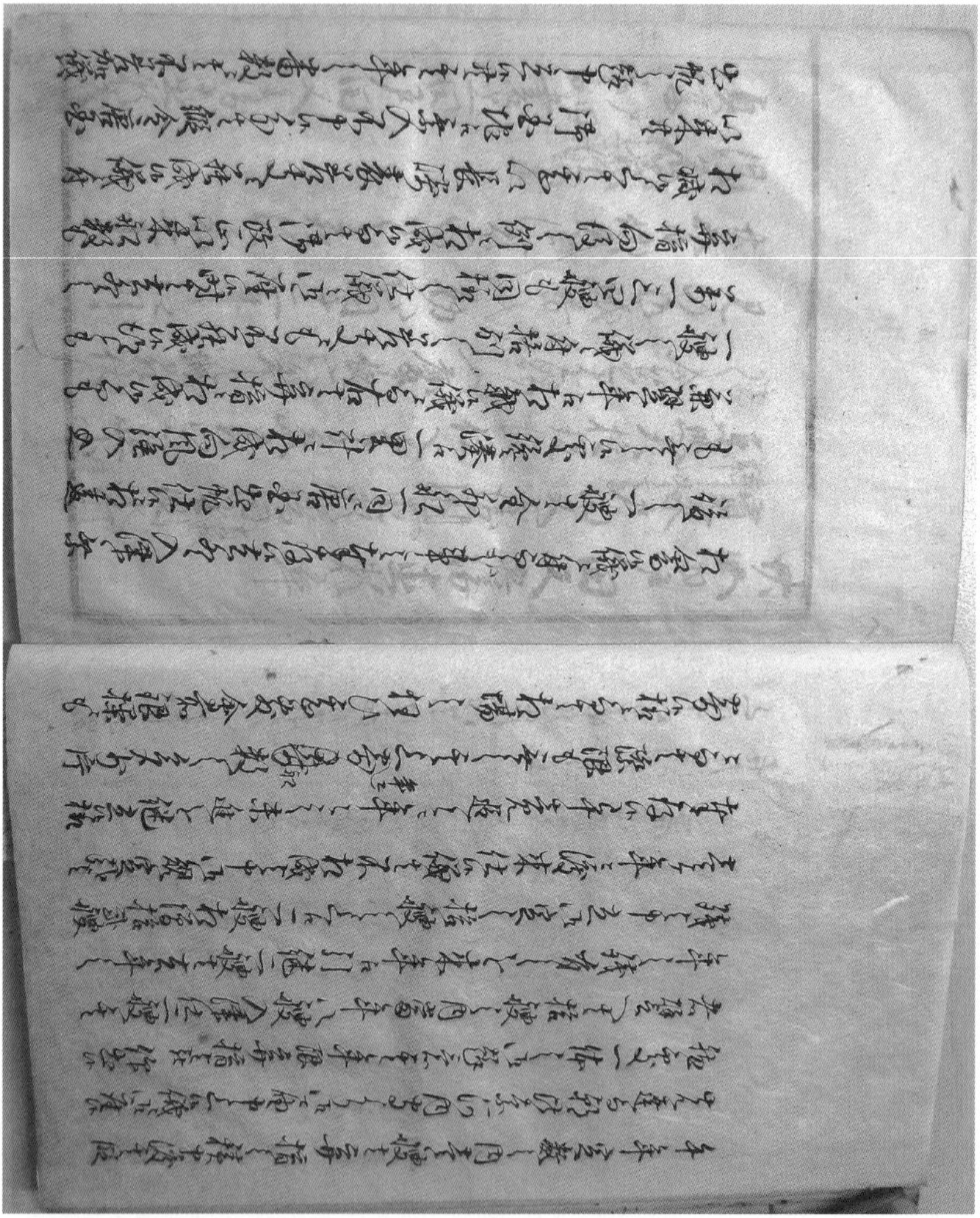

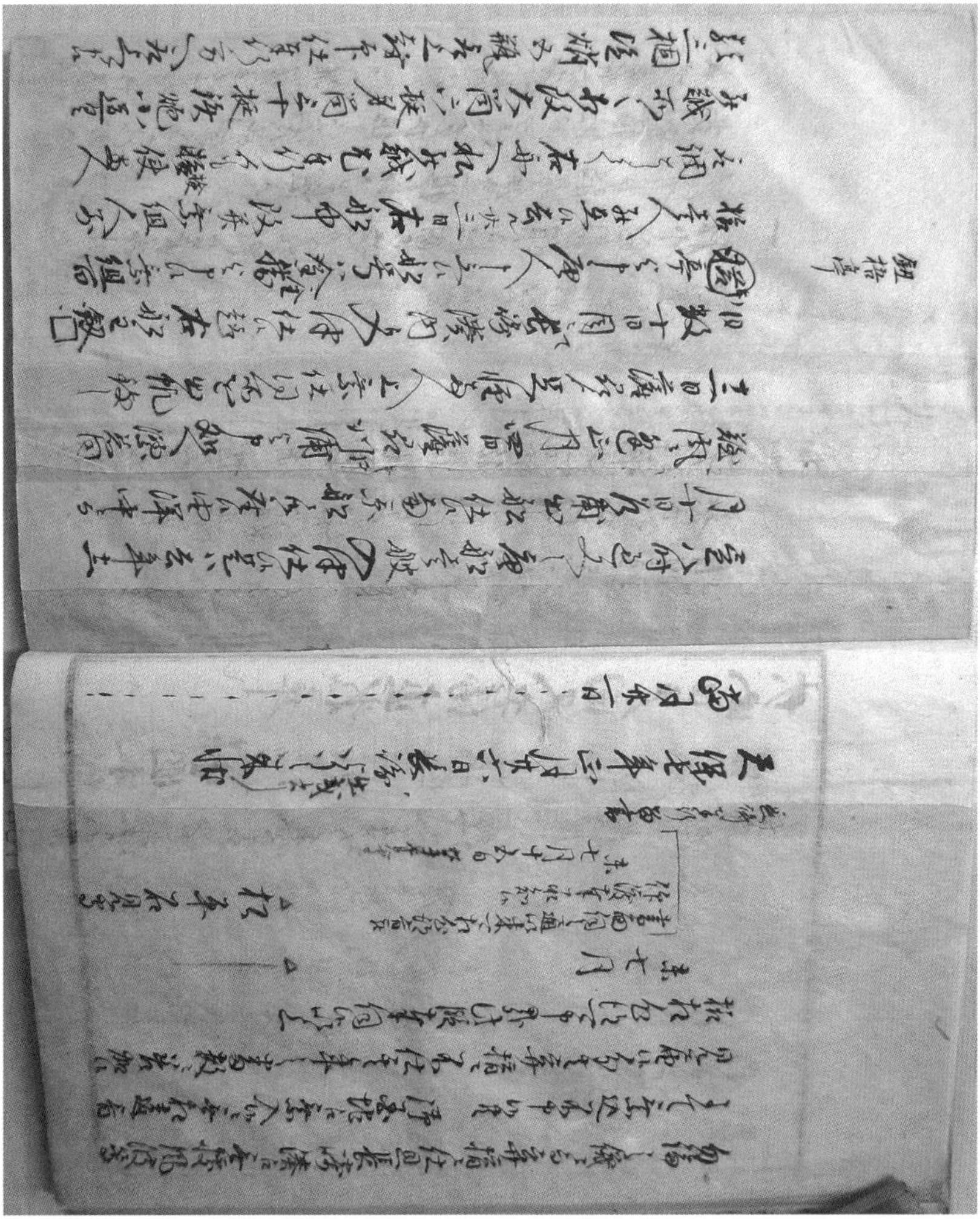

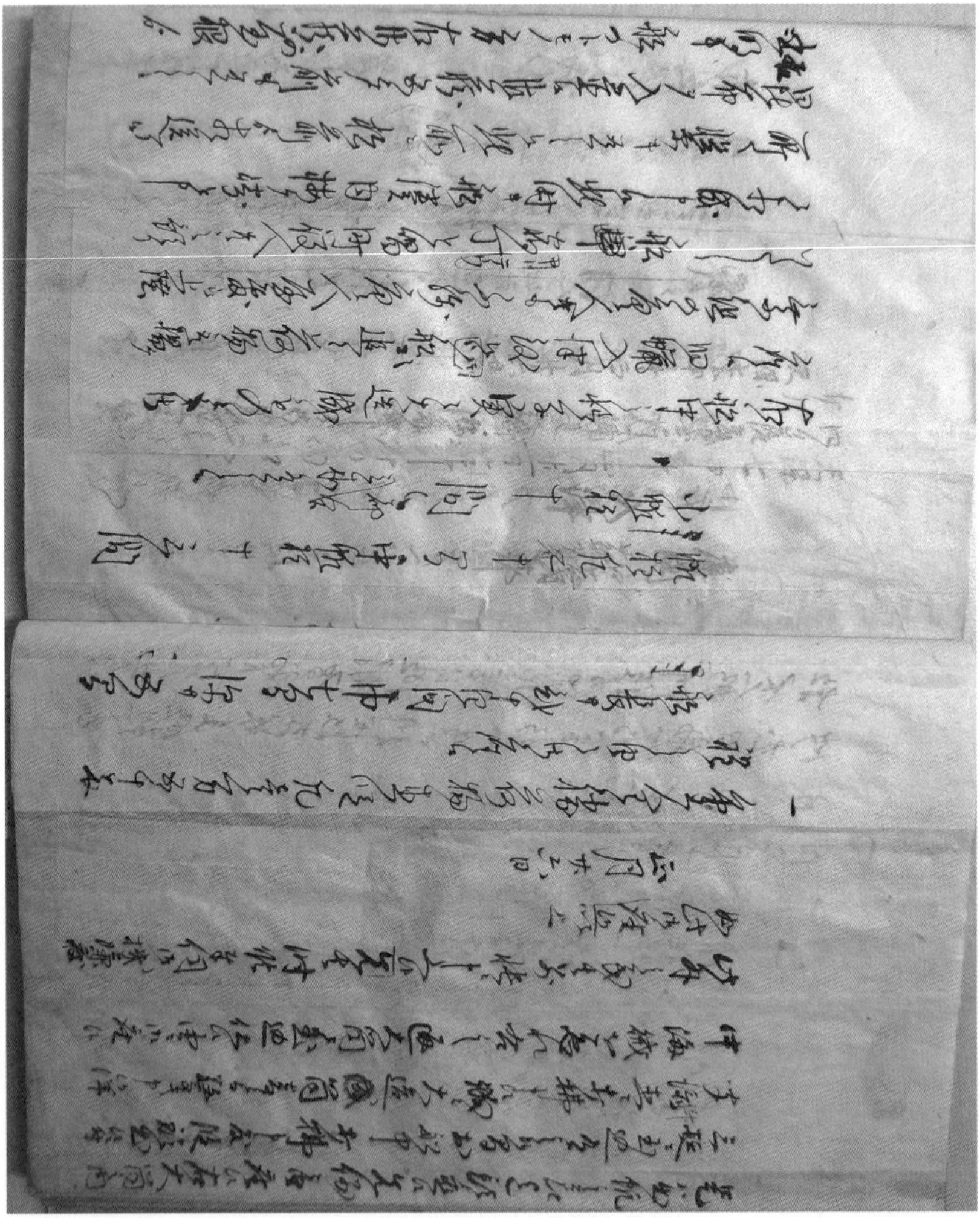

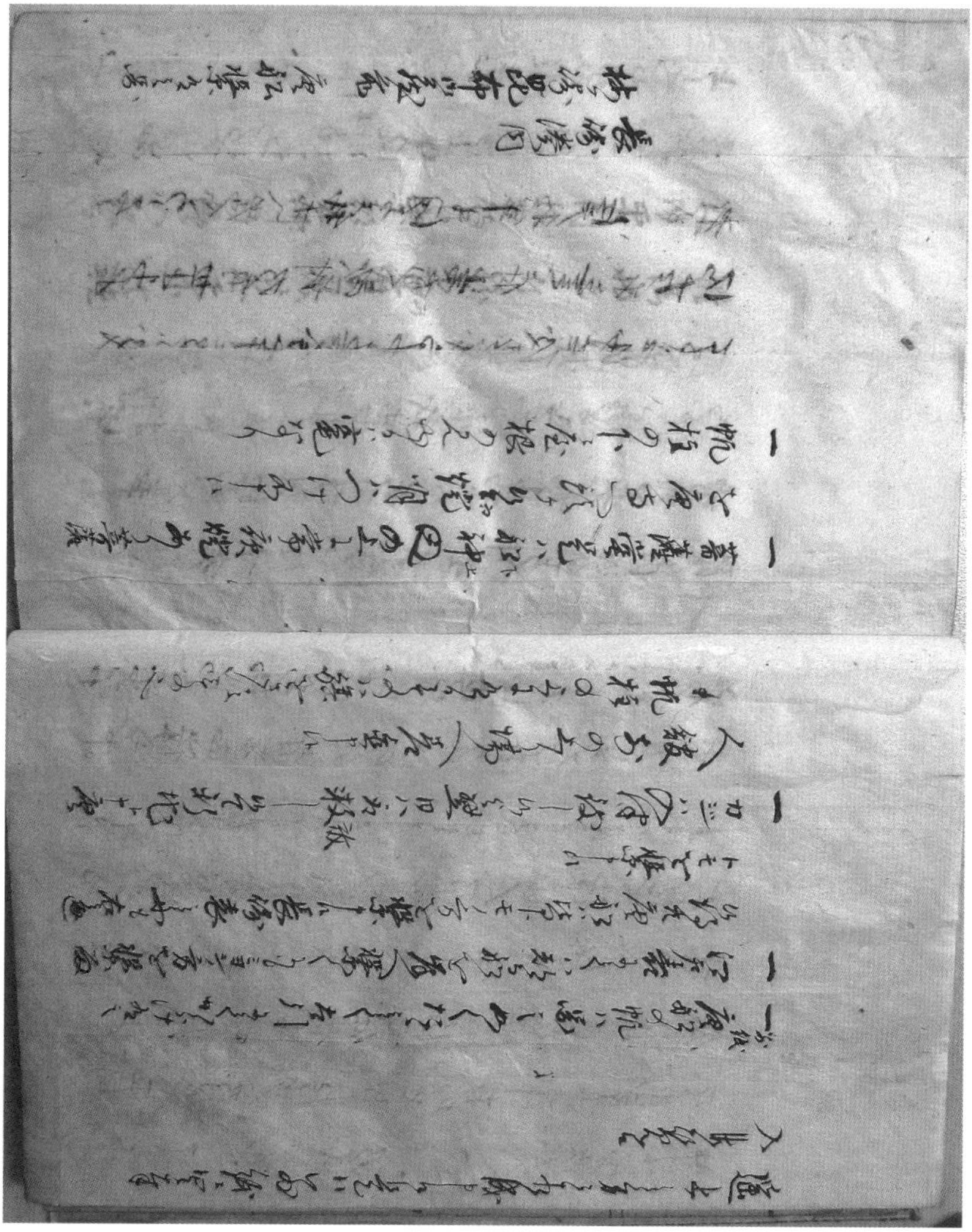

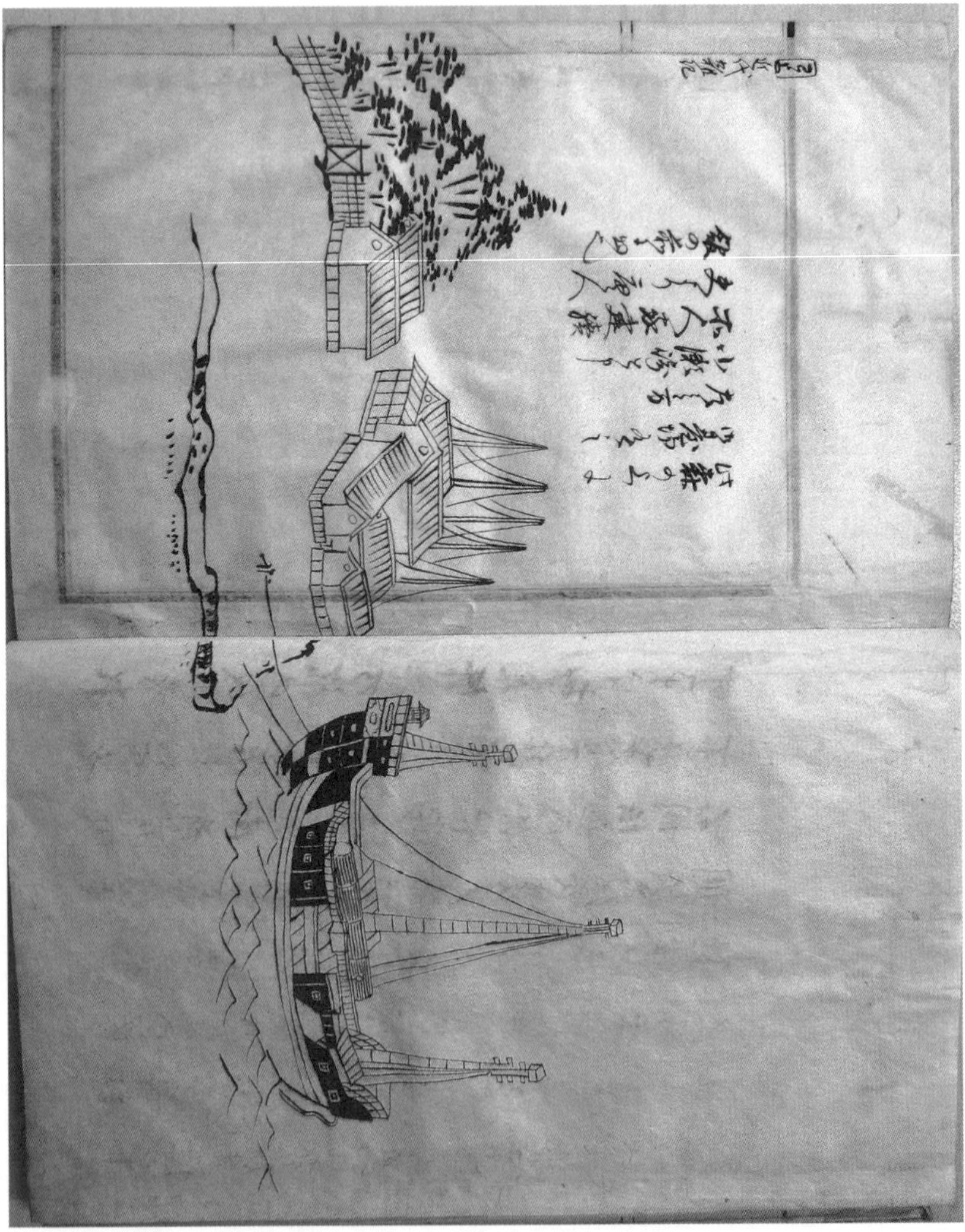

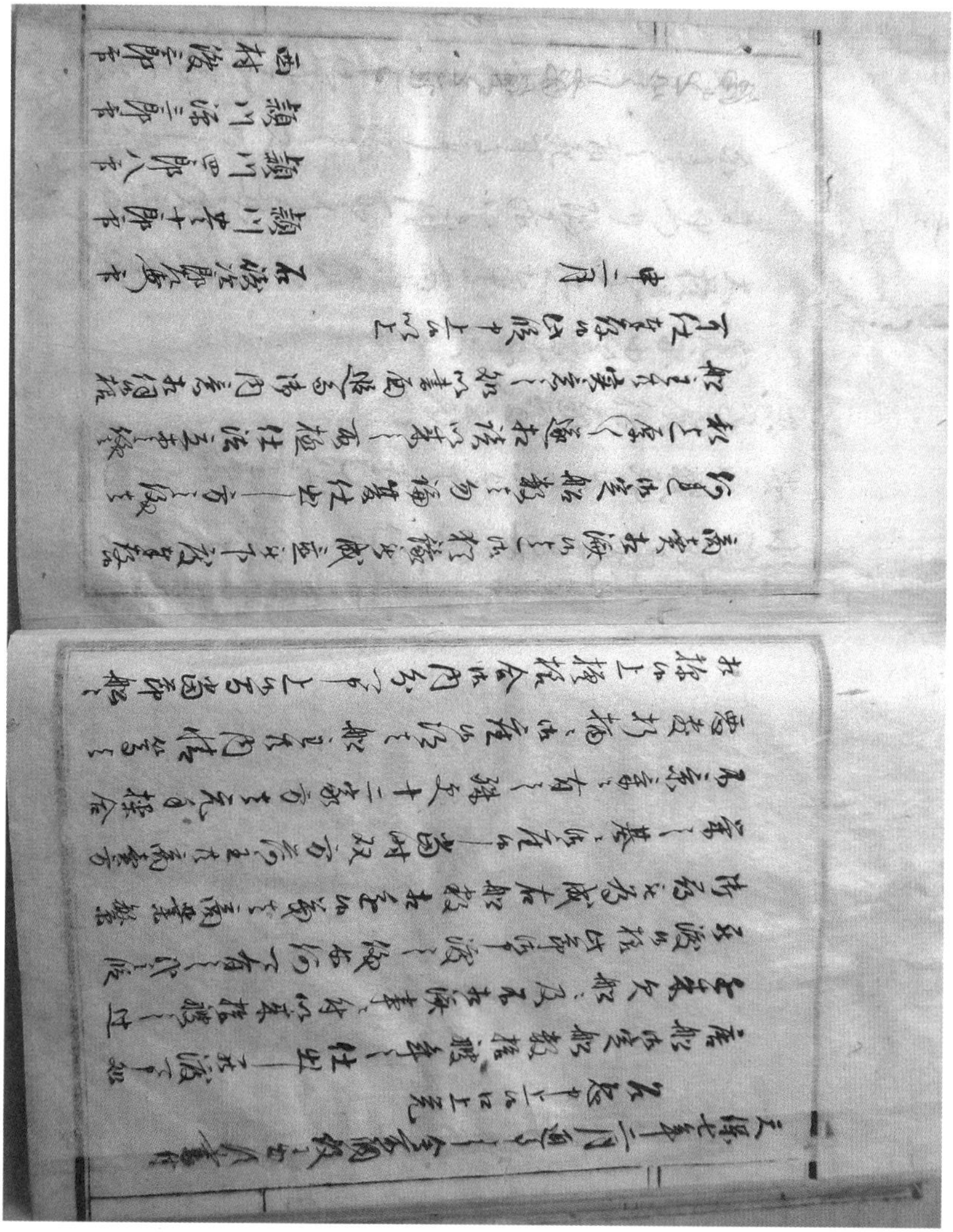
天保七年二月通事より[illegible]書付
乍恐申上候口上覚
唐船御定船数[illegible]年々仕出し[illegible]
[illegible]
[illegible]
[illegible]
[illegible]
[illegible]
[illegible]
[illegible]
[illegible]
[illegible]
[illegible]
[illegible]
[illegible]
[illegible]
申二月
石橋[illegible]
頴川[illegible]十郎
頴川四郎八
頴川[illegible]三郎
西村[illegible]三郎

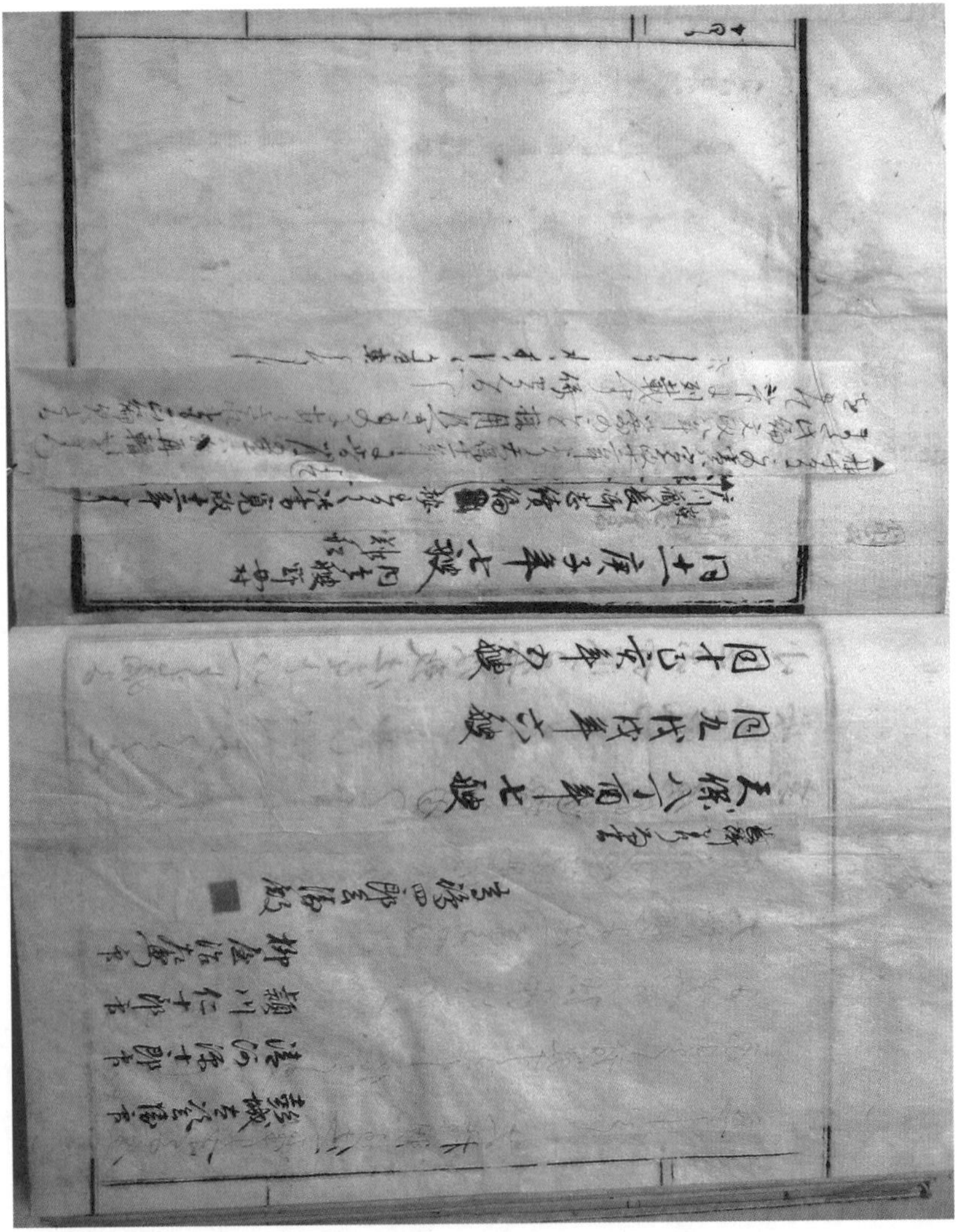

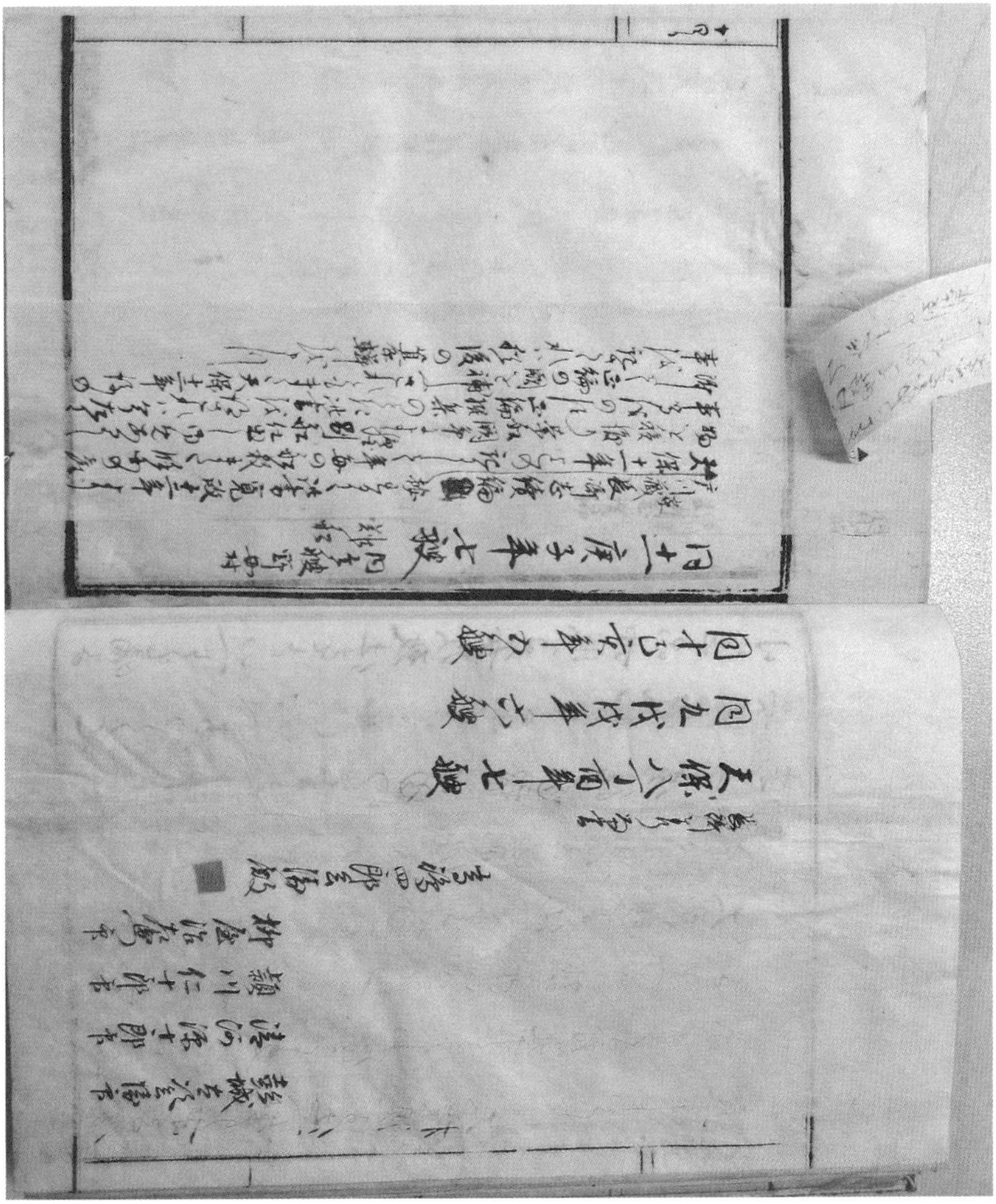

83
ナ1
貫

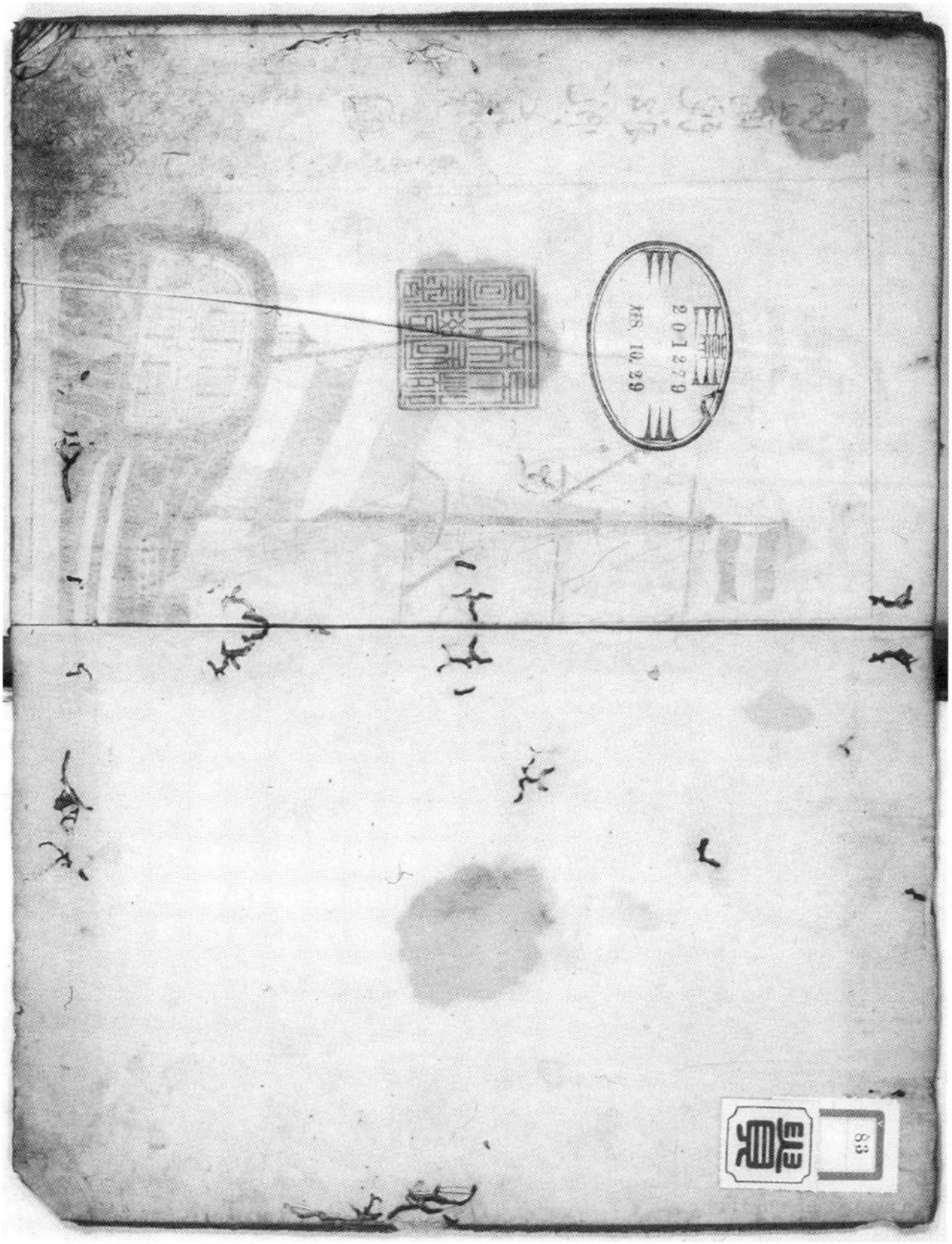

阿蘭陀船帆を揚る圖
阿蘭陀船と
シキップとも
舟をバッテラと云
HOLLANDEISC

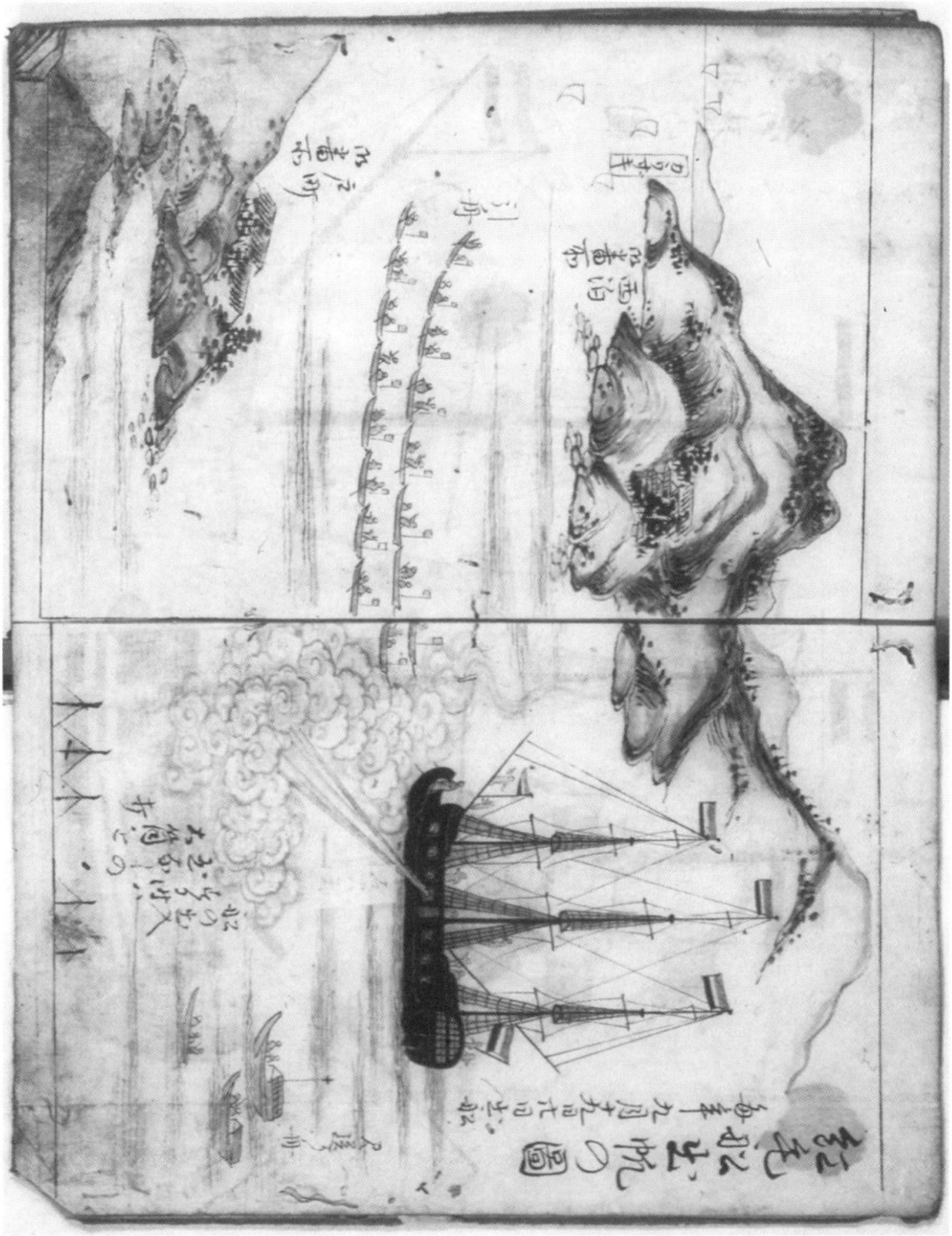

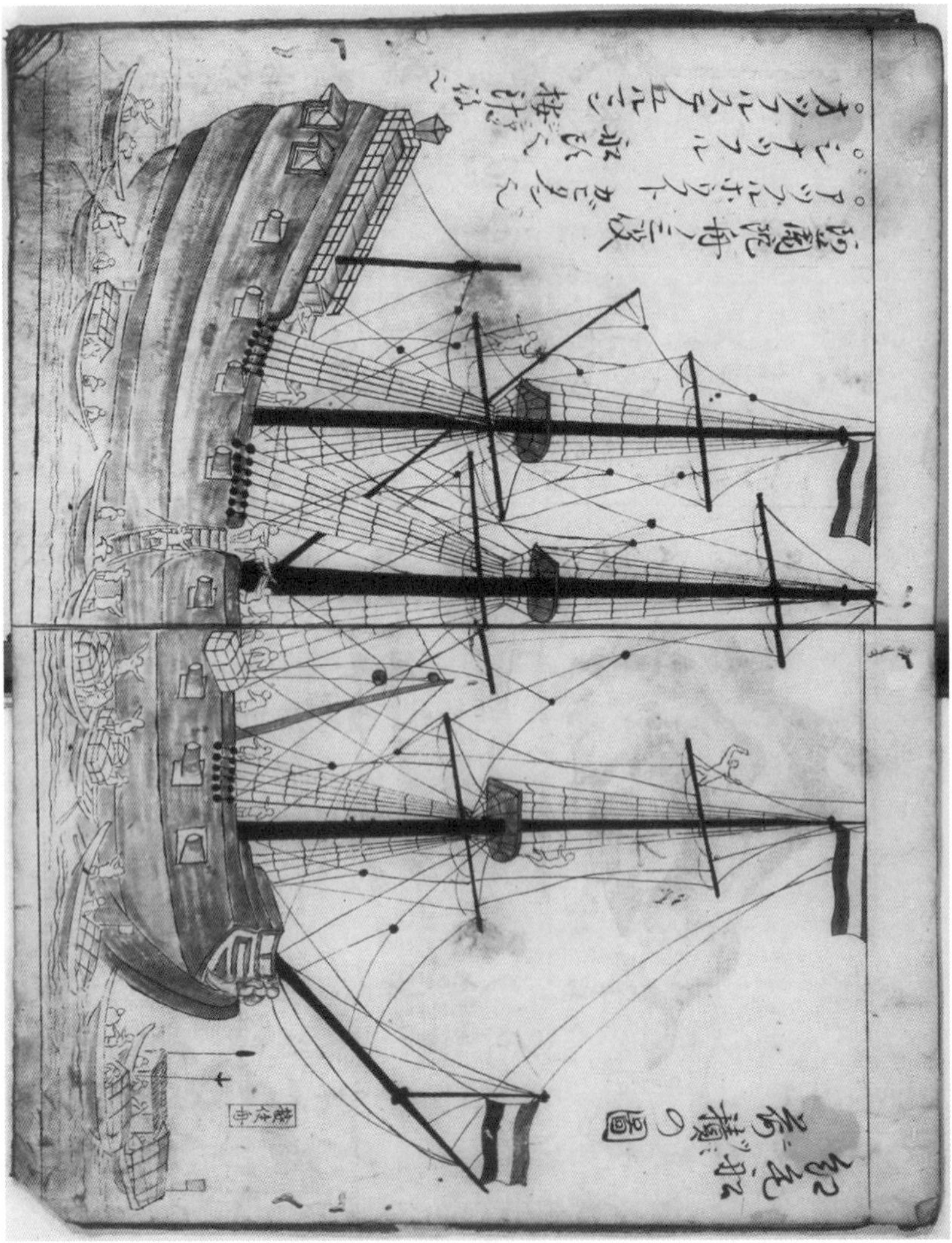

紅毛船
荷《に》積《づみ》の圖
阿蘭陀舟ノ三役
○アツプルホウフト　カピタンらん
○シナツフル　舩頭
○オツフルステウルマン　按針役

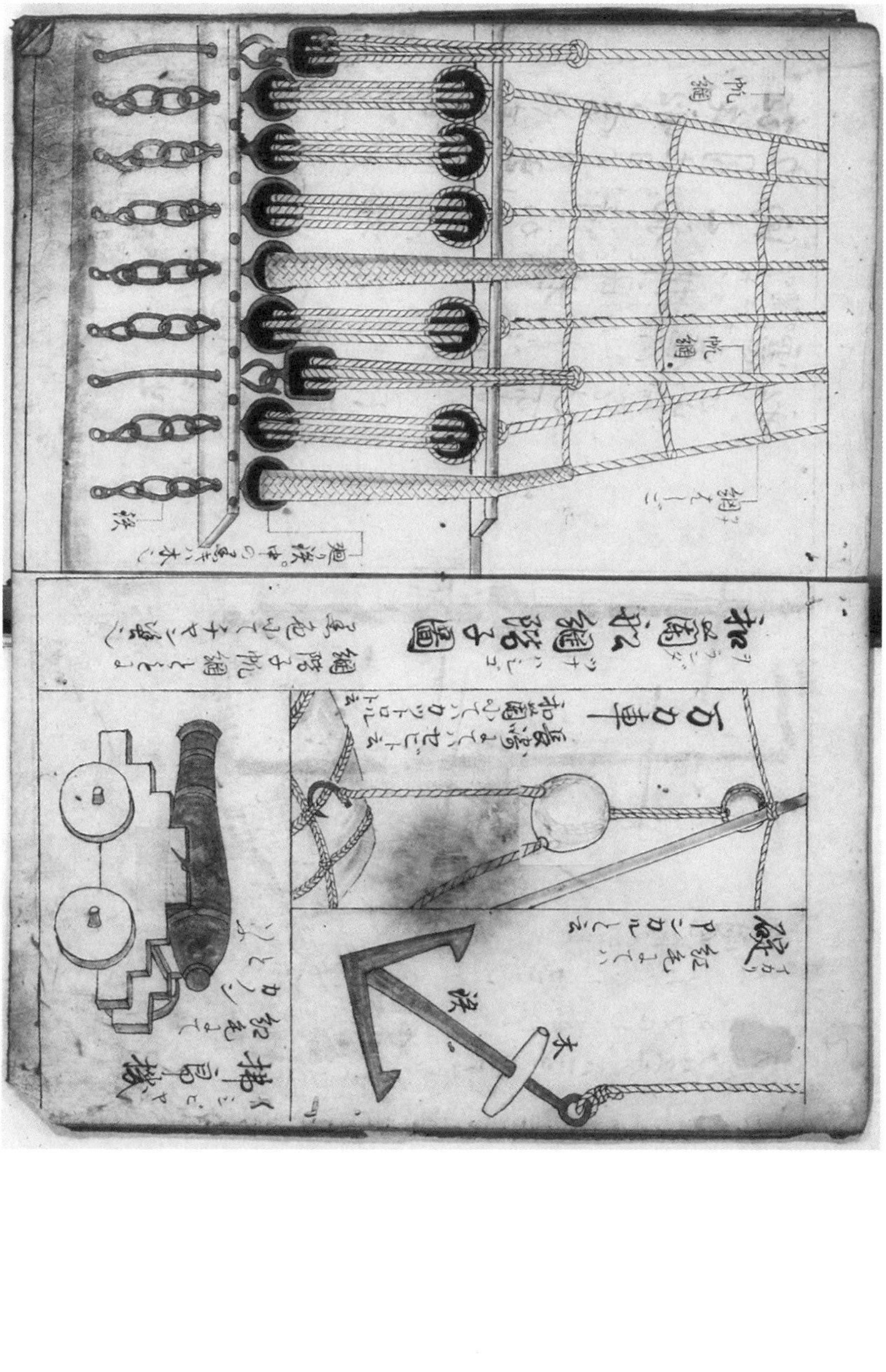

紅毛《オランダ》船ハ夏長崎へ来船《ライハク》して一ヶ年
九月廿日より出船する大波戸《ト》より一里余
海上神崎《カウサキ》にかゝり荷積《ニツミ》をハ日々朝暮
宵ハ五ツ朝ハ六ツ石火矢《イシビヤ》一声ツゝ放ツ其音山々に響《ヒヾキ》テ
霹靂《カミナリ》の如し荷積《ニツミ》済て後ハ風待すれバ
船を出す也此所より風を待て後出帆ス

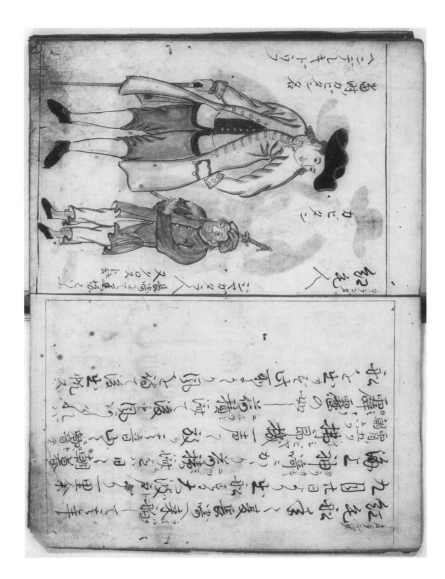

阿蘭陀人
ヘイトル
ルウグズル

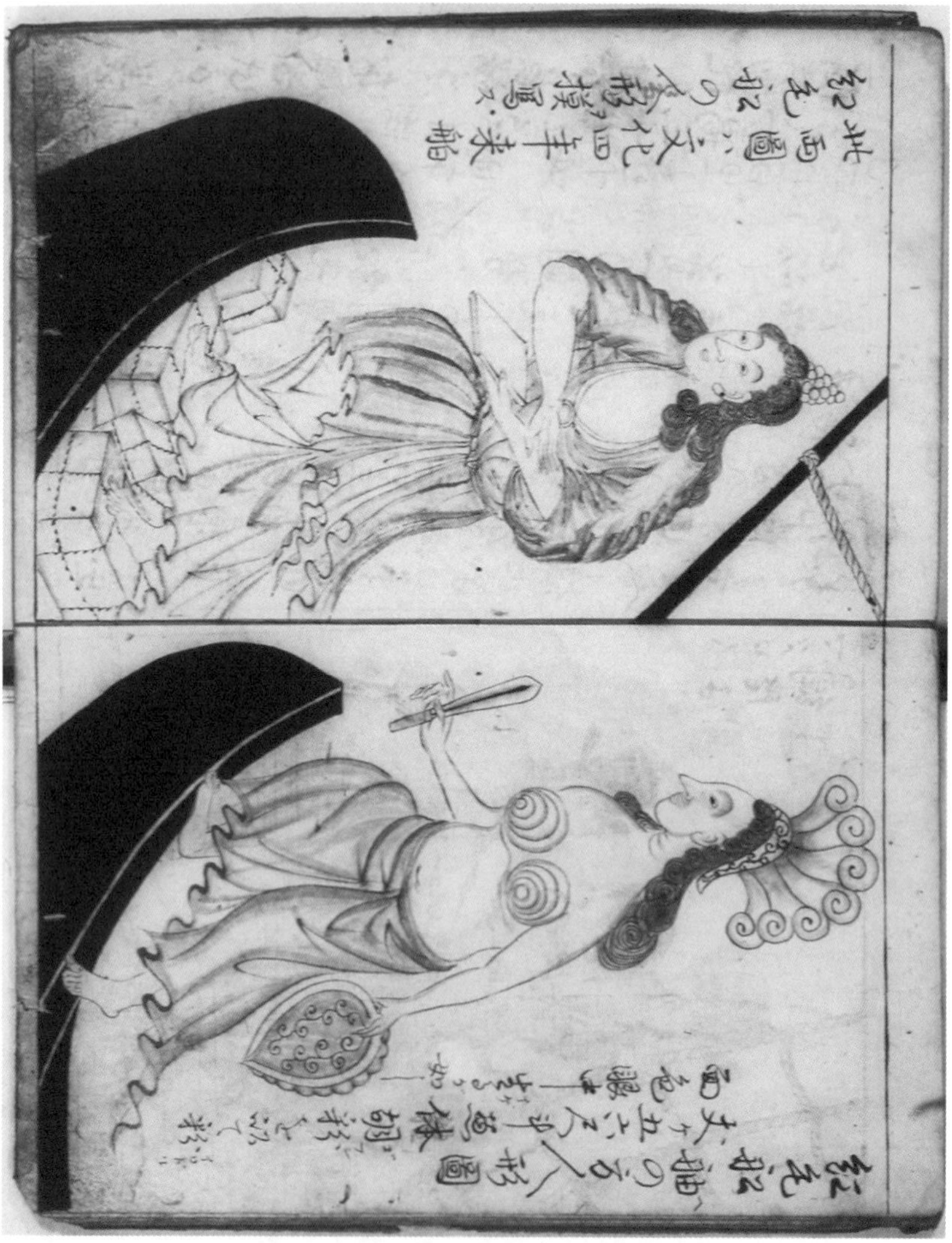

定
抜荷之品買候者之事
御制禁之事弥相背
中候旨相聞候ニ付以来左之通
可申事
一唐紅毛人ゟ直ニ金
銀銅并品物を以抜荷
致買候ものは其品
たり共取上之
以後ハ死罪たるへし
一薬海鼠干鮑昆布
右之類品々大縁之
代物を以密買ニ
いたし候もの吟味之上
御定之通死罪
之事
右之趣市中へ可申付

禁制 出嶋町
一傾城之外女入事
一高野ひじりの外
出家山伏入事
一諸勧進之者并乞食
入事
一出嶋廻ぼうじ杭より
内船乗入事
附 橋の下船乗通る事
一断なくして阿蘭陀
人出嶋より外へ出る事
右之條々堅可相守者也
卯
十月日
甲斐
圖書

定
日本人阿蘭陀人御法度之
背き密に取引いたし
そくみ徒党をたくらみ
若し又ハ其余法度
申出候ものハ縦同類たりと
いふとも其科をゆるし
其上褒美をくたすへし
若隠置他所より
顕るゝにおゐてハ其罪
科たるへし
卯
十月
甲斐
圖書

其近国私領之浦々ハ
唐阿蘭陀船沖
繋之場所有之
浦々ニ而ハ猶更
相心得候様右之趣
教諭并制札ニ
相認可申事
戌
正月
右之趣今度又
仰出候条急度可
相守もの也
寛政二年正月日
奉行

出島門前石橋圖

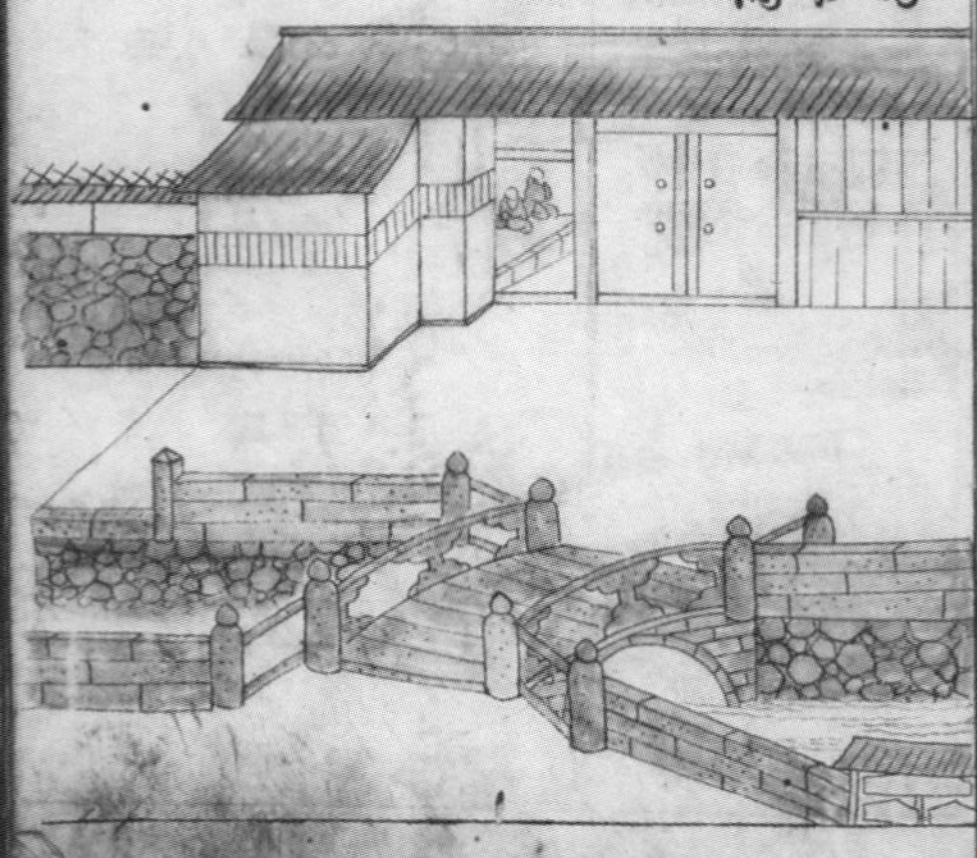

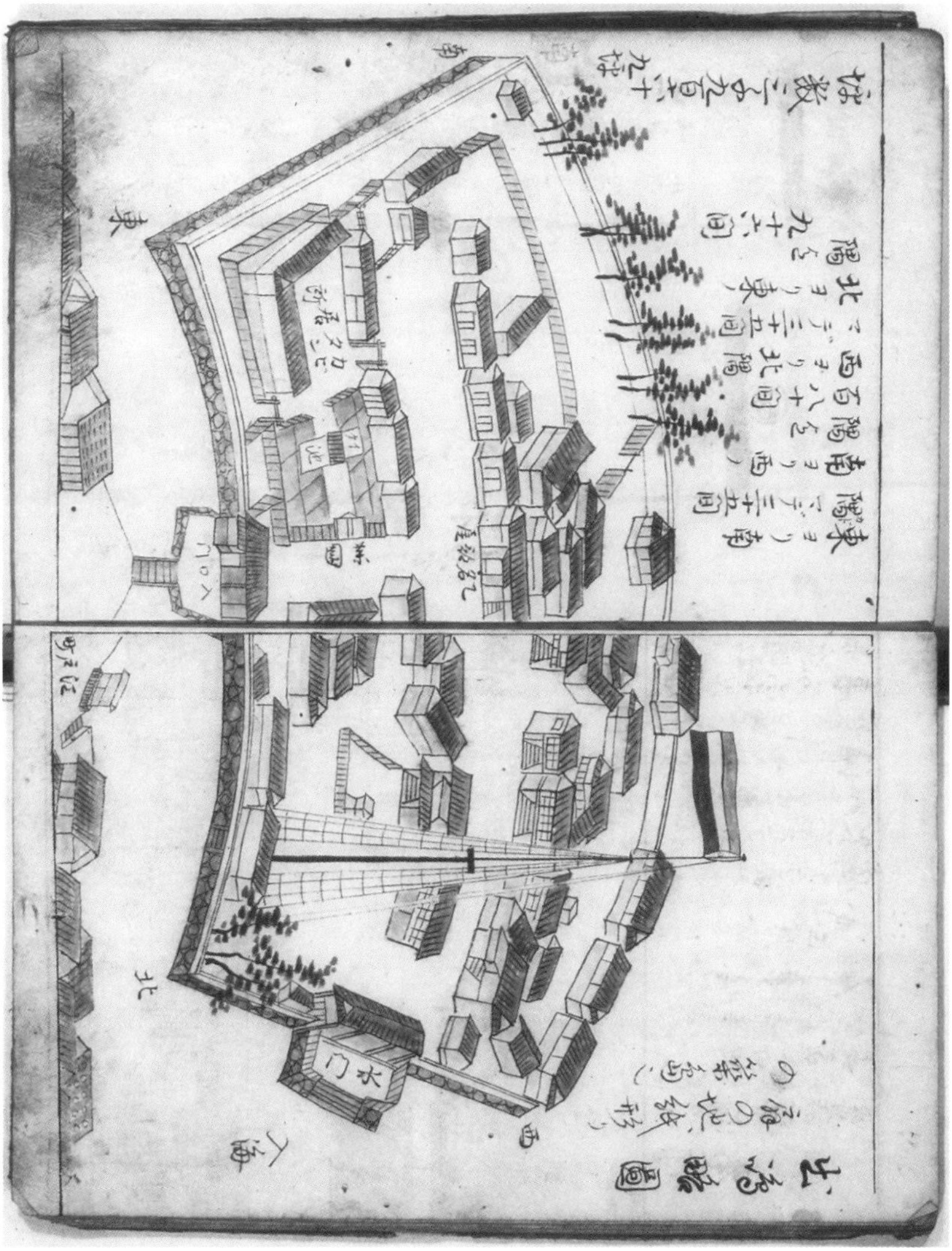

出島旗《ハタ》の圖

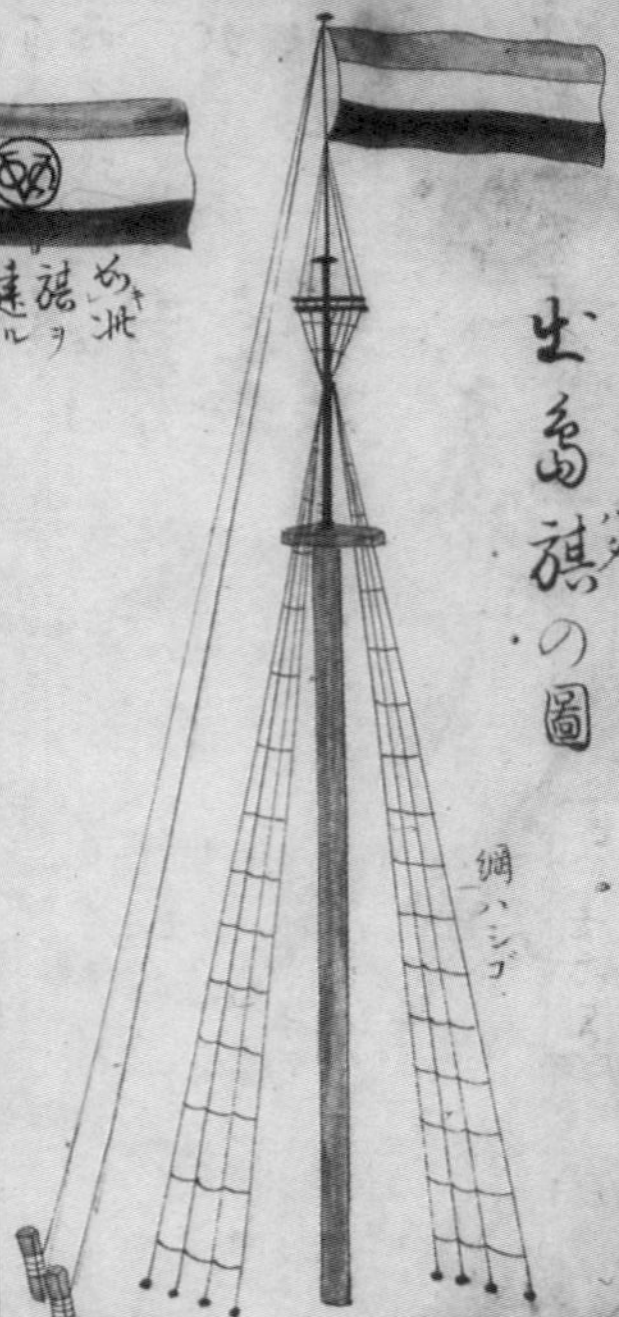

出嶋乙名
横瀬九右衛門
嶋谷作右衛門
同組頭
森源蔵
松山源次

筆具

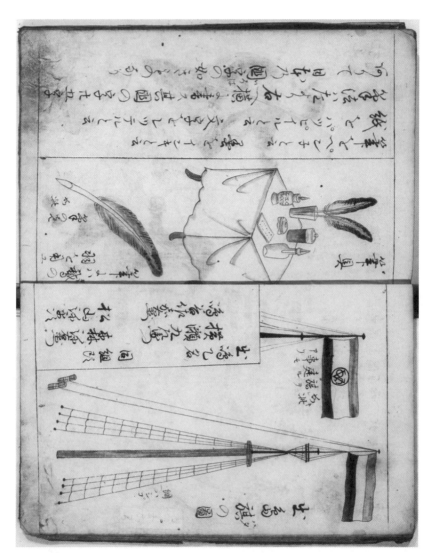

筆をペン子と云　墨をインキと云
紙をパツピイルと云　文字をレツテルと云
筆法ハ左より右へ横ニ書ス其國の字廿五字
有りて日本乃國字《いろは》の如きもの有り

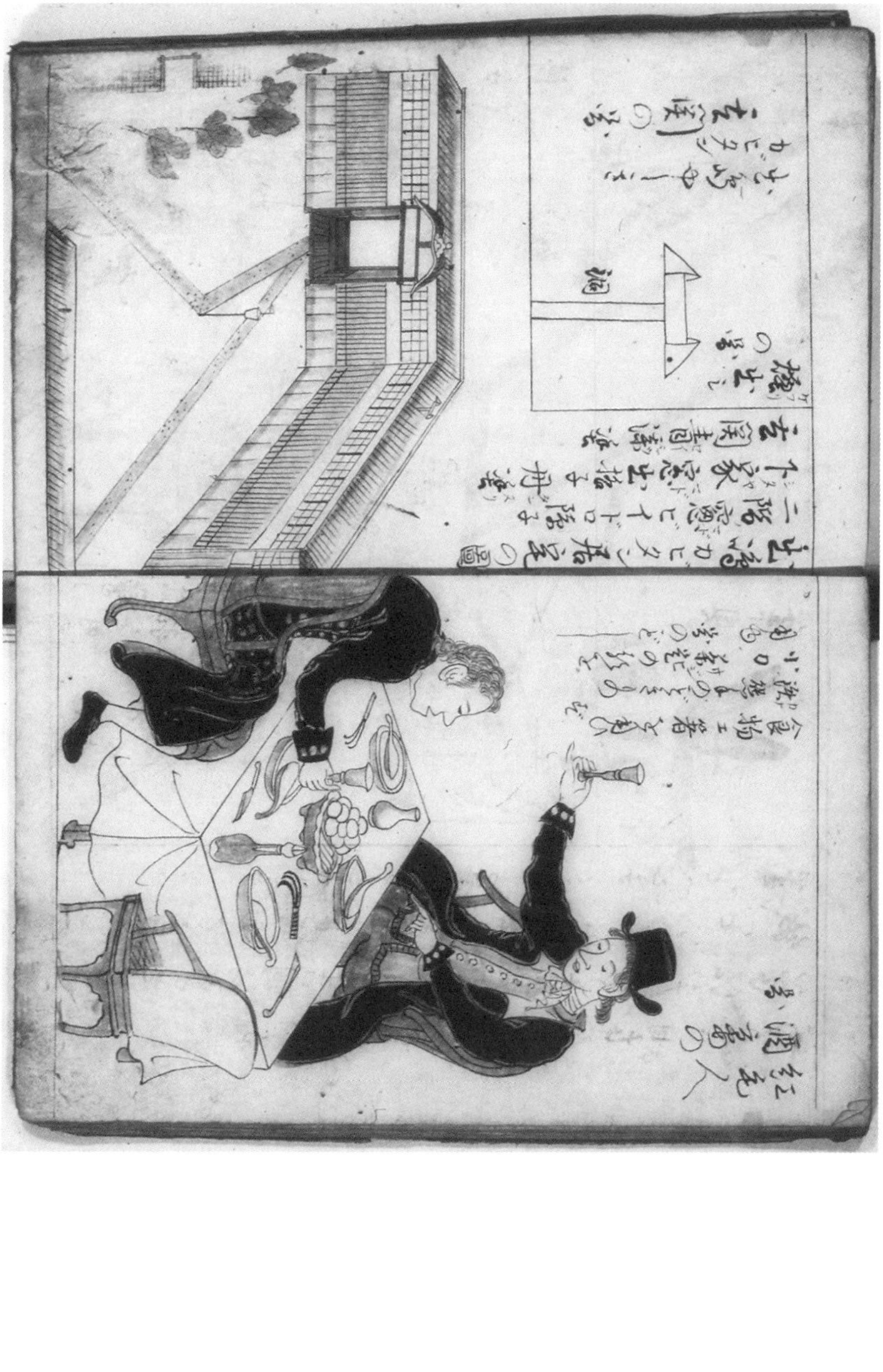

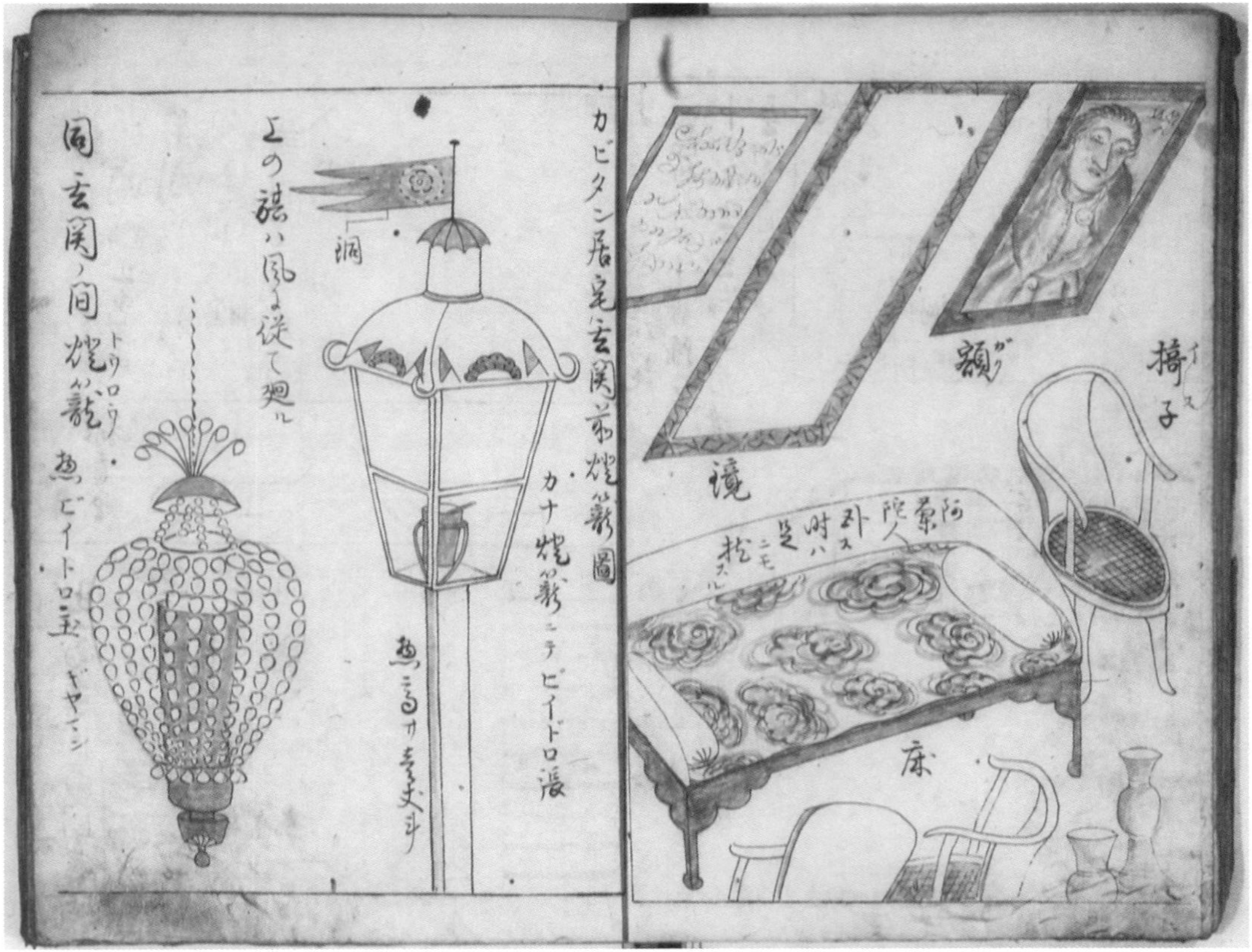
椅子《イス》
額《ガク》
鏡
阿蘭陀人臥ス時ハ是ニモ枕スル
床
カピタン居宅玄関前燈籠図
カナ燈籠ニテビイドロ張
惣高サ壱丈斗
上の旗ハ風ニ従て廻ル
洞
同玄関ノ間燈籠《トウロウ》
惣ビイドロ玉ギヤマン

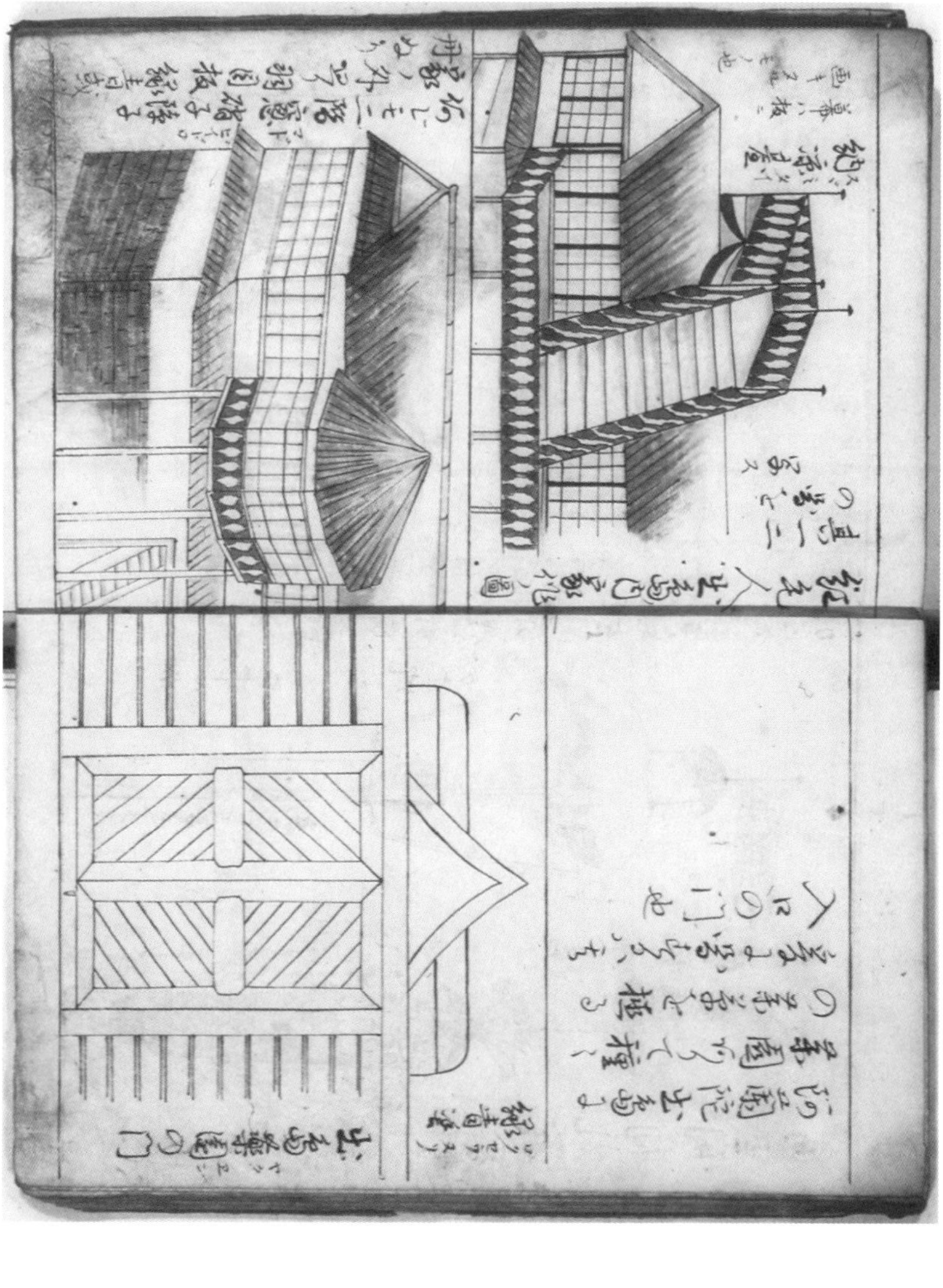

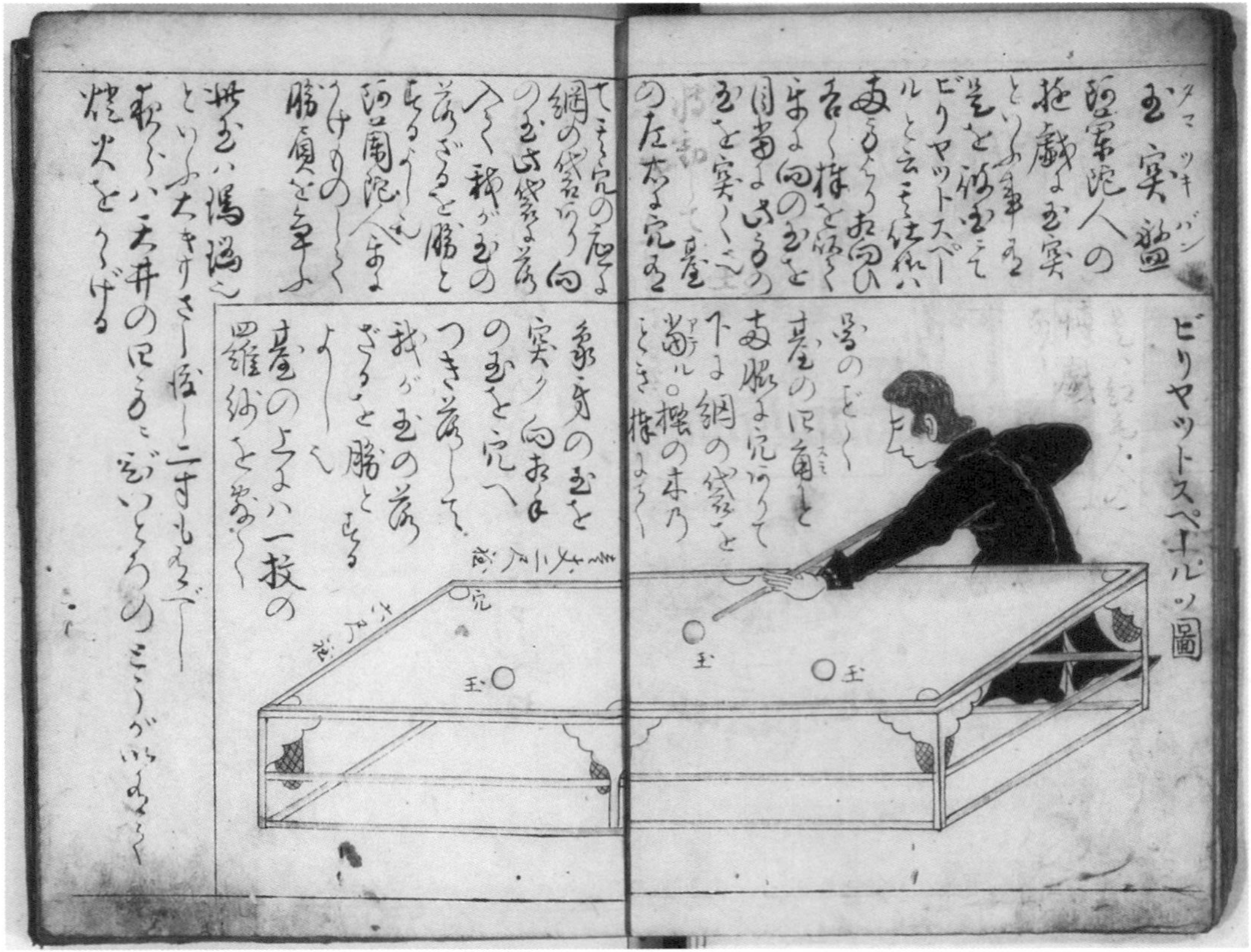
玉突盤《タマツキバン》
ビリヤットスペールノ圖
玉
玉
玉
穴

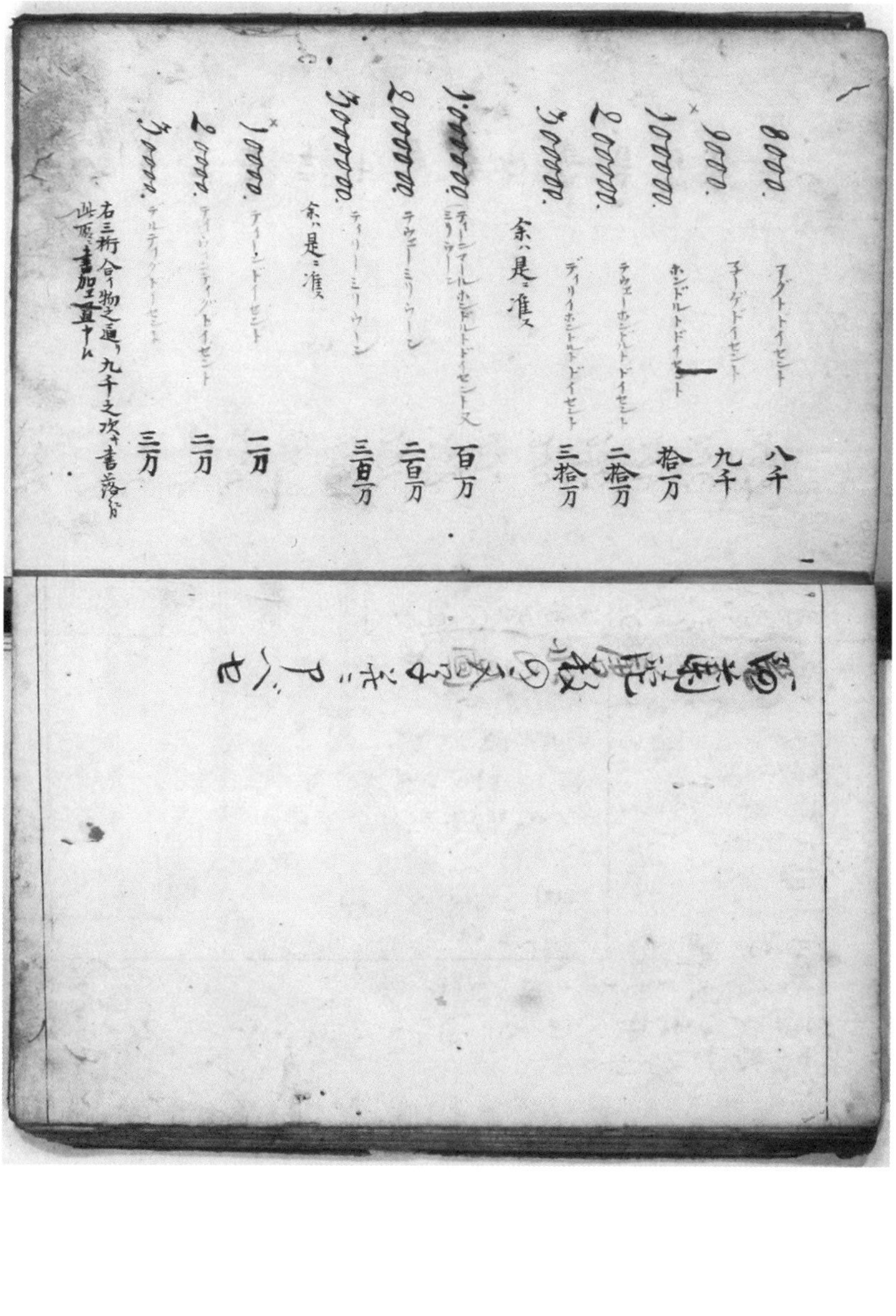
8000. アグトトイセント 八千
9000. ネーゲトイセント 九千
100000. ホンドルトドイセント 拾万
200000. テウエーホンドルトドイセント 二拾万
300000. ディリイホンドルトドイセント 三拾万
余ハ是ニ准ス
1000000. ティーシマールホンドルトドイセント又ミリウーン 百万
2000000. テウエーミリウーン 二百万
3000000. ティリーミリウーン 三百万
余ハ是ニ准ス
10000. ティーンドトイセント 一万
20000. ティンティグトイセント 二万
30000. テルテイグトーセント 三万
右三桁合ノ物之通リ九千之次ニ書落シ候
此所ニ書加置ナリ

阿蘭陀数目ノ文字并ニアベセ

91.	キーンエン子ーゲンティグ	九十一
92.	テウヱーエン子ーゲンティグ	九十二
93.	ディリーエン子ーゲンティグ	九十三
94.	ヒールエン子ーゲンティグ	九十四
95.	ヘイフエン子ーゲンティグ	九十五
96.	セスエン子ーゲンティグ	九十六
97.	セーヘエン子ーゲンティグ	九十七
98.	アグトエン子ーゲンティグ	九十八
99.	子ーゲエン子ーゲンティグ	九十九
100.	ホンドルト 又 エーンホンドルト	百
101.	ホンドルトエーン	百一
102.	ホンドルト テウヱー	百二
111.	ホンドルト エルフ	百十一
112.	ホンドルト トウールフ	百十二

余ハ是ニ準ス

200.	テウヱーホンドルト	二百
300.	ディリーホンドルト	三百
400.	ヒールホンドルト	四百
500.	ヘイフホンドルト	五百
600.	セスホンドルト	六百
700.	セーヘホンドルト	七百
800.	アグトホンドルト	八百
900.	子ーゲホンドルト	九百
1000.	トイセント 又 エーンドイセント	千
2000.	テウヱートイセント	二千
3000.	ディリートイセント	三千
4000.	ヒールドイセント	四千
5000.	ヘイフドイセント	五千
6000.	セスドイセント	六千
7000.	セーヘドイセント	七千

61. エーンエンセスティグ 六十一
62. テウェーエンセスティグ 六十二
63. ディリーエンセスティグ 六十三
64. ヒールエンセスティグ 六十四
65. ヘイフエンセスティグ 六十五
66. セスエンセスティグ 六十六
67. セーヘンエンセスティグ 六十七
68. アグトエンセスティグ 六十八
69. ネーゲンエンセスティグ 六十九
70. セーヘンティグ 七十
71. エーンエンセーヘンティグ 七十一
72. テウェーエンセーヘンティグ 七十二
73. ディリーエンセーヘンティグ 七十三
74. ヒールエンセーヘンティグ 七十四
75. ヘイフエンセーヘンティグ 七十五
76. セスエンセーヘンティグ 七十六
77. セーヘンエンセーヘンティグ 七十七
78. アグトエンセーヘンティグ 七十八
79. ネーゲンエンセーヘンティグ 七十九
80. タツゲンティグ 八十
81. エーンエンタツゲンティグ 八十一
82. テウェーエンタツゲンティグ 八十二
83. ディリーエンタツゲンティグ 八十三
84. ヒールエンタツゲンティグ 八十四
85. ヘイフエンタツゲンティグ 八十五
86. セスエンタツゲンティグ 八十六
87. セーヘンエンタツゲンティグ 八十七
88. アグトエンタツゲンティグ 八十八
89. ネーゲンエンタツゲンティグ 八十九
90. ネーゲンティグ 九十

31. エーレエンデルティグ 三十一
32. テウヱーエンデルティグ 三十二
33. ディリーエンデルティグ 三十三
34. ヒールエンデルティグ 三十四
35. ヘイフエンデルティグ 三十五
36. ゼスエンデルティグ 三十六
37. セーヘエンデルティグ 三十七
38. アグトエンデルティグ 三十八
39. ネーゲエンデルティグ 三十九
40. ヘールティグ 四十
41. エーンエンヘールティグ 四十一
42. テウヱーエンヘールティグ 四十二
43. ディリイエンヘールティグ 四十三
44. ヒールエンヘールティグ 四十四
45. ヘイフエンヘールティグ 四十五
46. ゼスエンヘールティグ 四十六
47. セーヘエンヘールティグ 四十七
48. アグトエンヘールティグ 四十八
49. ネーゲエンヘールティグ 四十九
50. ヘイフティグ 五十
51. エーンエンヘイフティグ 五十一
52. テウヱーエンヘイフティグ 五十二
53. ディリーエンヘイフティグ 五十三
54. ヒールエンヘイフティグ 五十四
55. ヘイフエンヘイフティグ 五十五
56. ゼスエンヘイフティグ 五十六
57. セーヘエンヘイフティグ 五十七
58. アグトエンヘイフティグ 五十八
59. ネーゲエンヘイフティグ 五十九
60. ゼスティグ 六十

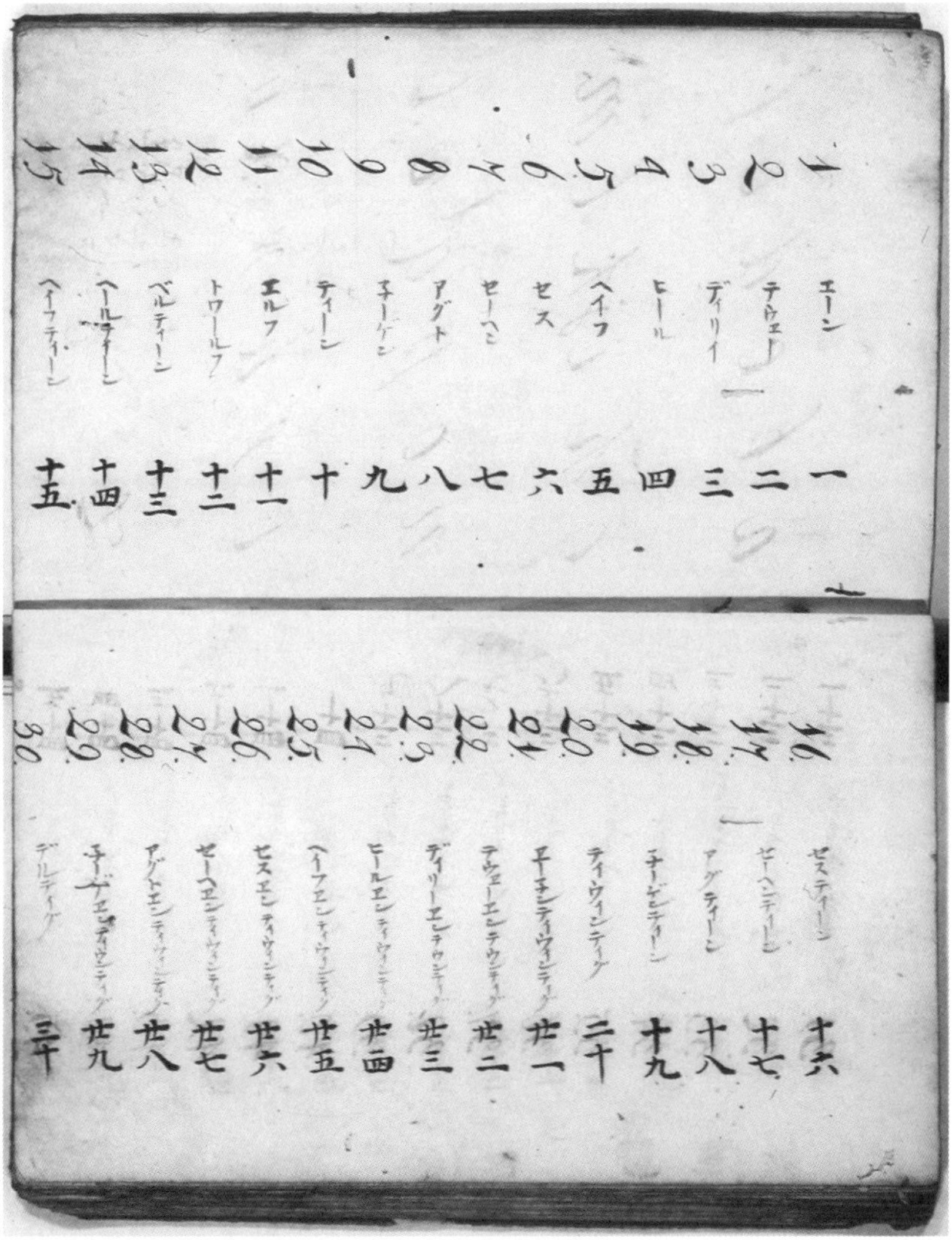
1 エーン 一
2 テウェー 二
3 ディリイ 三
4 ヒール 四
5 ヘイフ 五
6 セス 六
7 セーヘン 七
8 アグト 八
9 ネーゲン 九
10 ティーン 十
11 エルフ 十一
12 トワールフ 十二
13 ベルティーン 十三
14 ヘールティーン 十四
15 ヘイフティーン 十五
16. ゼスティーン 十六
17. セーヘンティーン 十七
18. アグティーン 十八
19. ネーゲンティーン 十九
20. ティヴィンティグ 二十
21. エーネンティーヴィンティグ 廿一
22. テウェーエンテウンティグ 廿二
23. ディリーエンテウンティグ 廿三
24. ヒールエンティーヴィンティグ 廿四
25. ヘイフエンティーヴィンティグ 廿五
26. セスエンティーヴィンティグ 廿六
27. セーヘンエンティーヴィンティグ 廿七
28. アグトエンティーヴィンティグ 廿八
29. ネーゲンエンティーヴィンティグ 廿九
30. デルティーグ 三十

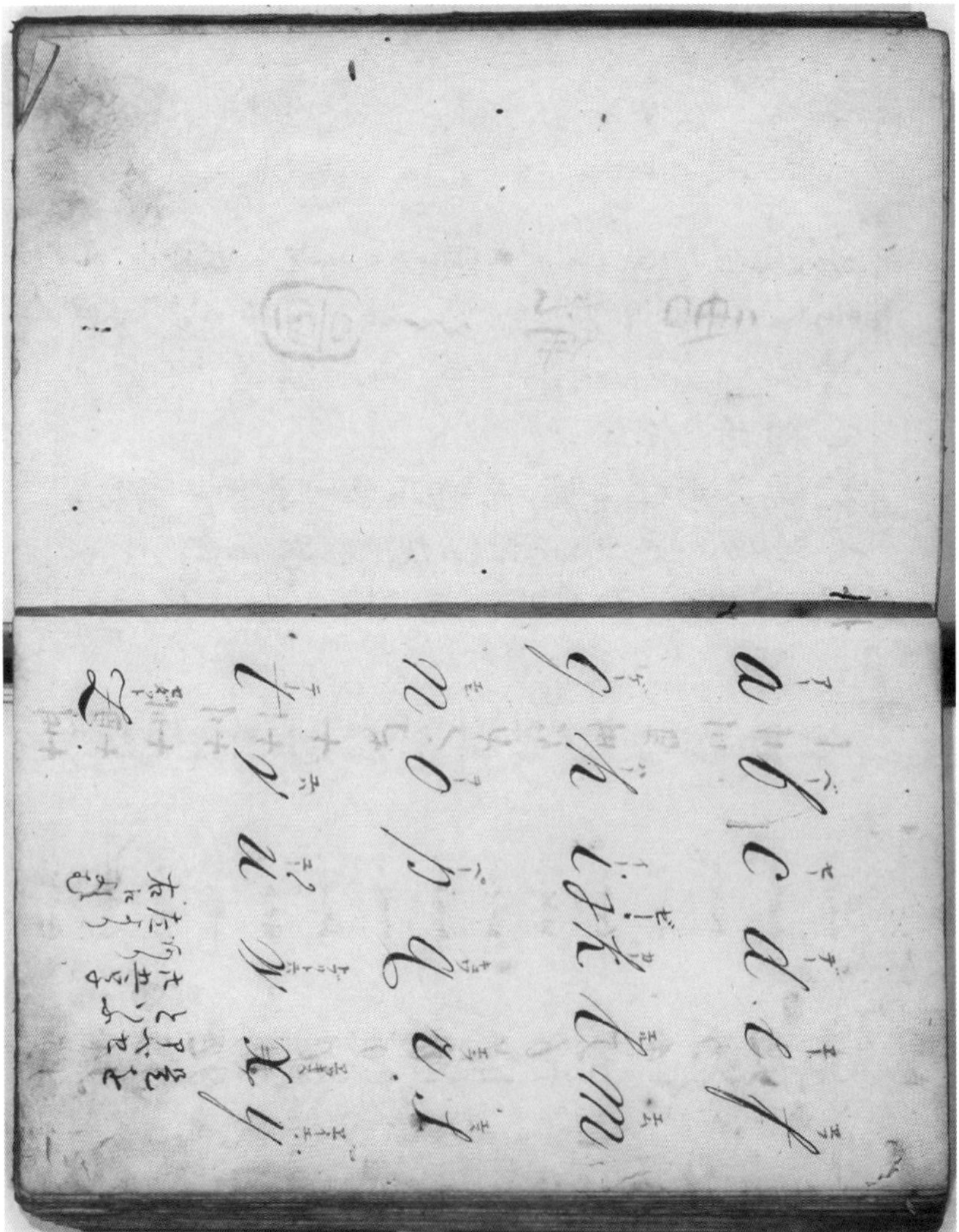

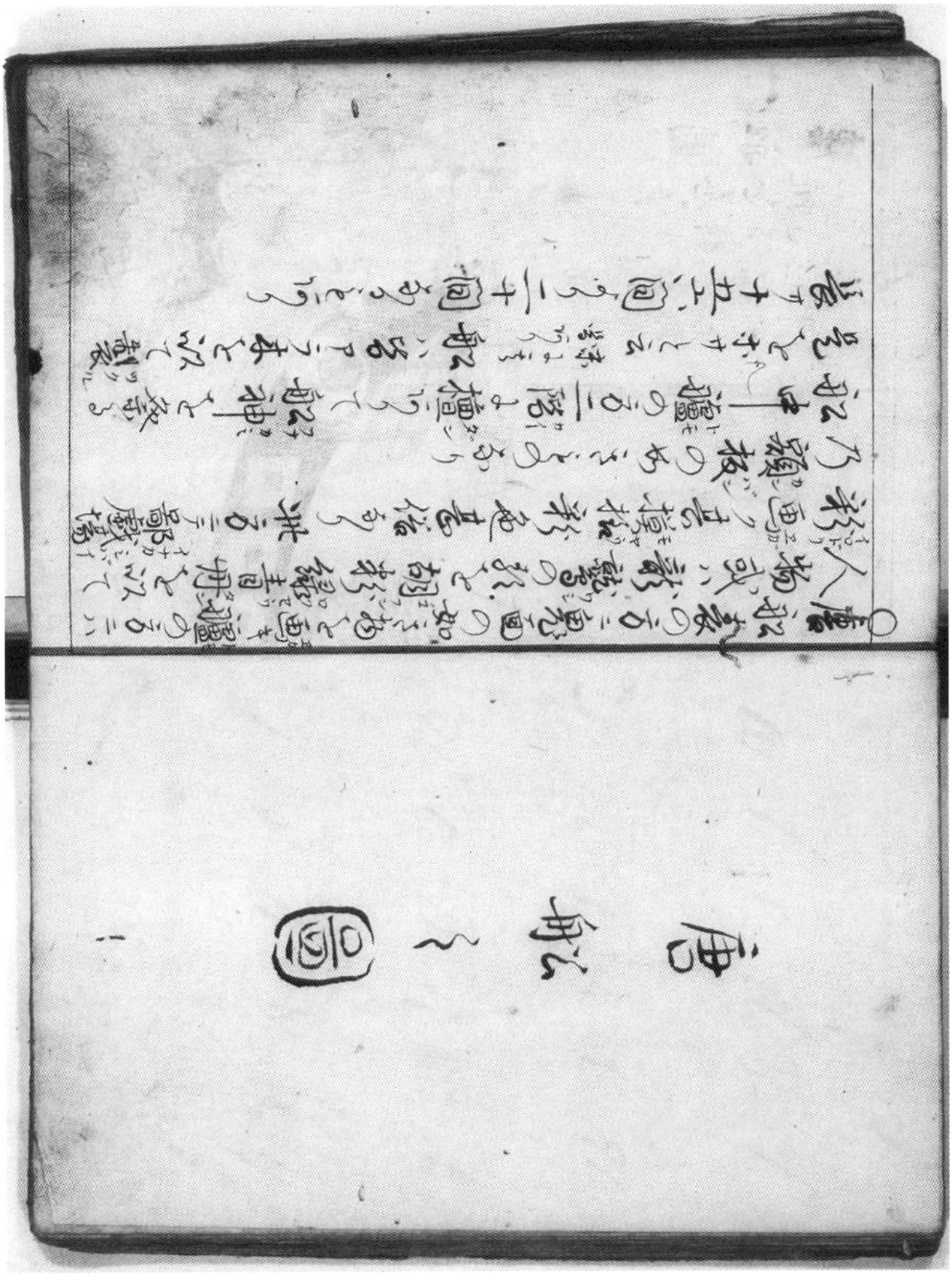

唐船之圖

○唐船表の方ニ鬼面の如きものを画《ヱガ》き艫《トモ》の方ニハ
人物或ハ龍鷲《ワシ》の形を胡粉《ゴフン》緑《ロク》青《セウ》丹《タン》を以て
彩《イロドリ》画《エガ》ク其模様《モヤウ》彩色甚俗なり 此方ニテ鄙《イナカ》戯場《シバイ》
乃額《カン》板《バン》のごとくなり
船中艫《トモ》の方二階《カイ》よ壇《ダン》ありて船神《フナガミ》を祭る
是をボサと云 船ハ皆アラ木を以て製《ツクル》
長サ十五六間より二十間あるもあり

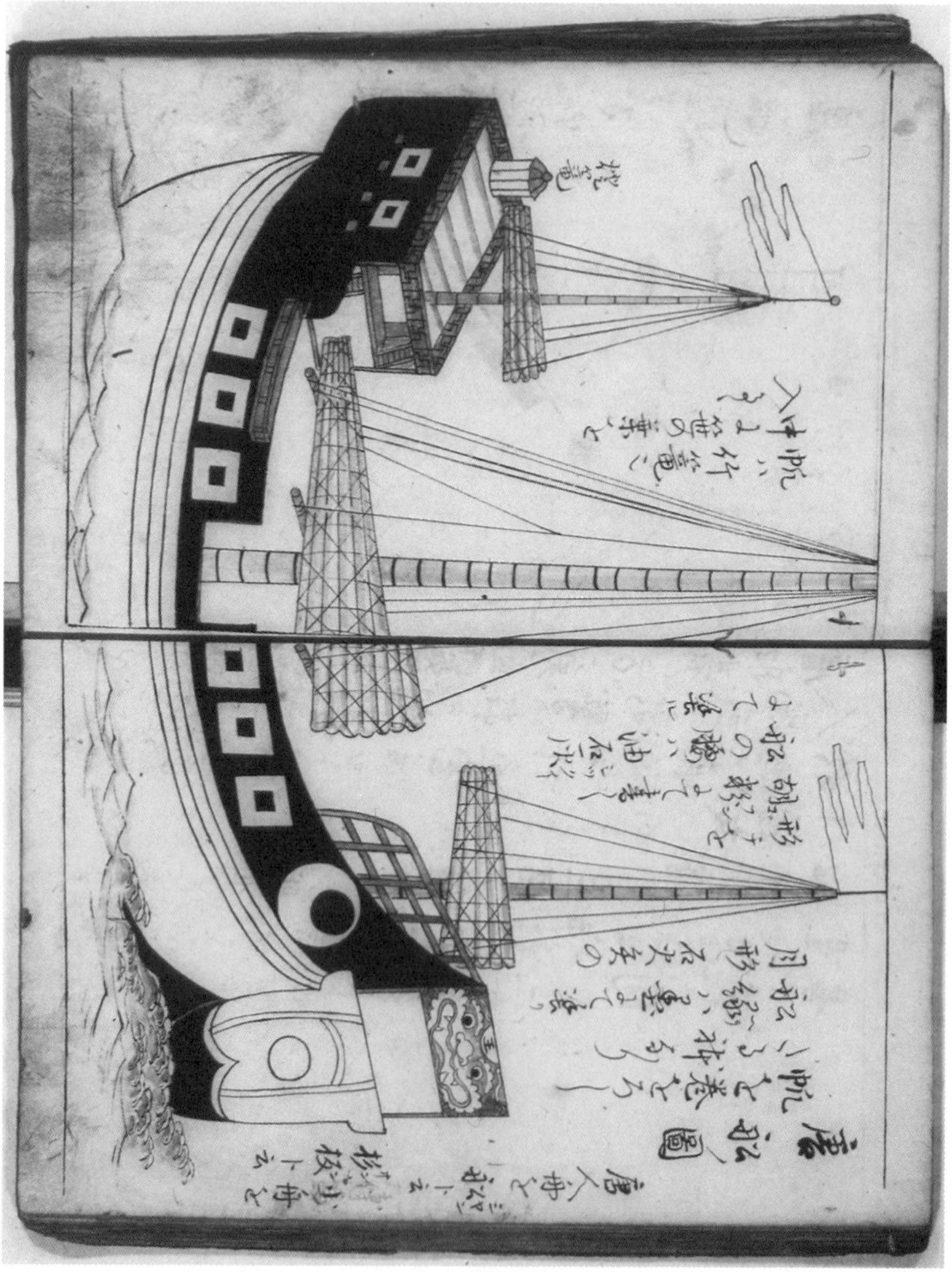

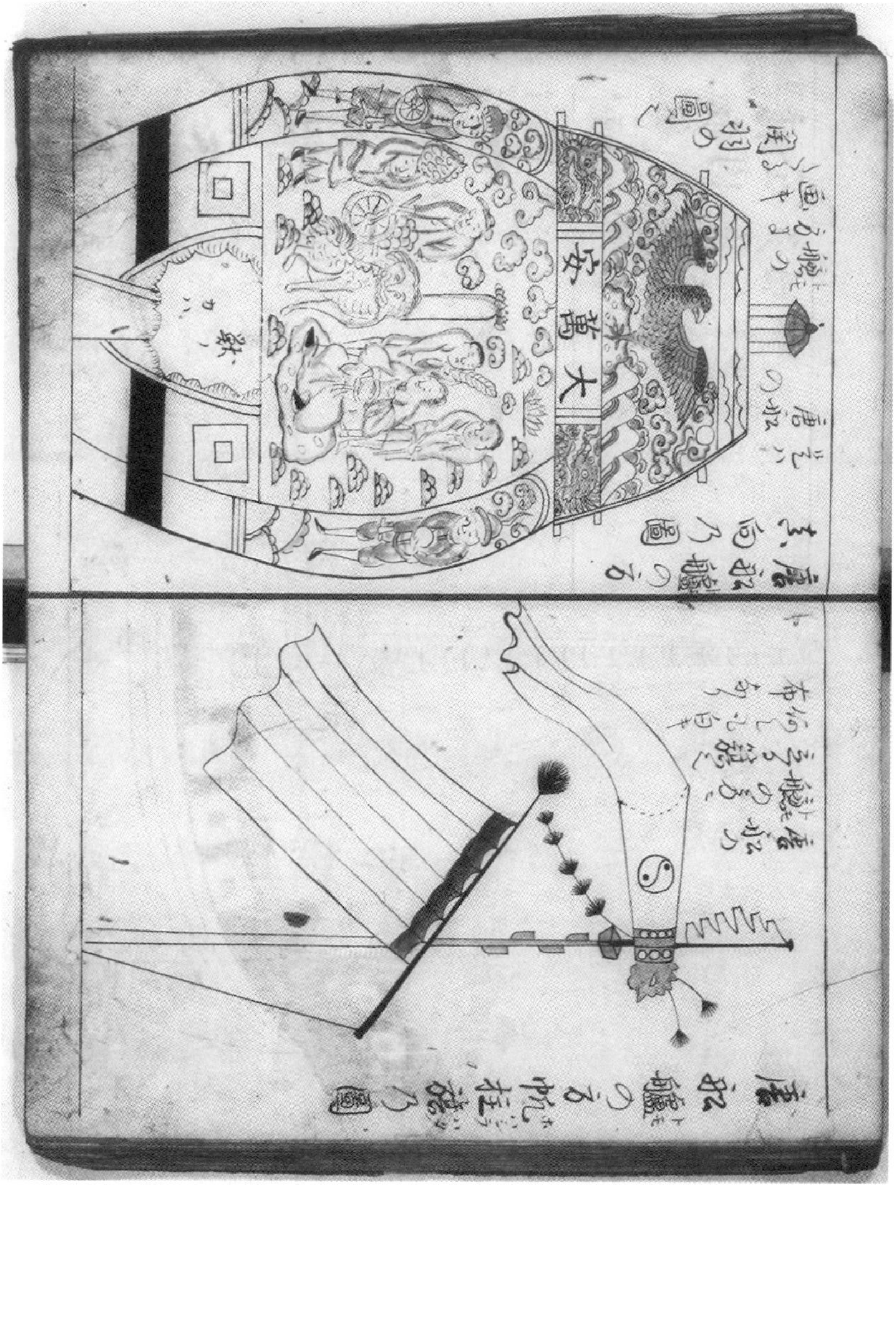

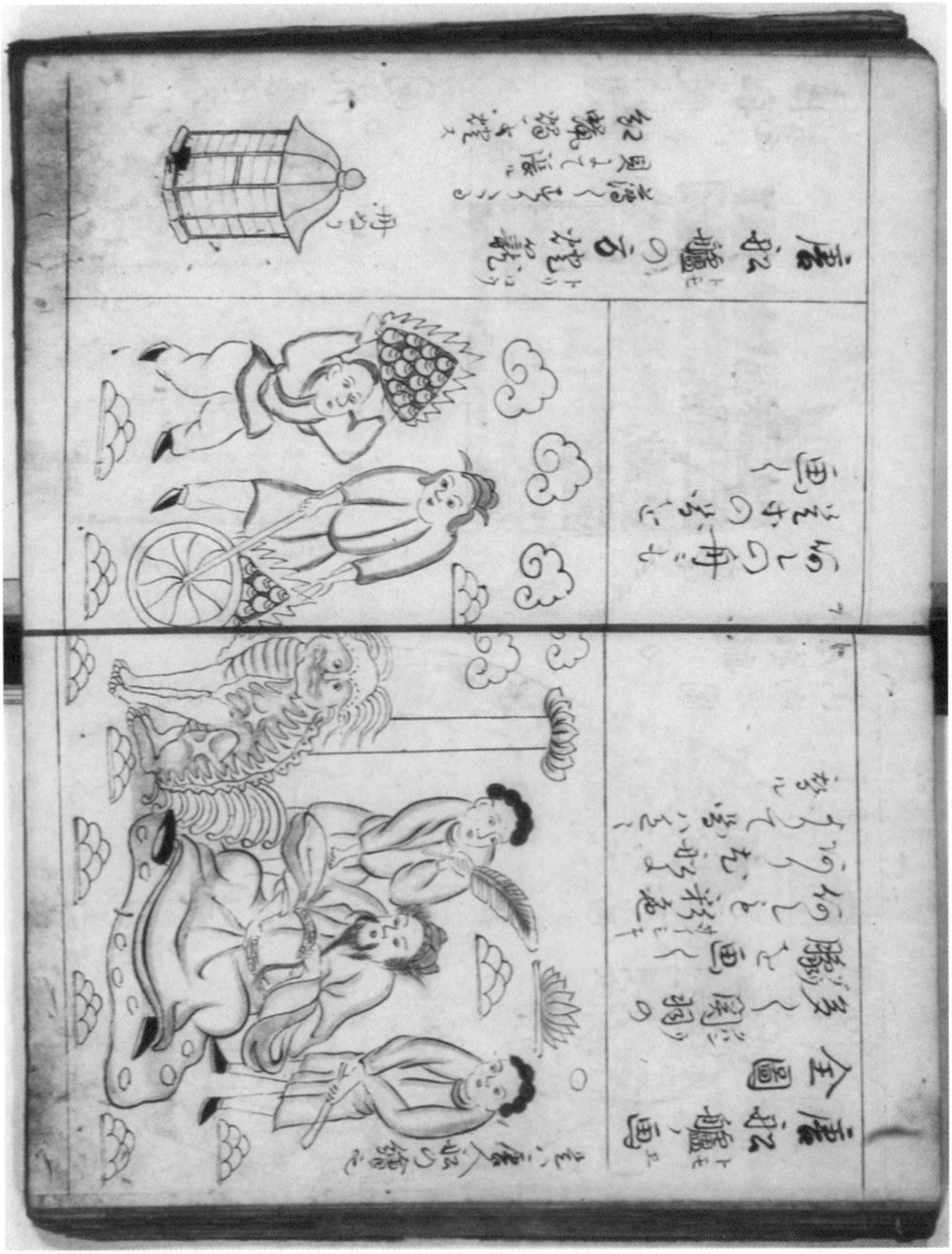

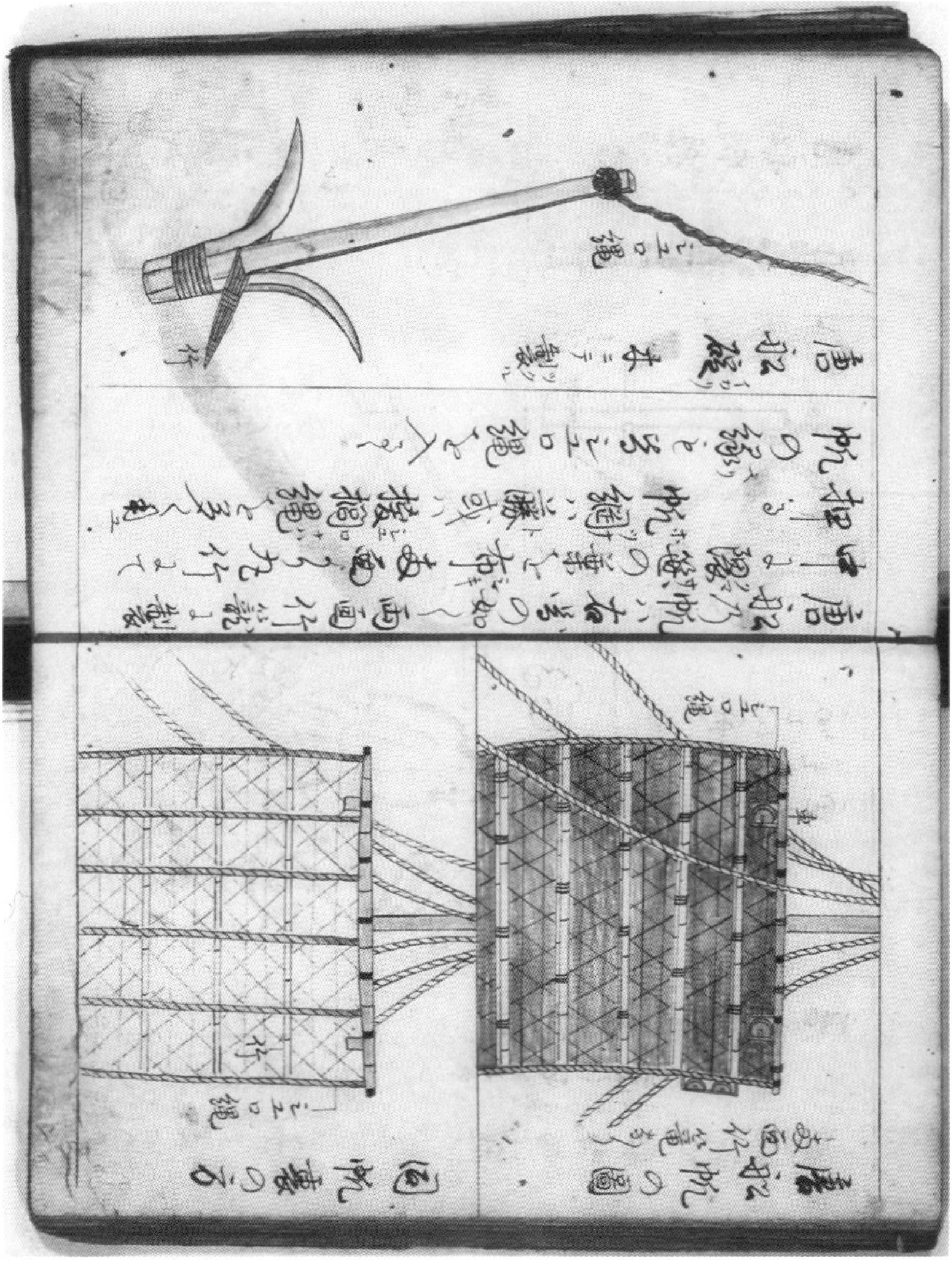
唐船帆の圖
表面竹篭あり
車
シユロ縄
同帆裏の方
竹
シユロ縄
唐船乃帆ハ右図の如く両面竹篭ニて製
中ニ隠笹の葉と布と表面より丸竹ニて
押る
帆綱《ツナ》ハ藤或ハ棕櫚《シユロ》縄を多く用ゆ
帆の縁《ヘリ》ハ皆シユロ縄を入る
唐船碇《イカリ》
木ニテ製《ツクル》
シユロ縄
竹

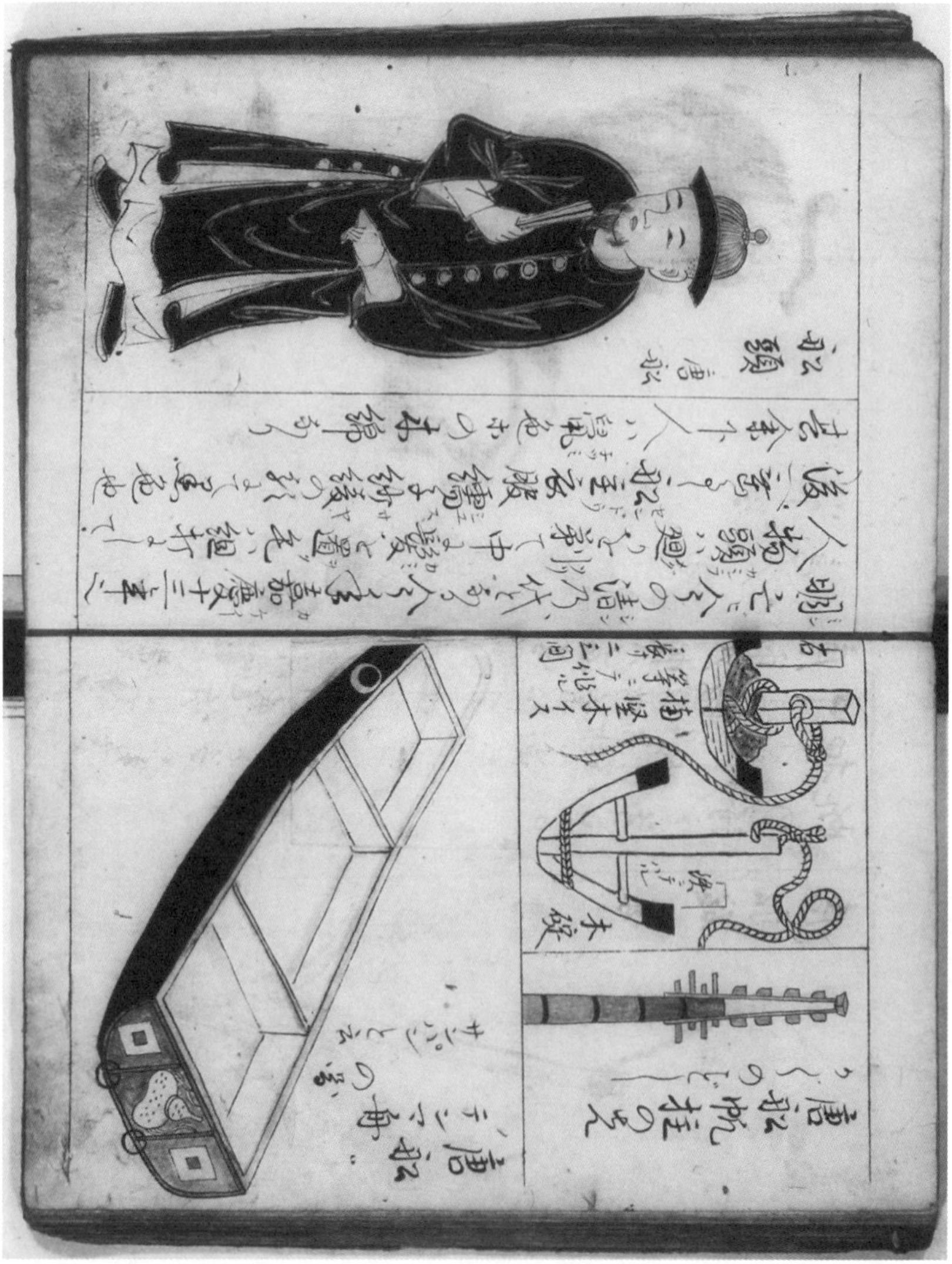

唐人也

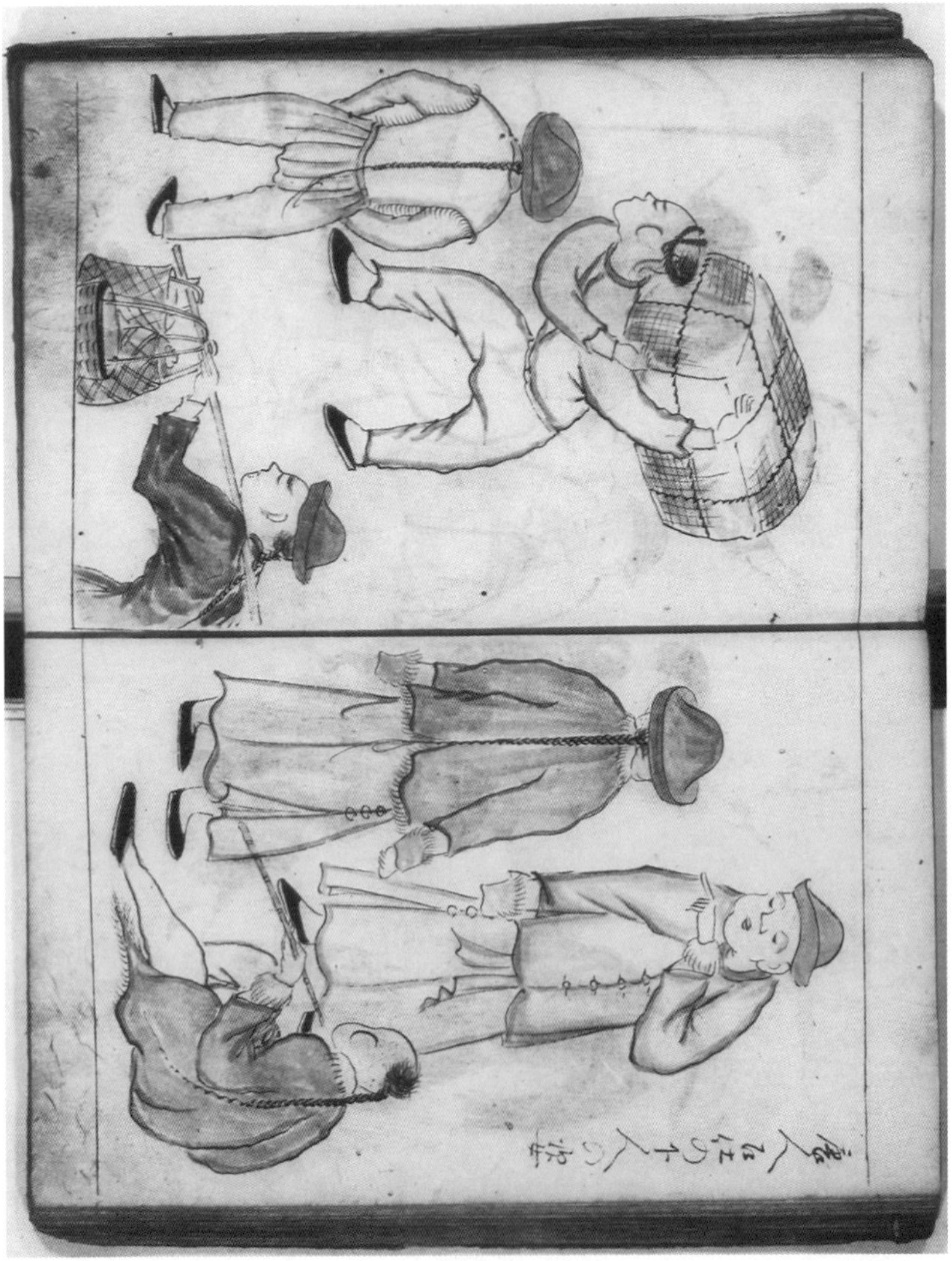

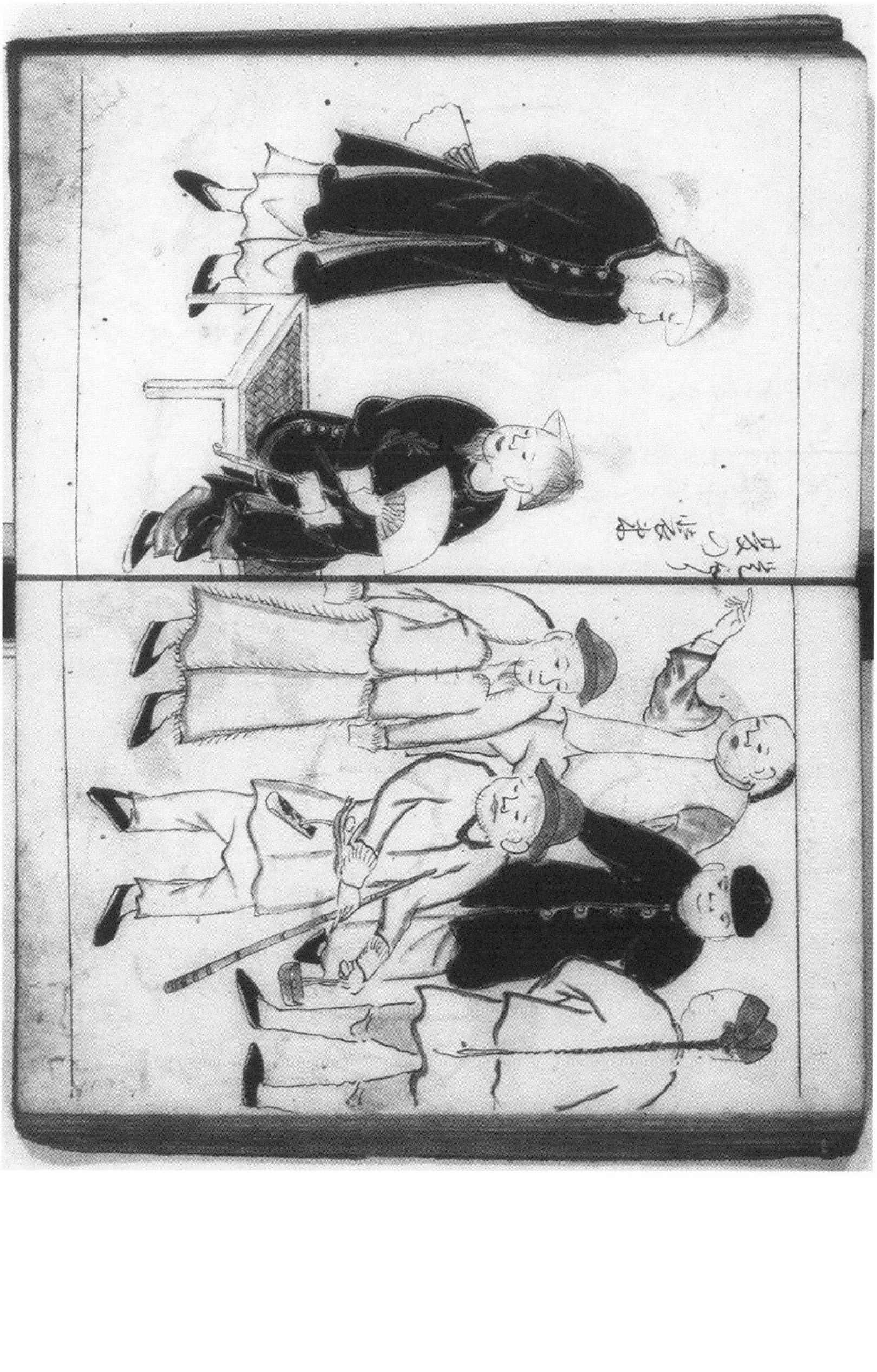

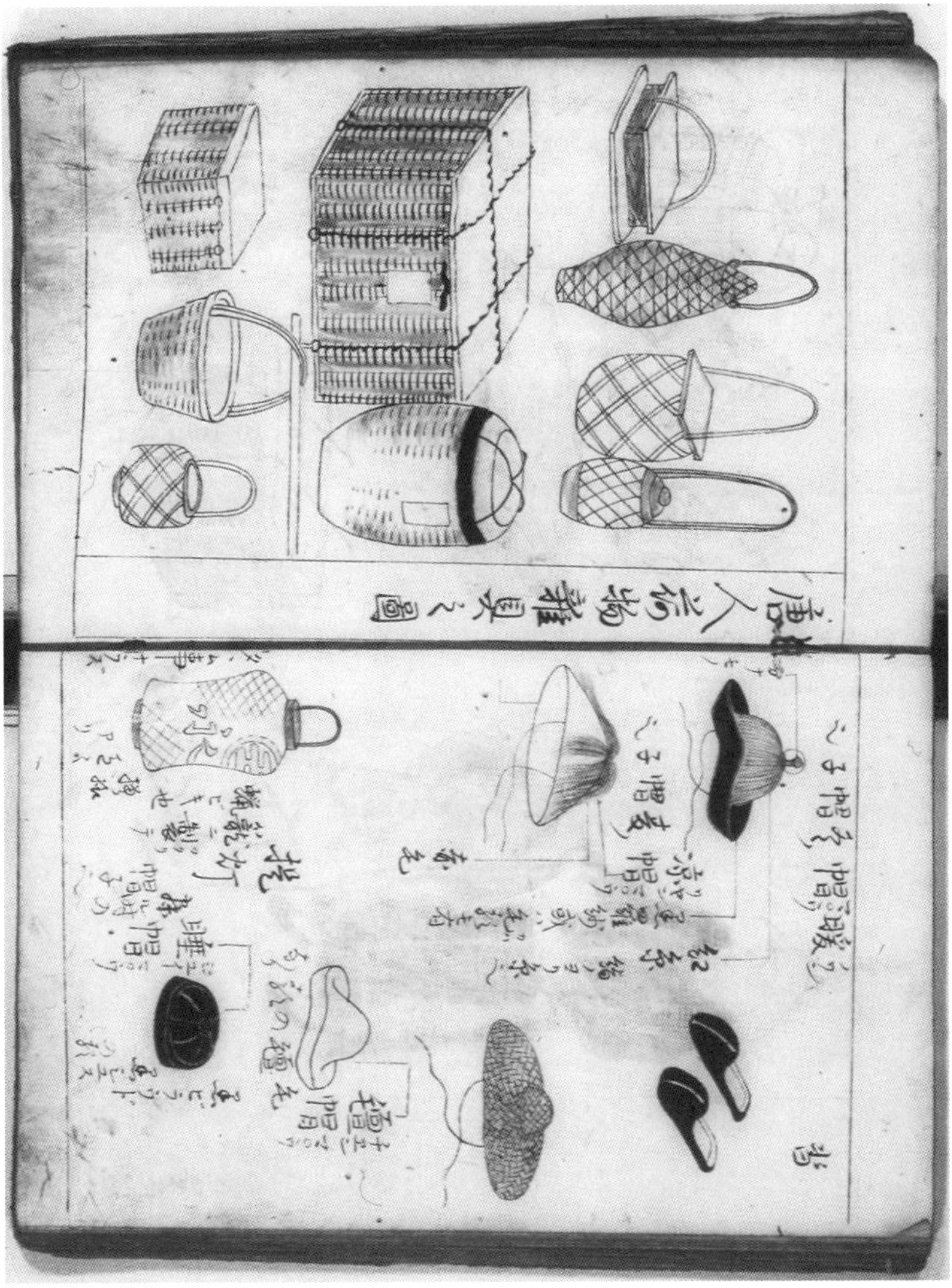
唐人荷物雜具之圖

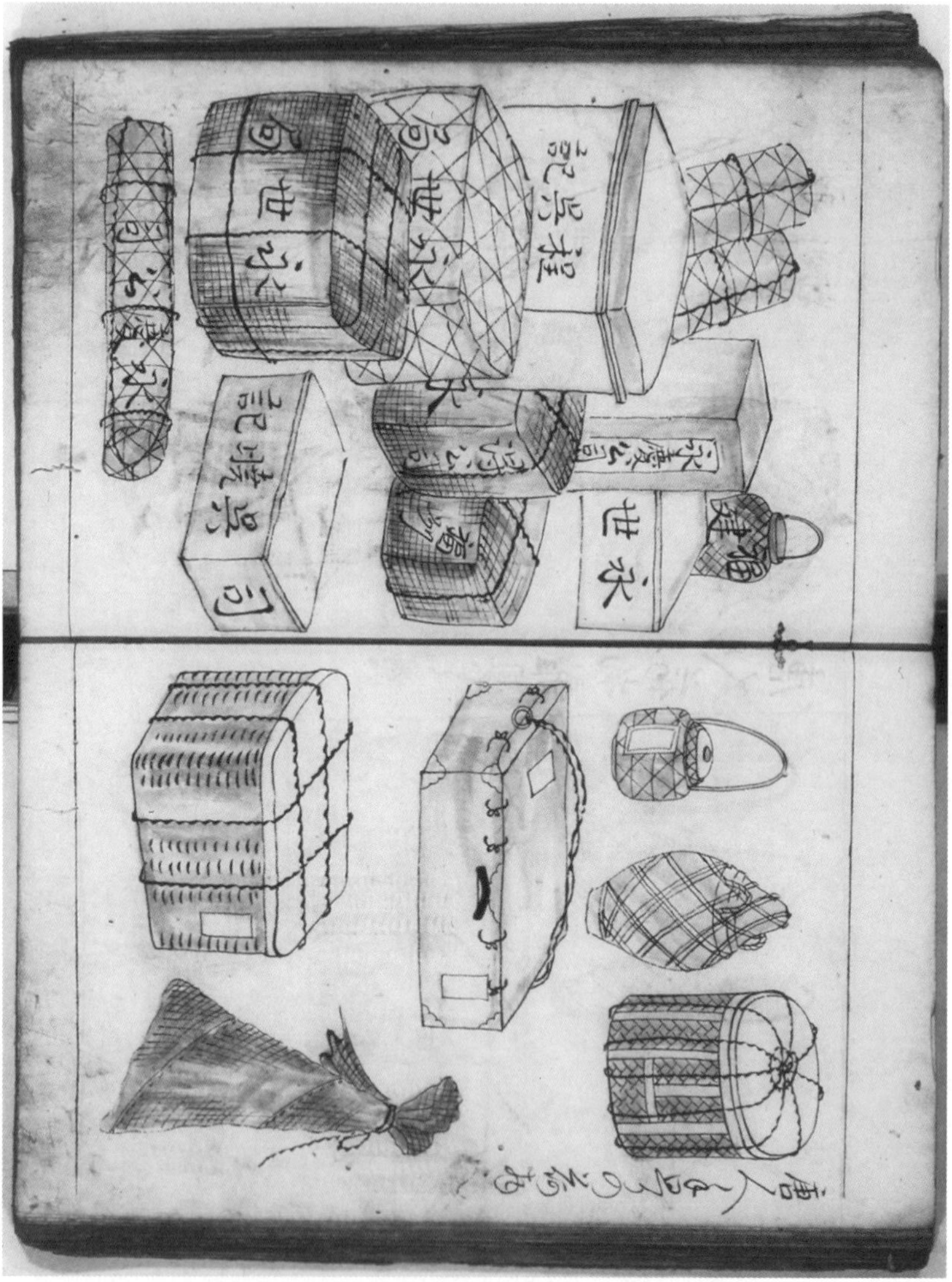

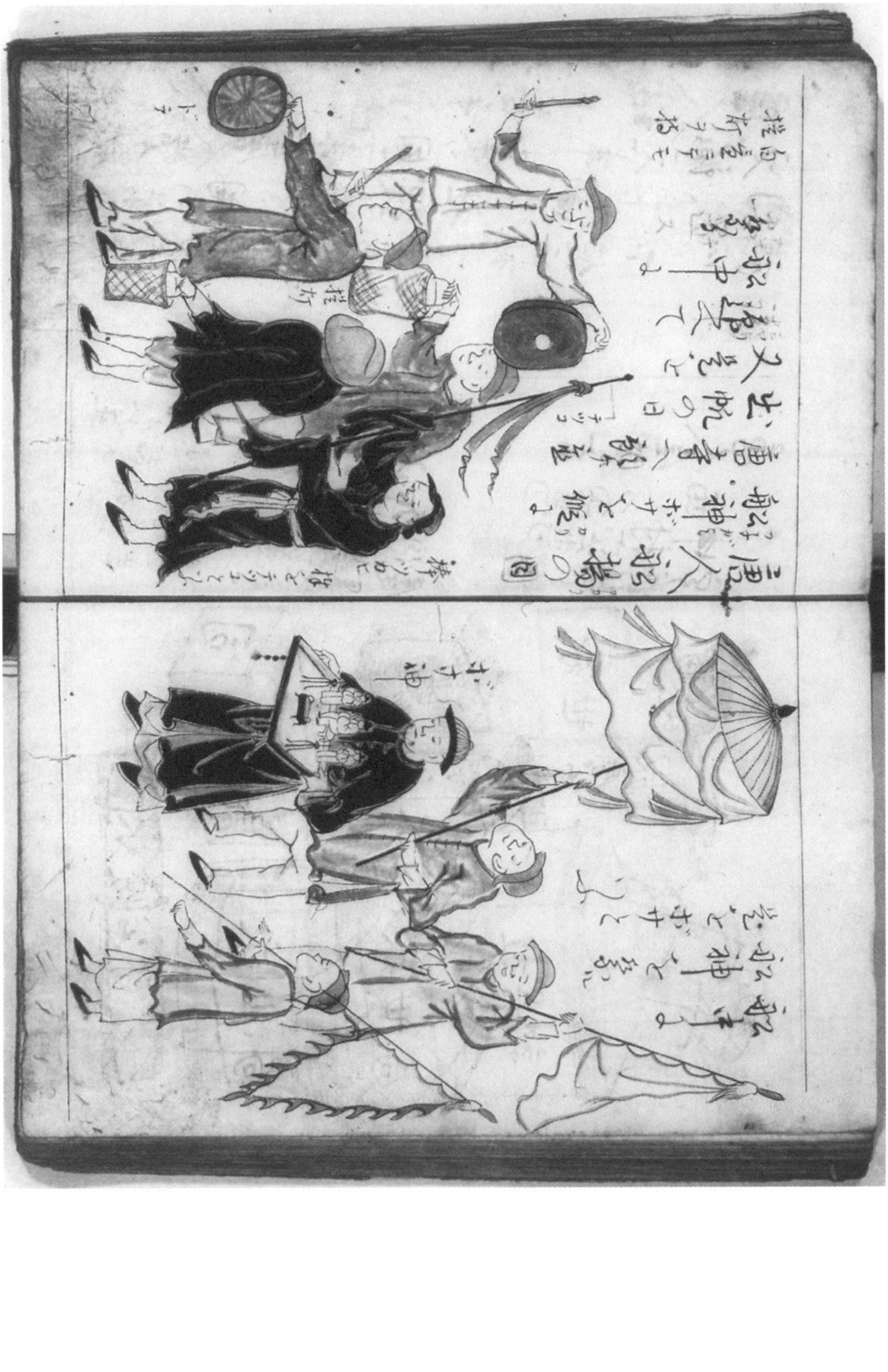

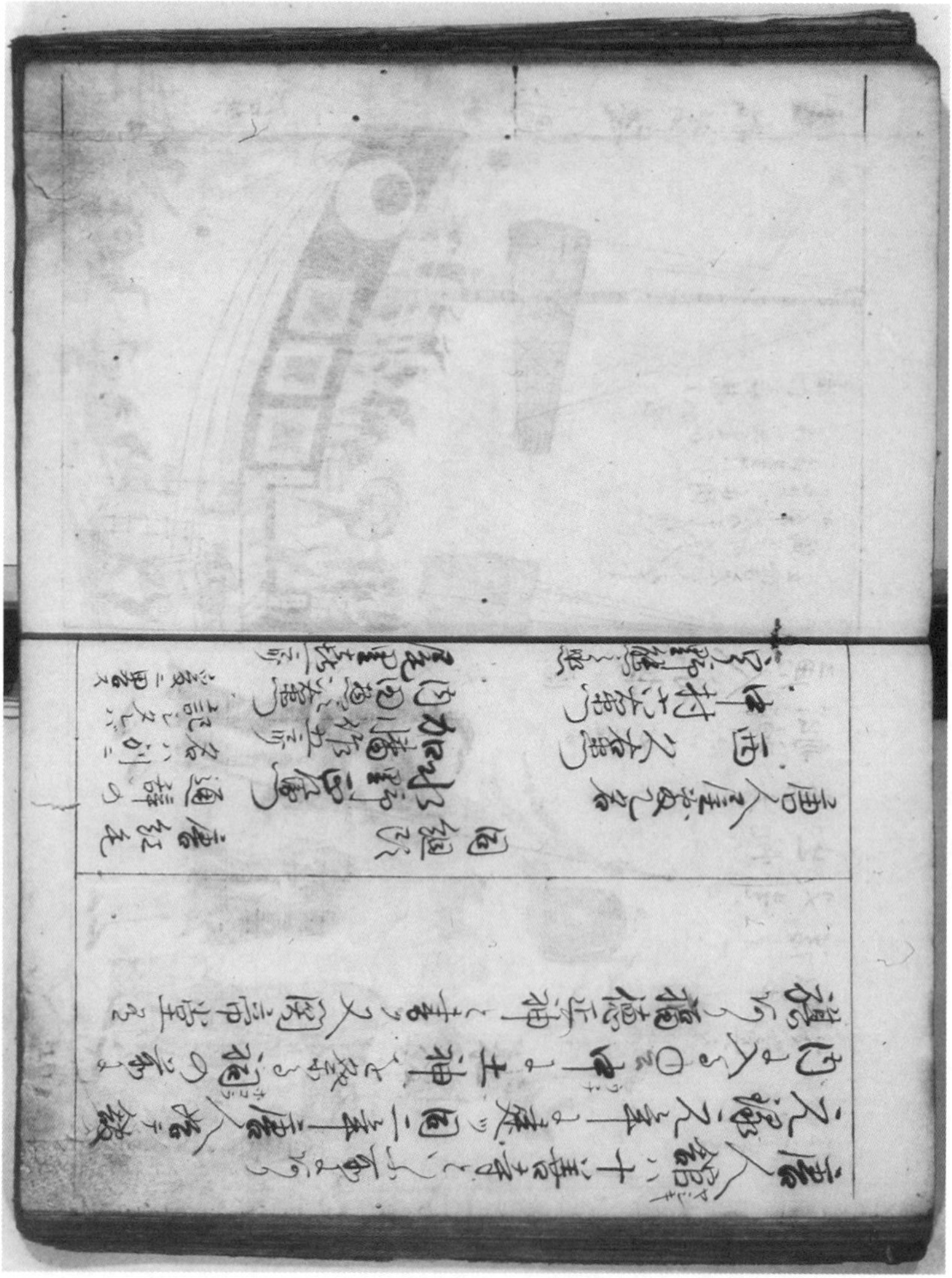

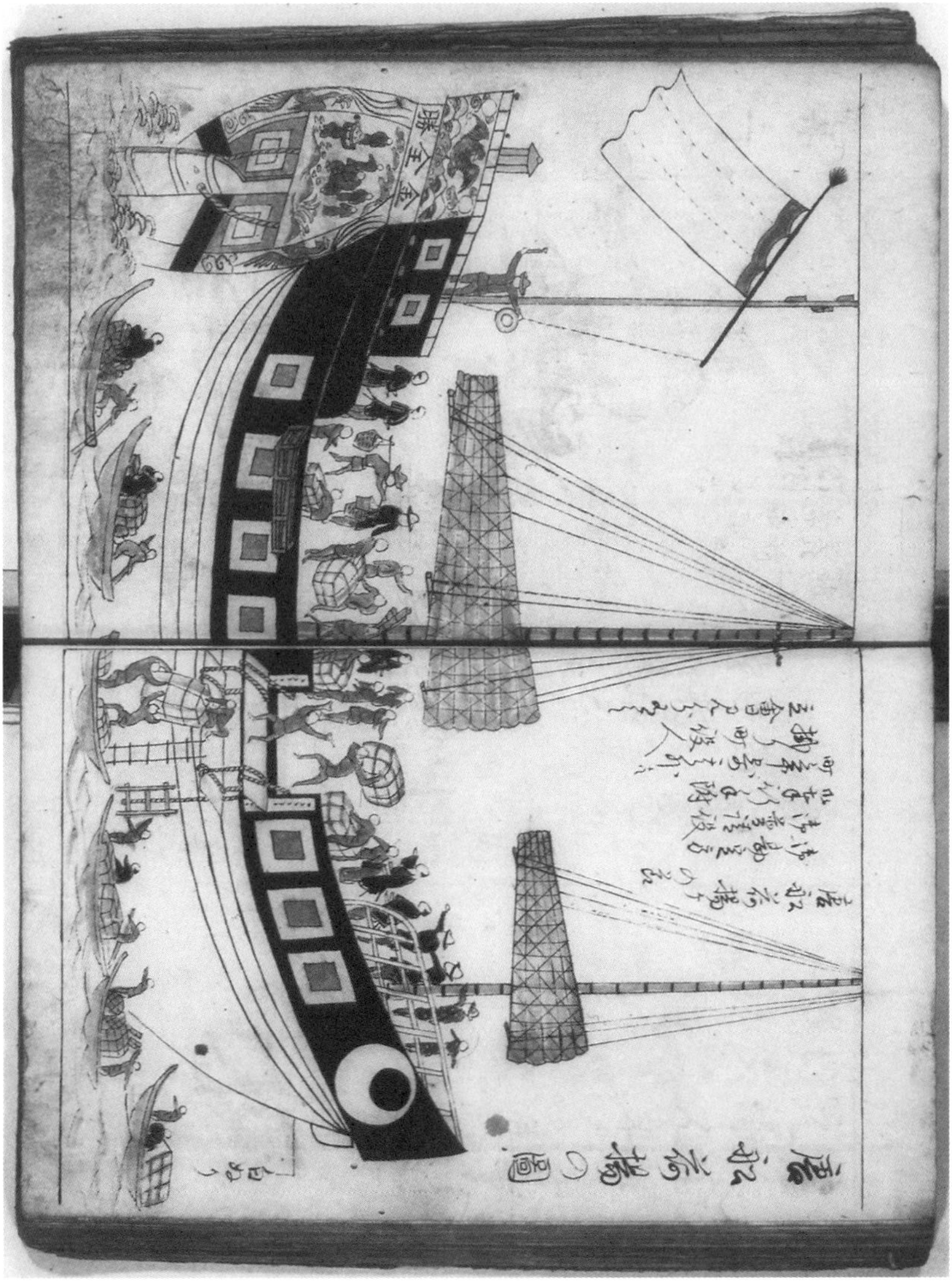

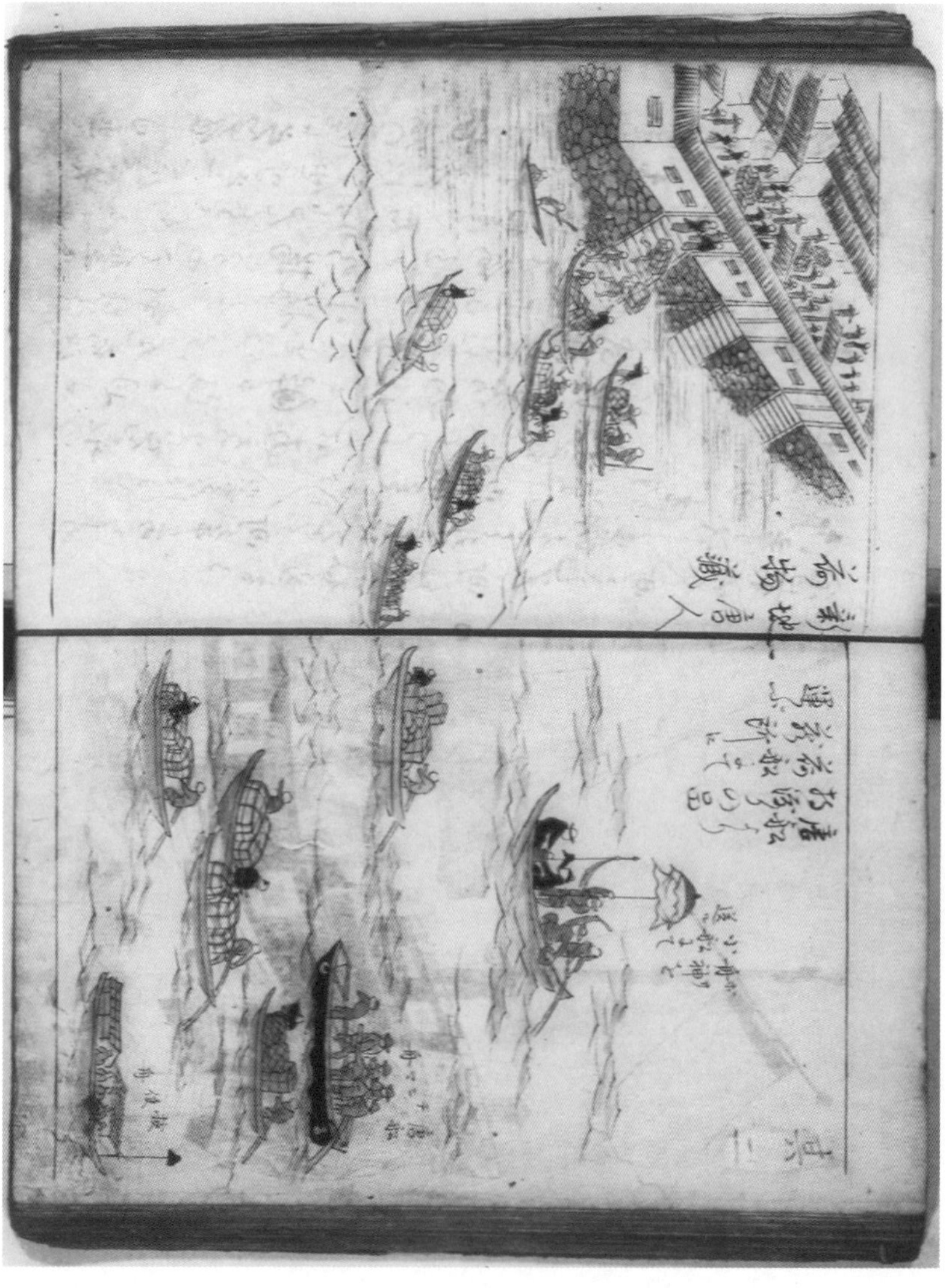

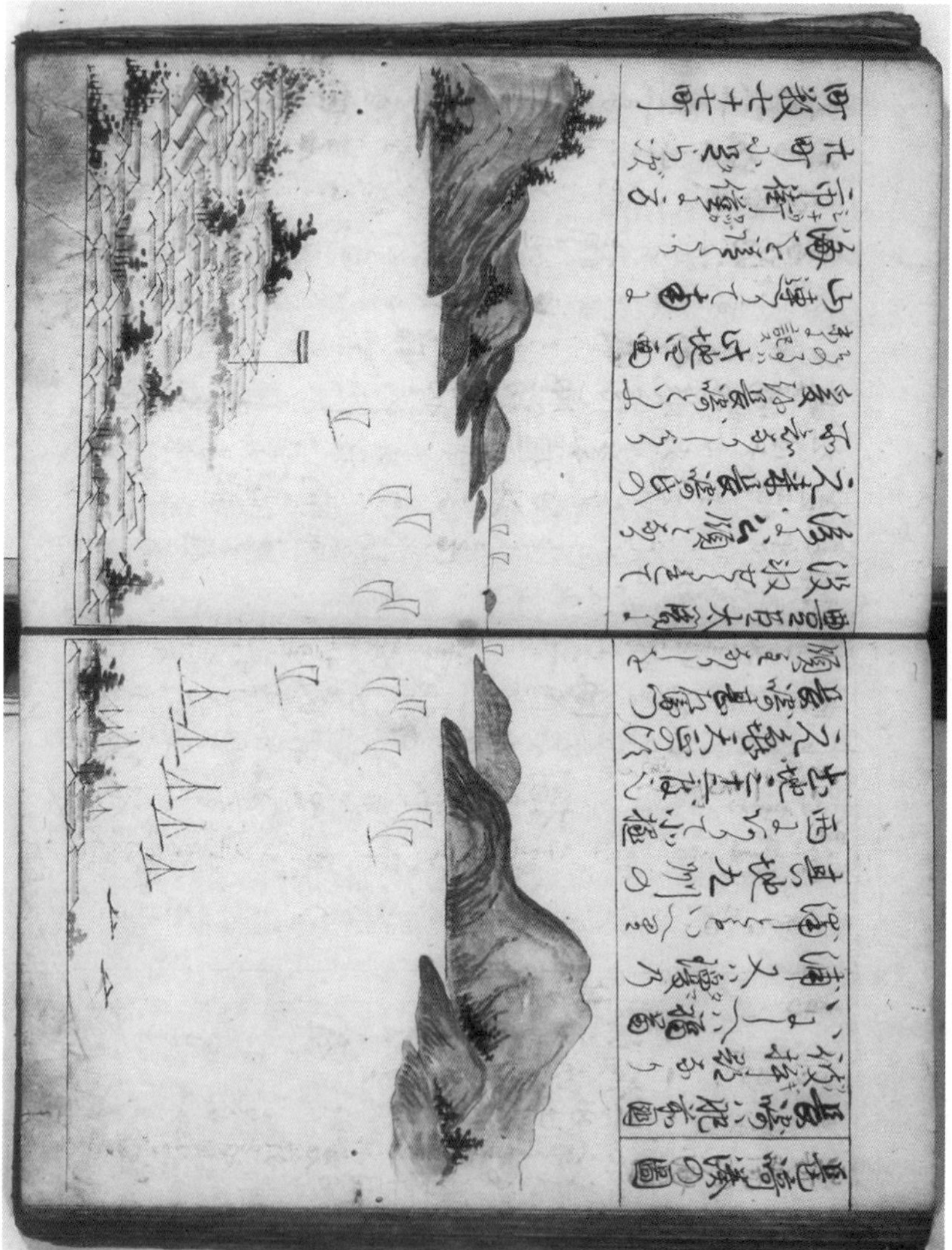

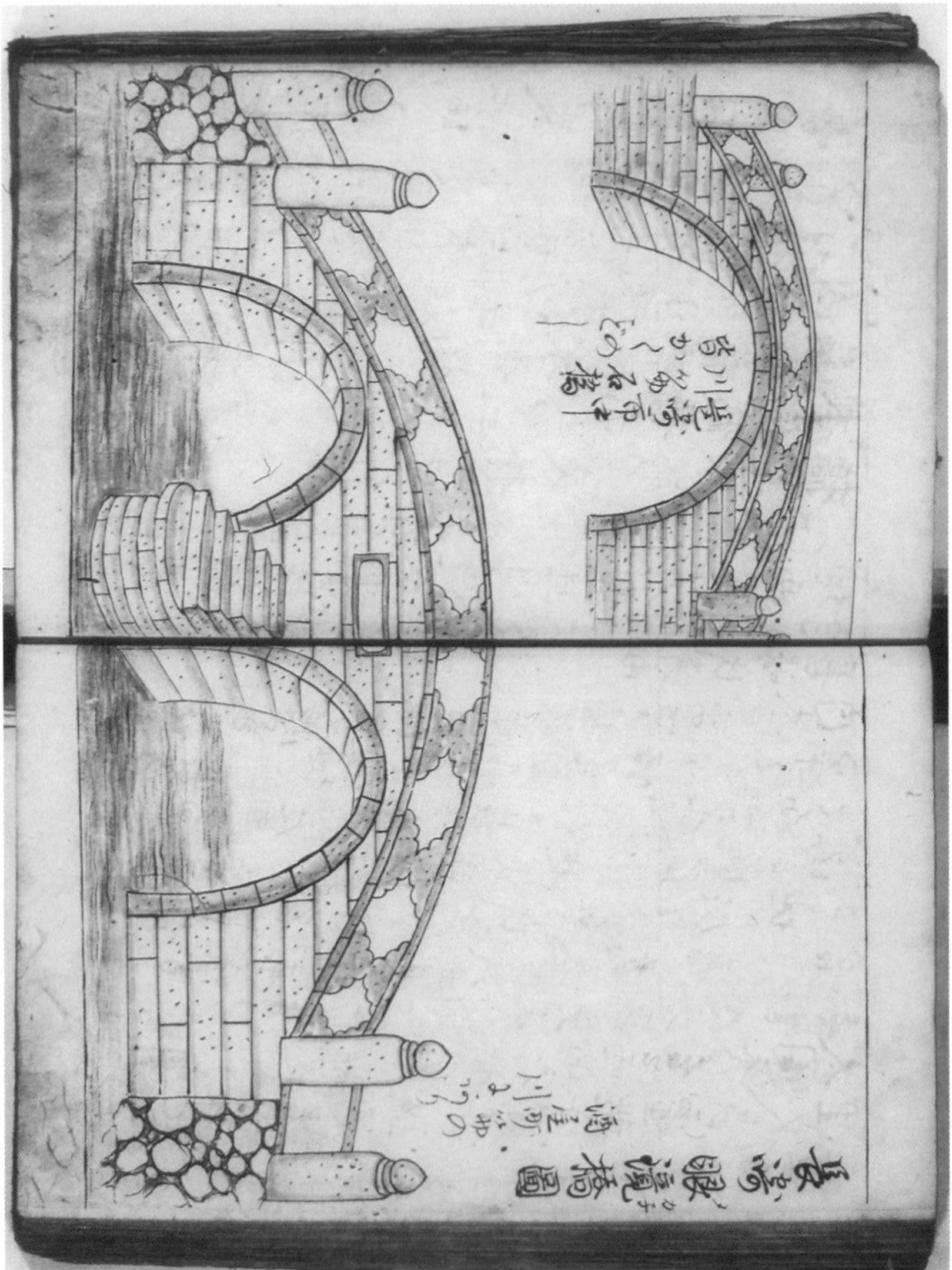

長崎石橋碑文 并銘

寛政七年乙卯七月大雨霖桃花溪水漲
石橋落者六、版橋三本街版橋其一也各渡口
因假架小版橋以利徒来明年五月水又
漲假橋皆落本街獨免六月石橋落三
本街假橋亦落十二年庚申官命建石
橋蓋客歳以来橋工送作之次也德政之
光被於何不有於是有司議謂此處舊
地西岸不對且川流至此小曲以故勢險
悪動輙闘怒激衝和蘭岸斷橋前是或
版或石随架随壊異他者職此之由乃就
南岸差西北岸差東改基正對壘石
作辟杵築牢固七月戊戌就緒十一月丙申
竣工民始不病渉也因勒石以為德政頌

銘曰

陽春之氷　虹霓彌崖
涓秋之月　烏鵲連階
誰厲誰掲　輿馬悠哉
珠欄玉檻　永利行来

寛政十二年庚申十一月穀旦

高木文熈識
猶林建書

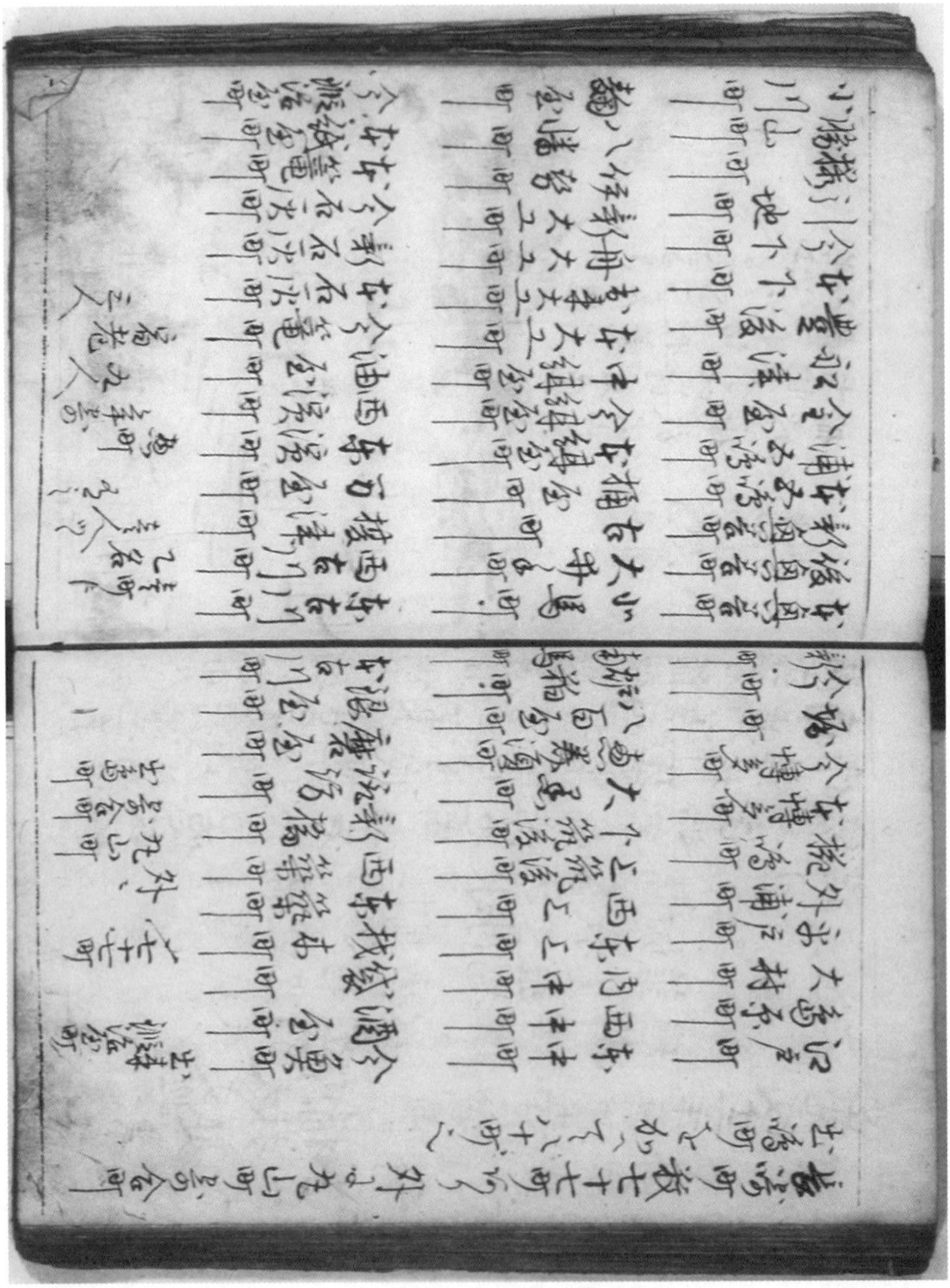

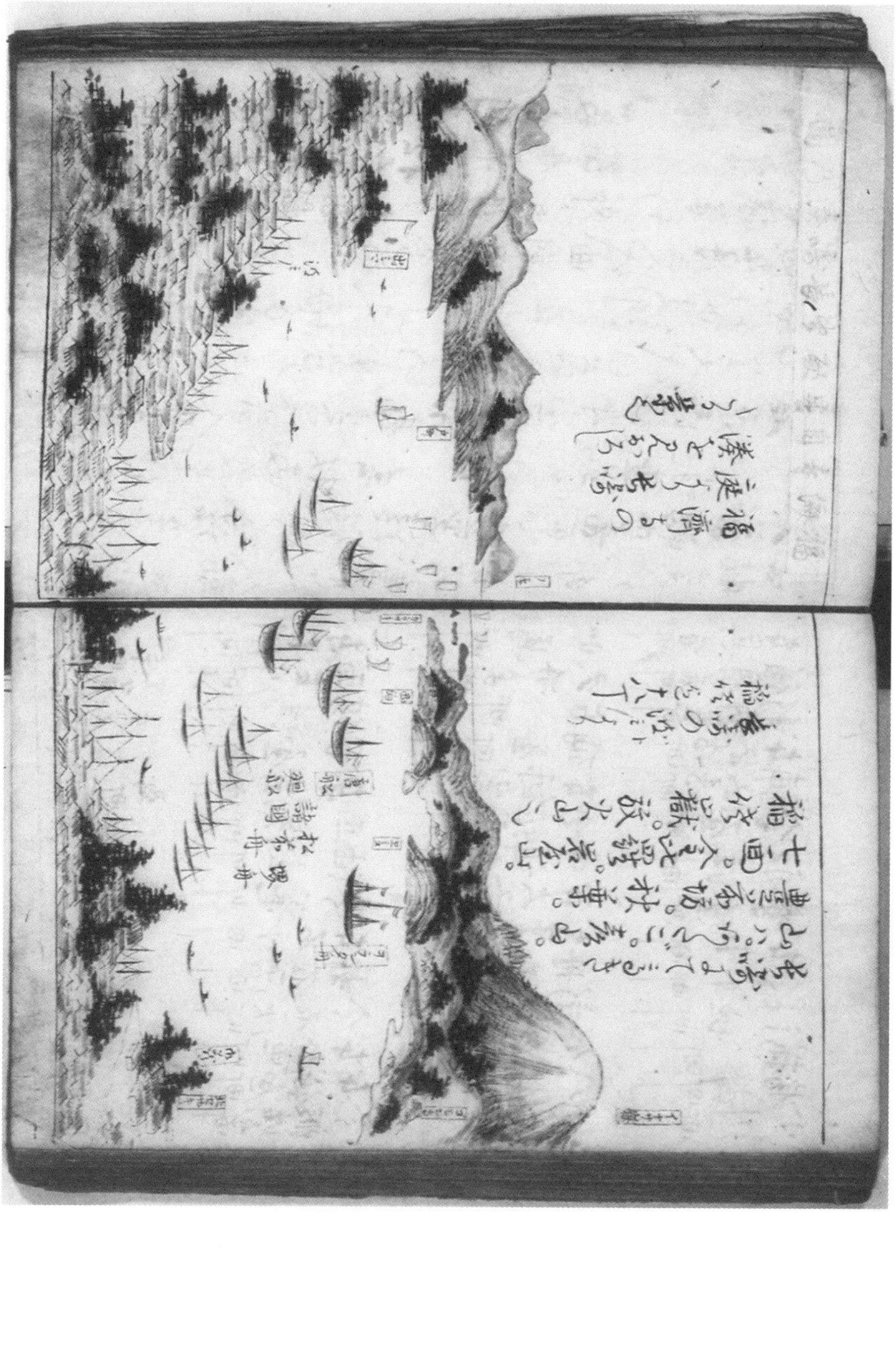

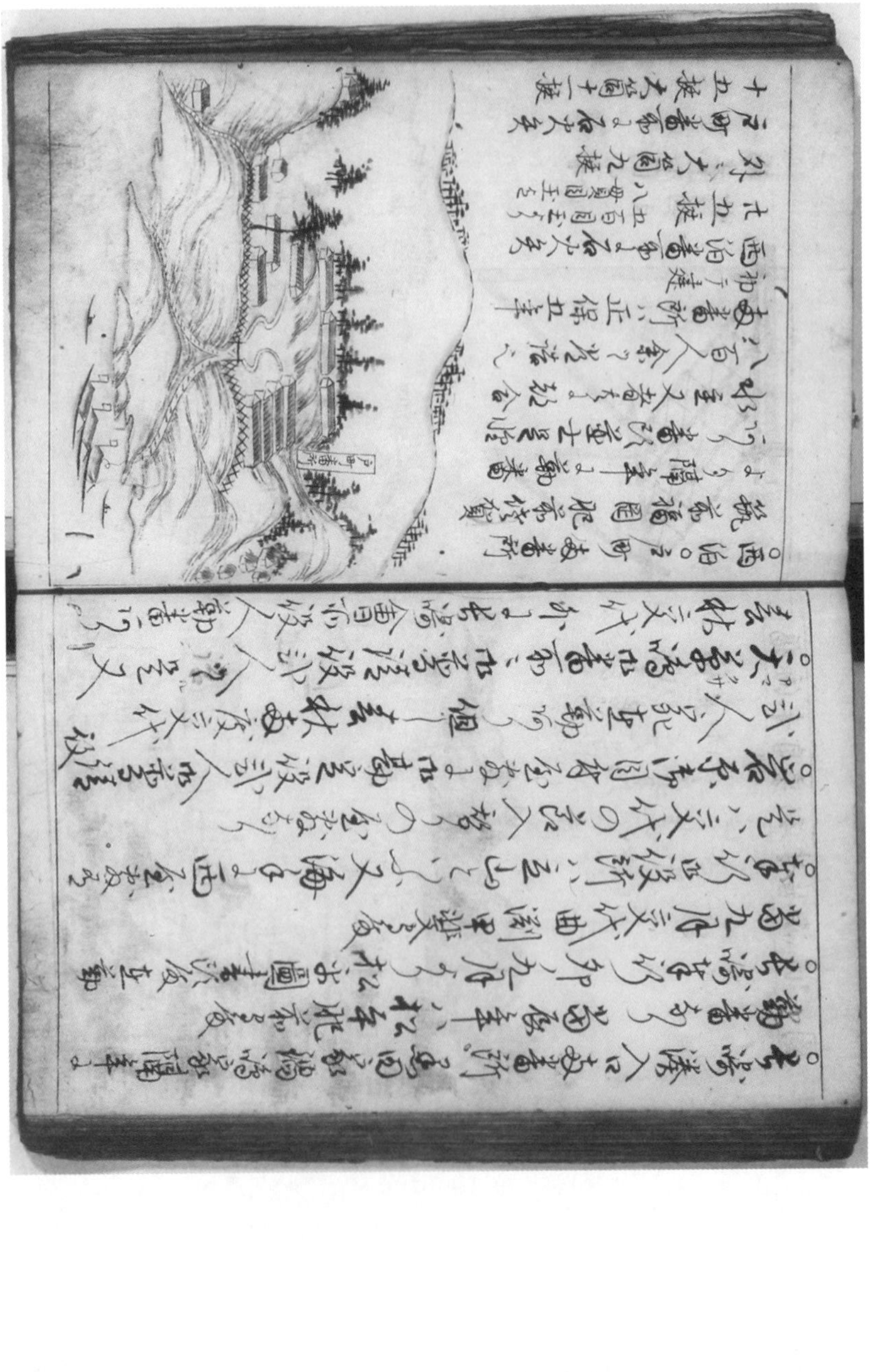

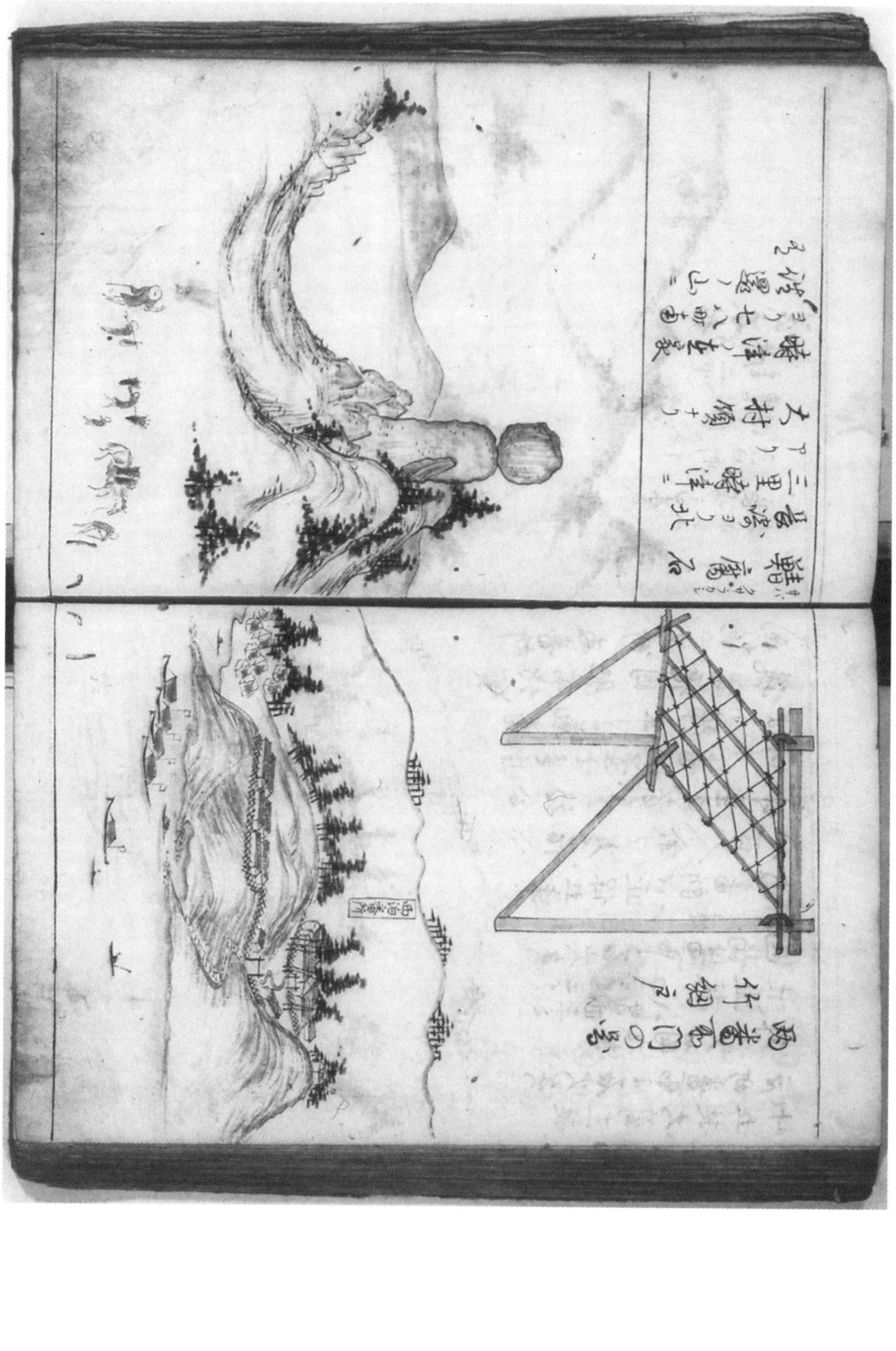
西泊番所
竹綱戸

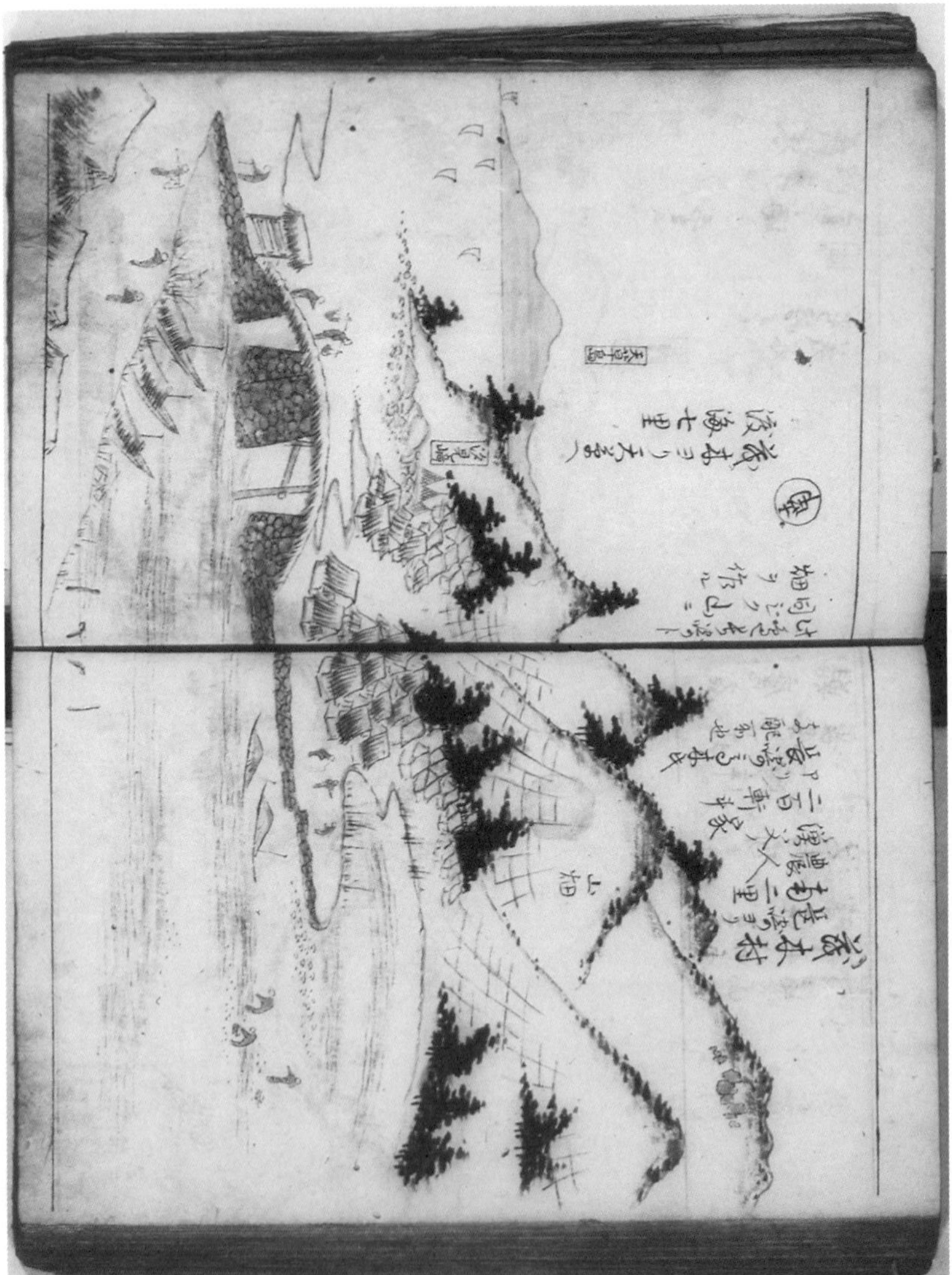

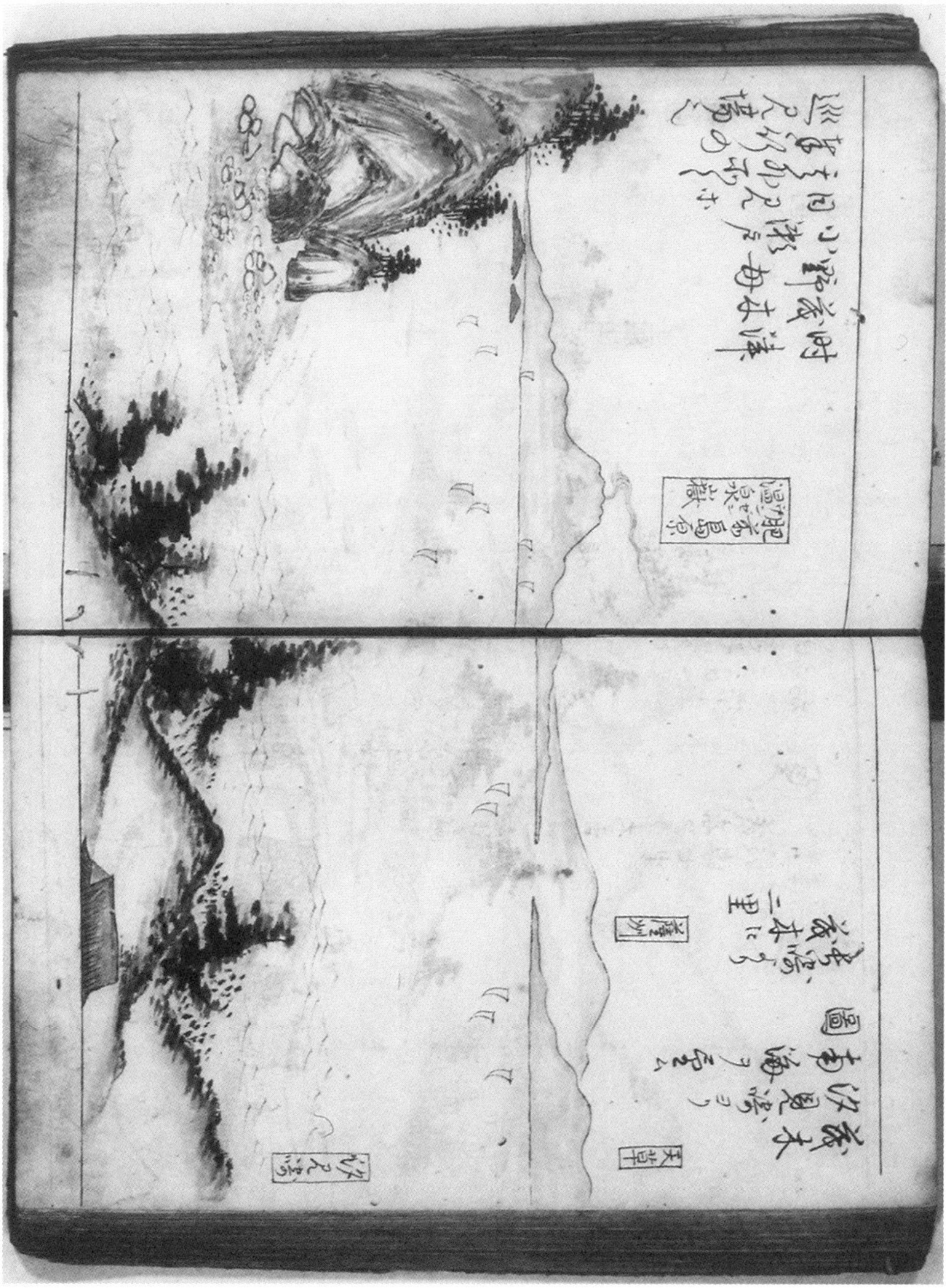

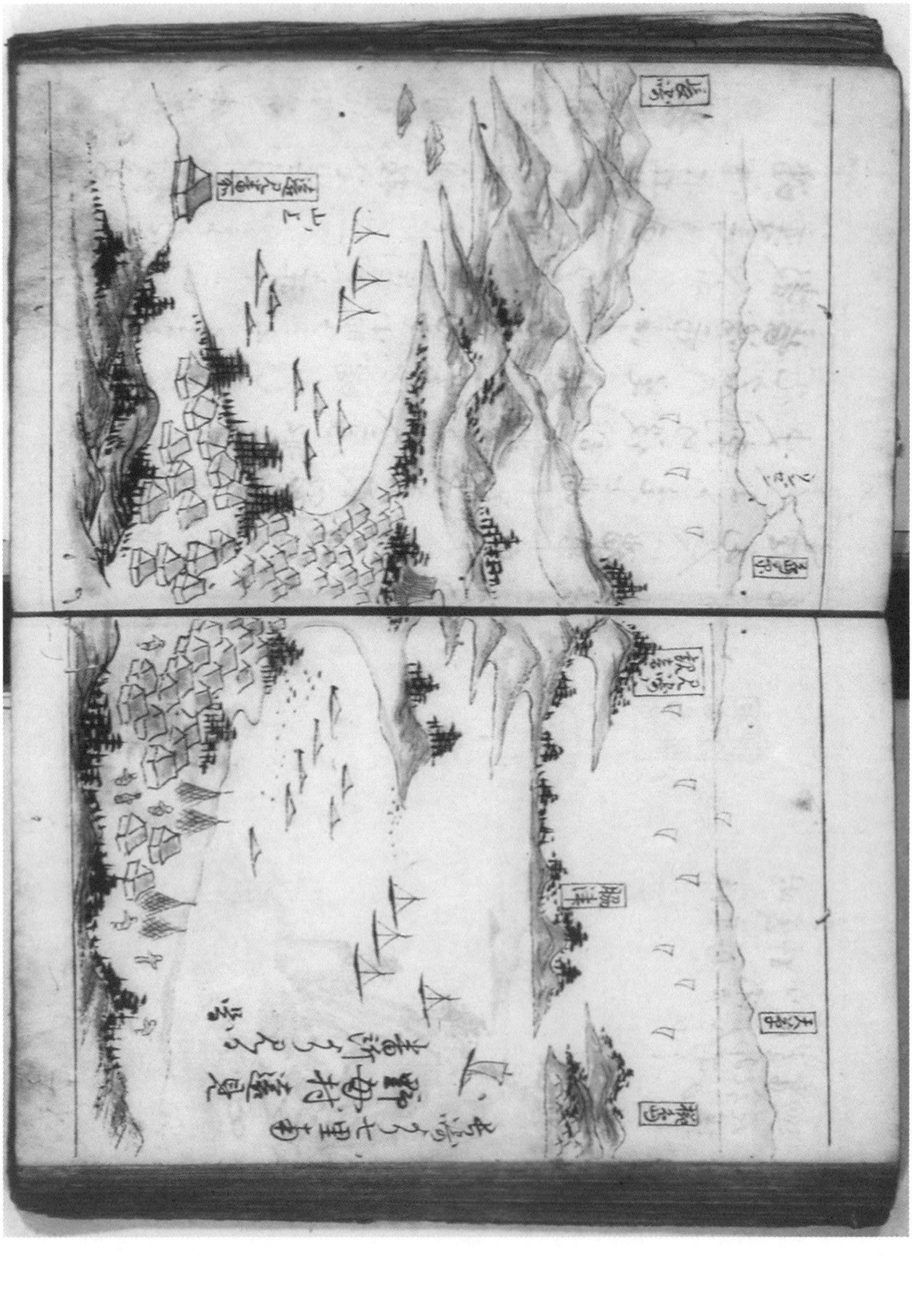

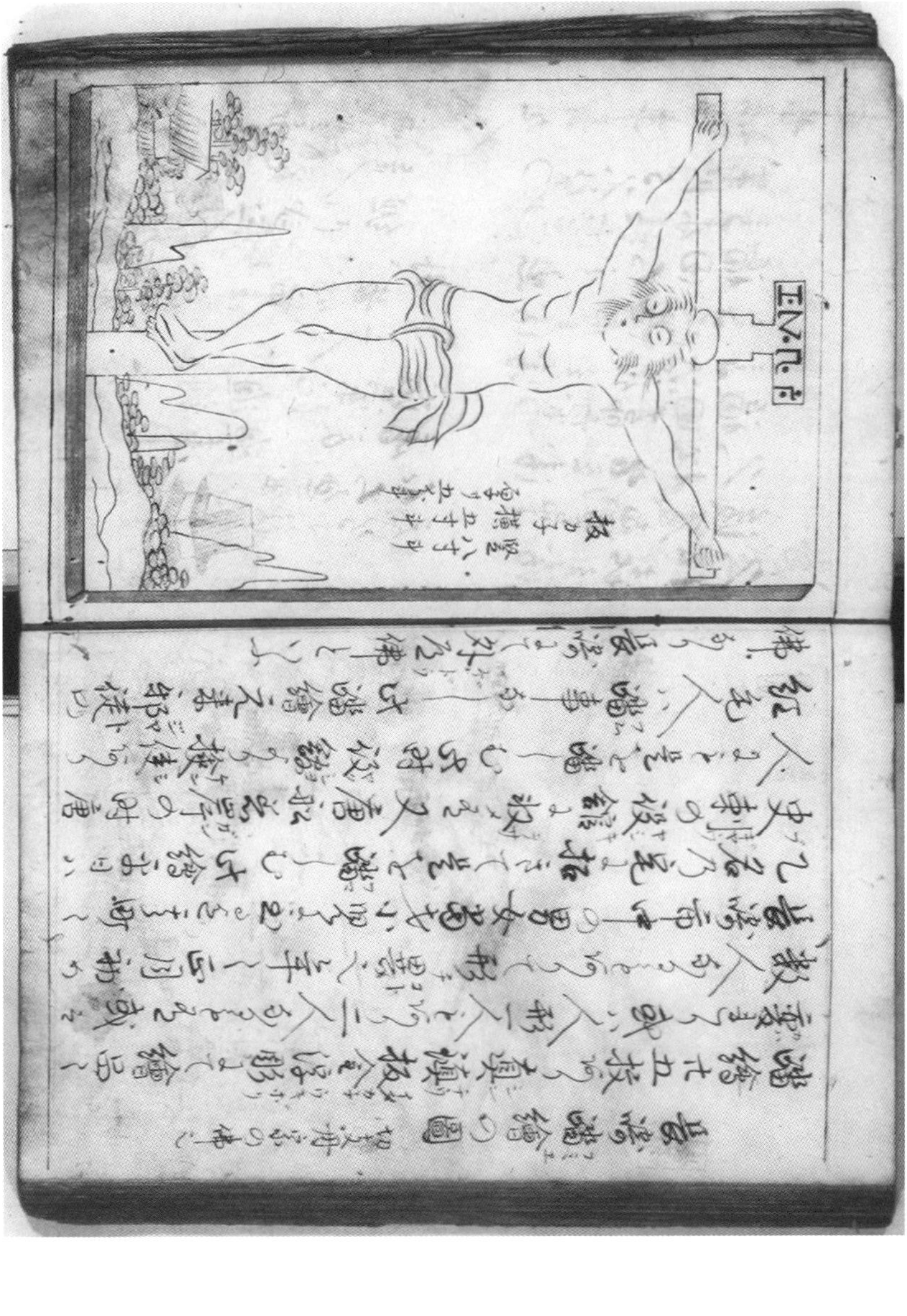

長崎踏絵《フミエ》の図　切支丹宗の仏也
踏絵は五枚あり真鍮《シンチウ》板金《イタカナ》浮彫《ウキボリ》にて絵品々
変《カハ》りて或は人形一人あるもあり二人あるもあり或は
数人あるもありて形《カタチ》異《コト》なり年々正月初め
長崎市中の男女貴賤小児に至るまで町々
乙名乃宅に招きて是を踏《フマ》しむ此絵平日は
史剳《ブギョウ》の役館《ヤシキ》に収《ヲサ》め置《オ》又唐船岸《ガン》の時唐
人にも是を踏しむ此時役人より撿使《ケンシ》あり
紅毛人は踏事《フム》なし此踏絵元来邪徒《ジャト》の
仏なり長崎にて外道《ゲドウ》仏といふ

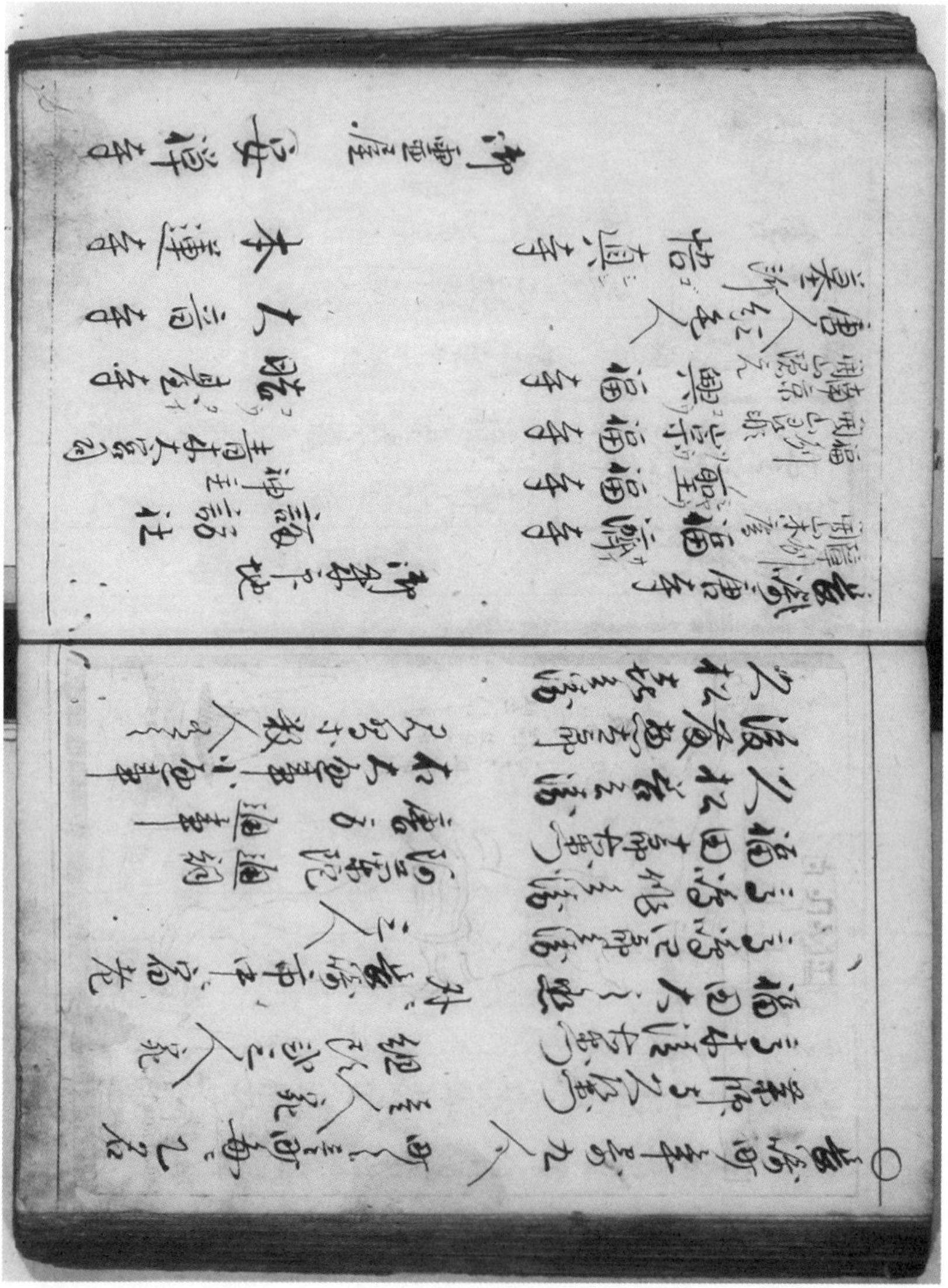
長崎町年寄九人
町々ニ町毎ニ乙名
外ニ長崎市中ニ宿老
阿蘭陀通詞
唐方通事
長崎唐寺
福済寺
聖福寺
崇福寺
興福寺
唐人紅毛人墓所
悟真寺
御奉行地
諏訪社
神主青木大宮司
晧臺寺
大音寺
本蓮寺
安禅寺
御霊屋

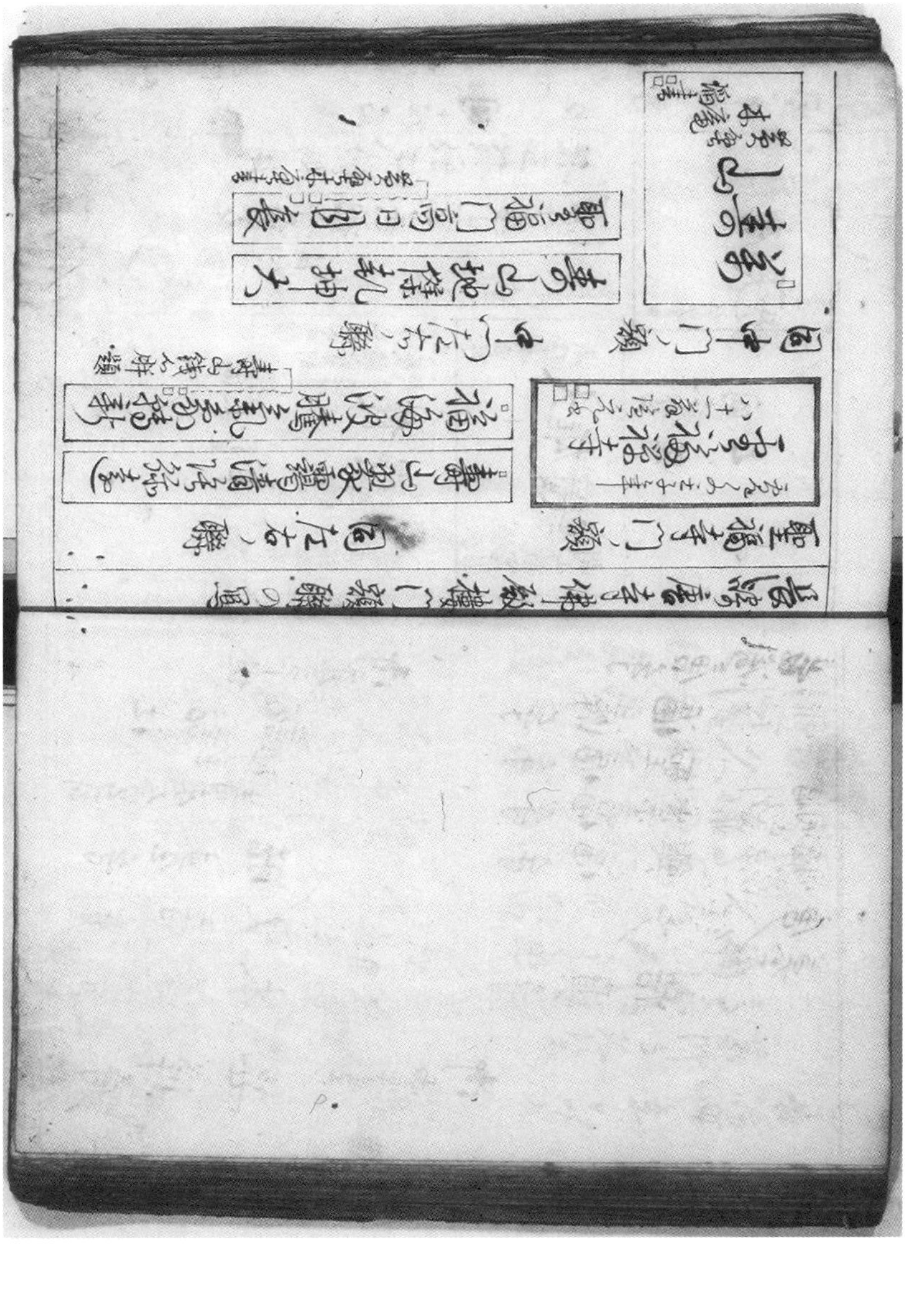

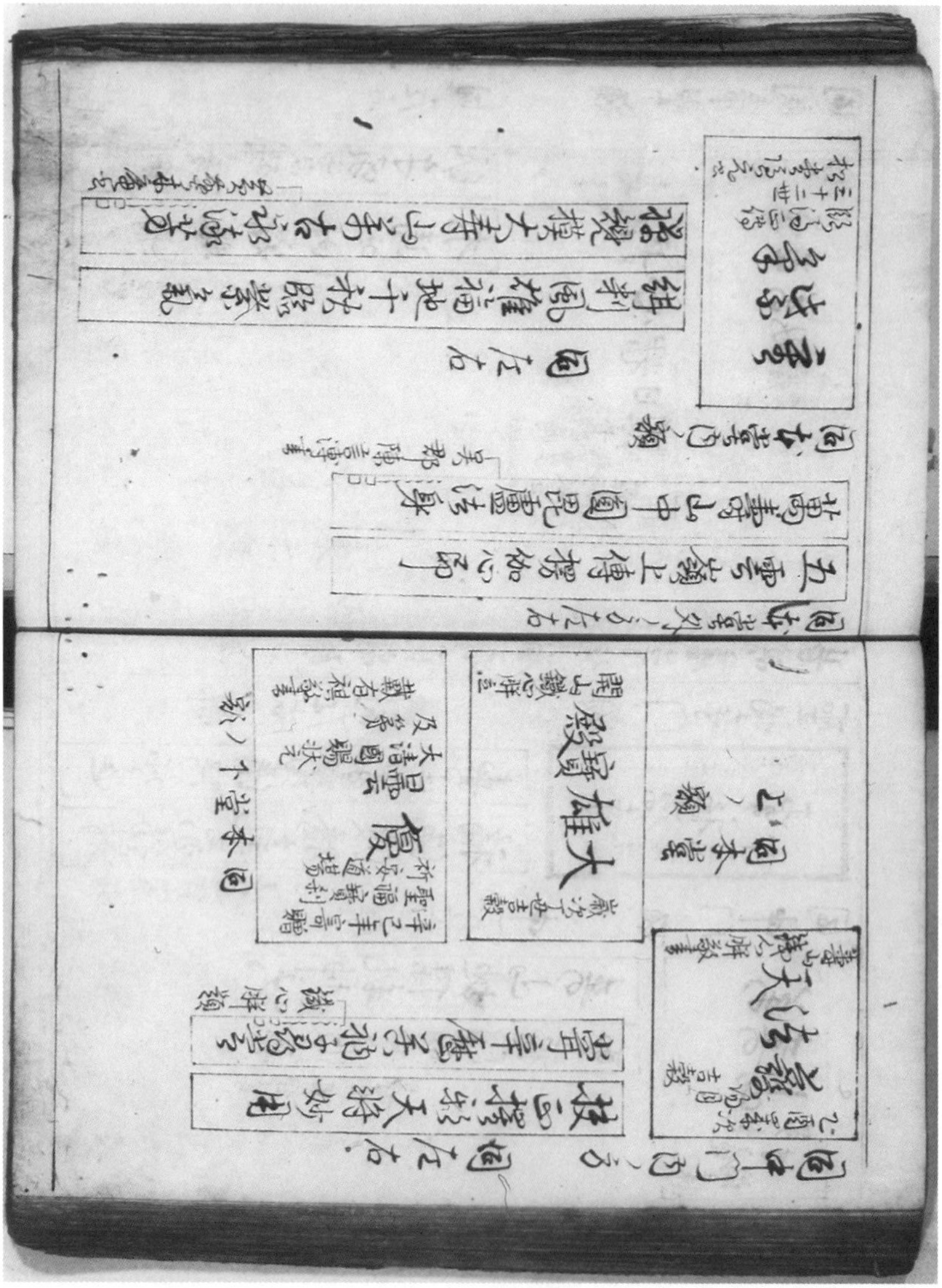

同中門内ノ方　同左右

技正撰彩天將妙用

識心胖題

同本堂上ノ額

大雄寶殿

歳次丁丑吉穀

開山鐵心胖立

優曇

聖福寶刹

祈安道場

大清國賜狀元及第

戴有祺敬書

同本堂下ノ額

同本堂外ノ方左右

五雲嶺上傳撈伽心印

萬壽山中圓毘盧法身

呉郡陳言溥書

同本堂内ノ額

三十二世

同左右

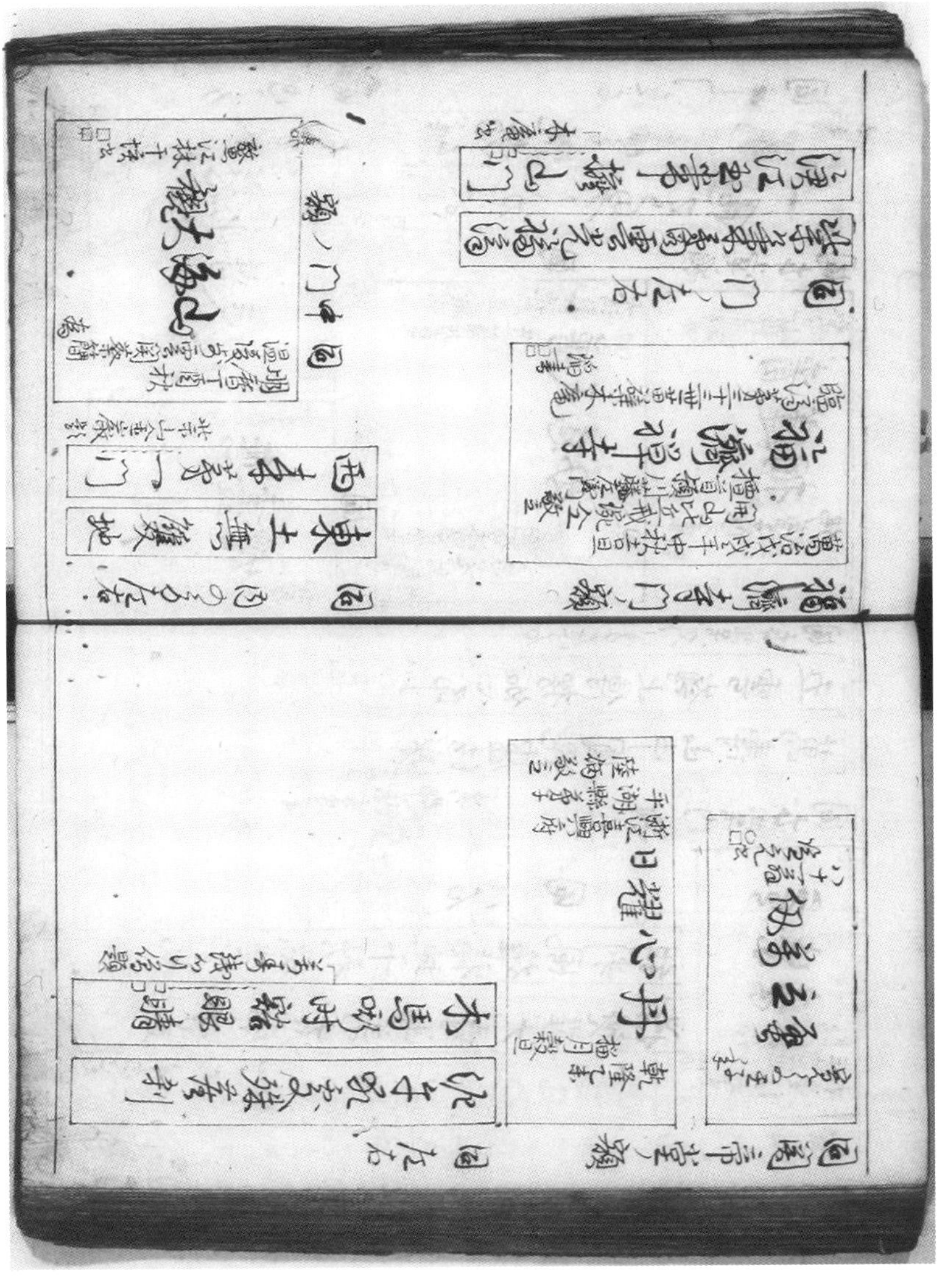

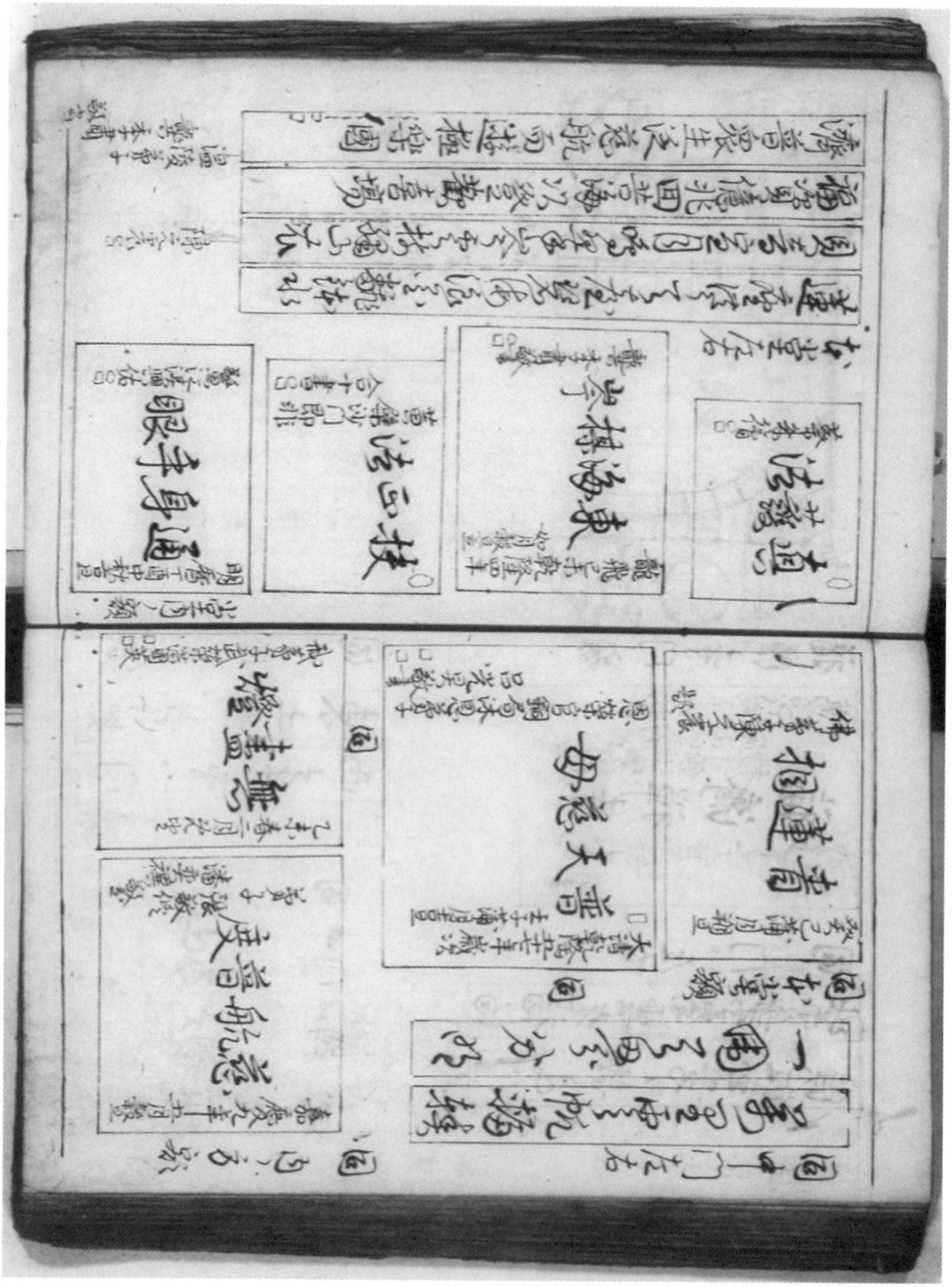

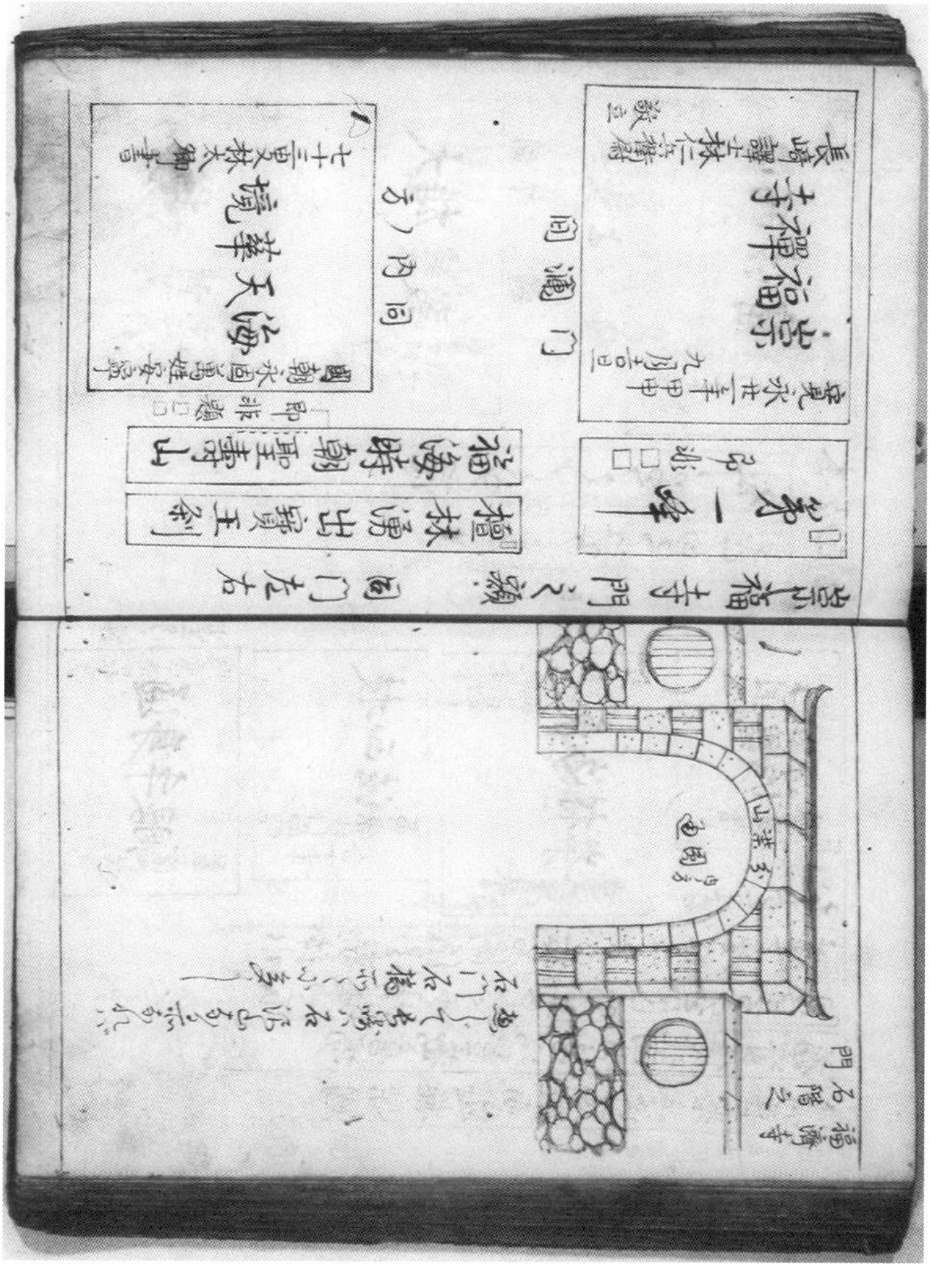
崇福寺門之額
福濟寺 石階之門

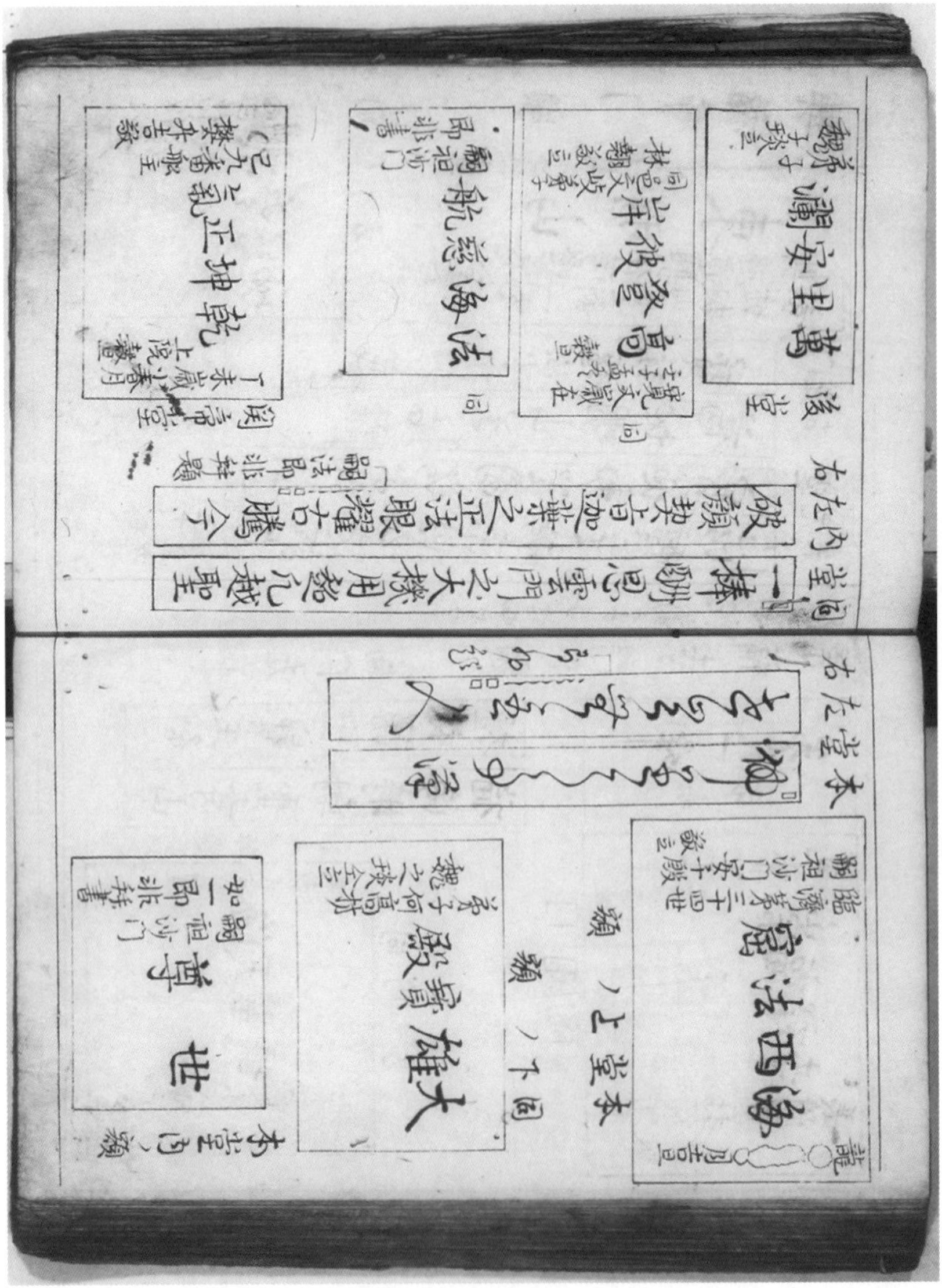

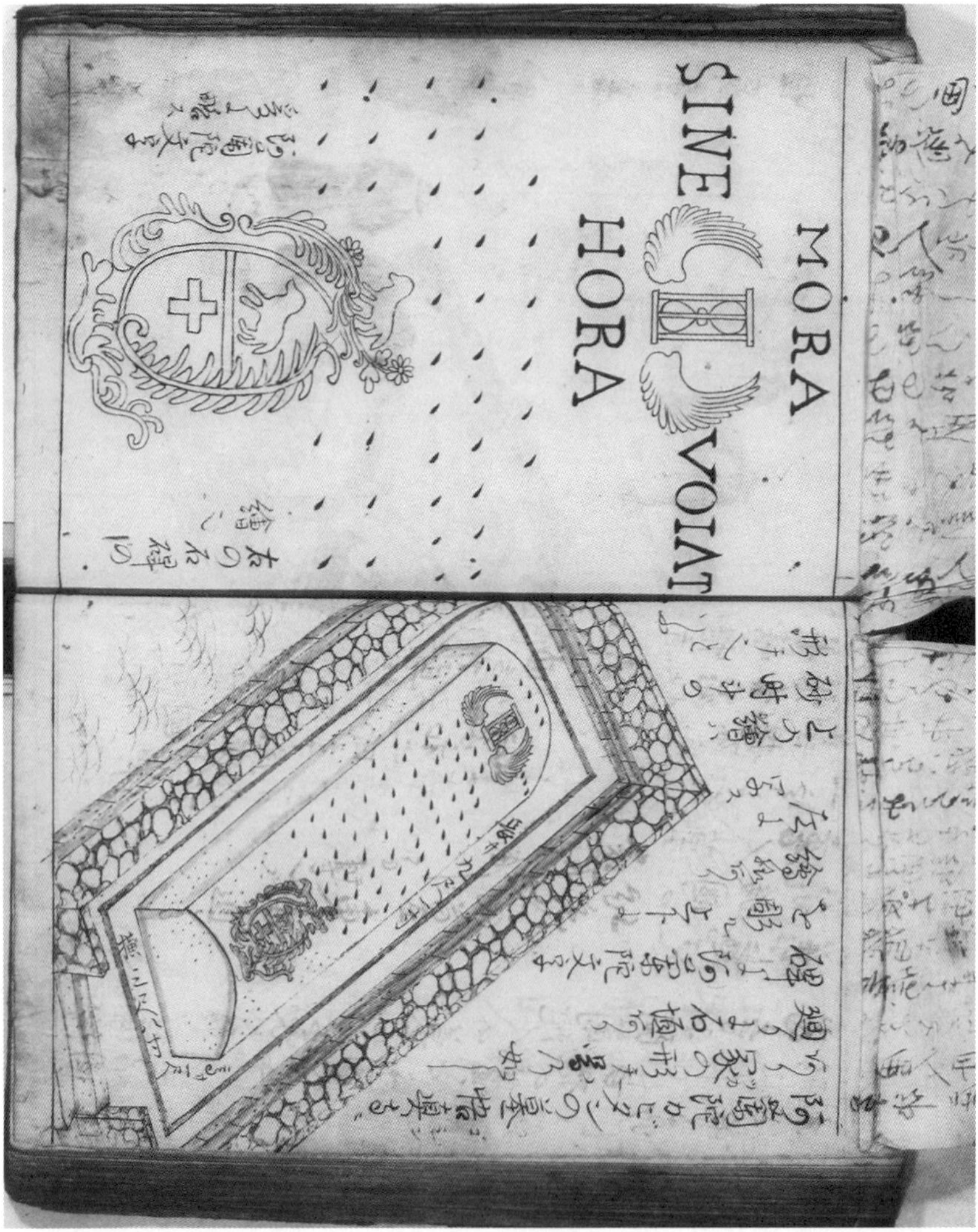
MORA
SINE VOLAT
HORA

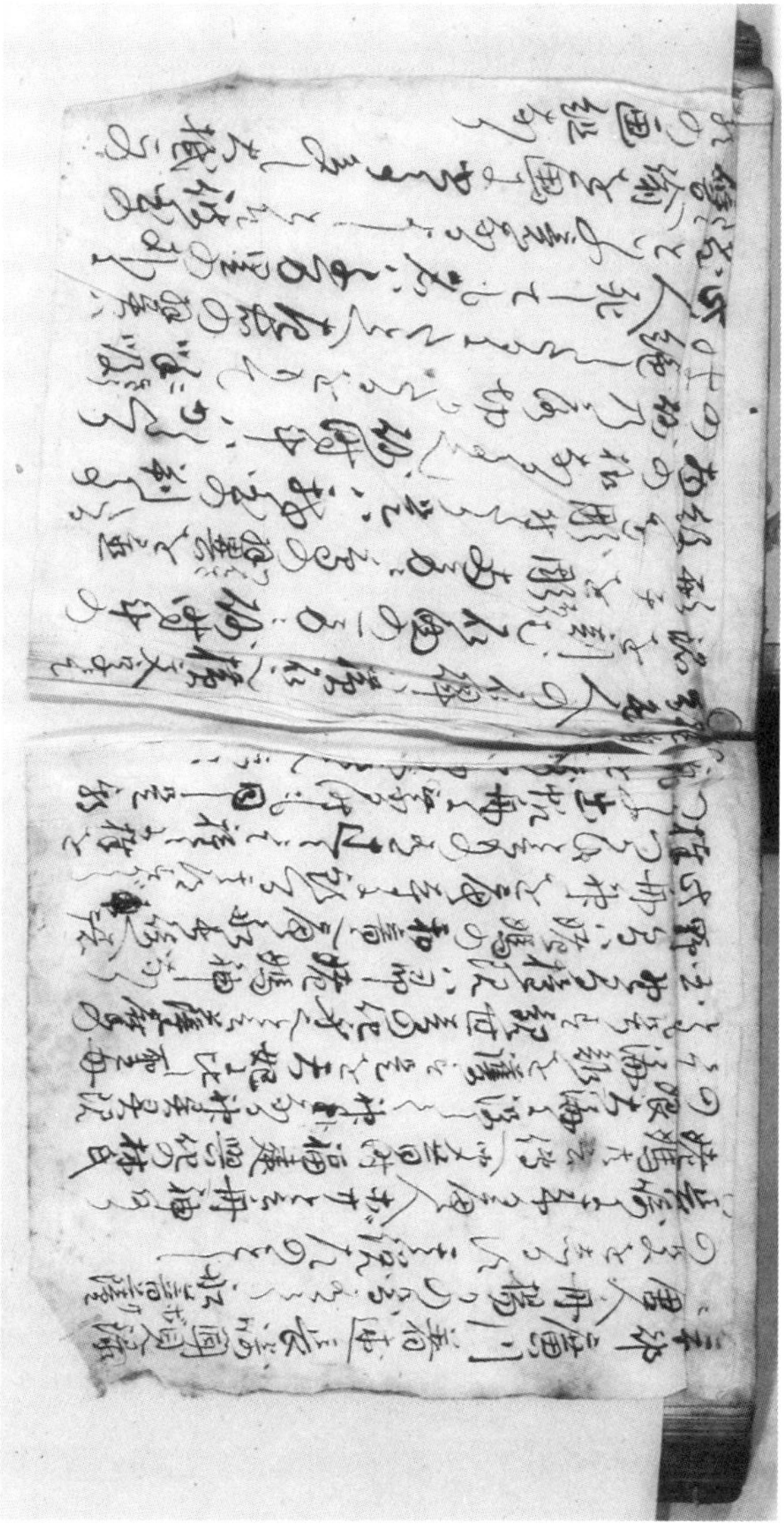

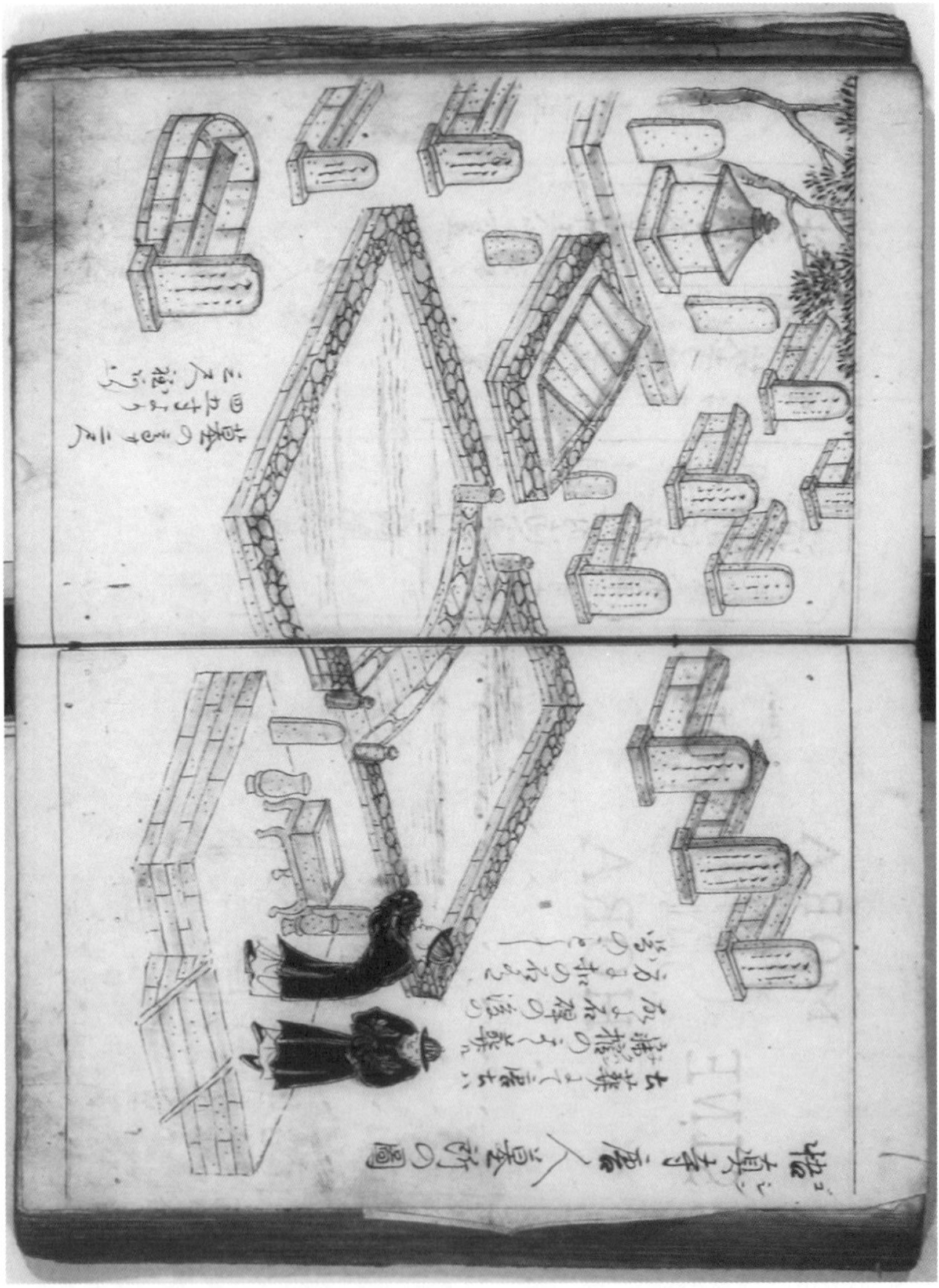
悟《ゴ》真《シン》寺唐人墓所の圖
土葬にて唐土ハ
寝棺のまゝ葬ル
夫より石碑の後の
方ハ和の石塔と
営のごとし
墓の高サ二尺
四五寸より
三尺

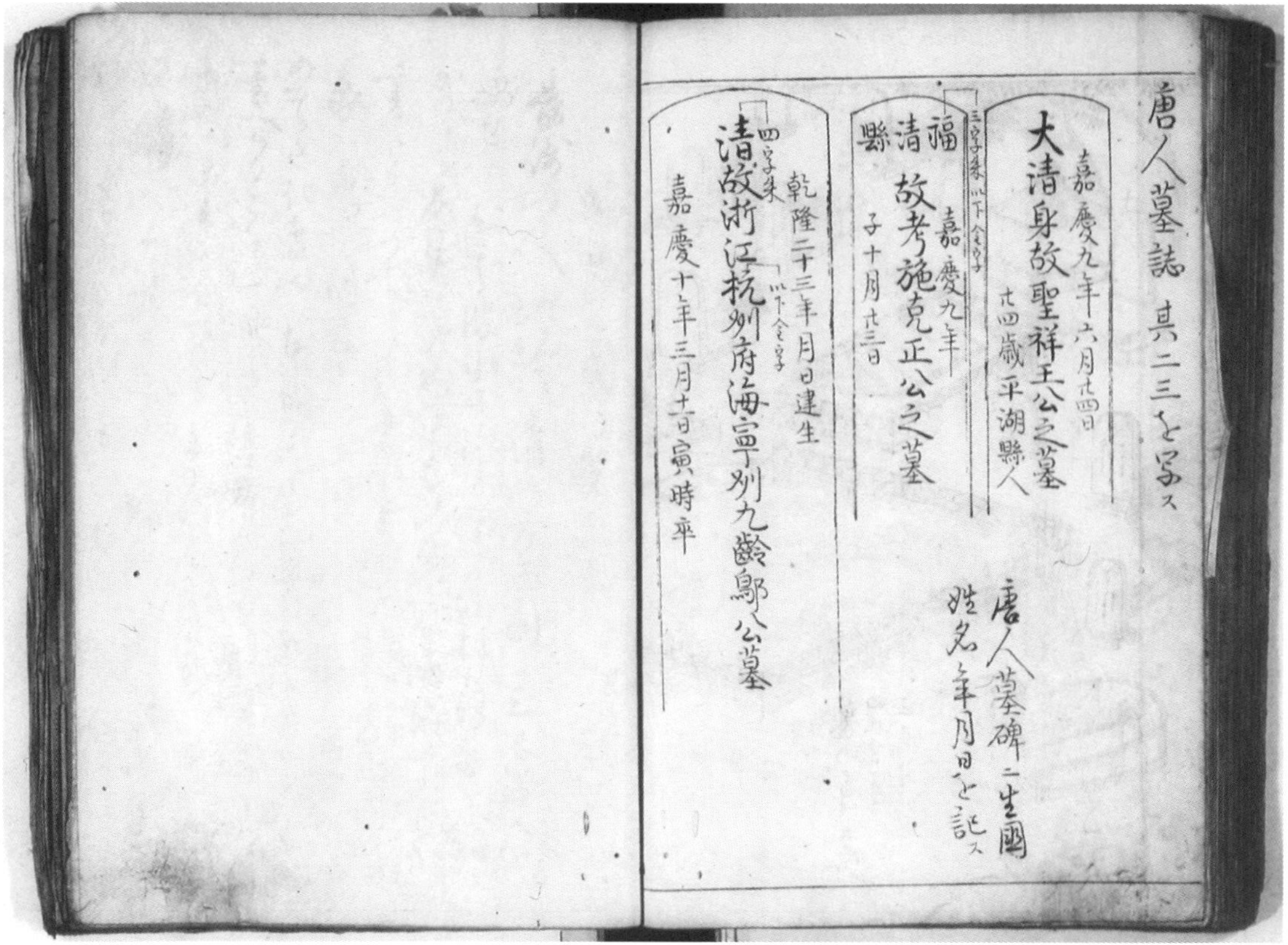

唐人墓誌 其二三ヲ写ス

大清 嘉慶九年六月廿四日

身故聖祥王公之墓

廿四歳平湖縣人

三字朱 以下金字

福清縣 嘉慶九年

故考施克正公之墓

子十月廿三日

四字朱 乾隆二十三年月日建生 以下金字

清故浙江杭州府海寧州九齡鄔公墓

嘉慶十年三月十一日寅時卒

唐人墓碑ニ生國姓名年月日ヲ記ス

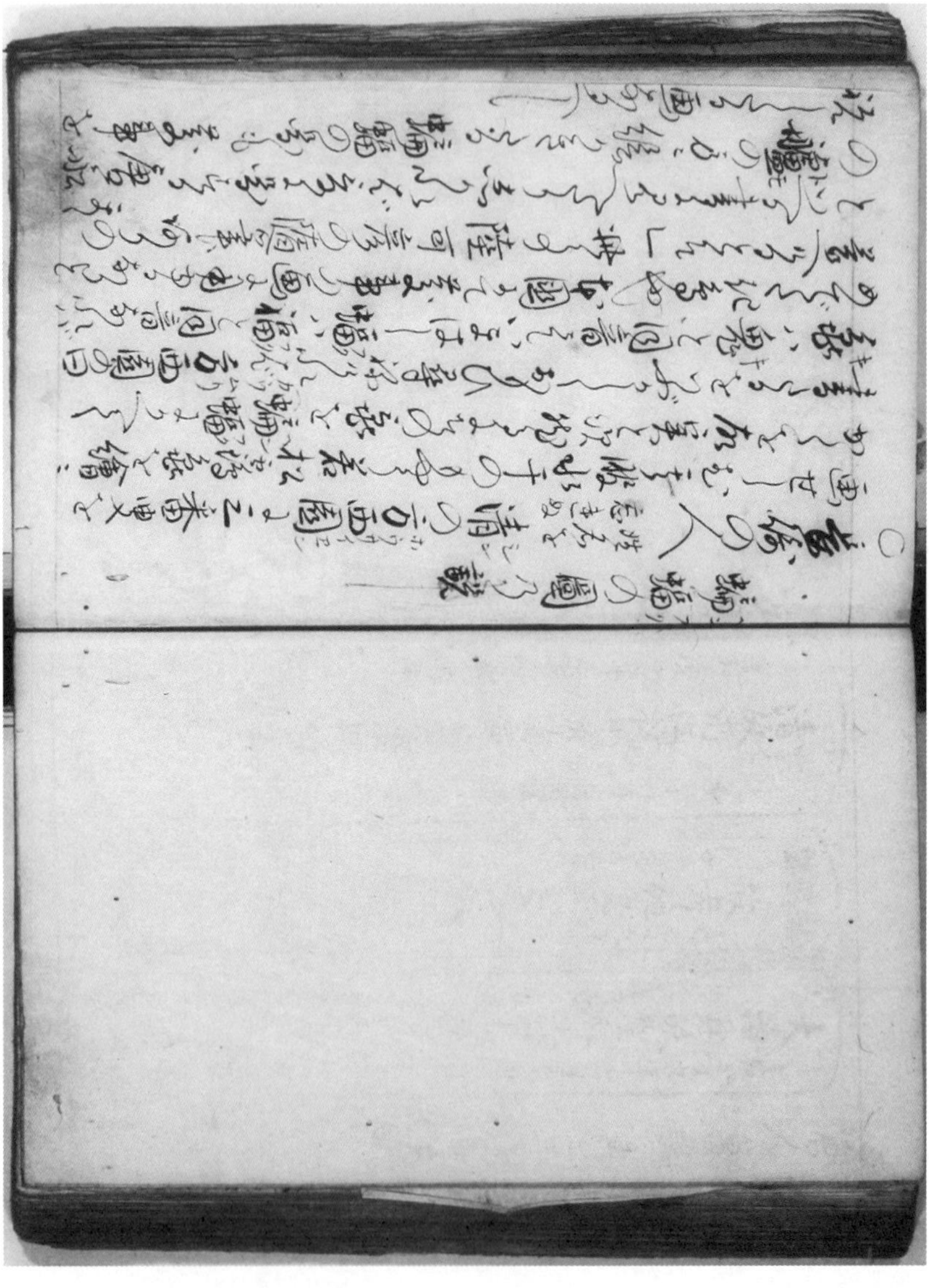

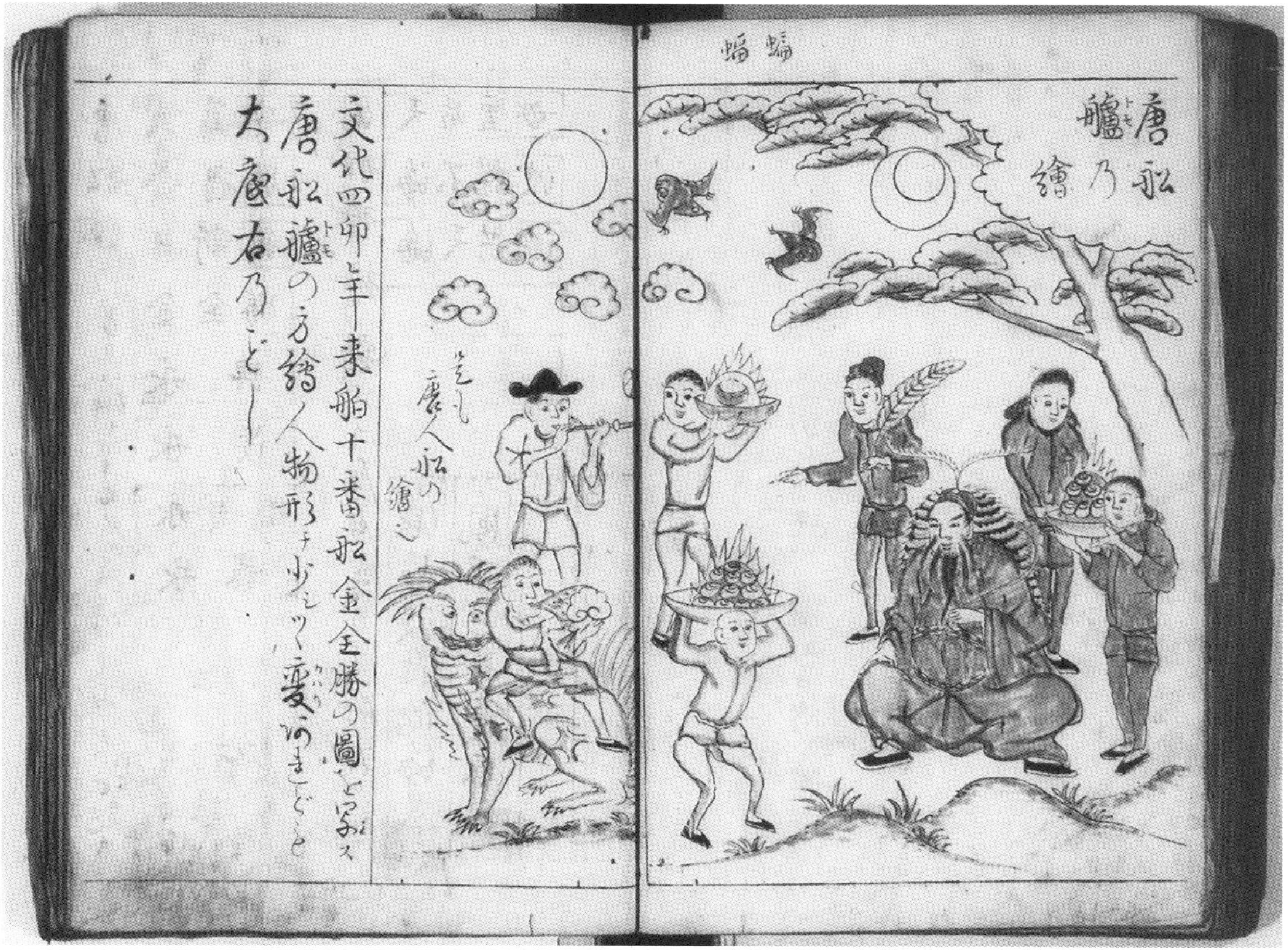
唐船艫《トモ》乃繪
蝙蝠
文化四卯ノ年来船十番船金全勝の圖を写ス
唐船艫《トモ》の方繪人物形チ少シツヽ変《カハリ》
大底右乃ごとし
唐人船の繪

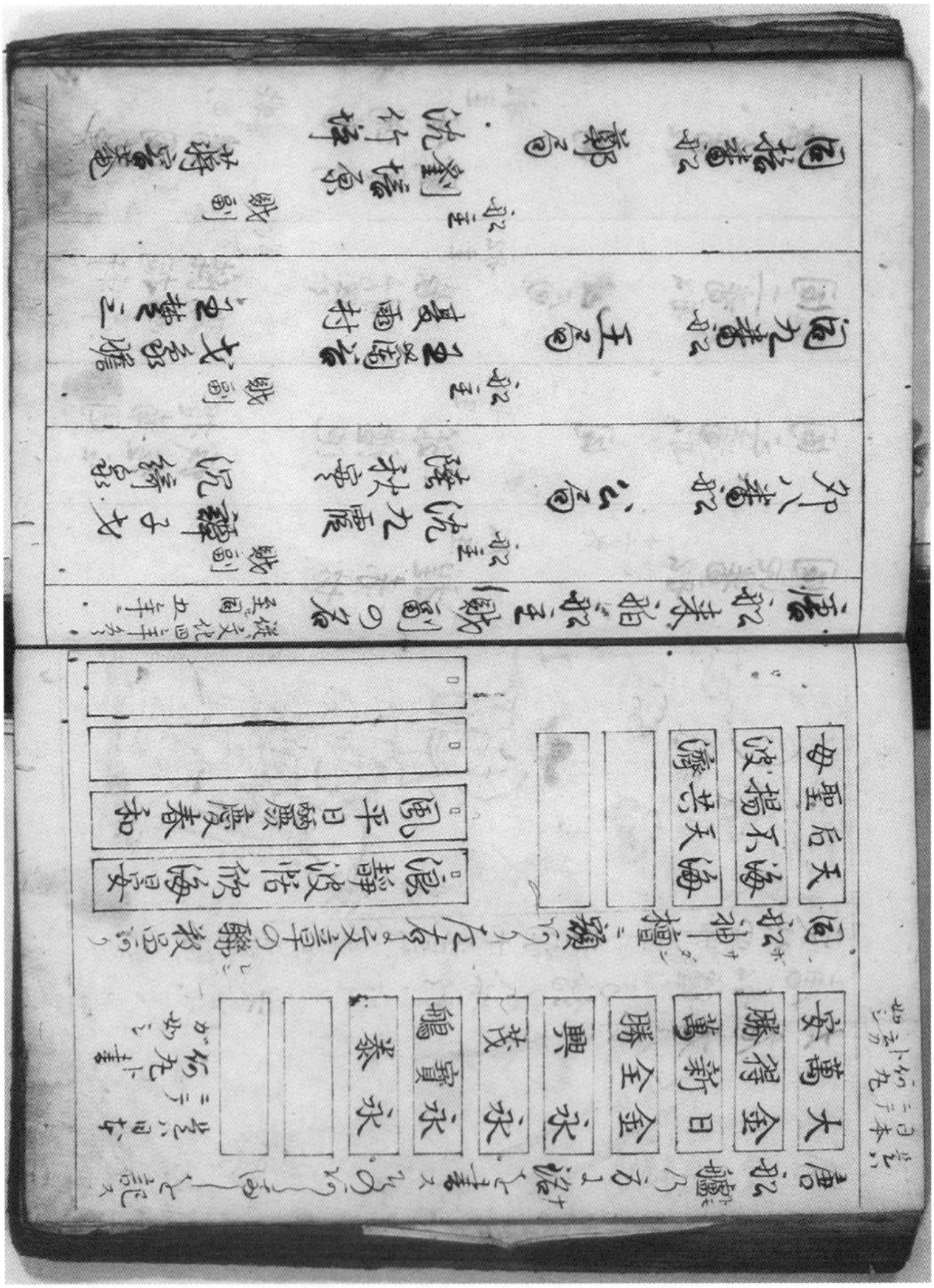

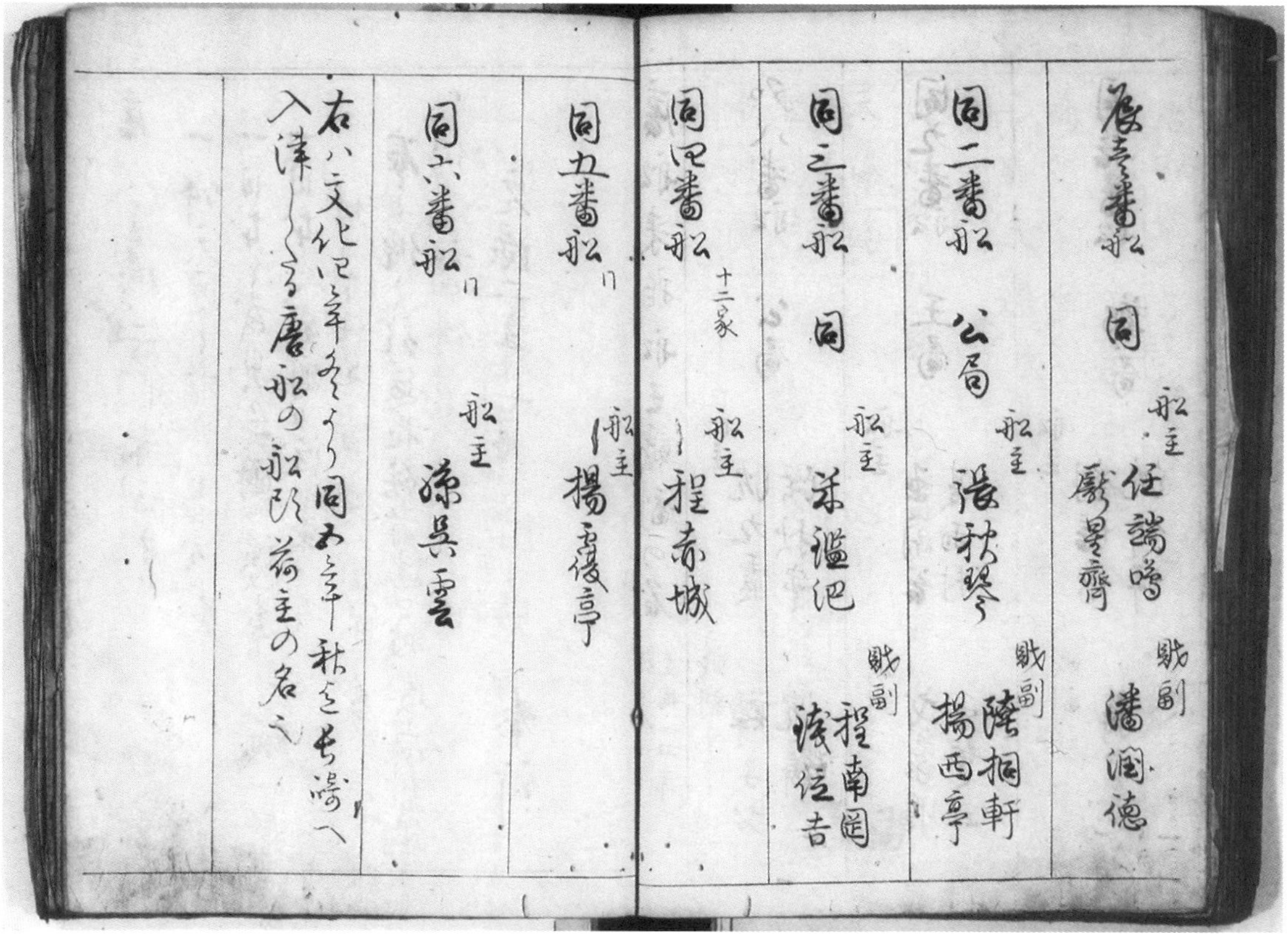

辰壱番船　同　船主 任瑞鳴　厳景斎　財副 潘渭徳

同二番船　公局　船主 張秋琴　財副 陸桐軒　揚西亭

同三番船　同　船主 朱鑑池　財副 程南園　銭位吉

同四番船　十二家　船主 程赤城

同五番船　船主 揚[illegible]亭

同六番船　船主 孫呉雲

右ハ文化巳年冬より同午年秋迄長崎へ入津しる唐船の船頭荷主の名之

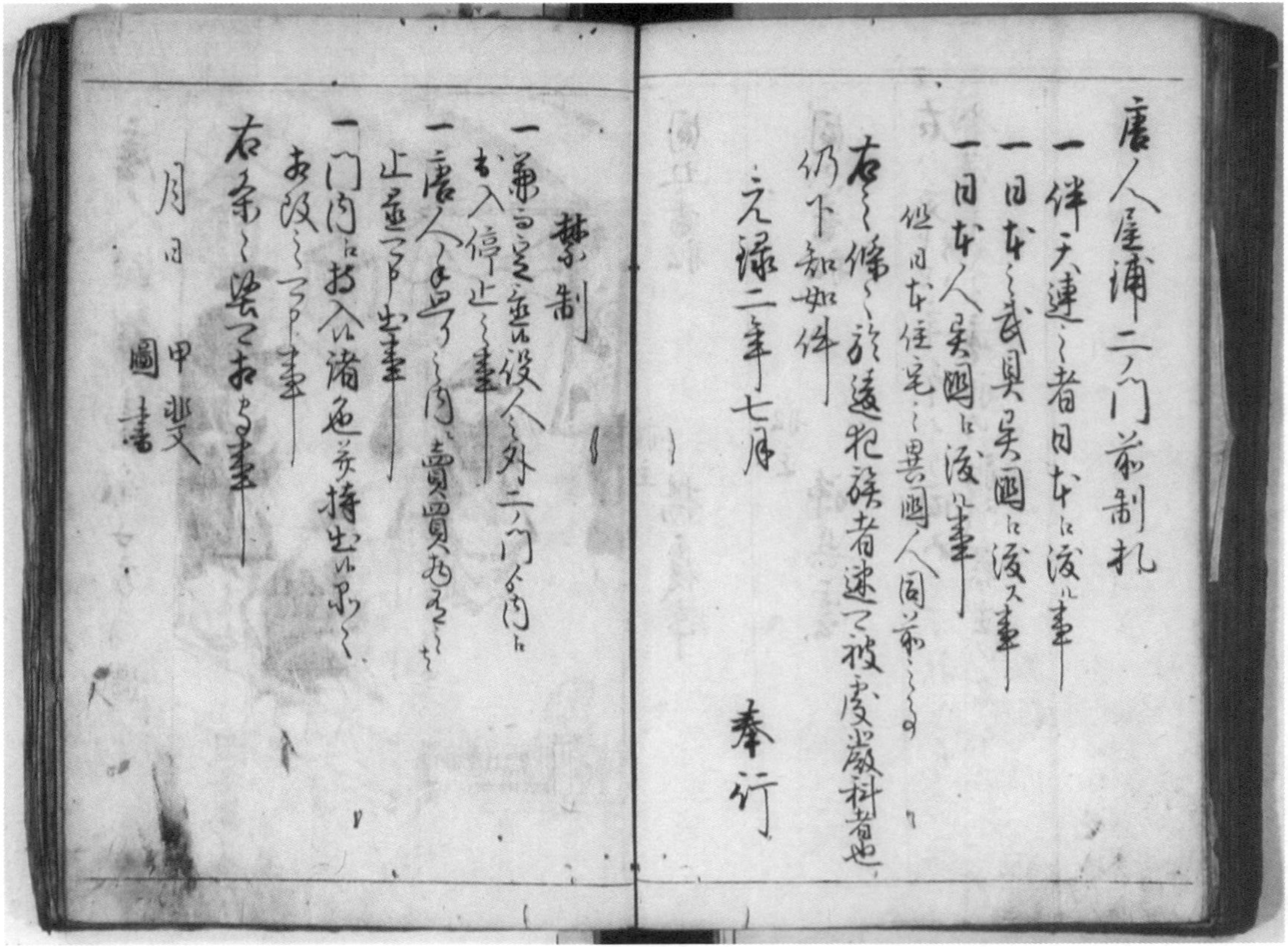

唐人屋鋪二ノ門前制札

一 伴天連之者日本江渡ル事

一 日本之武具異国江渡ス事

一 日本人異国江渡ル事
但日本住宅之異国人同前之事

右之條々於違犯之族者速ニ被處厳科者也
仍下知如件

元禄二年七月

奉行

禁制

一 兼而定置役人之外二ノ門之内江
出入停止之事

一 唐人与日本人之内賣買致之候
止置可申事

一 門内江出入諸色并持出入物之
相改可申事

右条々堅可相守者也

月日　甲斐
　　　圖書

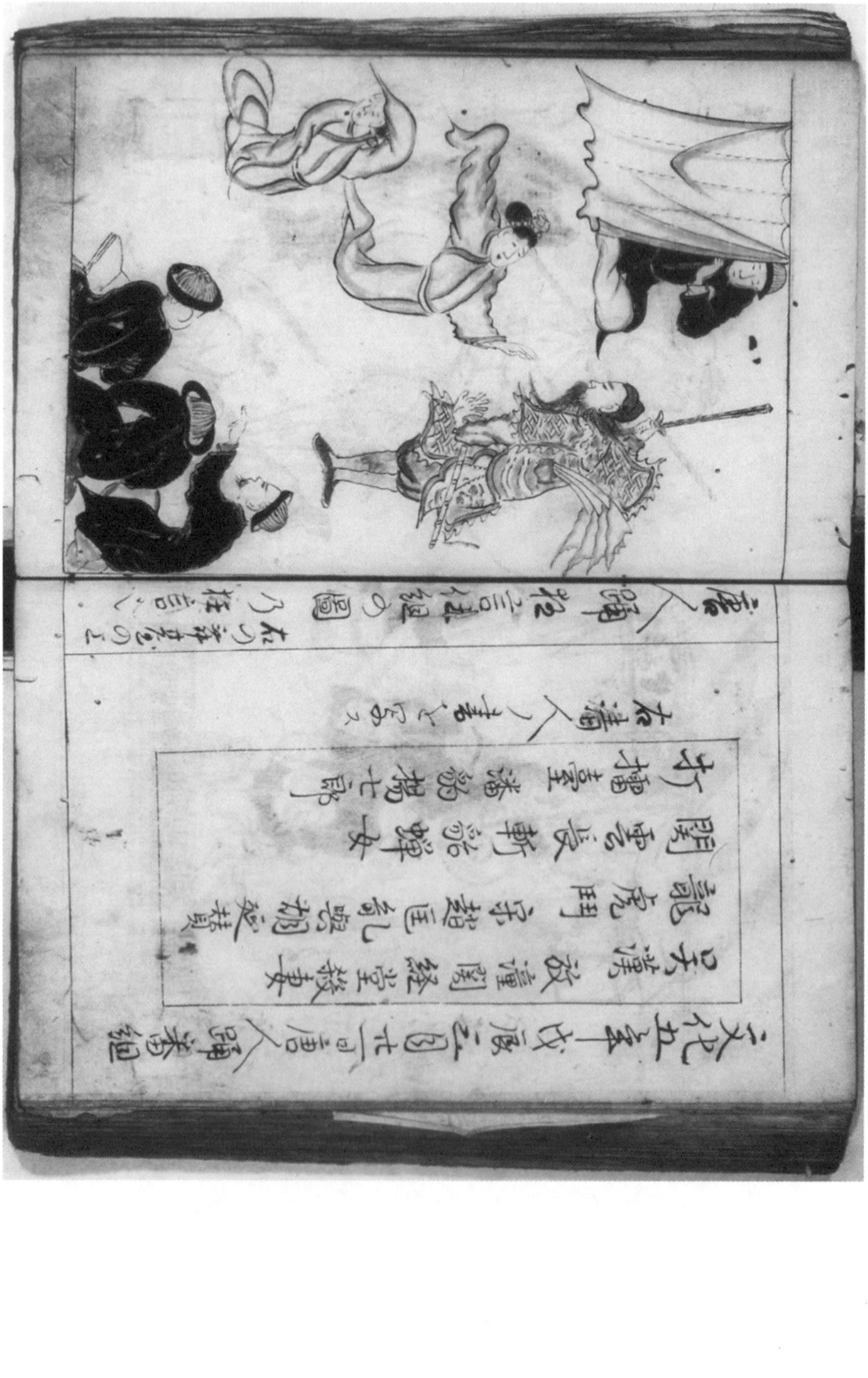

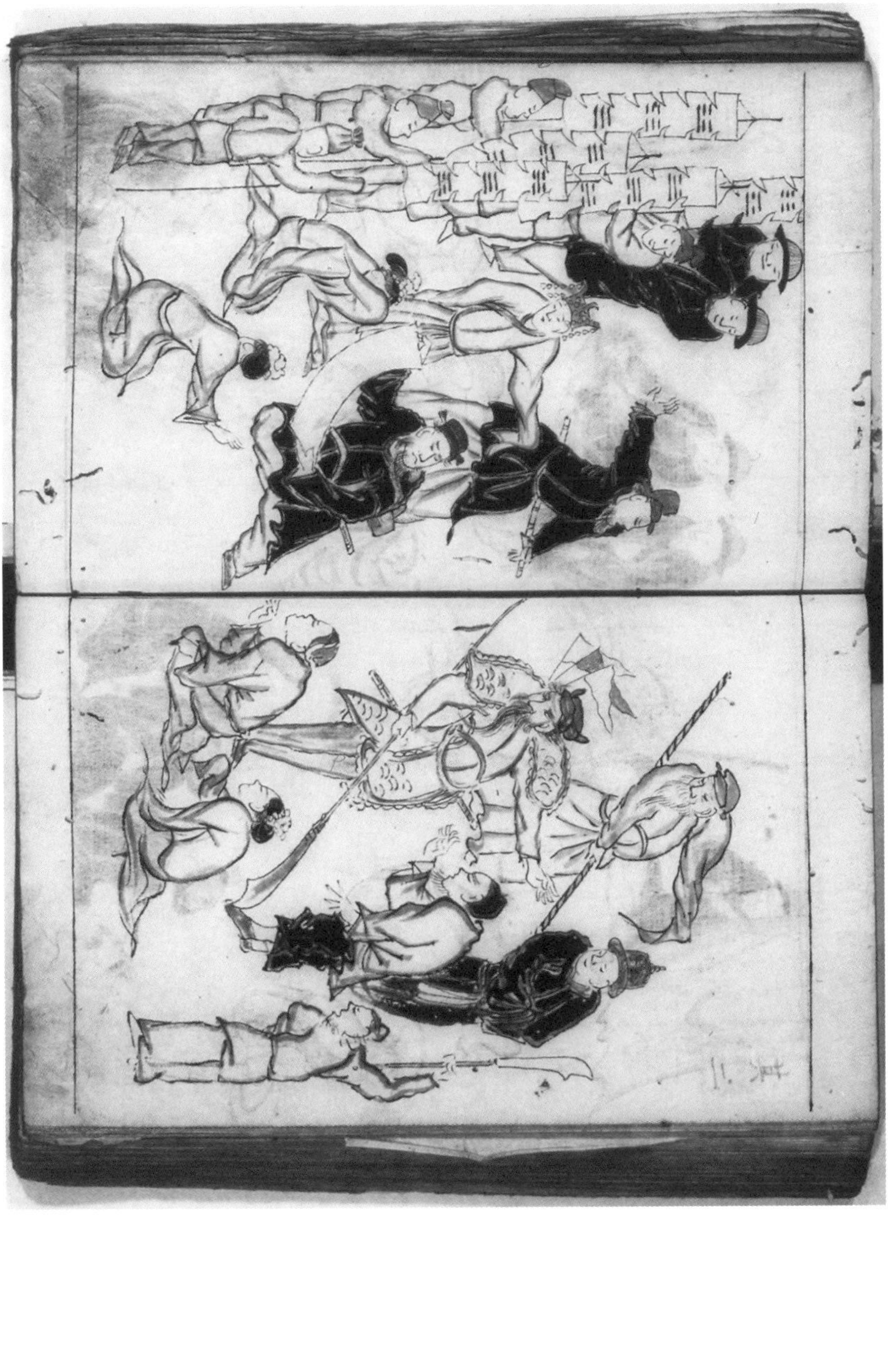

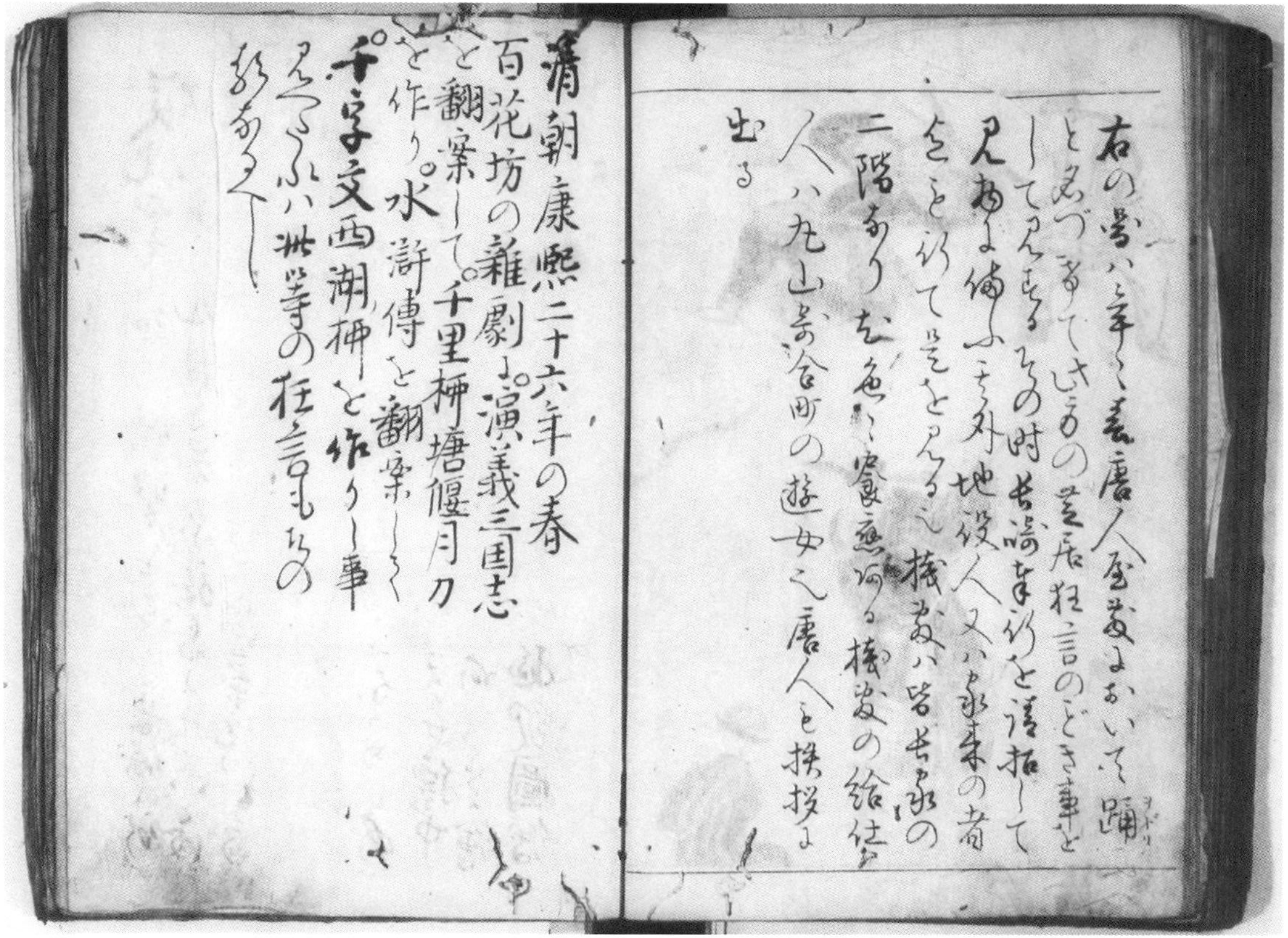

右の図ハ年々於唐人屋敷ニおいて踊《ヲドリ》
と名づけてさまの芝居狂言のごとき事を
して見せる其の時長崎奉行を請招して
見物ニ備ふ其外地役人又ハ家来の者
を引て見せとらるゝ揚屋ハ皆其家の
二階あり色々饗応ある揚屋の給仕ニ
人ハ丸山寄合町の遊女之唐人を挨拶ニ
出る

清朝康熙二十六年の春
百花坊の雑劇ニ演義三国志
と翻案して千里柳塘偃月刀
と作り水滸傳を翻案して
千字文西湖柳と作りし事
是らハ洪昇等の狂言もの
なるべし

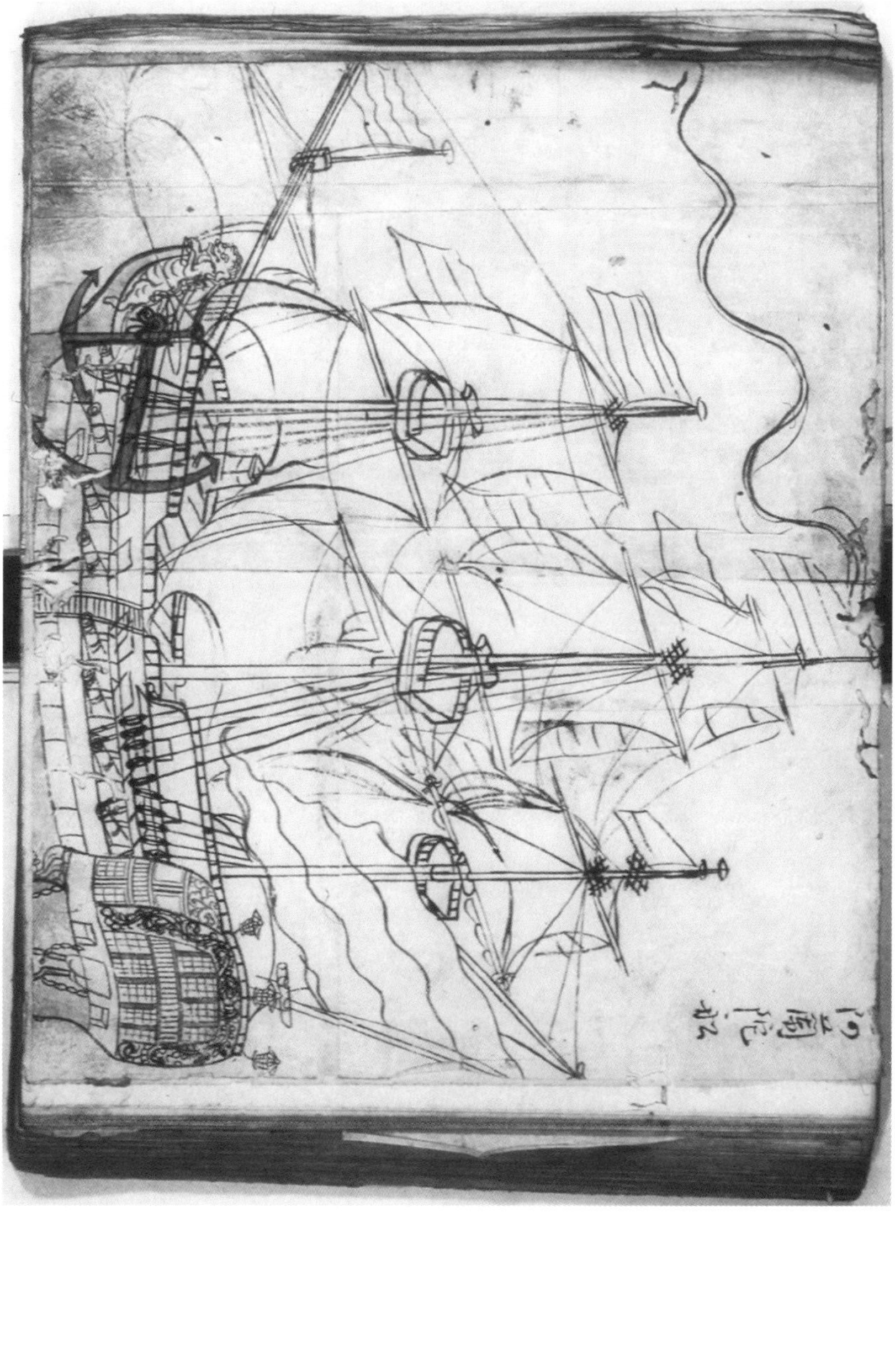
阿蘭陀船

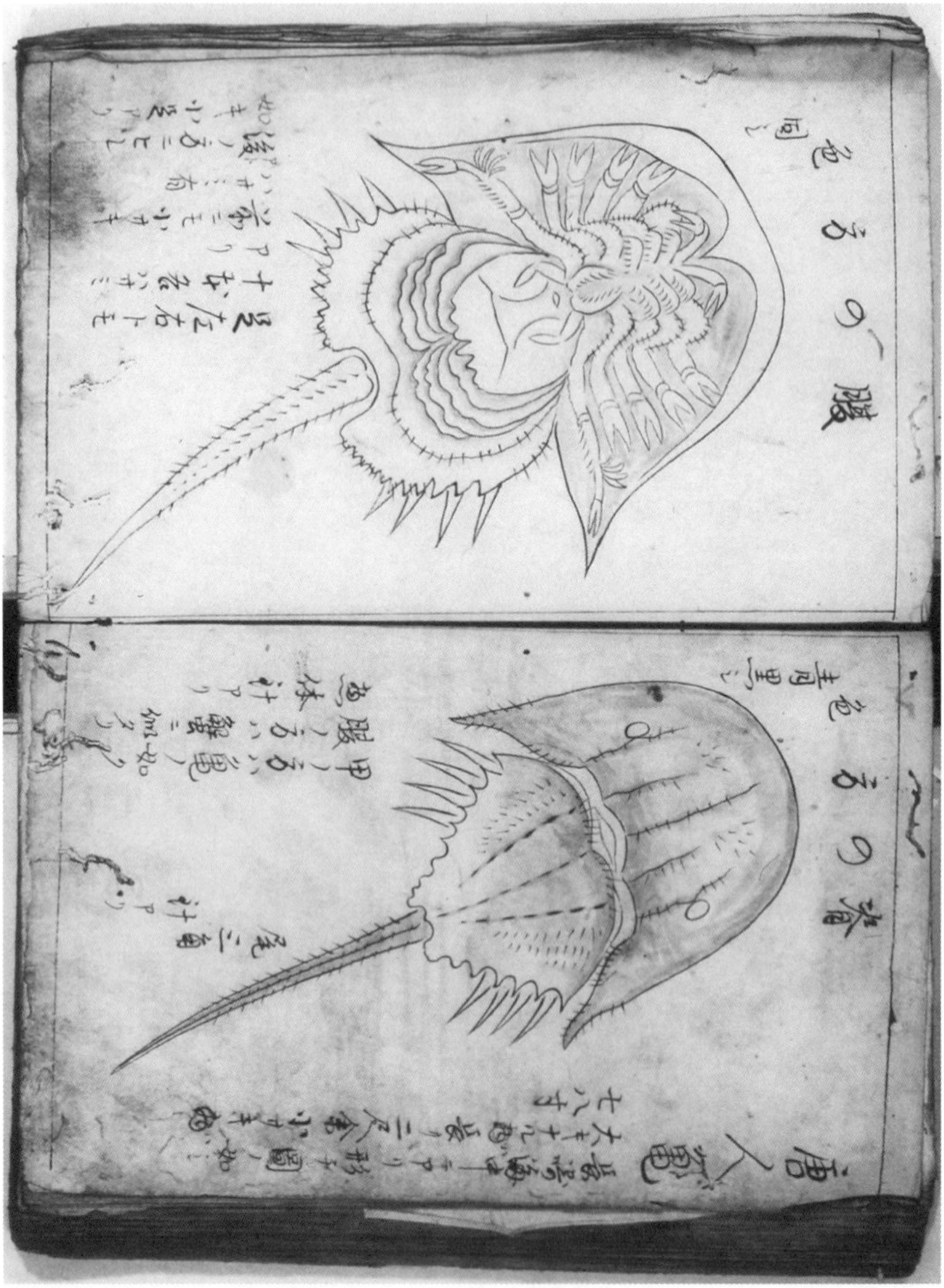
唐人亀
長崎海中ニアリ形チ圖ノ如シ
大キナル者長サ二尺余小サキ者
七八寸
脊の方
色青黒シ
甲ノ方ハ亀ノ如ク
腹ノ方ハ蟹ニ似タリ
惣体針アリ
尾三角
針アリ
腹の方
色同シ
足左右トモ十本名ハハサミアリ
前ニモ小サキハサミ有
後ノ方ニヒレノ如キ小足アリ

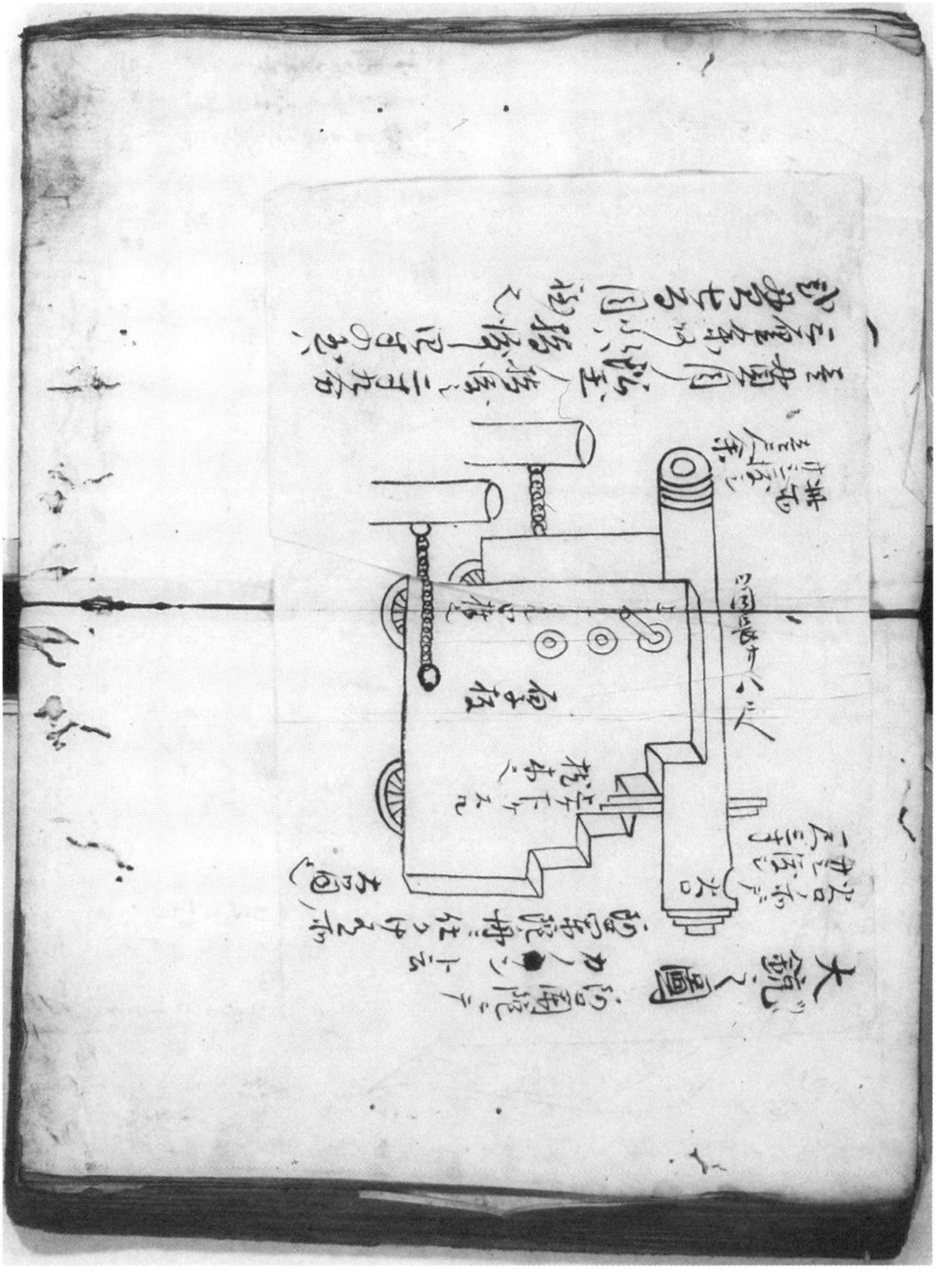

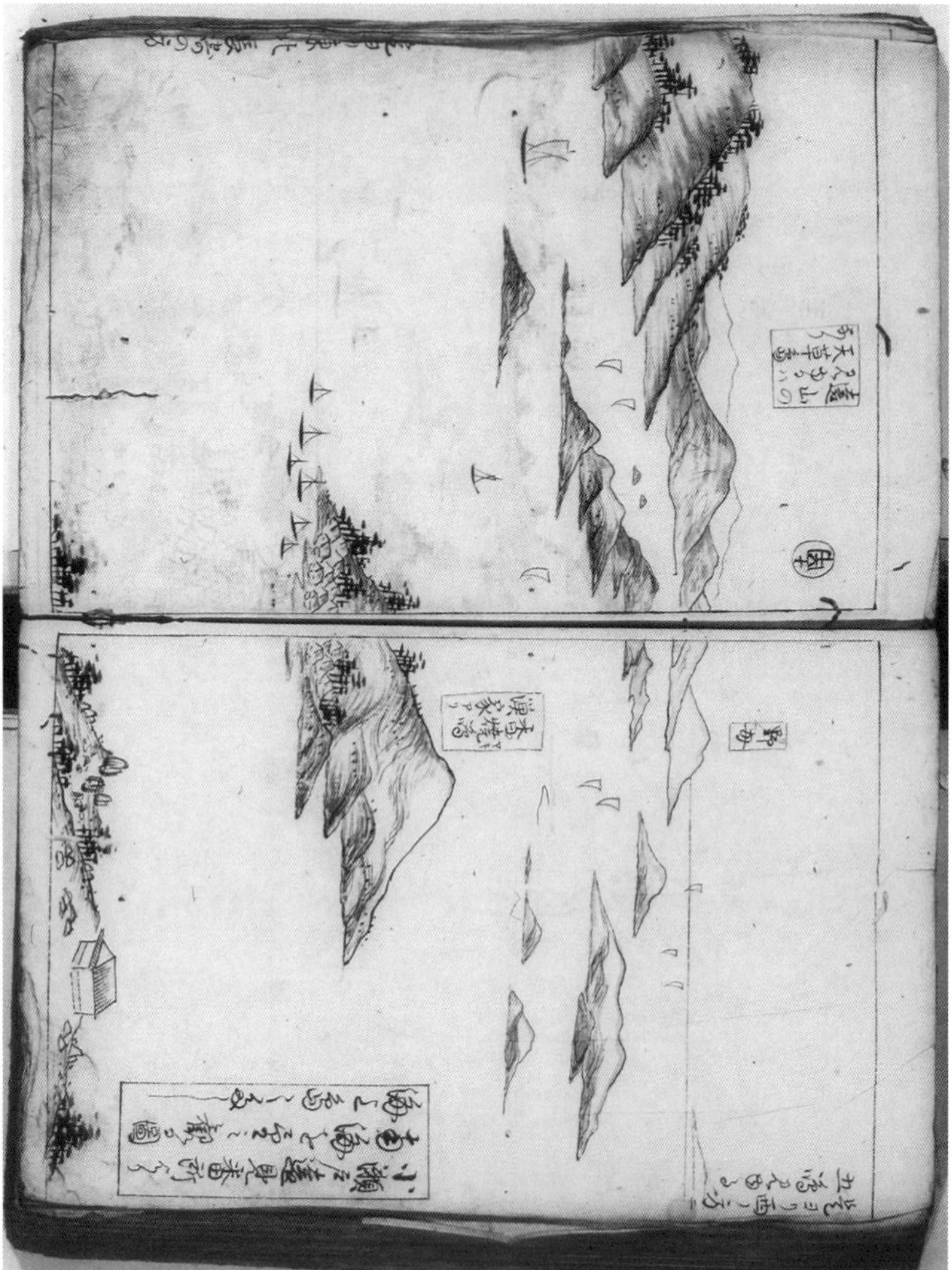

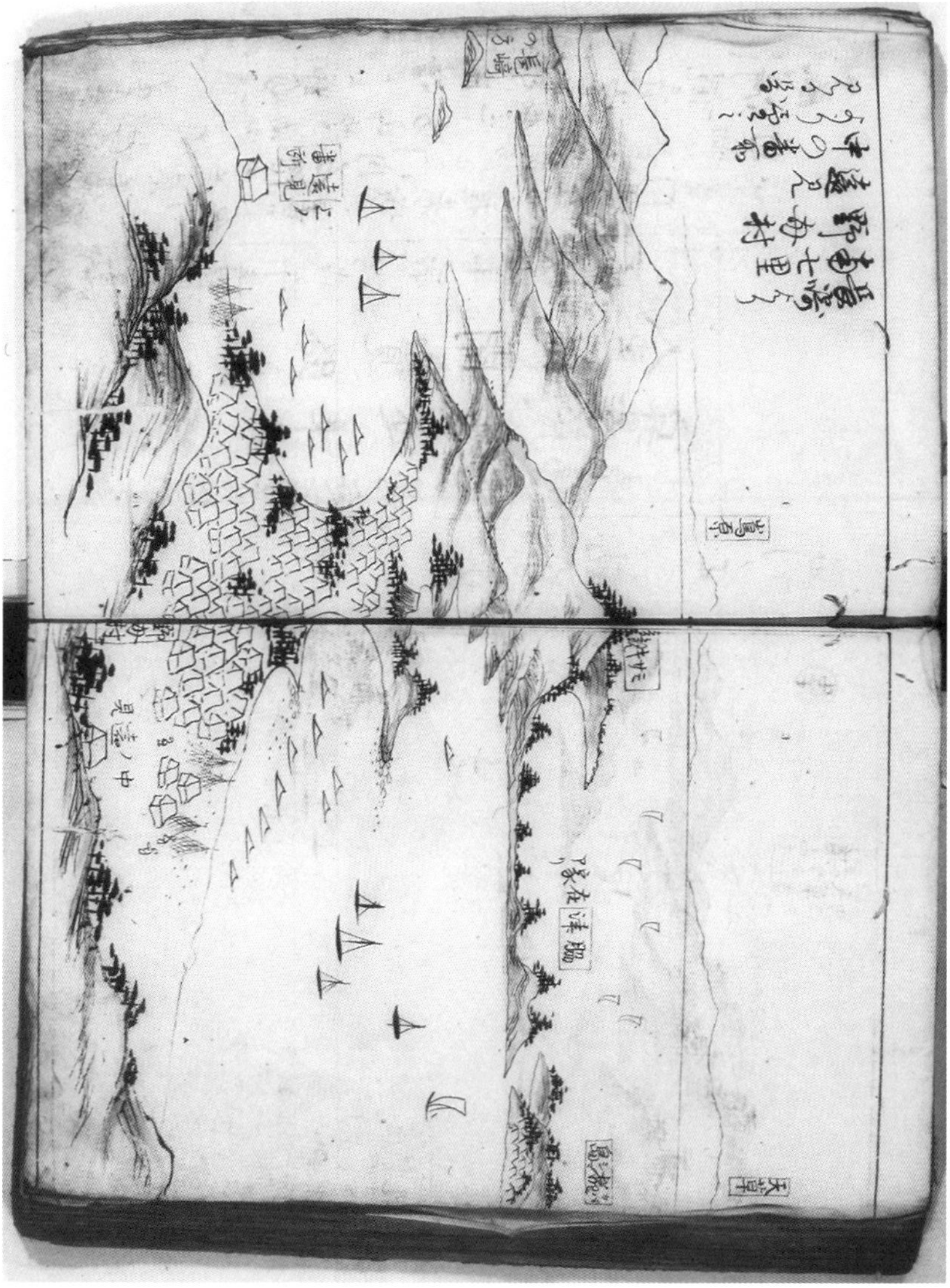

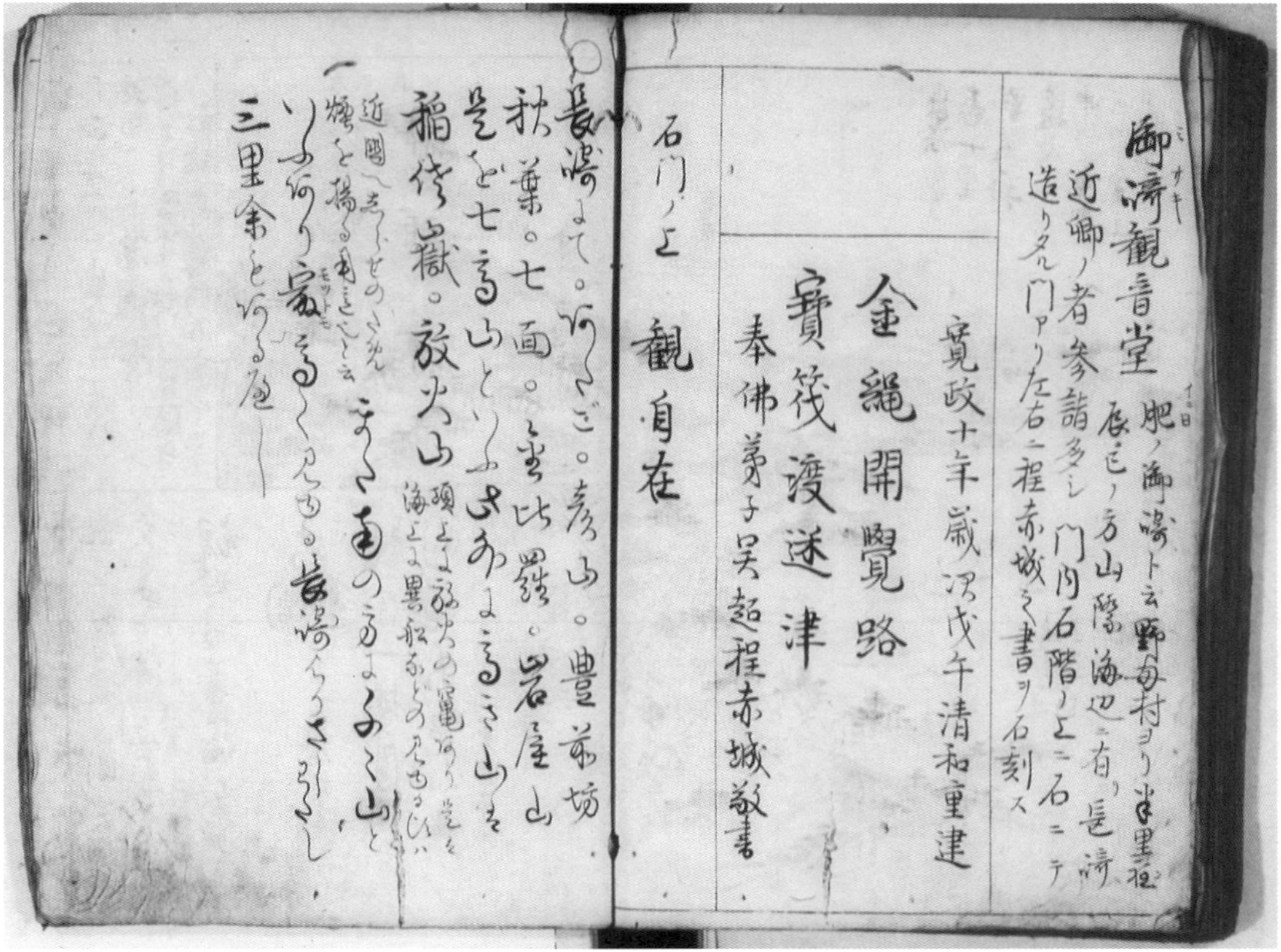
御崎観音堂
寛政十年歳次戊午清和重建
金縄開覺路
寶筏渡迷津
奉佛弟子呉超程赤城敬書
石門ノ上
観自在

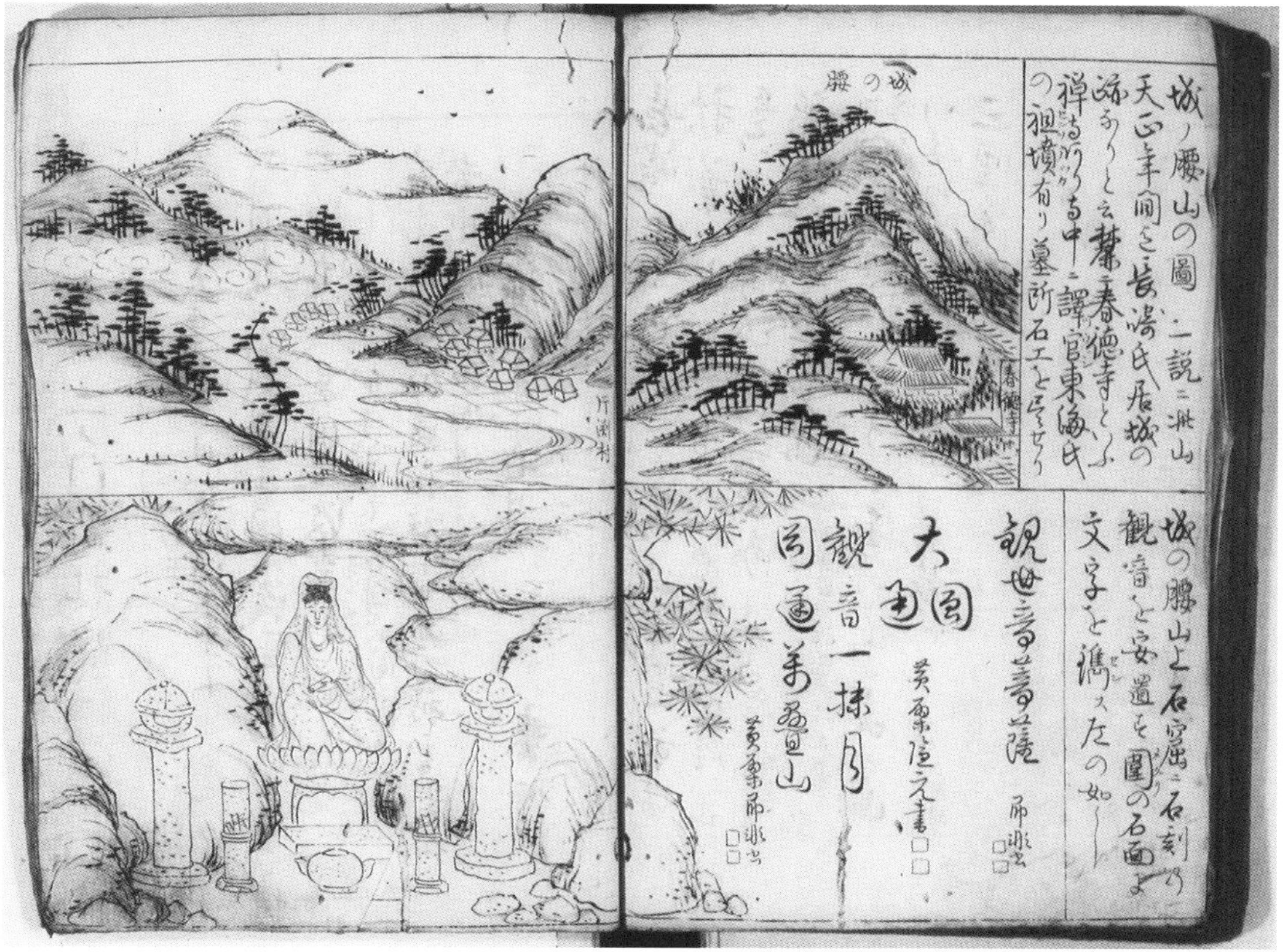
城ノ腰山の圖　一説ニ洲山
天正年間ニ長崎氏居城の
跡ありしと云　春徳寺といふ
禅寺の中ニ譯官東海氏
の墳有り墓所石工と
城の腰
春徳寺
片淵村
城の腰山上石窟ニ石刻の
観音を安置す圖の石面よ
文字を鐫ス左の如し
観世音菩薩
大圓通
観音一抹月

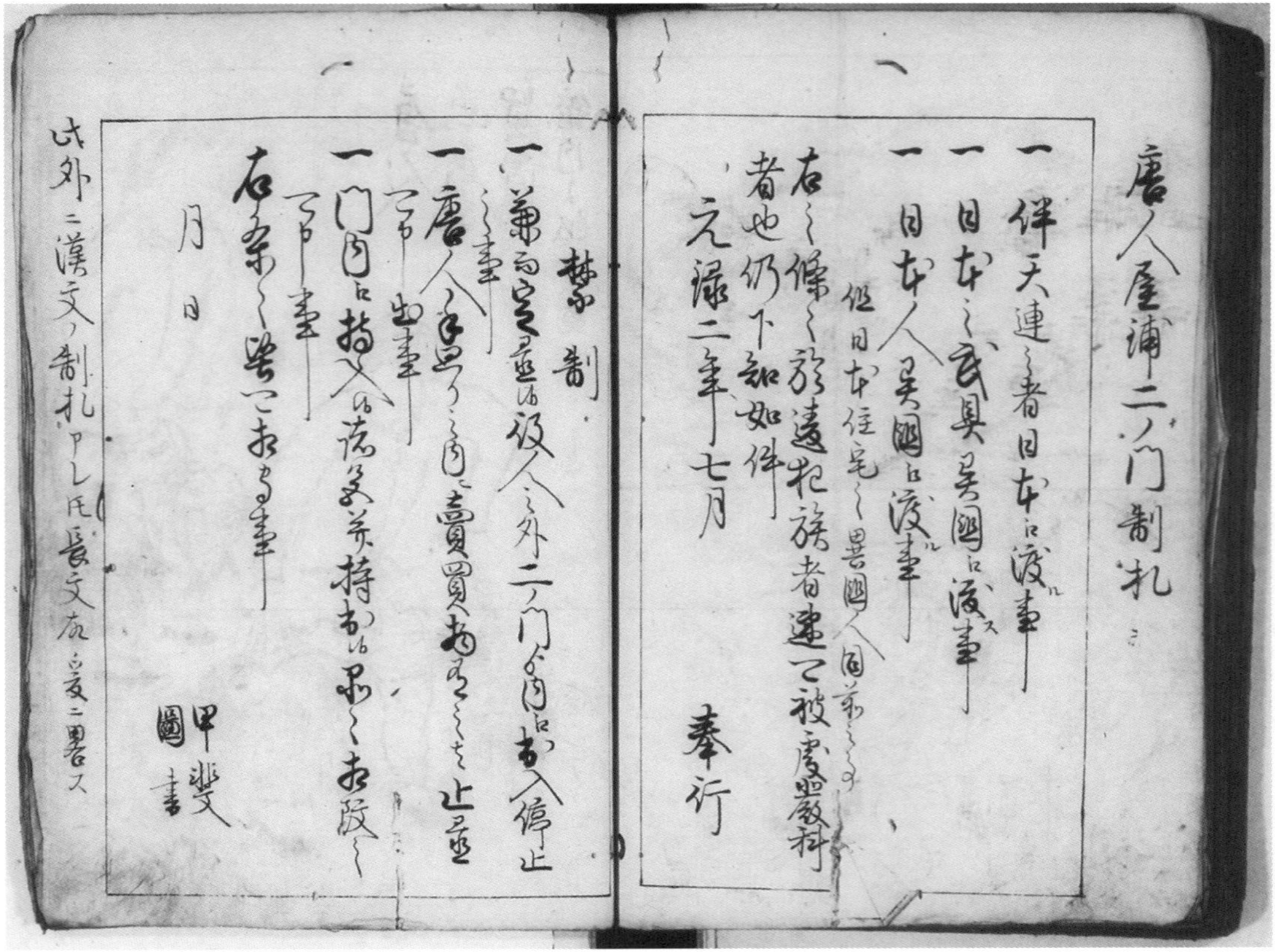
唐人屋鋪二ノ門制札

一 伴天連之者日本江渡事

一 日本之武具異国江渡事

一 日本人異国江渡事

但日本住宅之異国人国許へ[illegible]

右之條々於違犯族者速可被處厳科者也、仍下知如件

元禄二年七月　奉行

禁制

一 [illegible]之外二ノ門より内江出入停止之事

一 唐人[illegible]門之外江出事

一 門内江[illegible]持出[illegible]事

右条々[illegible]事

月　日

甲斐

圖書

此外ニ漢文ノ制札アレド長文ナルヲ以テ之ヲ略ス

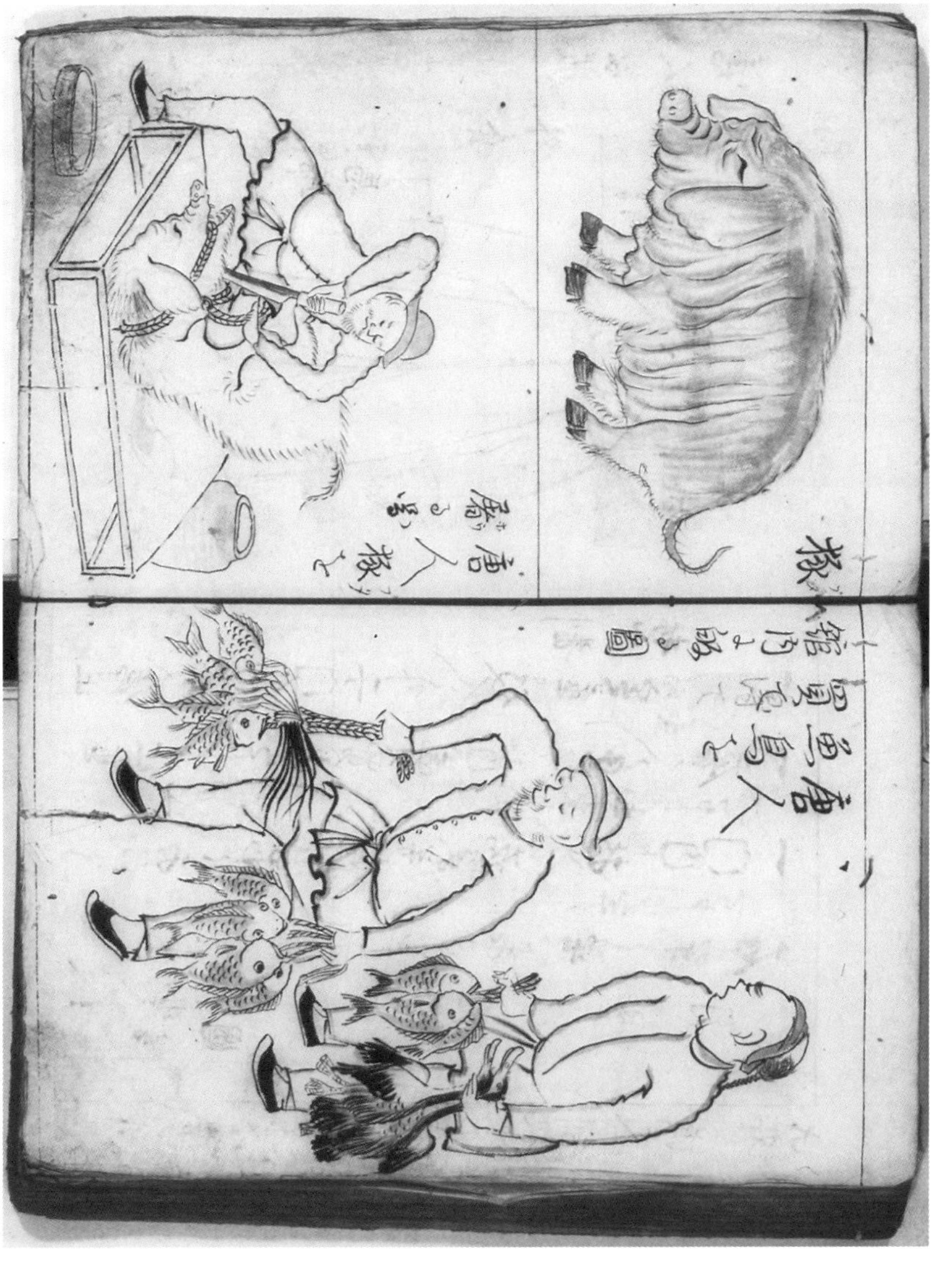
豚
唐人豚を屠る図

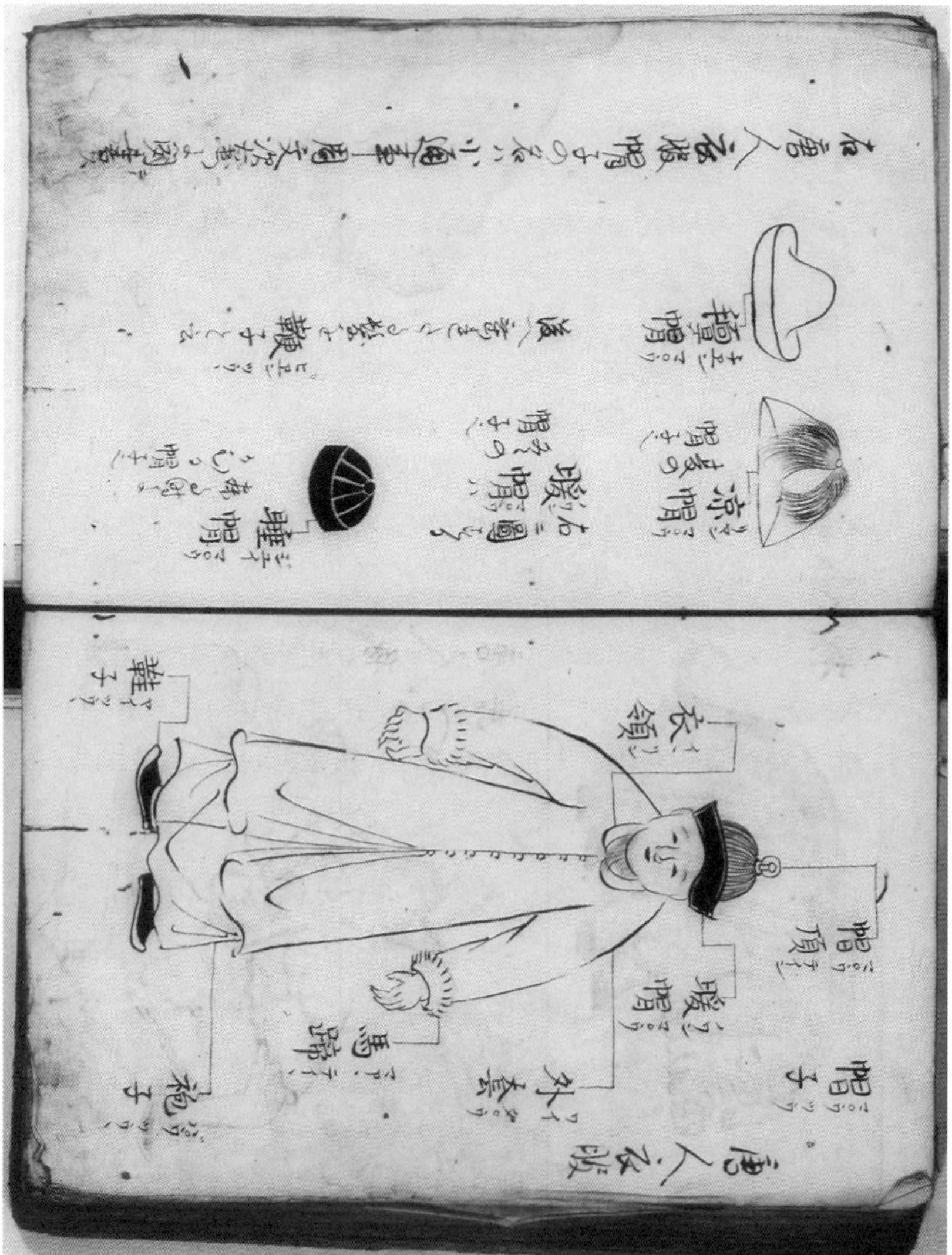
唐人衣服
帽子
外套
袍子
帽頂
暖帽
馬蹄
衣領
鞋子
涼帽
暖帽
氈帽

○遠見番所ハ。野母。小瀬戸両所にあり番目とも
番人遠目鏡にて海上を見る。殊に年々夏より
阿蘭陀入津の比船見ゆる時ハ野母
の番所にて本番の印を建る是を小瀬戸の
番所より目鏡にて見て又印を建る。夫より
長崎十人町（船番長屋）と云所なる是を見て又印
を出つる。夫より筑後町永昌寺（立山屋敷の辺なり）
屋敷より遠見番人目鏡にて見て早々立山
役所（立山屋敷之）へ注進する。夫より肥前家の遠見
よりも段々役所へ注進する。但阿蘭陀
船海上未申の間に見ゆるといふ

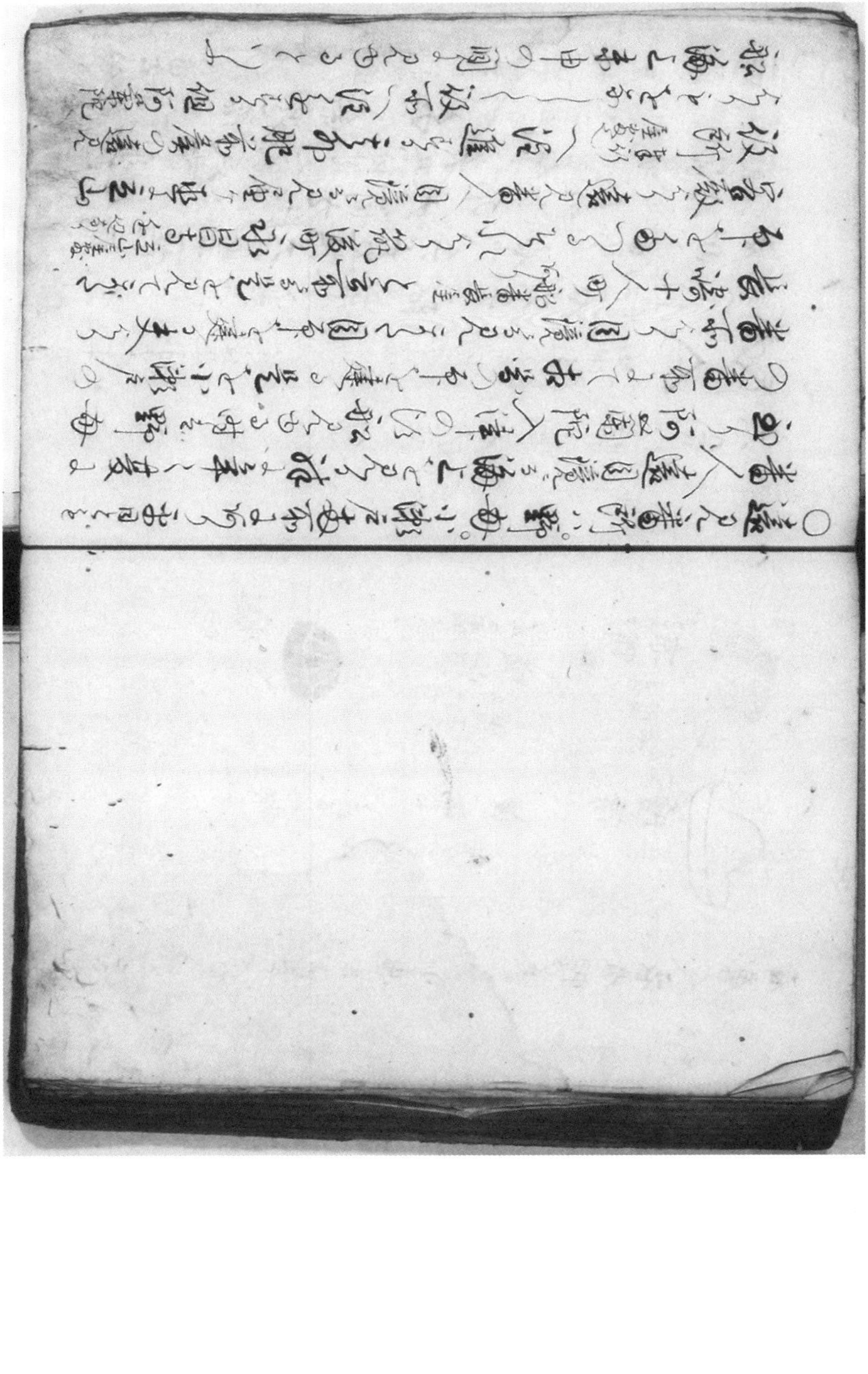

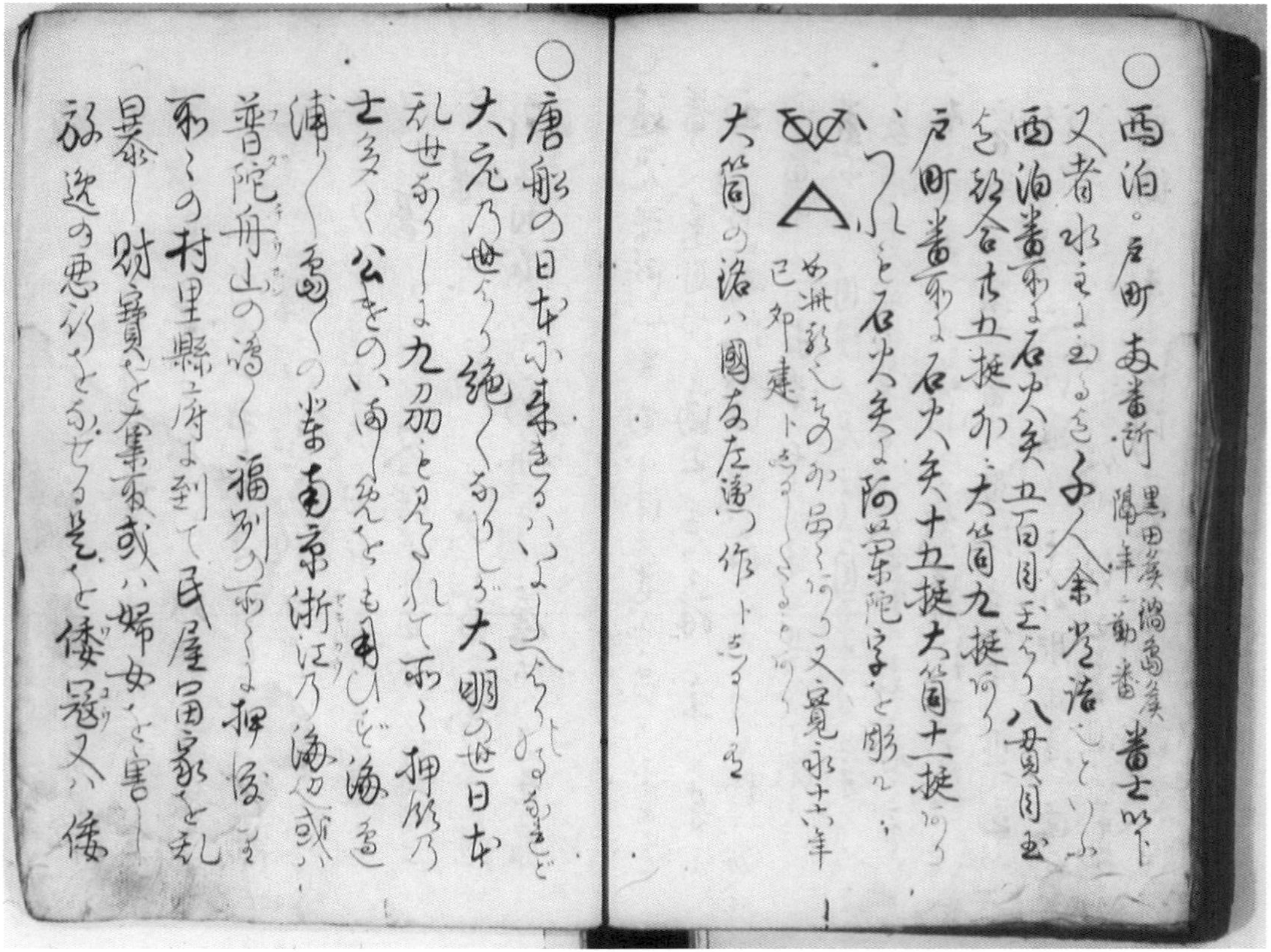

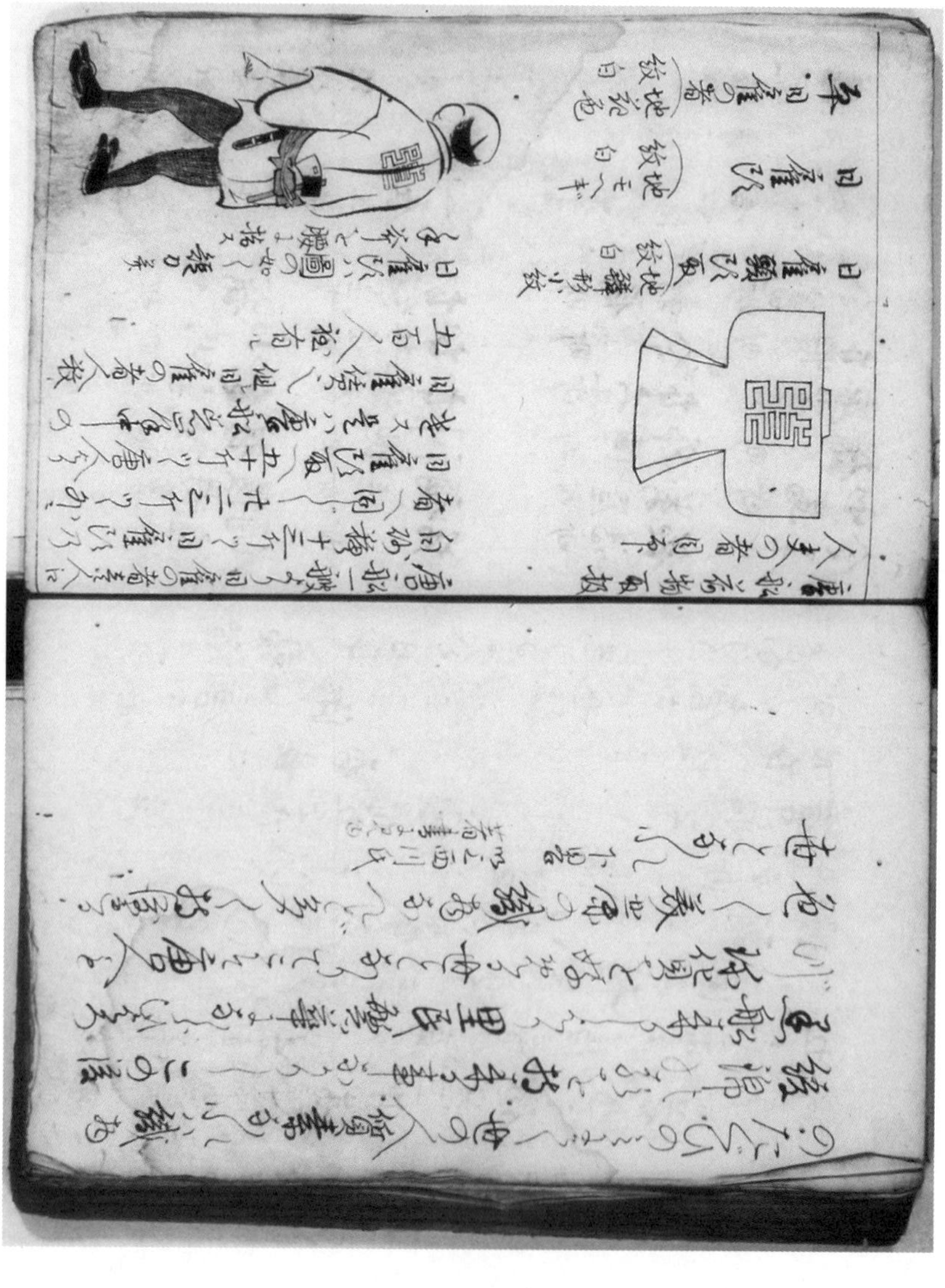

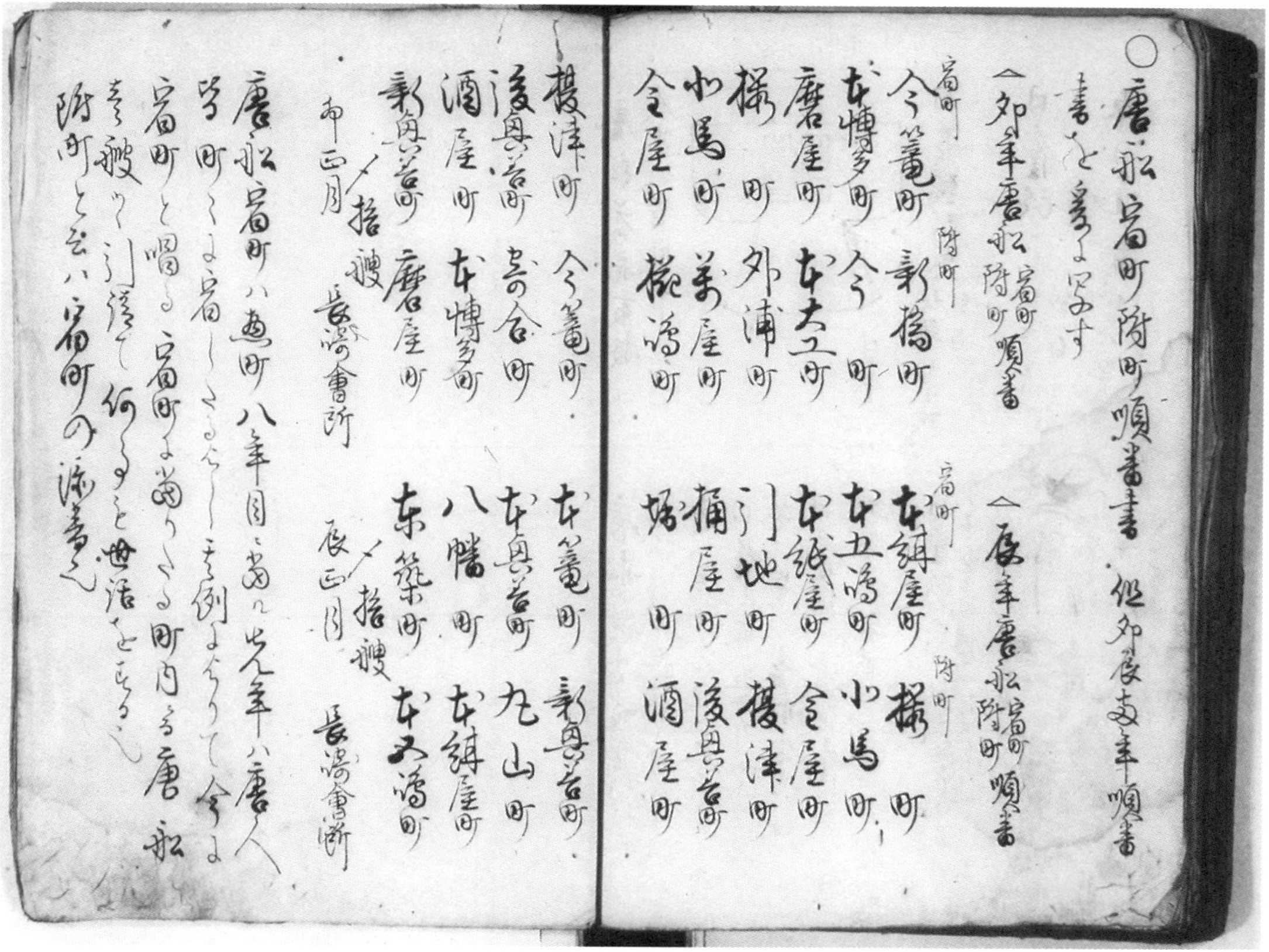

唐船宿町附町順番書　但卯辰両年順番
書を爰ニ写す

〈卯年唐船宿町附町順番

宿町	附町
今籠町	新橋町
本博多町	今町
磨屋町	本大工町
桜町	外浦町
小馬町	萬屋町
金屋町	樺嶋町

〈辰年唐船宿町附町順番

宿町	附町
本紺屋町	桜町
本五嶋町	小馬町
本紙屋町	金屋町
引地町	榎津町
桶屋町	後興善町
堀町	酒屋町

榎津町	今籠町
後興善町	[illegible]町
酒屋町	本博多町
新興善町	磨屋町

〆指渡　卯正月　長崎会所

本籠町	新興善町
本興善町	丸山町
八幡町	本紺屋町
東築町	本五嶋町

〆指渡　辰正月　長崎会所

唐船宿町ハ惣町八年目〻ニ当る。先年ハ唐人町〻ニ宿しさせし其例ニよりて今ニ宿町と唱ふ。宿町ニ当る町内ゟ唐船差渡シ引請て何くれと世話をとる。附町と云ハ宿町の添番也

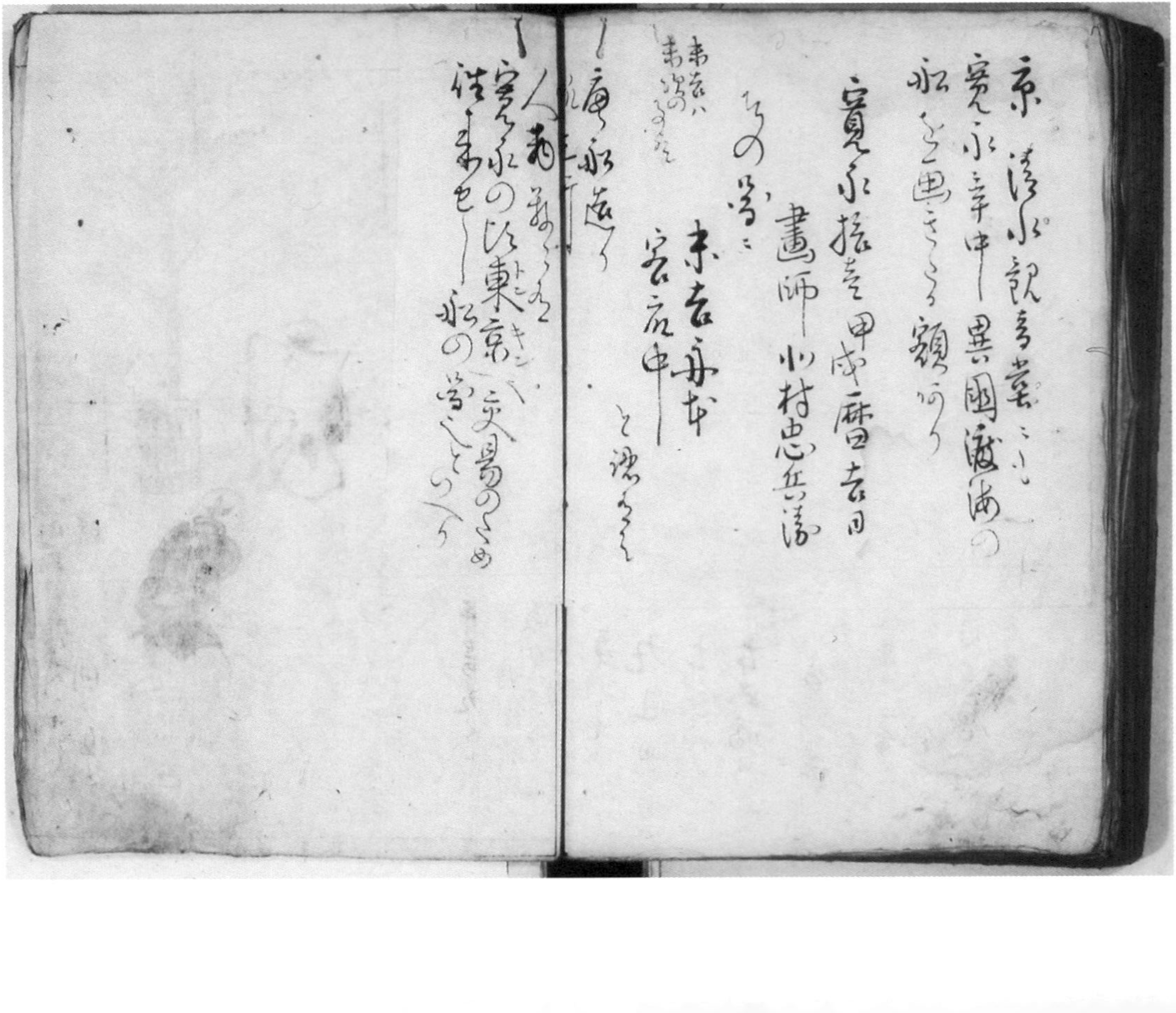

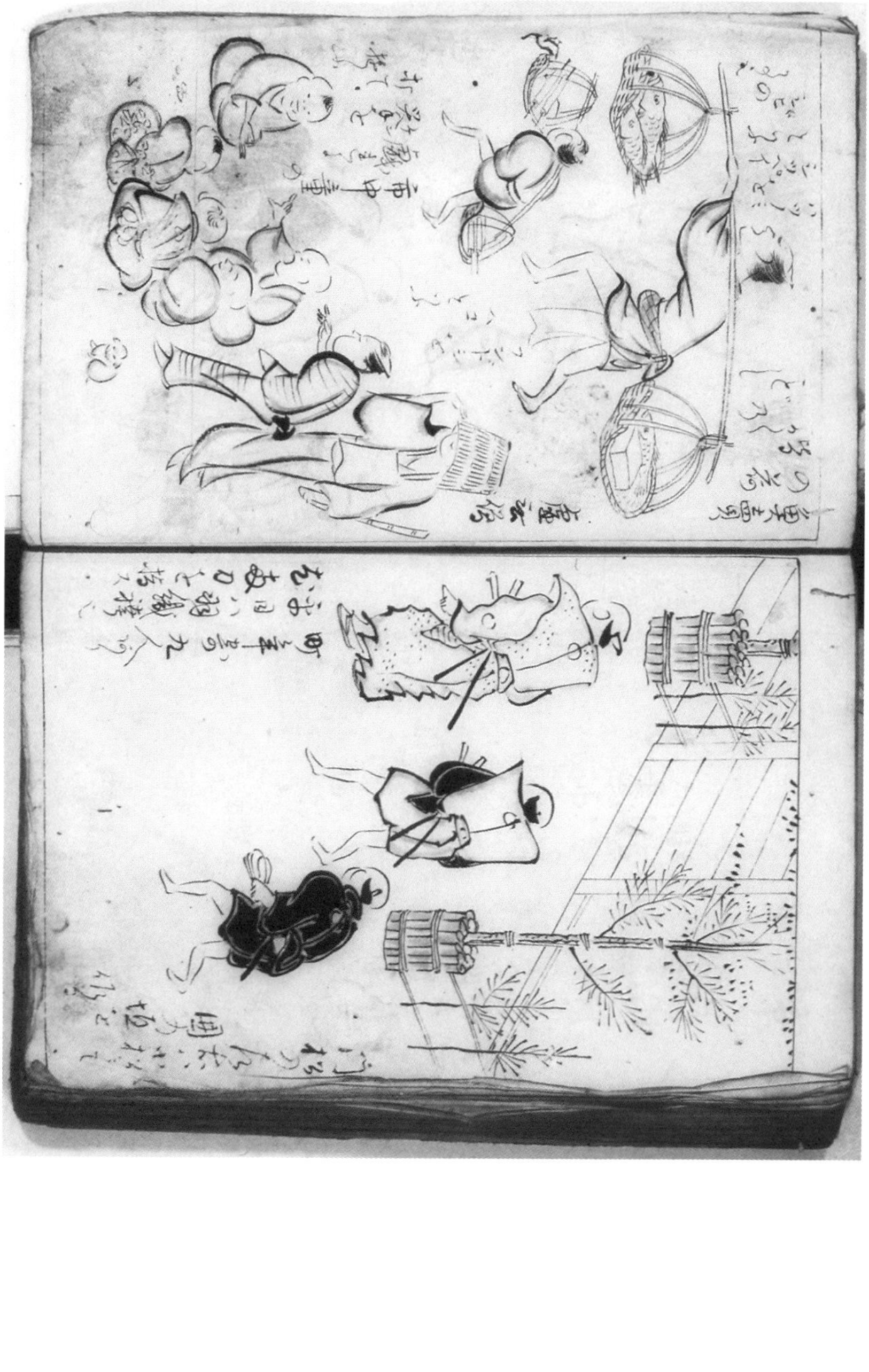

近郷の賤の女
薪を荷ひて
市中に鬻《ウル》
是ハ會所附役人
吟味役ハ
両刀を指
蚫売女
稲佐と
いふ所
から
多く
出る

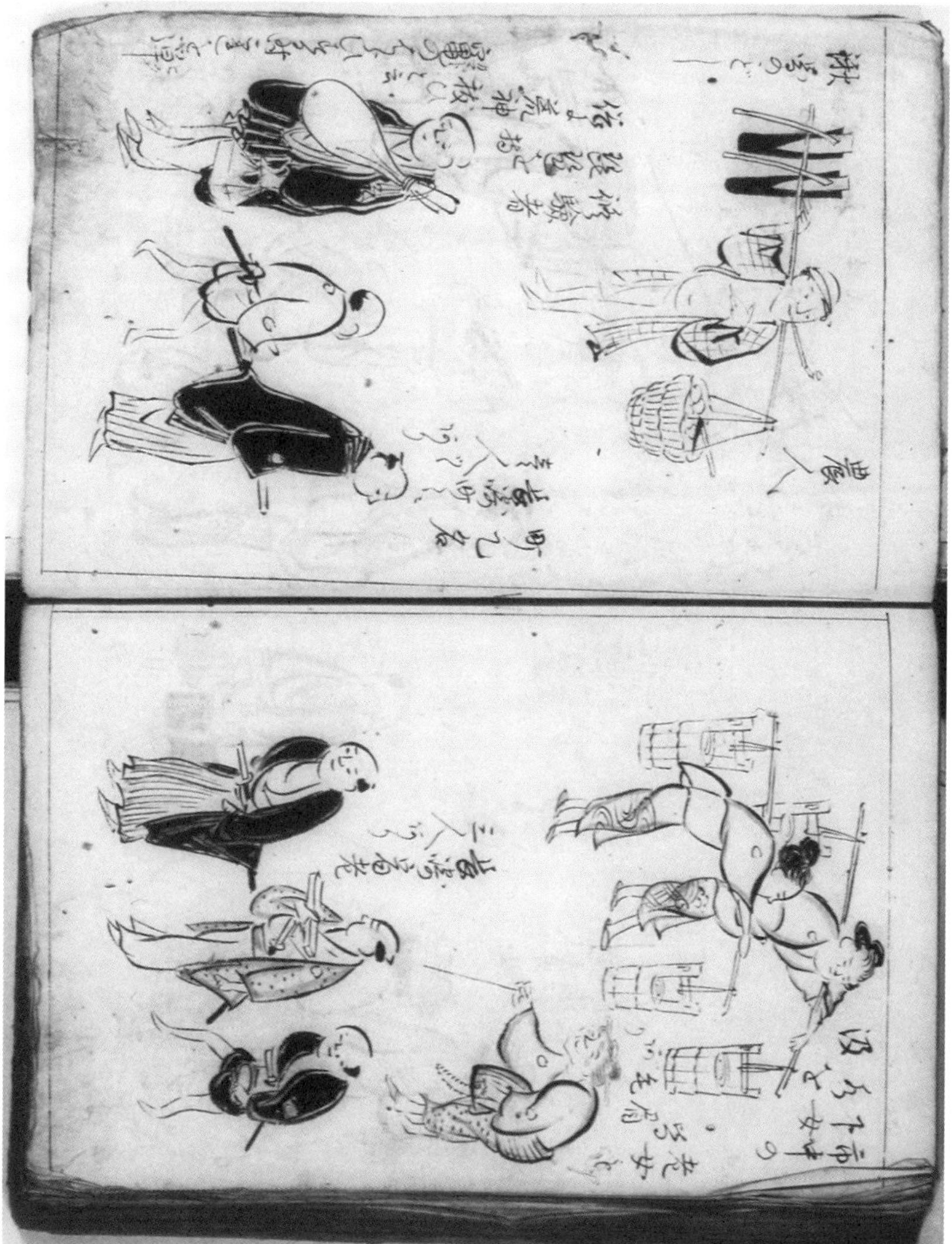

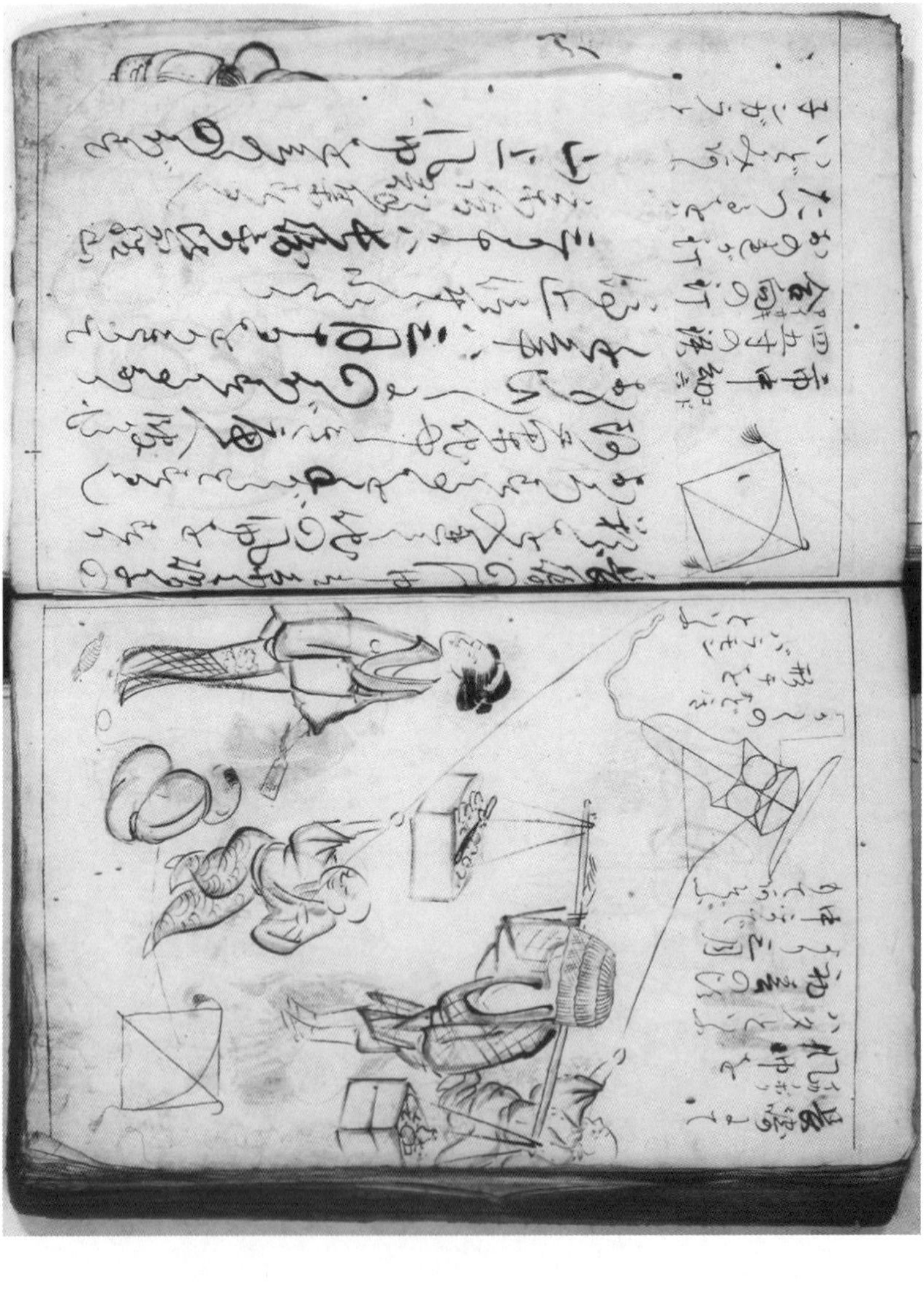

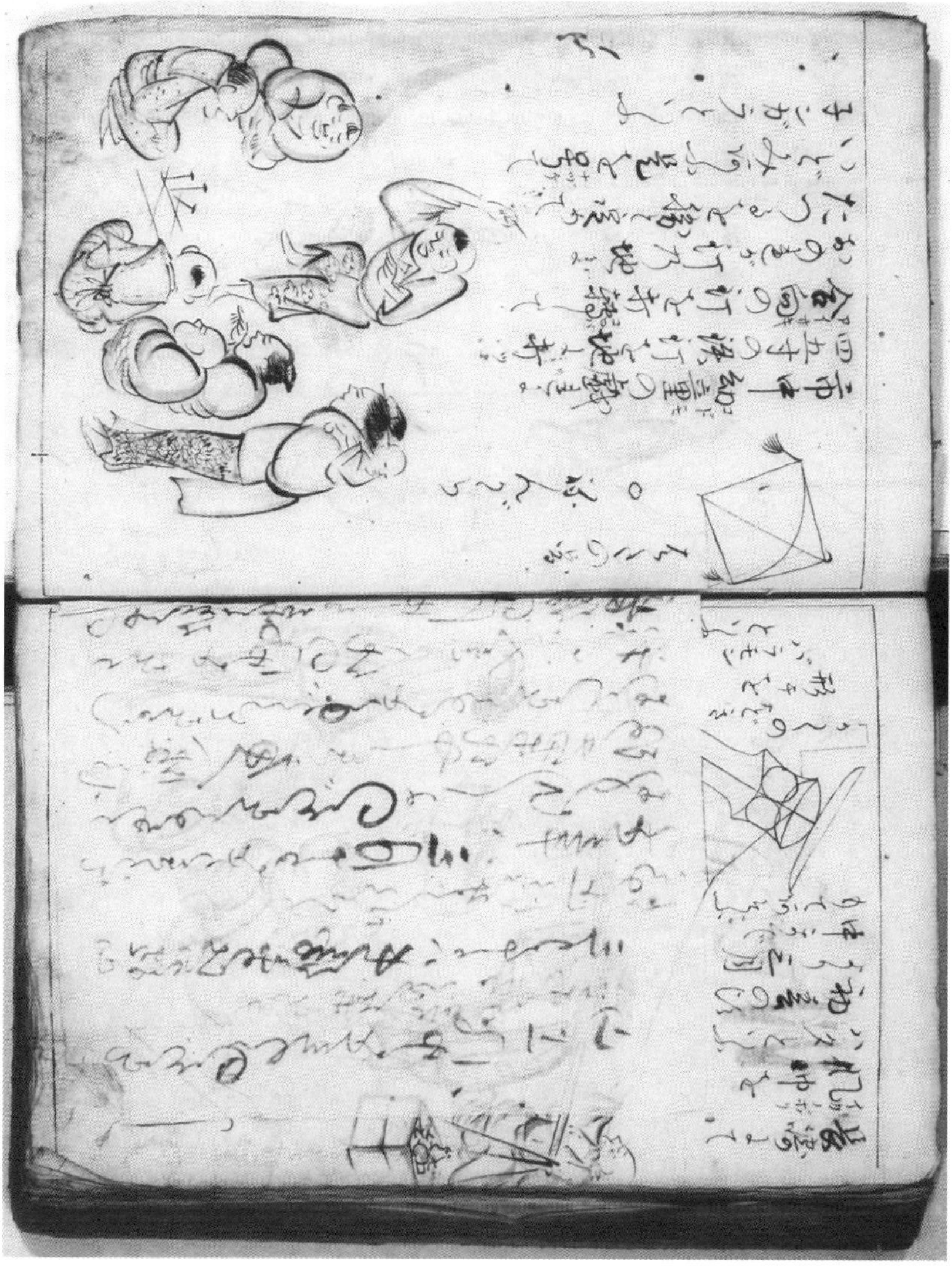

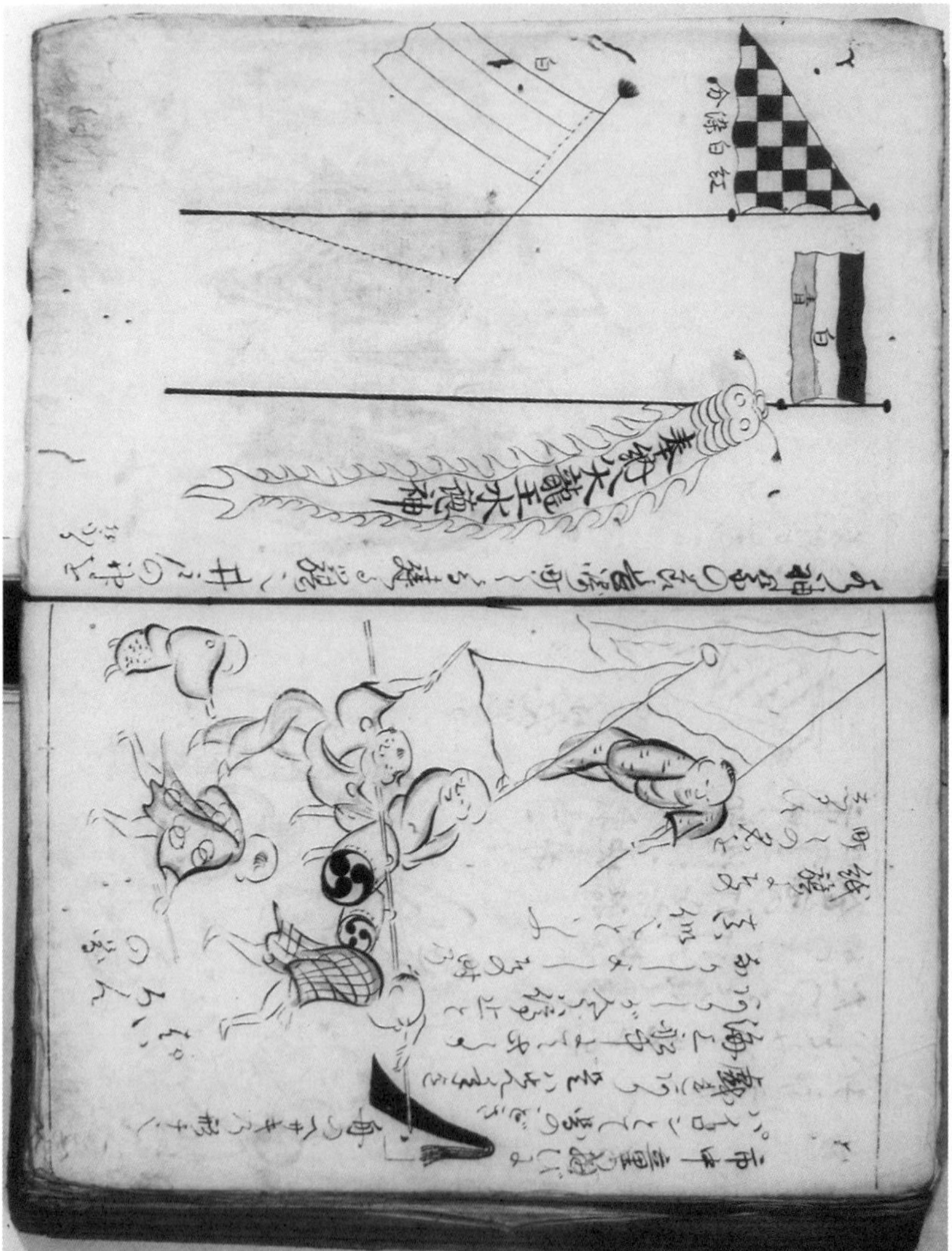
奉納大龍王水徳神

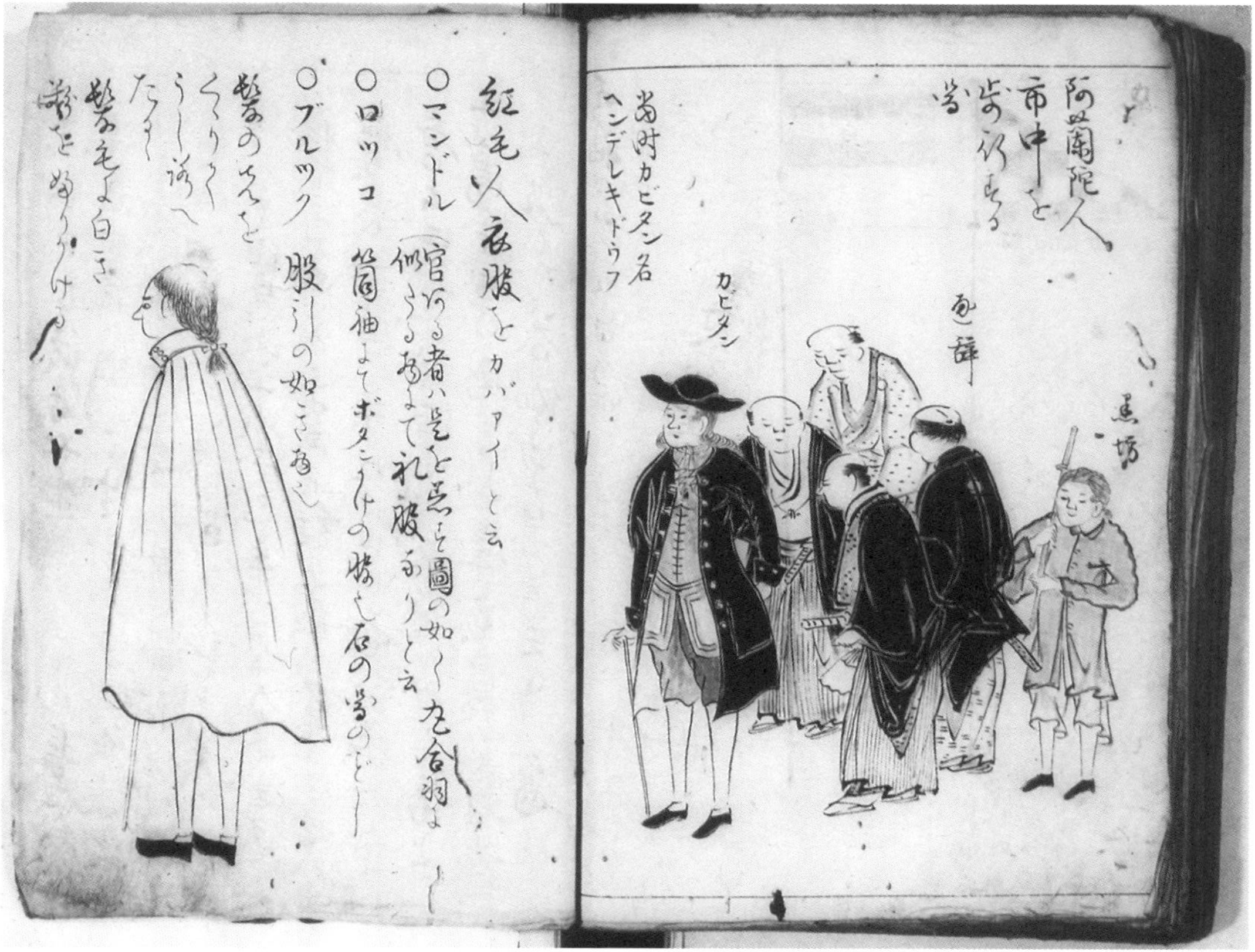
当時カピタン名
ヘンデレキドウフ
カピタン
紅毛人衣服をカバアイと云
○マンドル
○ロッコ
○ブルック

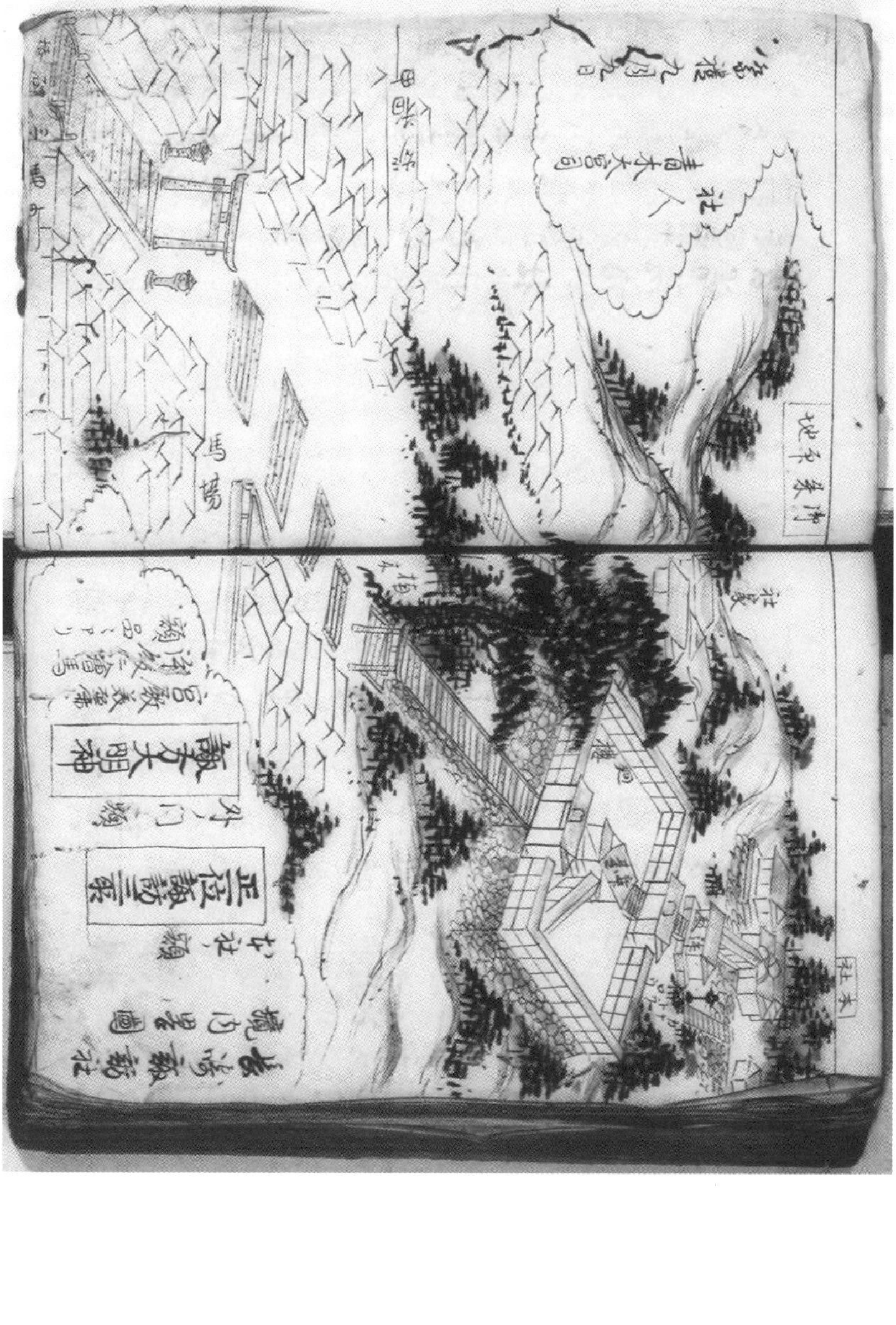
諏方大明神
正一位諏訪三社
馬場

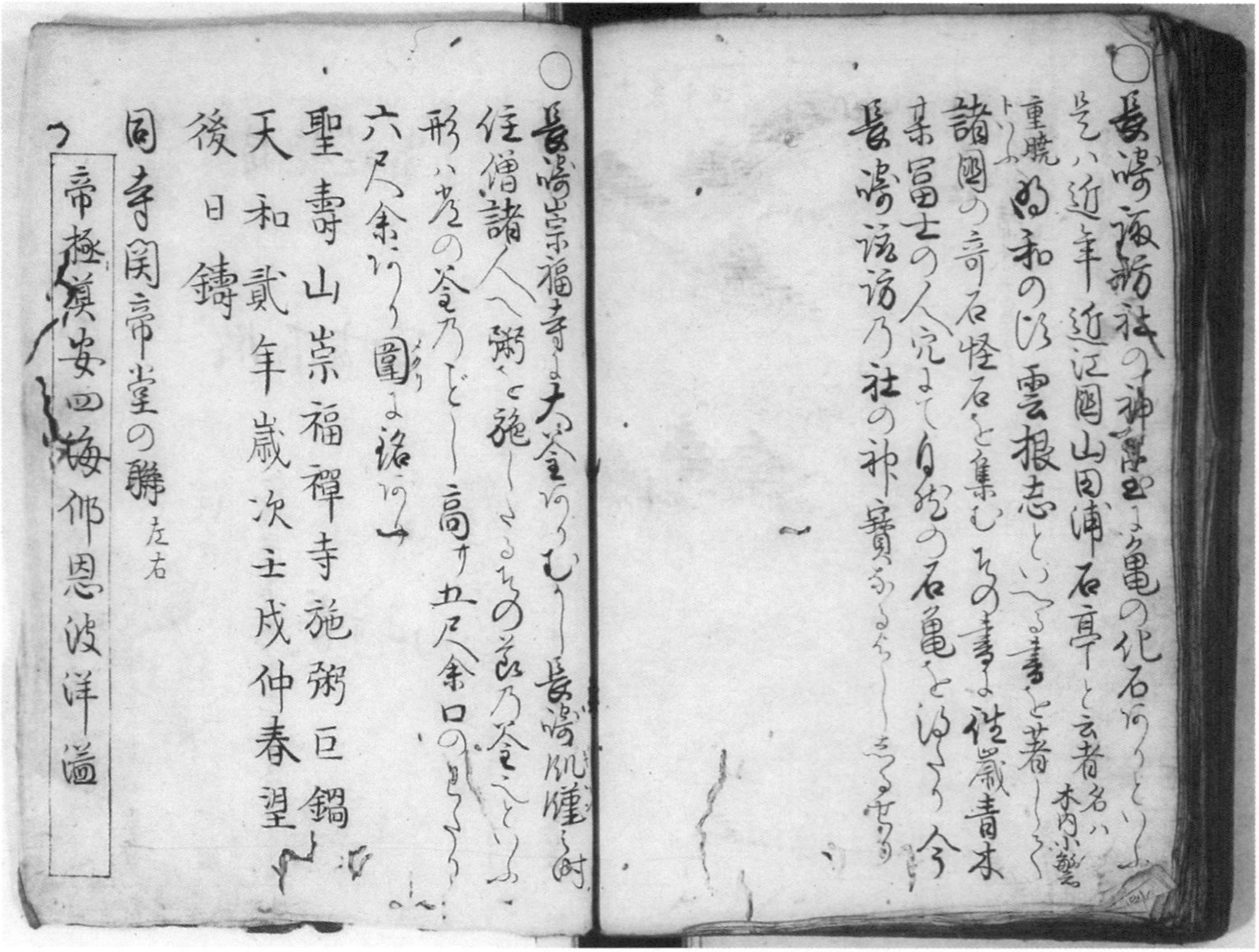

長崎諏訪社の神寳に亀の化石ありといふ
是ハ近年近江国山田浦石亭と云者名ハ木内小繁
重暁 好和の浮雲根志といへる書を著して
諸国の奇石怪石を集むるの書に往歳青木
某冨士の人穴にて自然の石亀を得たり今
長崎諏訪乃社の神寳なるよしいへり

長崎崇福寺に大釜ありむかし長崎飢饉の時
住僧諸人へ粥を施しけるその節乃釜なりといふ
形ハ茶の釜乃ごとし高サ五尺余口のわたり
六尺余あり

聖壽山崇福禪寺施粥巨鍋
天和貳年歳次壬戌仲春望
後日鑄

同寺関帝堂の聯 左右

帝極漢安四海仰恩波洋溢

皇言宣諭萬民荷徳澤淵深

巳九番船主樊开吉敬立

同額

威徳荘嚴

即非敬立

臨下有恭

即非書

清水寺観音堂門の額

長崎山

乾隆二十六年歳次辛巳孟夏穀旦

浙江仁和弟子王子復階敬書

清水寺観音堂ハ寛永年中長崎の者異國

渡海しける商船の當乃額にて舟の製《ツクリ》ハ

唐船のごとく帆柱三本まで帆と纜よ作り

すべて唐船と同し其外船中に物を

多く画く額の文字をみてよみかたき也

額の幅六尺程竪四尺余とるべし年号

寛永十三丙子年五月廿六日と志るす次に其外

如此文字ありける

長甫按針　東

○寛永十二乙亥年日本人異国渡海の事

停止とあるハ此以前之ハ長崎より免許の朱印

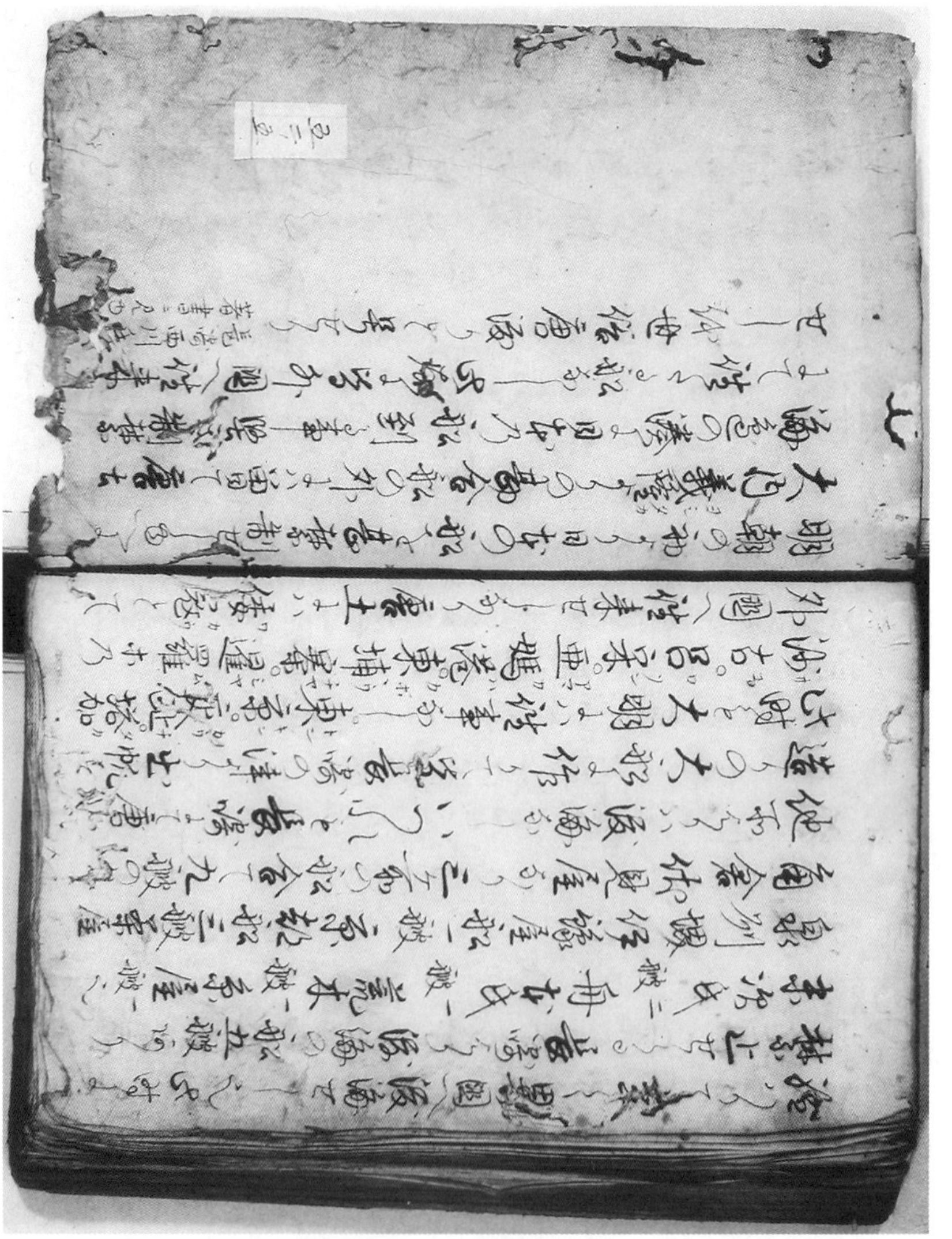

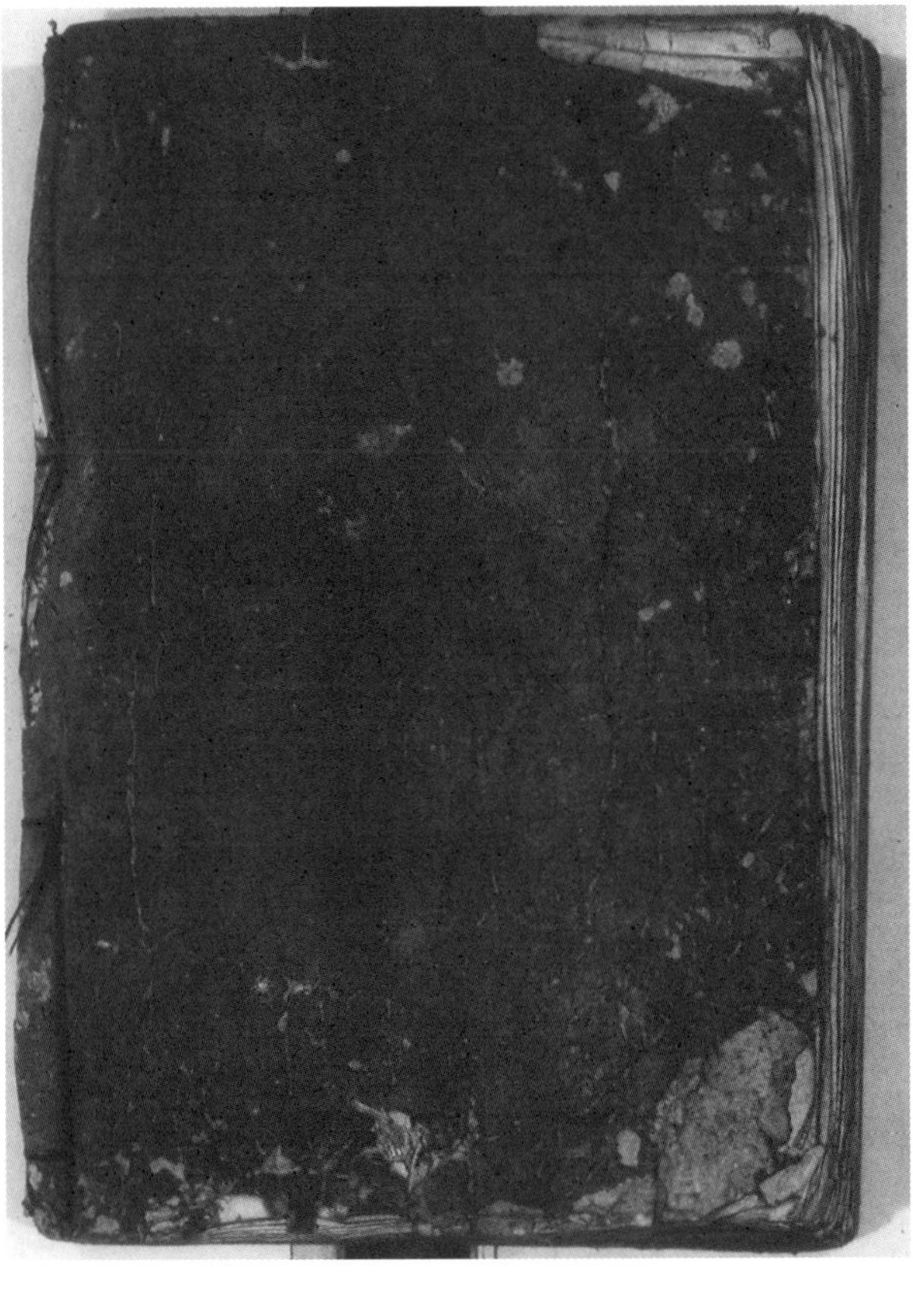

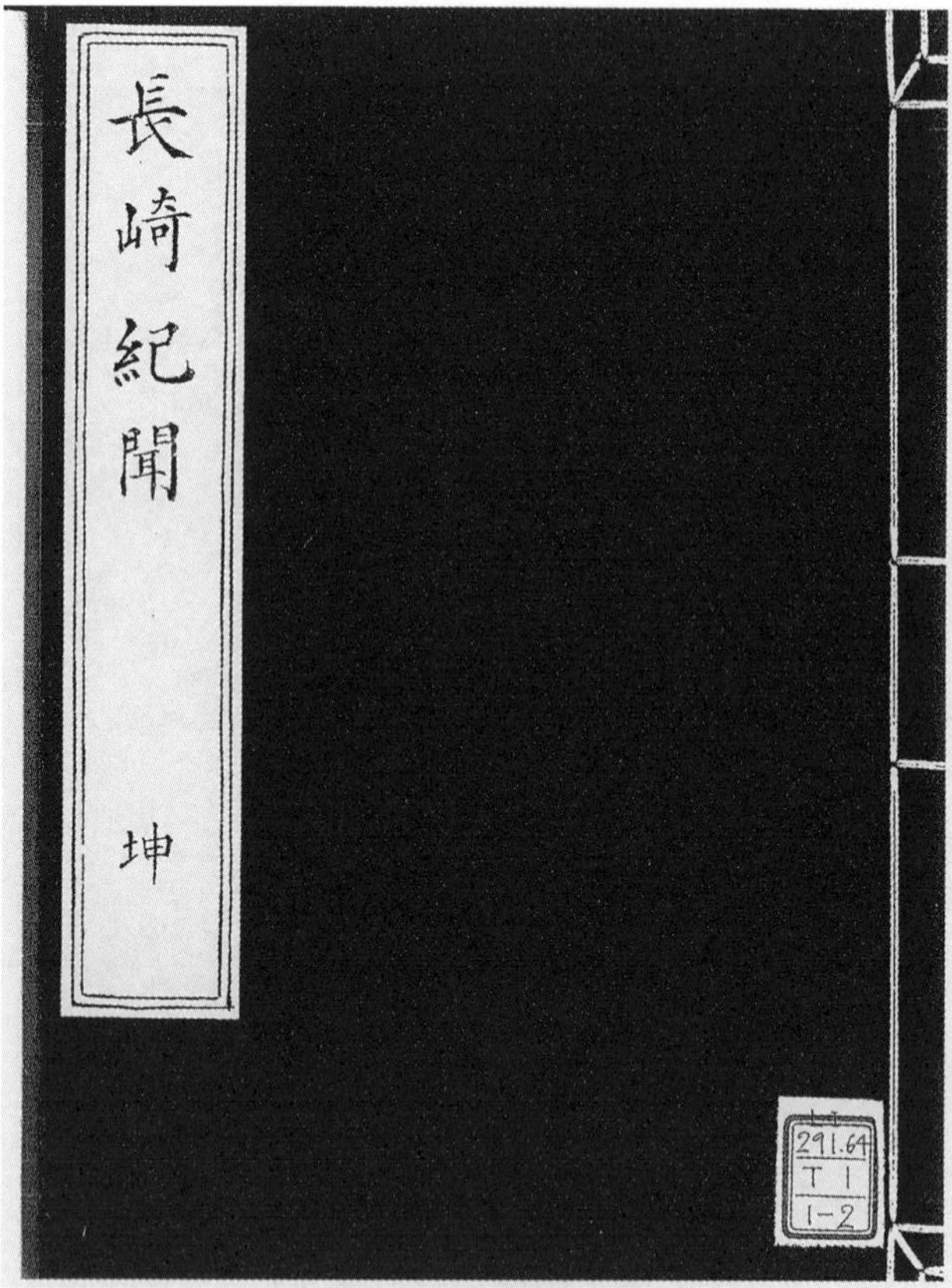
長崎紀聞
坤
291.64
T 1
1-2

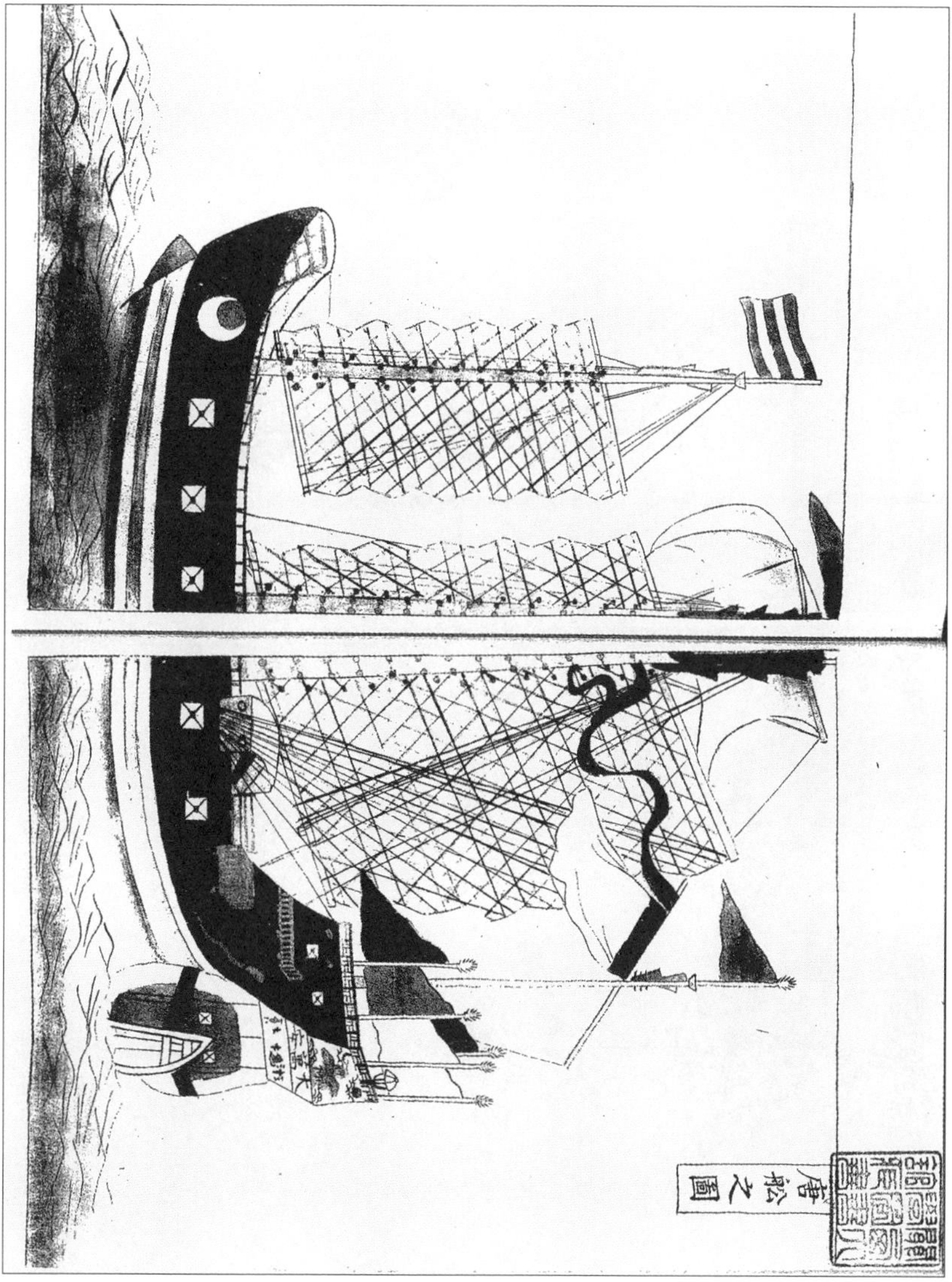
唐船之圖

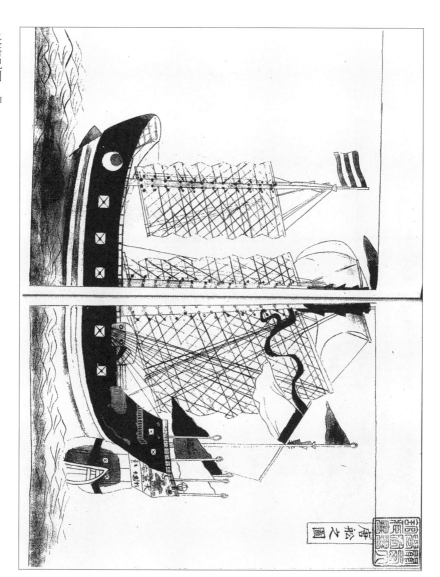

同 南京船
俗ニ豆船ト云本名砂船也

唐船艫ノ方
真向之圖

桿ノ根元獣ノ皮ニテ巻

文化四年来船大萬安ゝ圖を写し唐船
艫乃かさり人物絵かきし変りたる故大新左
乃でし大萬安といふは船乃名之

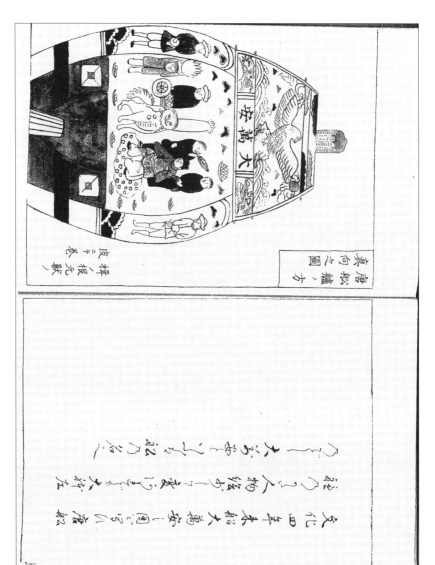

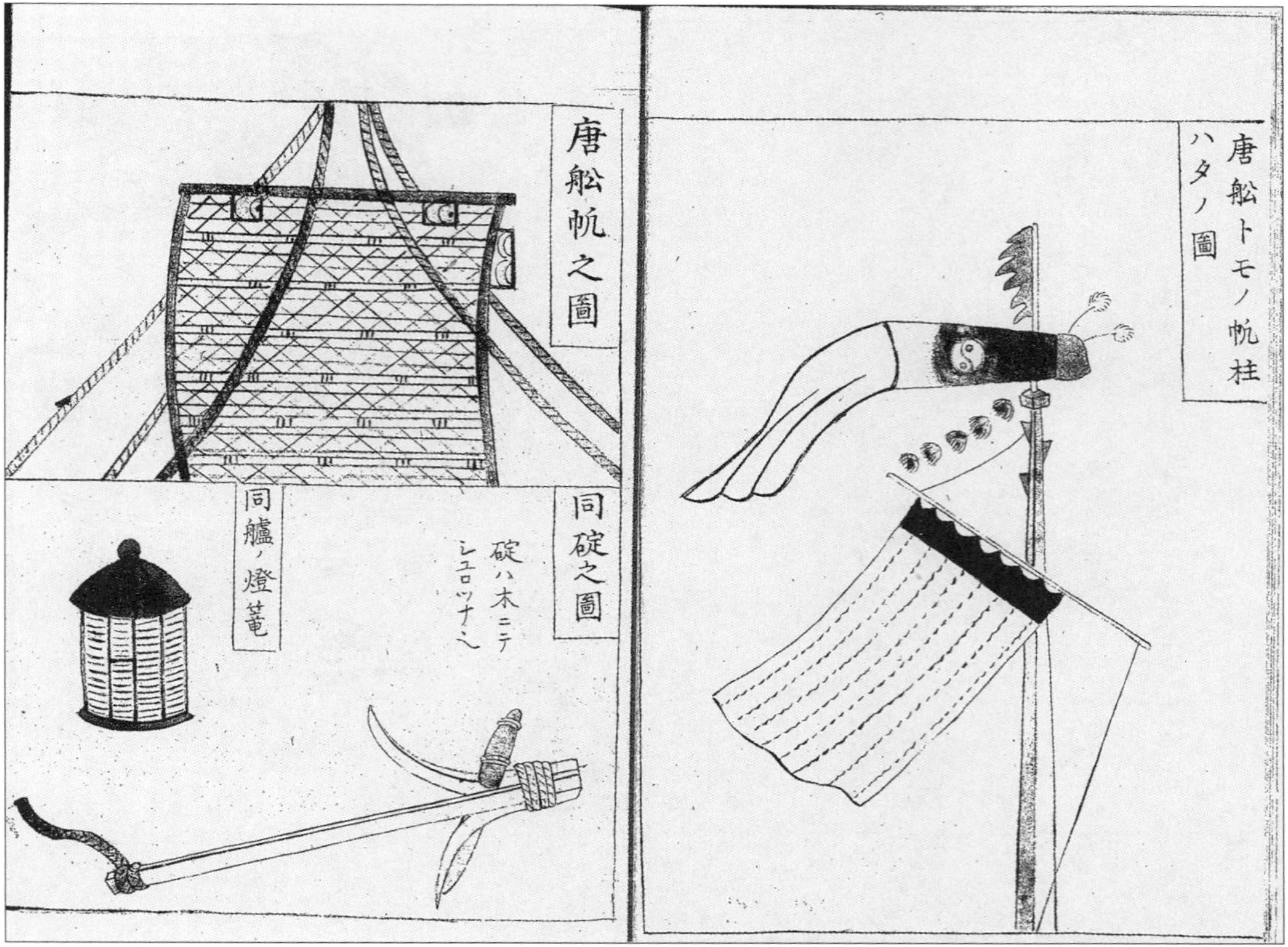
唐船トモノ帆柱
ハタノ圖
唐船帆之圖
同碇之圖
碇ハ木ニテ
シユロツナ
同艫ノ燈篭

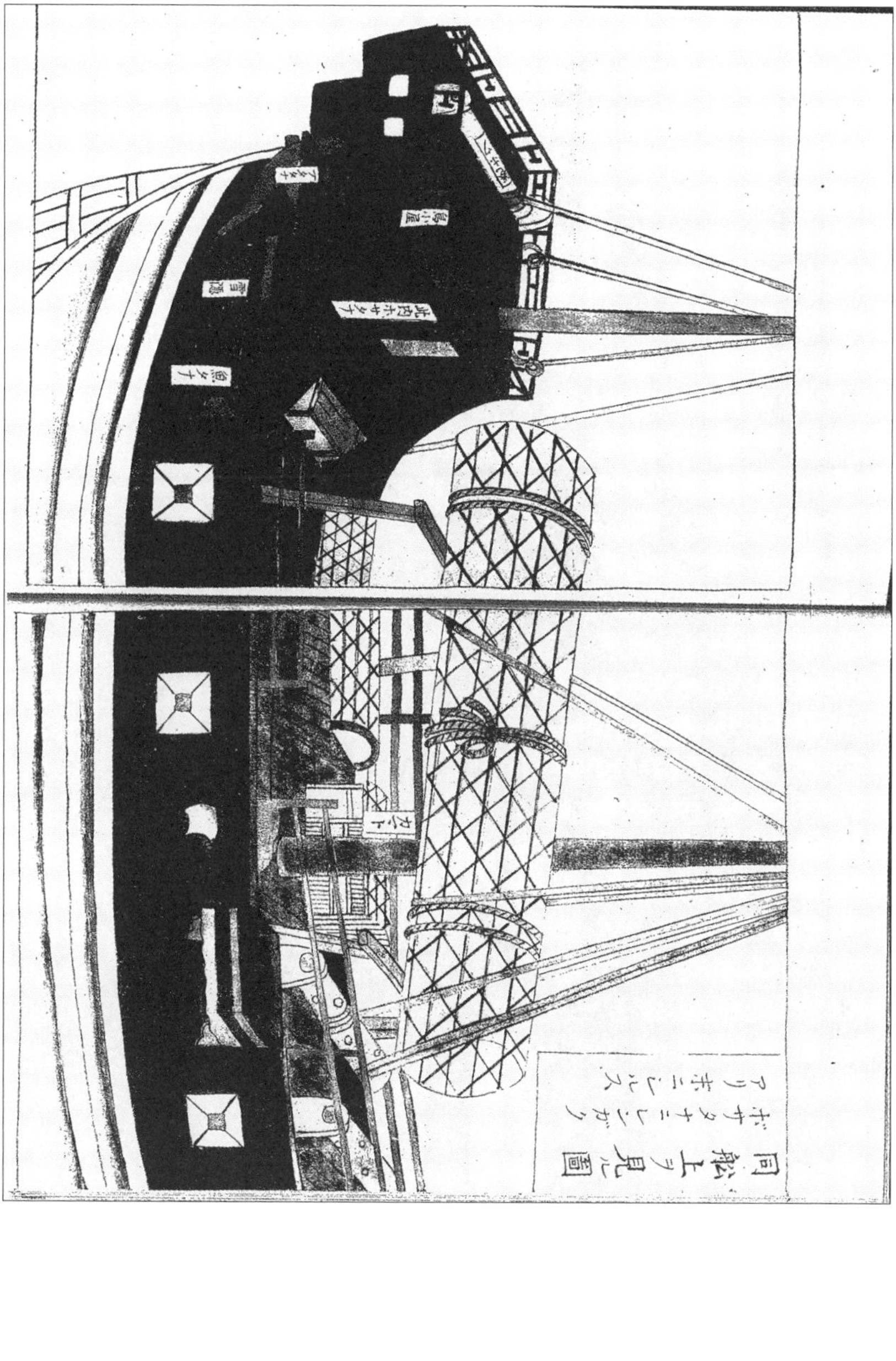
同艦上ヨリ見ル圖

同丸荷役之圖

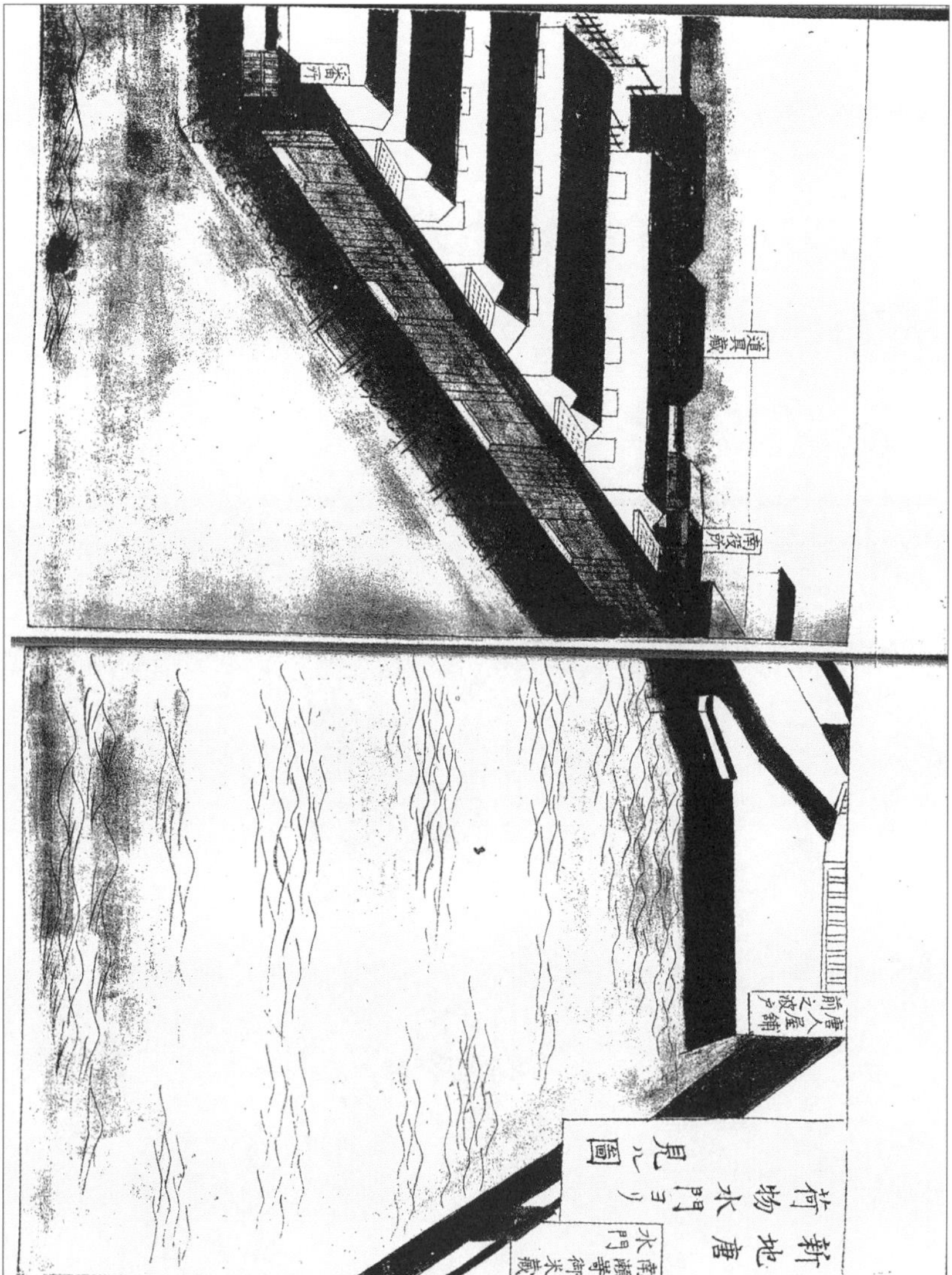
新地唐荷物水門ヨリ見ル図
南瀬番御米蔵水門
唐人屋舗前之波戸
南役所
道具蔵
番所

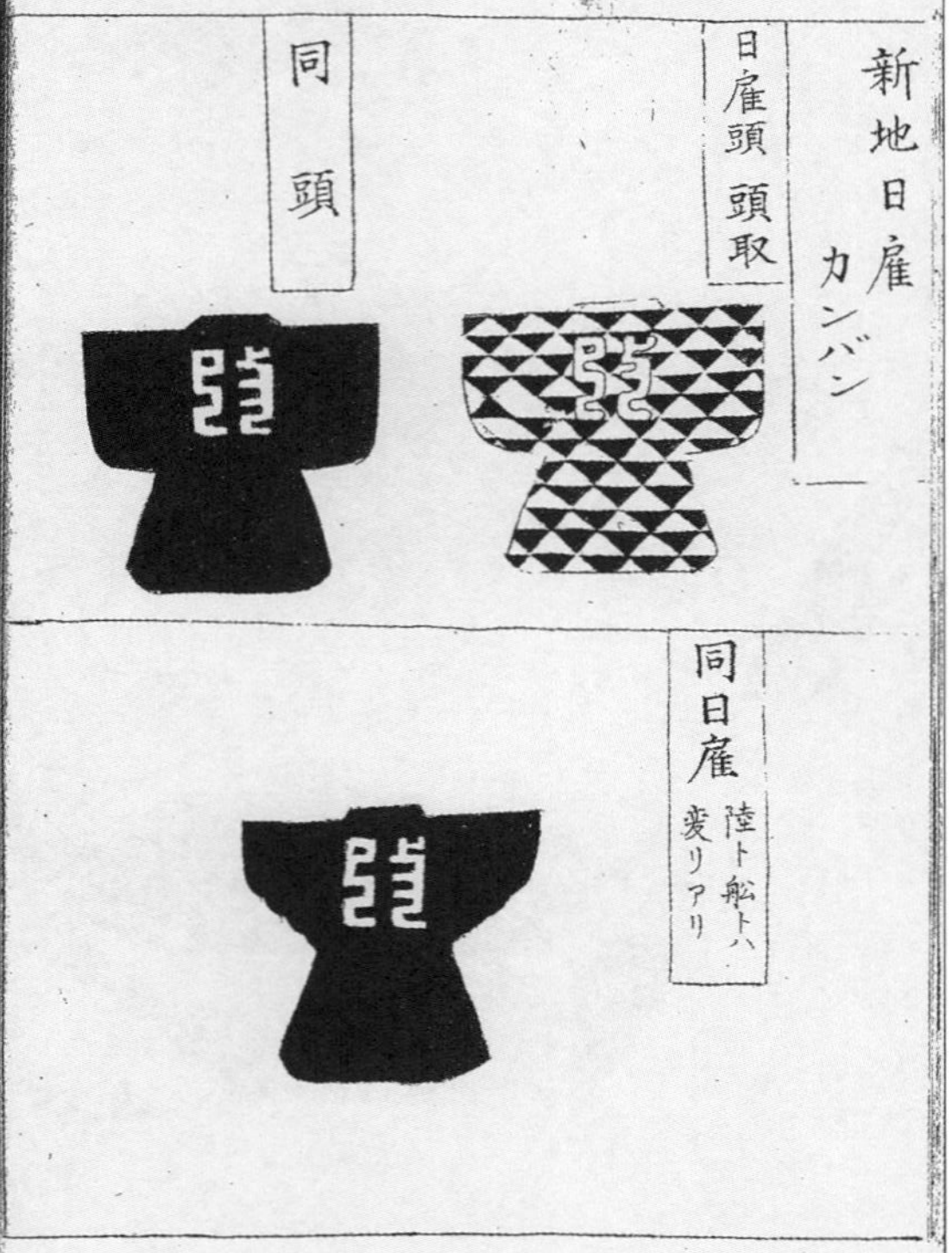

丸荷役ハ入津翌日より新地蔵に入
壱り酒食など当日官内へ日雇の外
より運ぶなり翌日より精荷役とて夫より
志らづまえ

一 唐船丸荷役初より船神ボサ揚ケ唐寺へ
納め出帆の日又是を請して船中に安置ス

船神唐寺江持行図
崎陽へ着船ノ日ヨリ出帆迄
船玉神唐寺ニ預ケ置ナリ

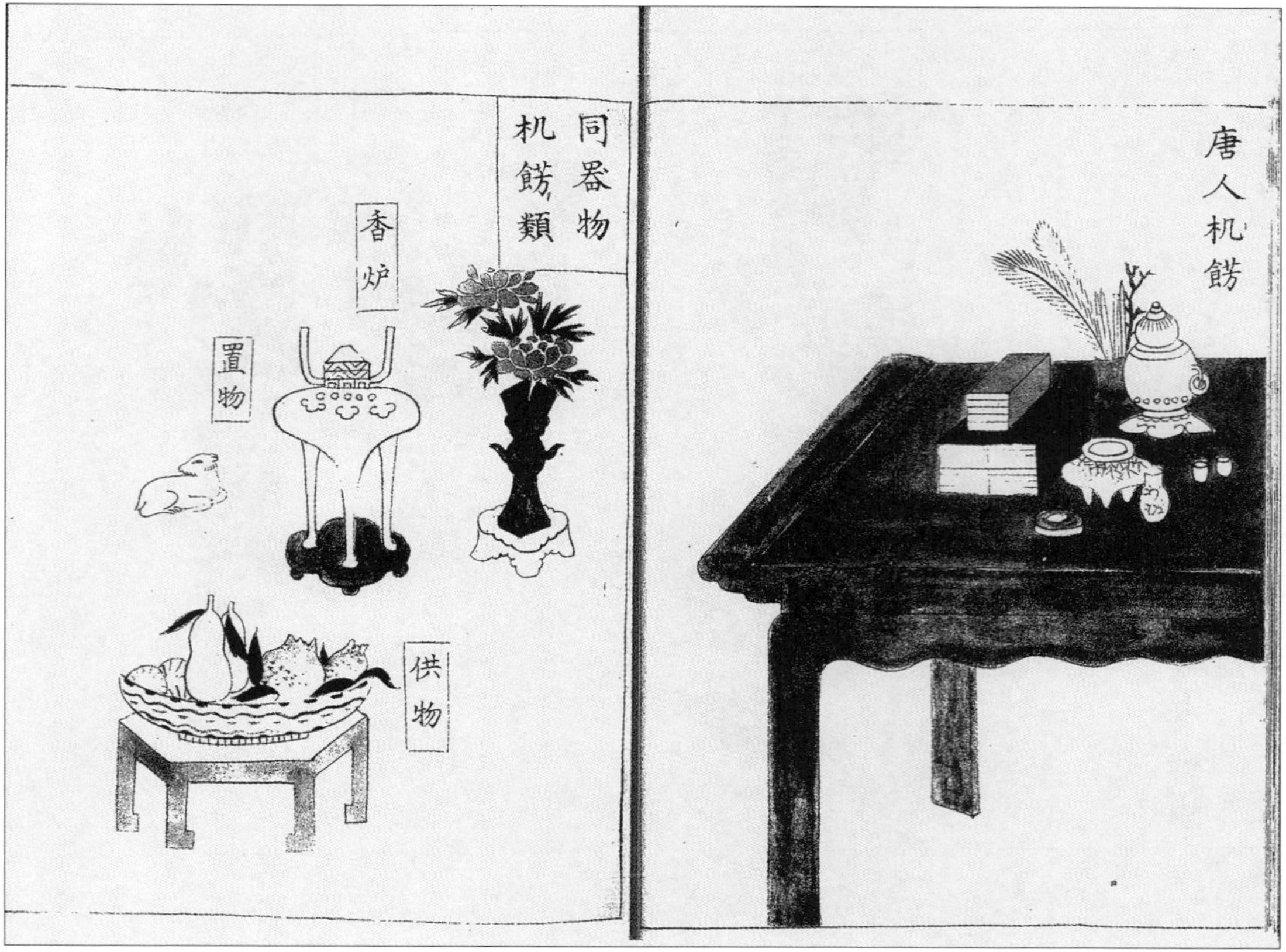
唐人机餝
同器物
机餝類
香炉
置物
供物

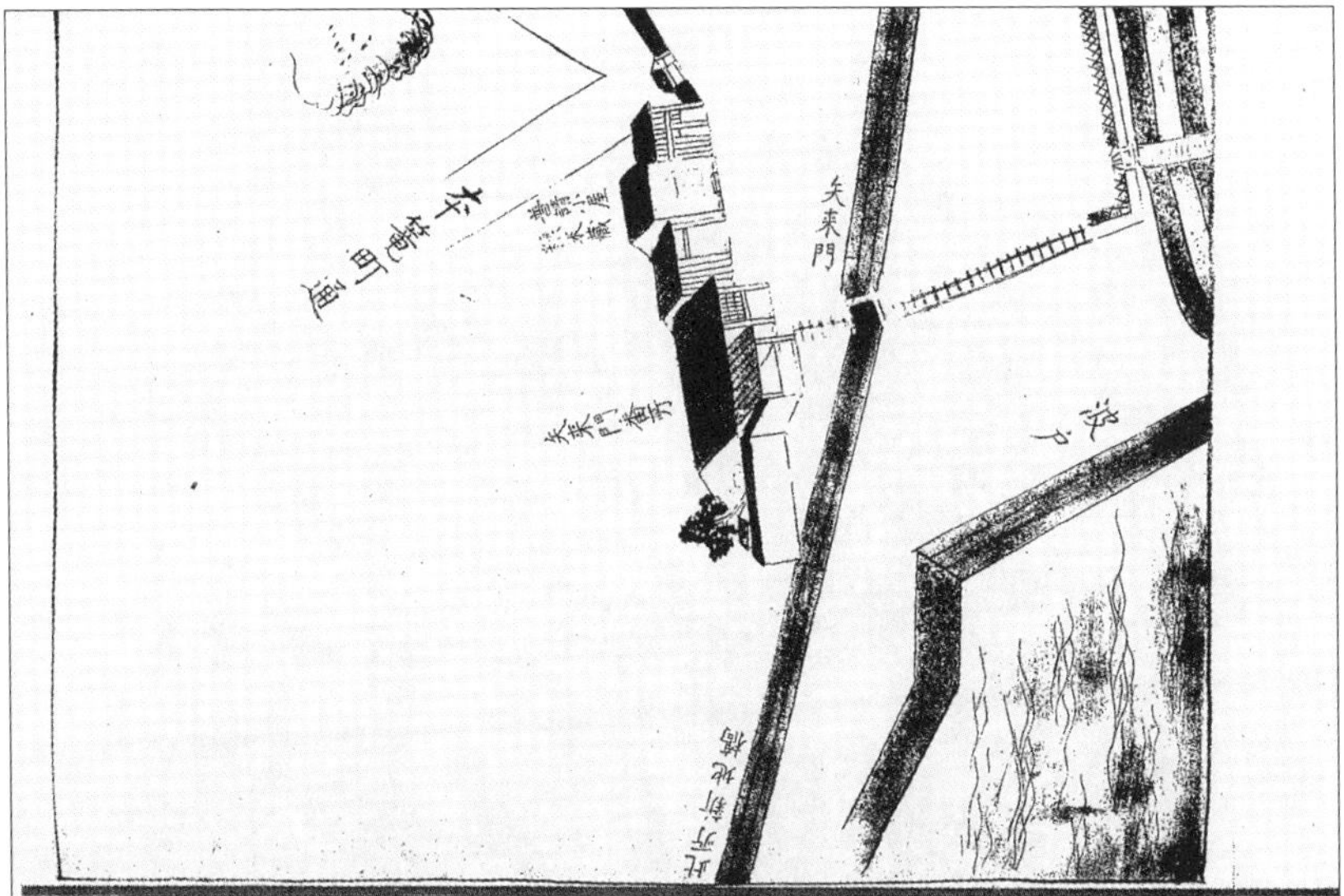
矢来門
矢来門番所
波戸

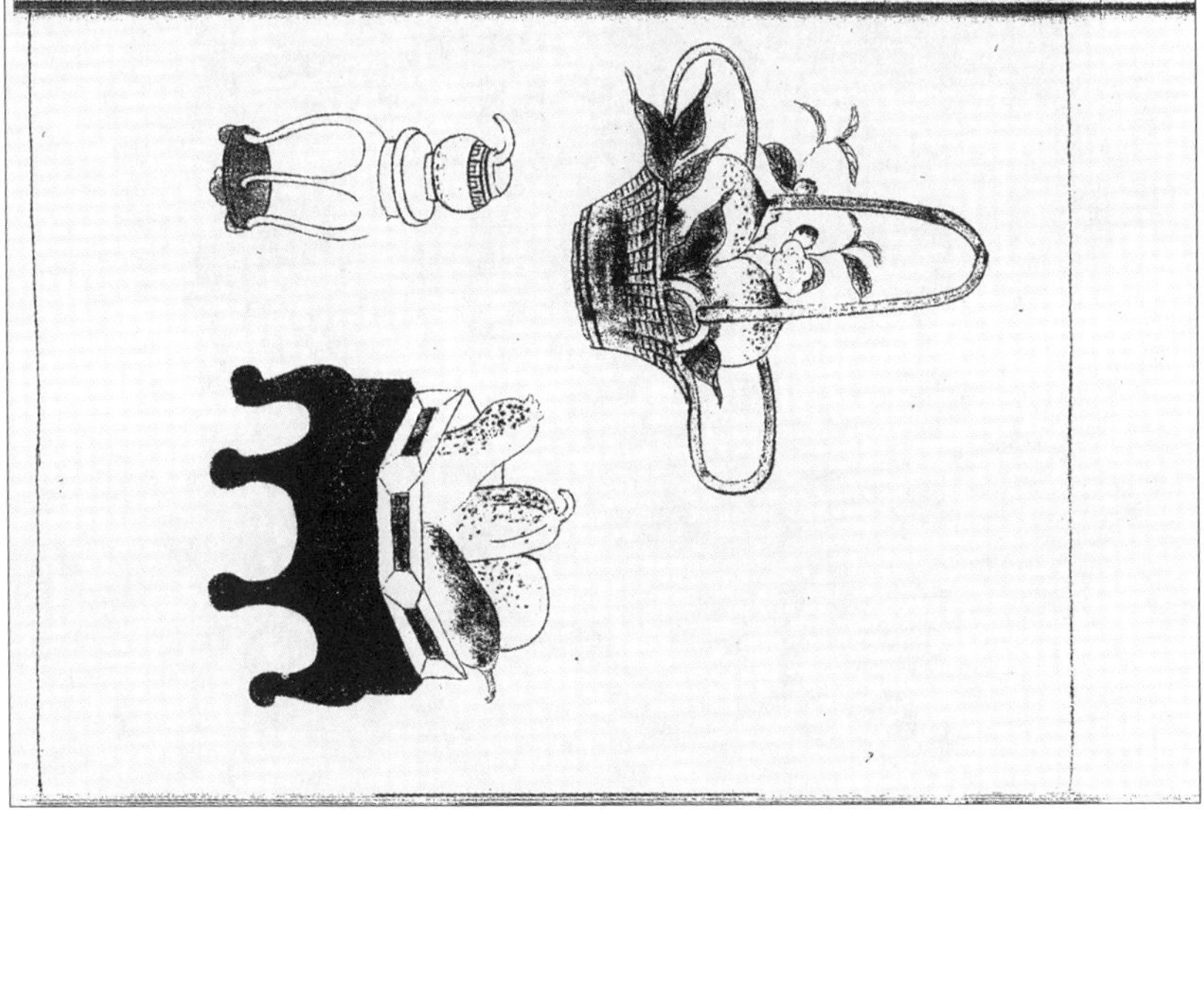

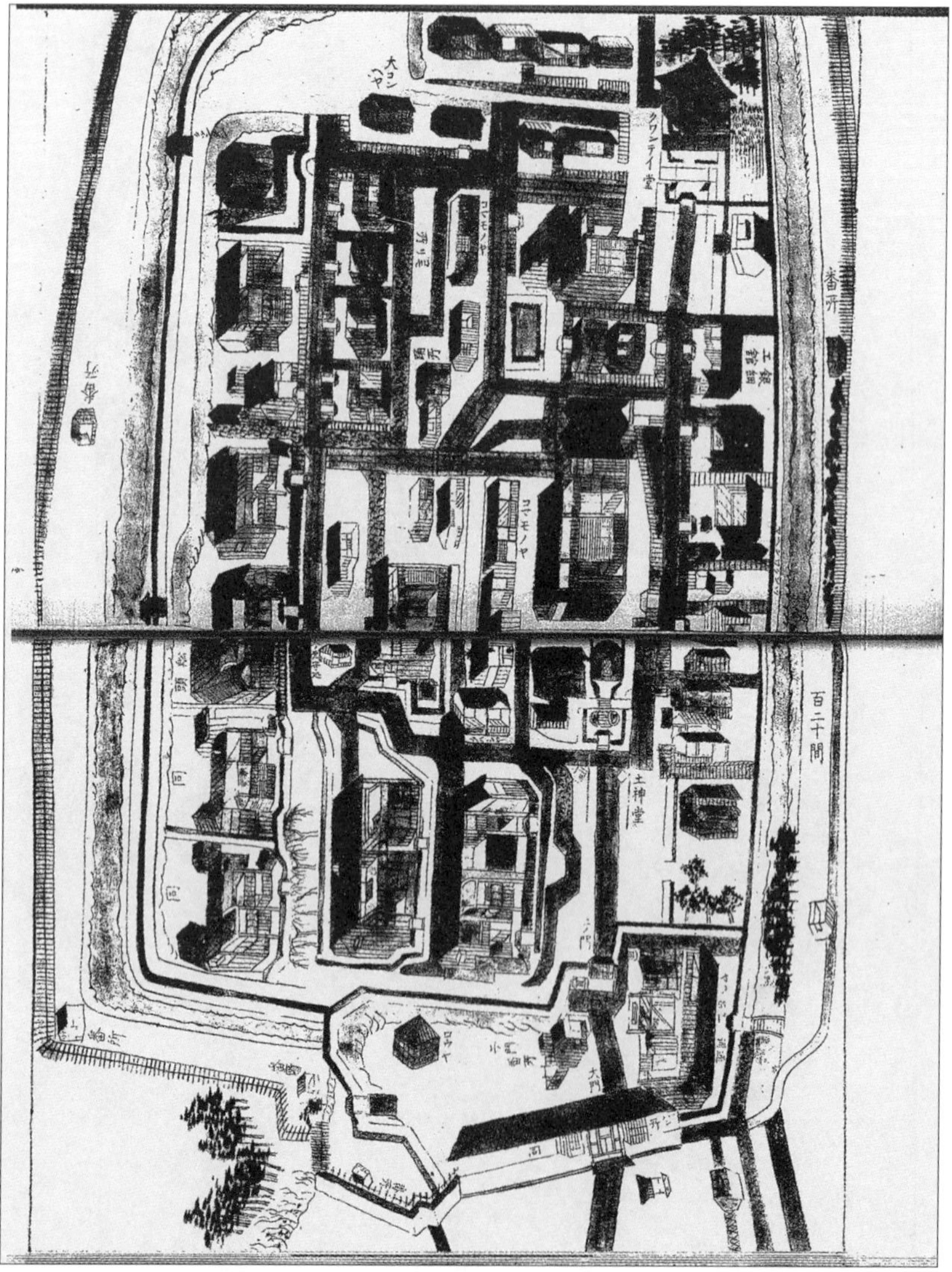
クワンテイ堂
コマモノヤ
コマモノヤ
土神堂
百二十間
番所
大門

唐人屋敷惣坪数九千三百六十三坪也

唐人役名

船頭　財副　総官ト八惣代

ホウ長ト八針見　大コントハ風見ル

テツコトハ船中帆柱ニ揚ル三郎トハボクナリ

一唐館ハ十善寺ト云処ニアリ元禄元年ニ建

同二年唐人始る館内ニ入ト云中ニ土神ヲ

祭ル前ニ旗アリ福德正神ト書ス又関帝

堂アリ此旗ニ天后聖母ト書シアル

唐館制札

禁制

一断なくして唐人構之外へ出る事

一傾城之外女人入ル事

一出家山伏諸勧進之者并乞食入る事

右之條々可相守若於違背可為曲事

辰十月

冬衣服船頭

同三郎
同工社

夏衣服船頭
同工社

手廻り

其二

唐人食事
シツホク排ノ圖

唐人踊舞臺之圖

唐人踊題
呉漢放潼関経堂殺妻
龍虎闘宗趙匡胤胡延賛
関雲長斬貂蝉女
打擂臺潘豹揚七郎

右唐人踊書写

例年三月船玉神ノ祭トテ各着船ニ時
役者ヲ乗組セ来テ彼国ノ芝居ヲ催スコト
御奉行ニモ見分アルコトナリ

仝踊狂言仕組

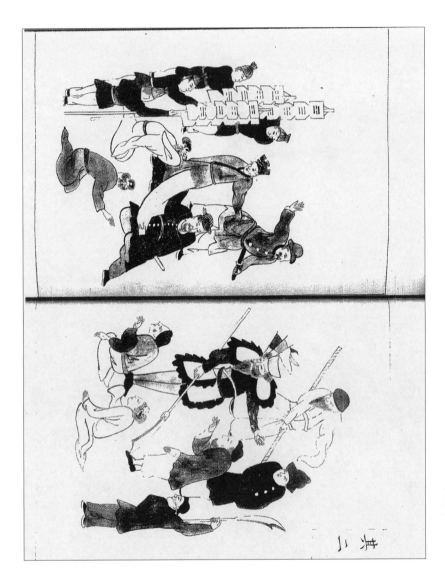

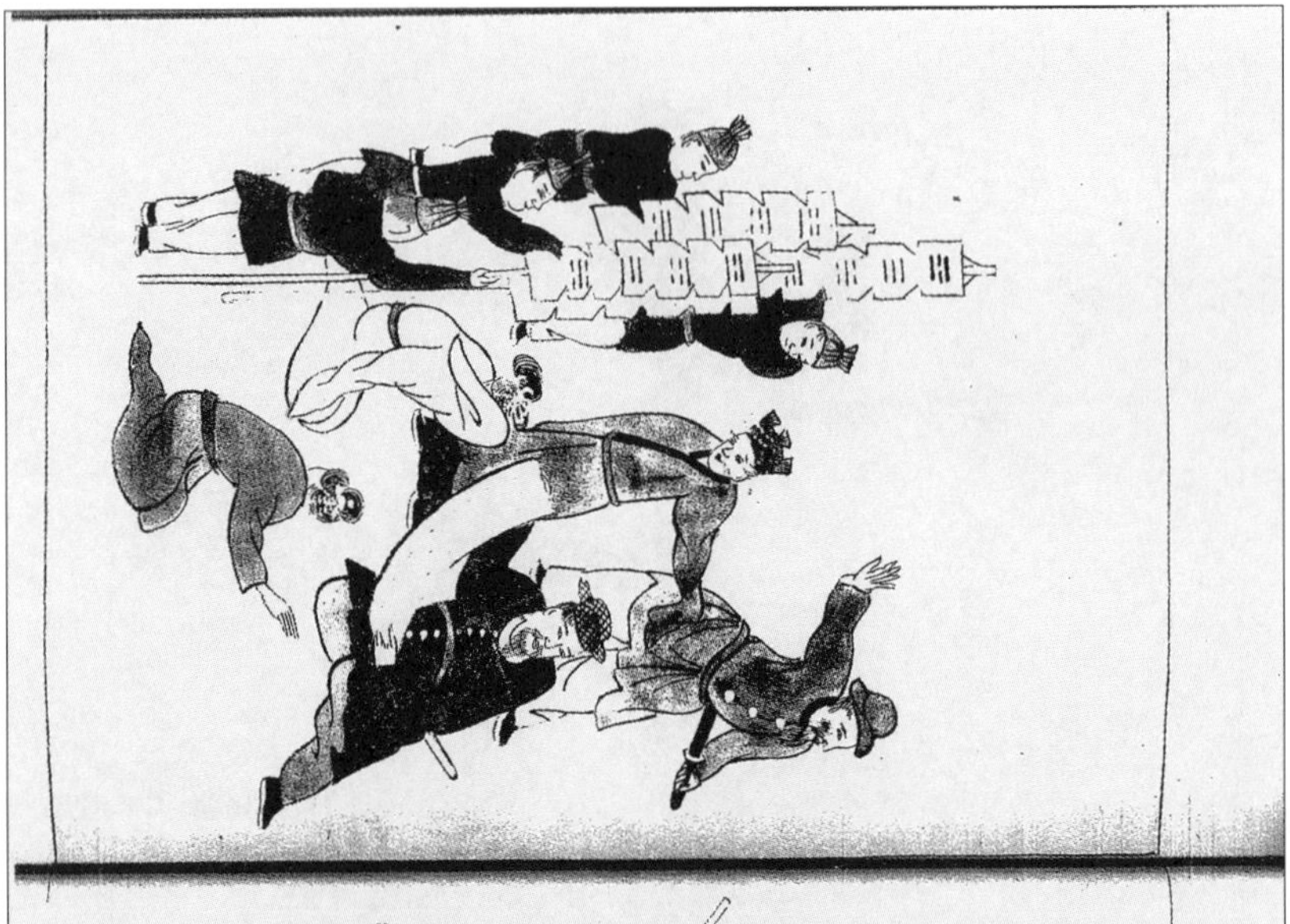

其二

其三

文武官員朝服藍者俱多

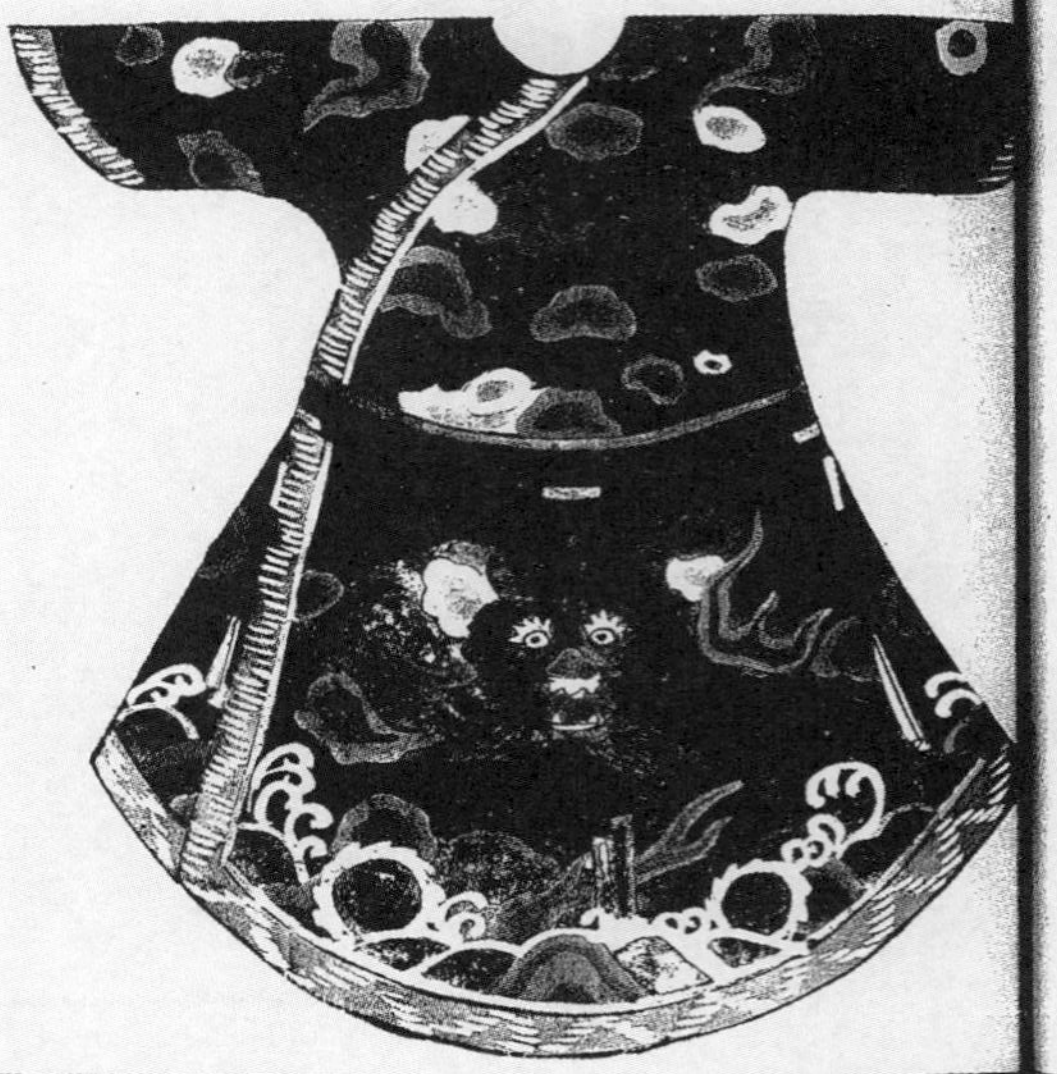

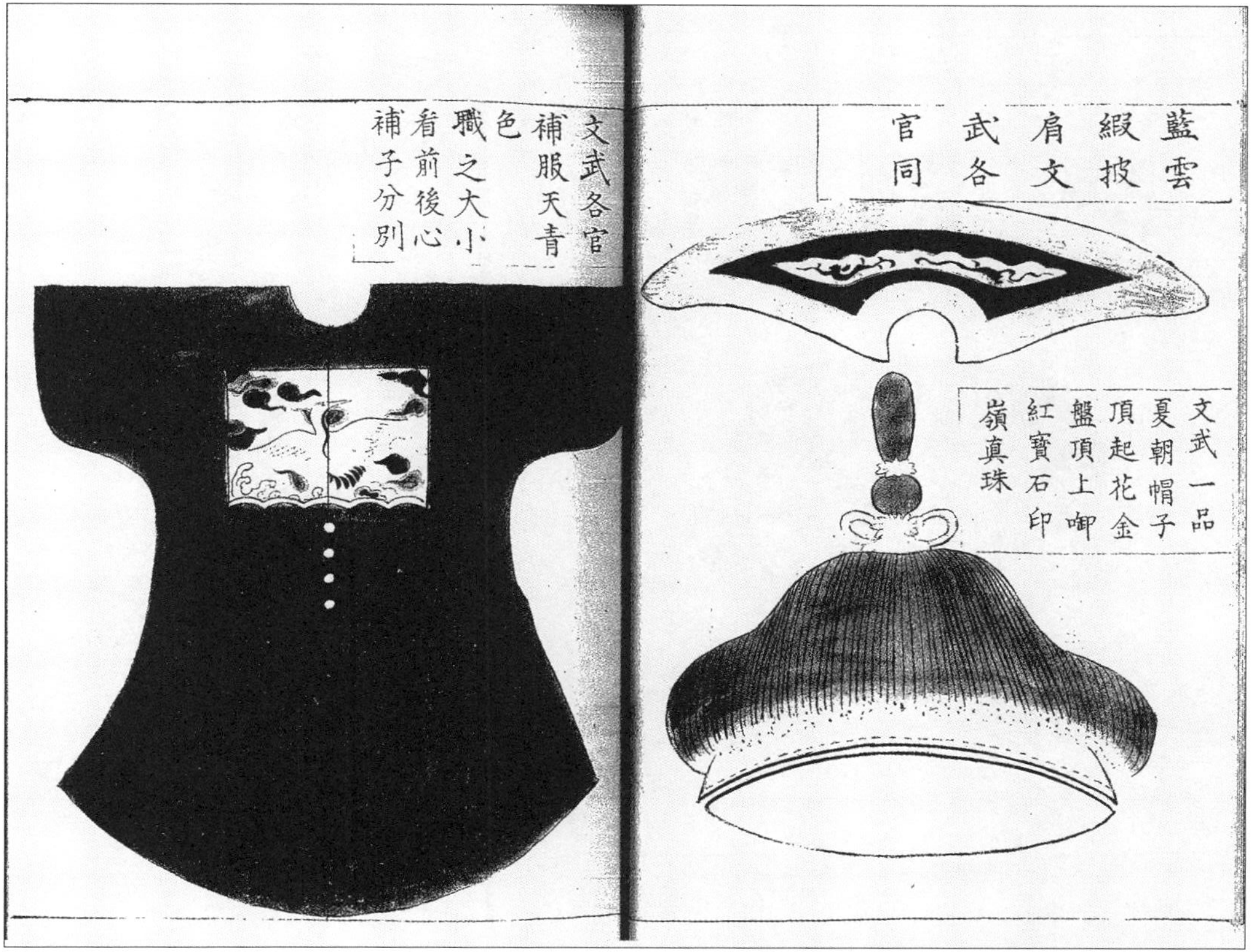
文武各官補服天青色
職之大小看前後心補子分別
藍雲緞披肩文武各官同
文武一品夏朝帽子頂起花金盤頂上唧紅寶石印嶺真珠

長崎悟真寺浄土宗開基ハ陽華宇漳州乃人
張吉泉南京乃人慶長七寅年始る此地に来り
菩提所を設け平須皆邪宗る神社佛閣一宇も
なし夫が當寺を建立して以来唐人墓所と定む
開山ハ聖誉上人と云筑後国乃人也其墓厭去ゝ墓
當山に有慶應元年辰十二月廿二日卒ス 以上縁起
當寺に阿蘭陀人の墓有塚に形を蒲洋取
長樽に蓋を示せるがごとく其図末に志るす

武文一品冬
服帽頂
前夏帽内
逐品註明
冬帽今不再註

文武各官
帶俱藍緞
黄紅色緞
各官禁用
黄者親王
郡主之帶
紅者宗室
覺羅之帶
俱黄紅帶
惟用緞帶
不用金玉
等版

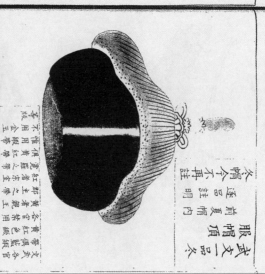

悟真寺唐人墓所之圖

唐人墓誌其二三ヲ写ス

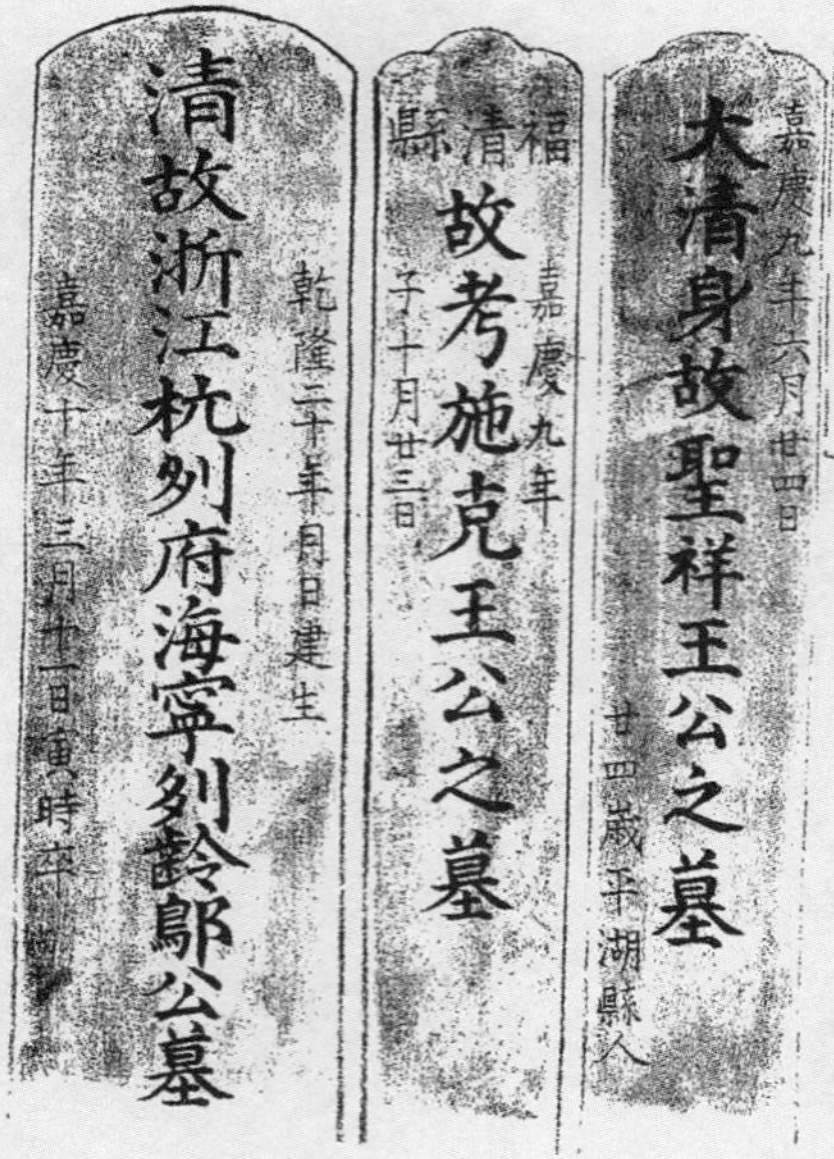

阿蘭陀人カピタンノ墓

圍ハだくく廻り石垣ニて
碑ニ阿蘭陀文字を彫る
上下に絵様有り上絵ハ
砂時計ノ形之

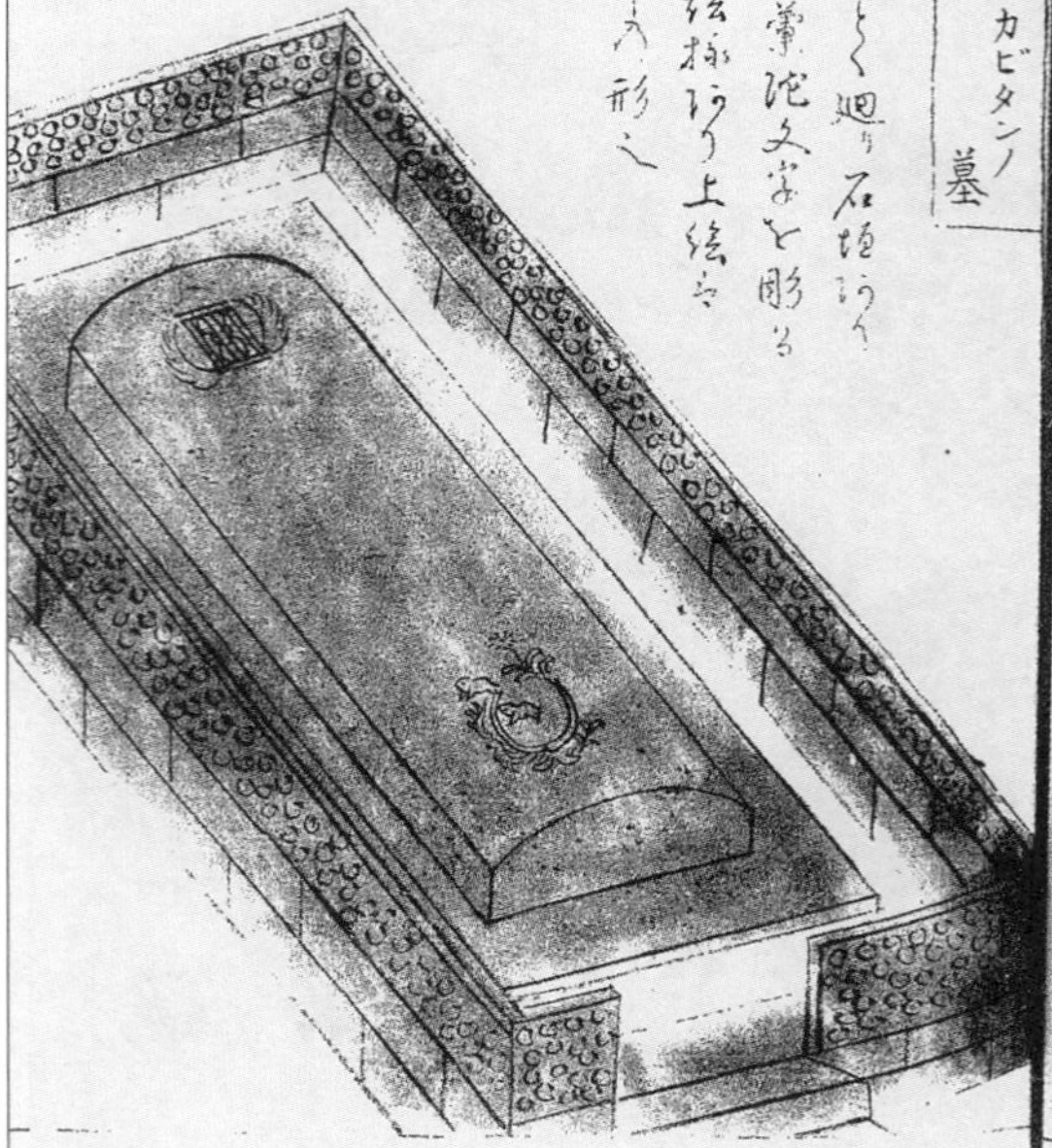

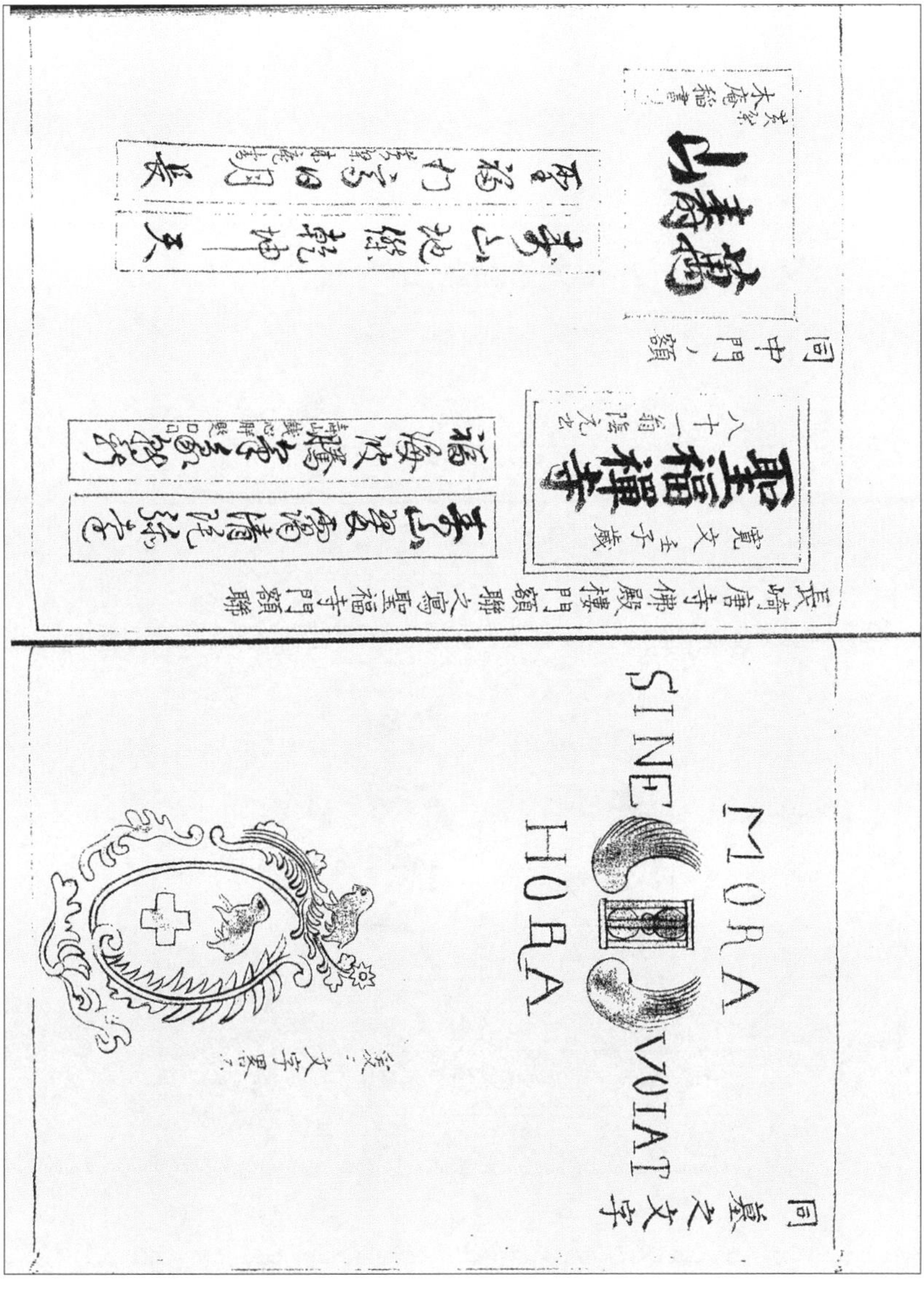
同墓之文字
MORA
SINE VOIAT
HORA
墓ニ文字畧ス
長崎唐寺佛殿樓門額聯之寫聖福寺門額聯
寛文壬子歳
聖福禪寺
八十一翁隠元書
壽山地傑乾坤一天
聖福門高日月長
芙蕖木庵書
同中門ノ額
萬壽山
芙蕖木庵稲書

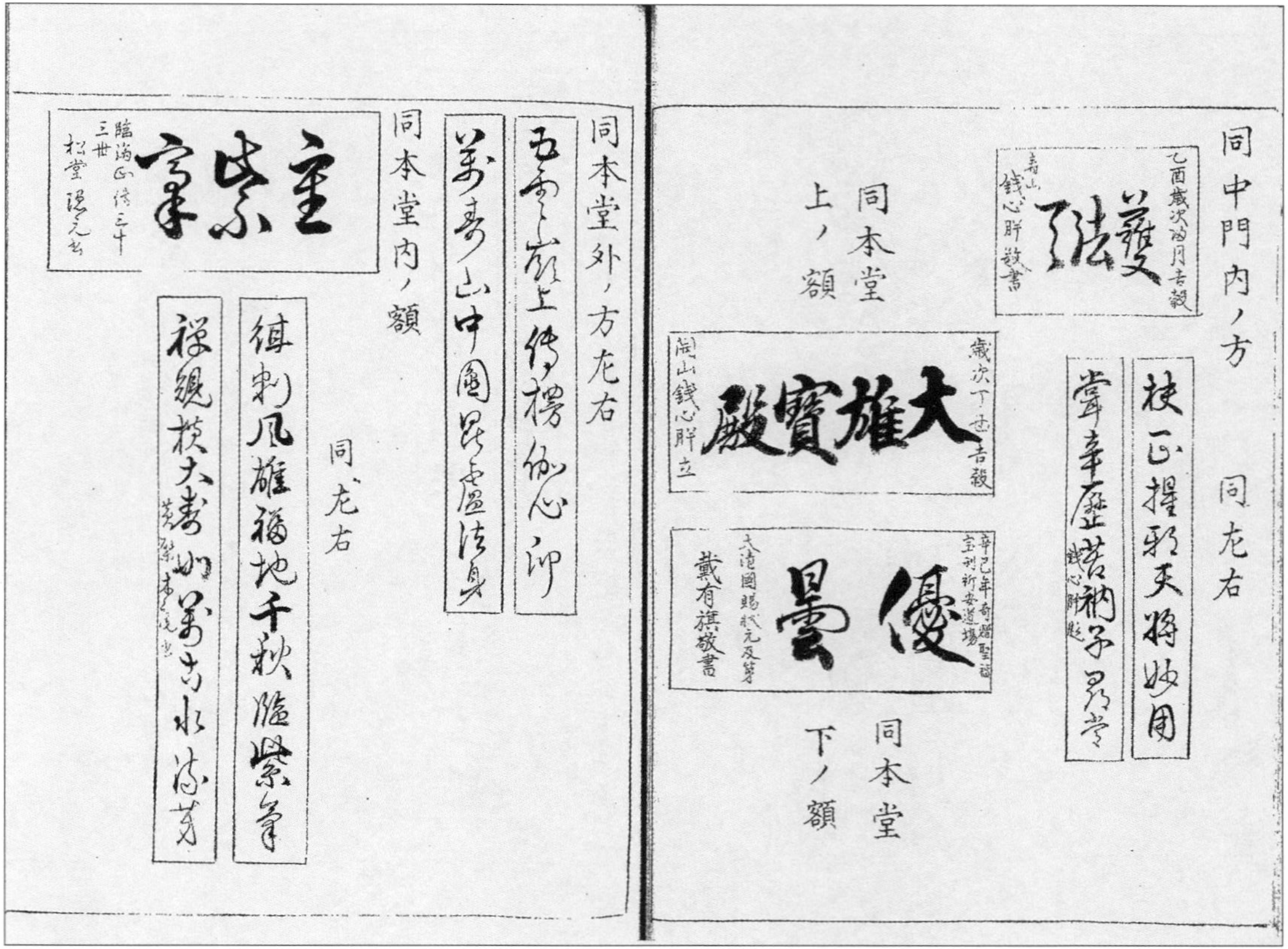
同中門内ノ方
護法
乙酉歳次渋月吉穀
銭心胖敬書
同左右
同本堂
上ノ額
大雄寶殿
歳次丁丑吉穀
崗山銭心胖立
優曇
戴有祺敬書
同本堂
下ノ額
同本堂外ノ方左右
同本堂内ノ額
臨済正伝三十三世
同左右

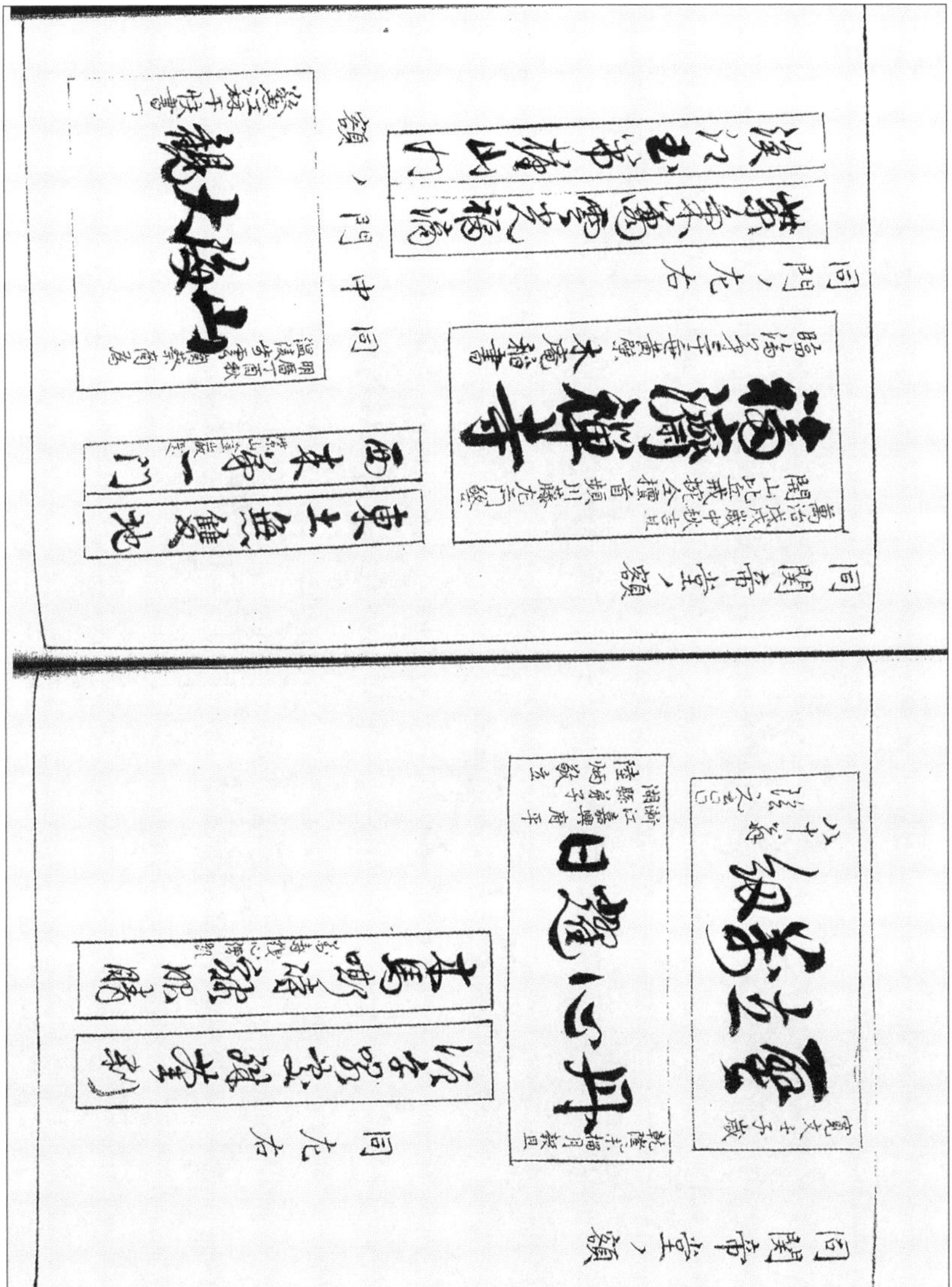
同 関帝堂ノ額
同 門ノ左右
同 中門ノ額

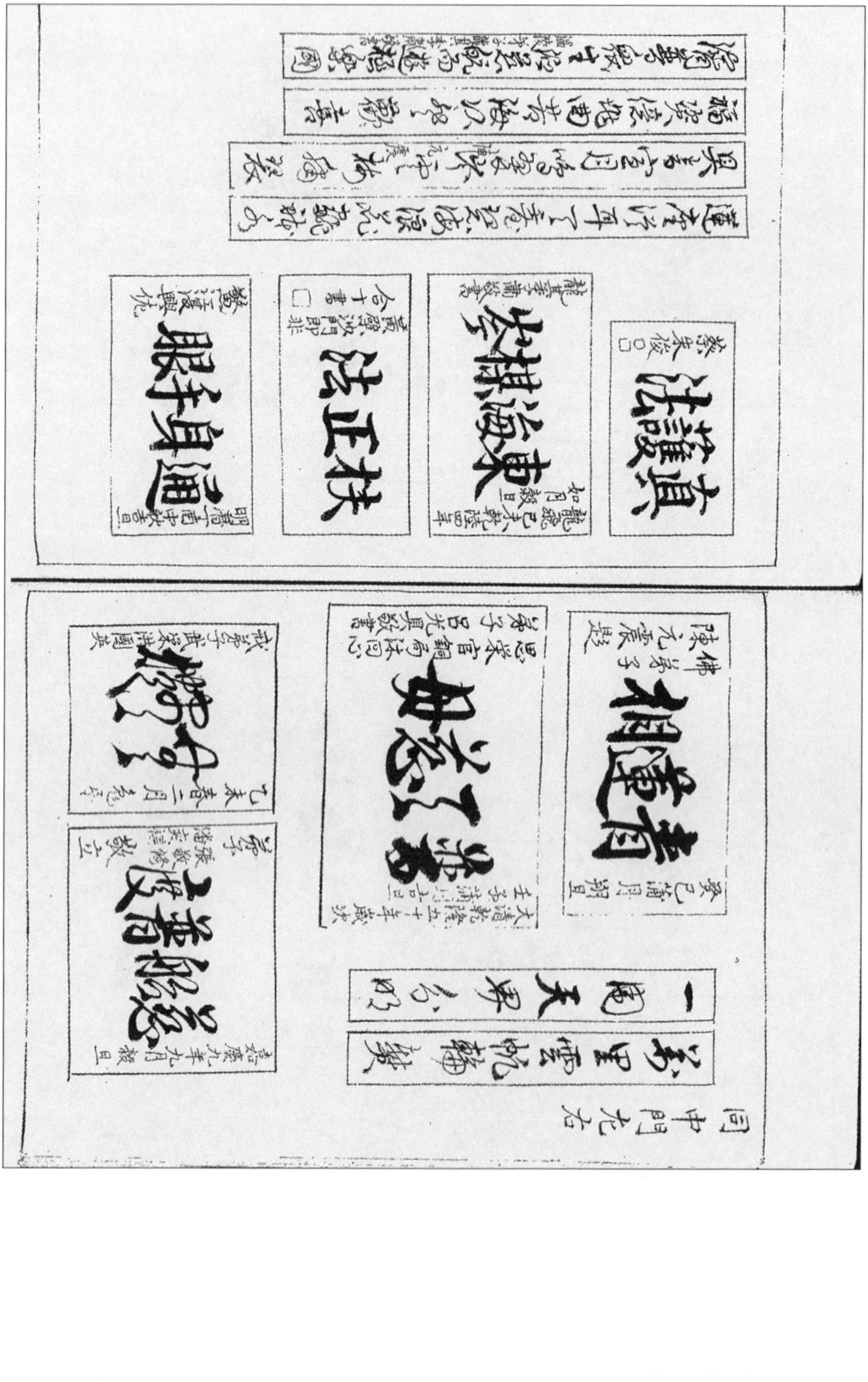

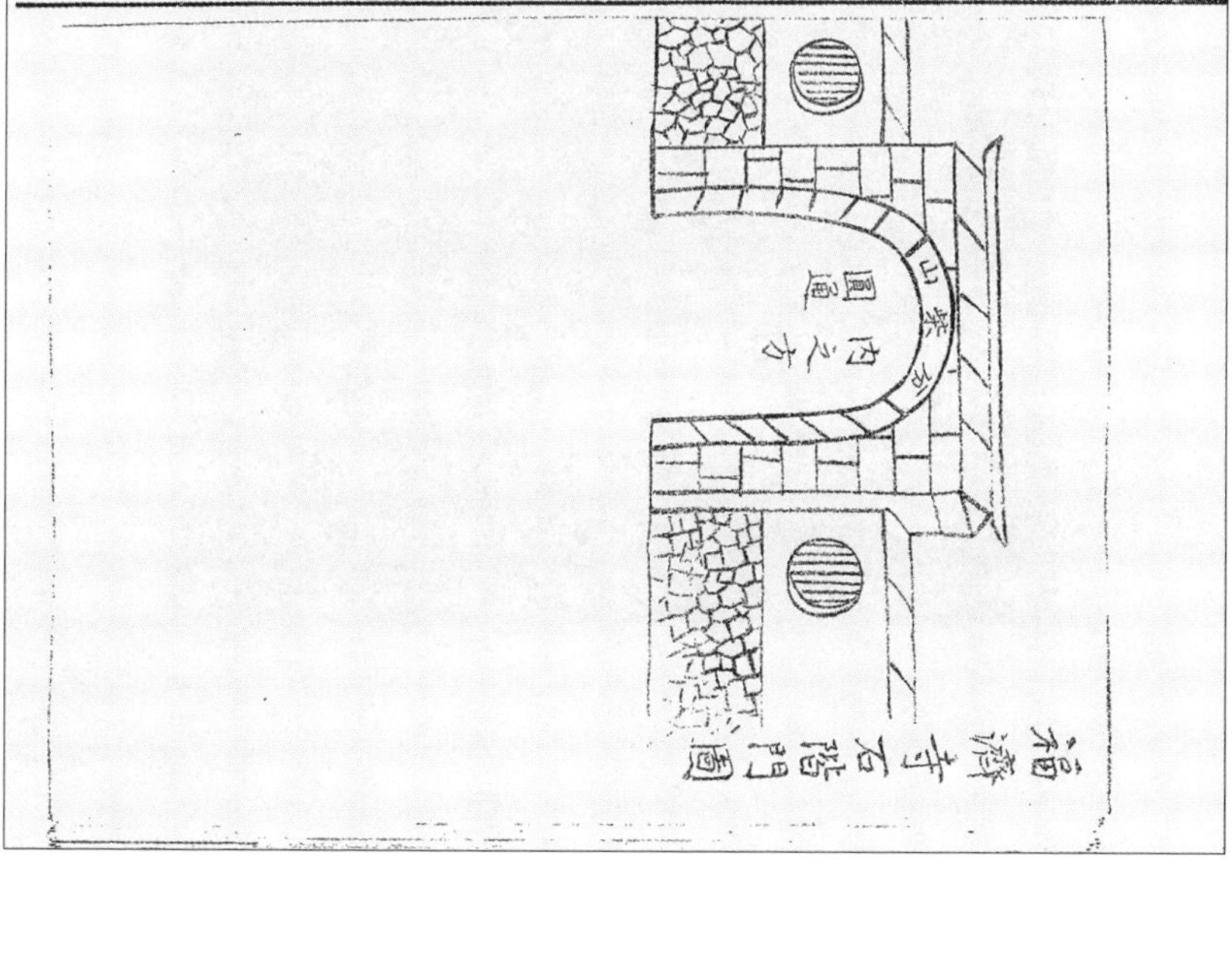
福濟寺石階門圖
分紫山
圓之通
內之方

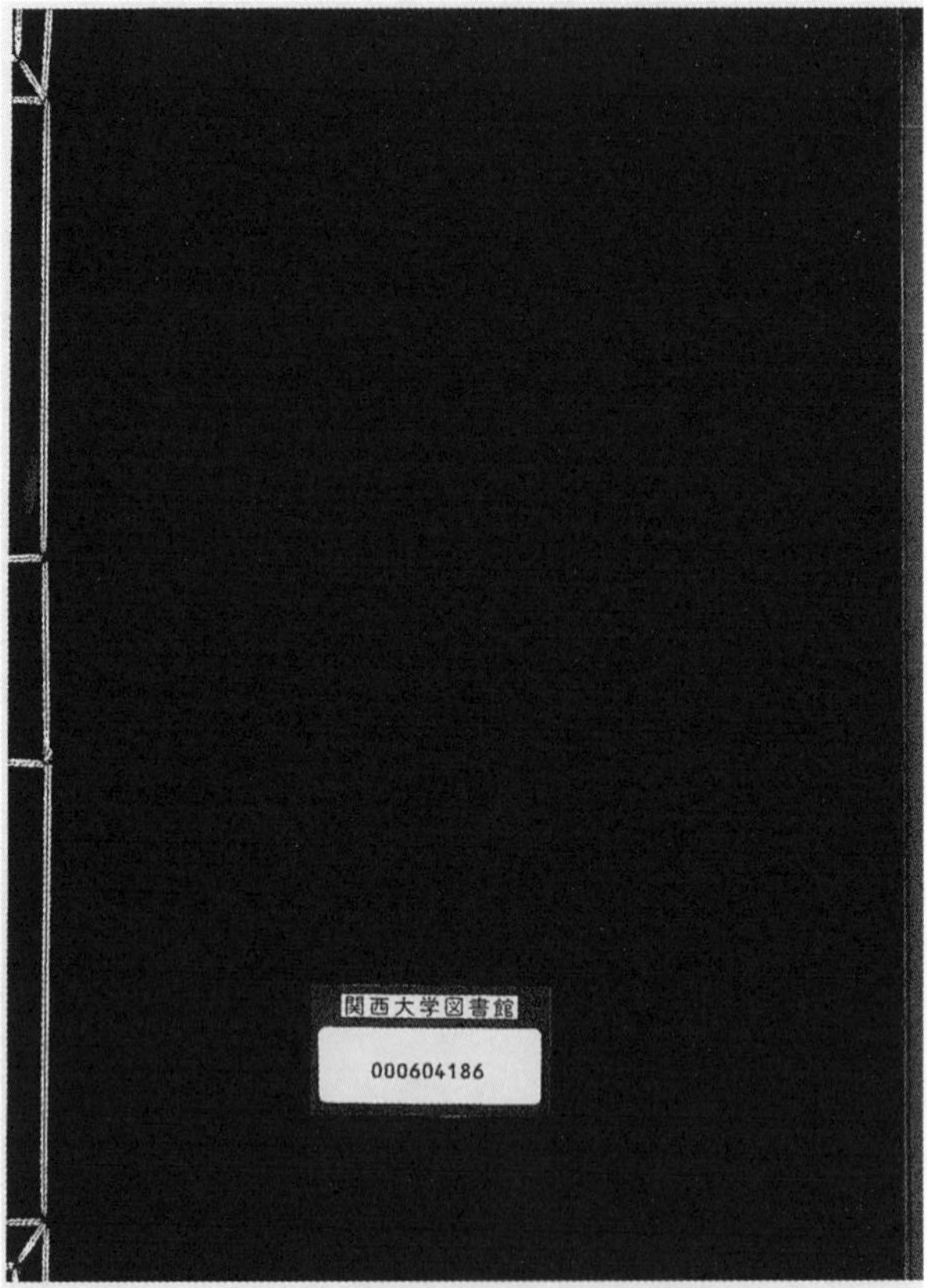
関西大学図書館
000604186

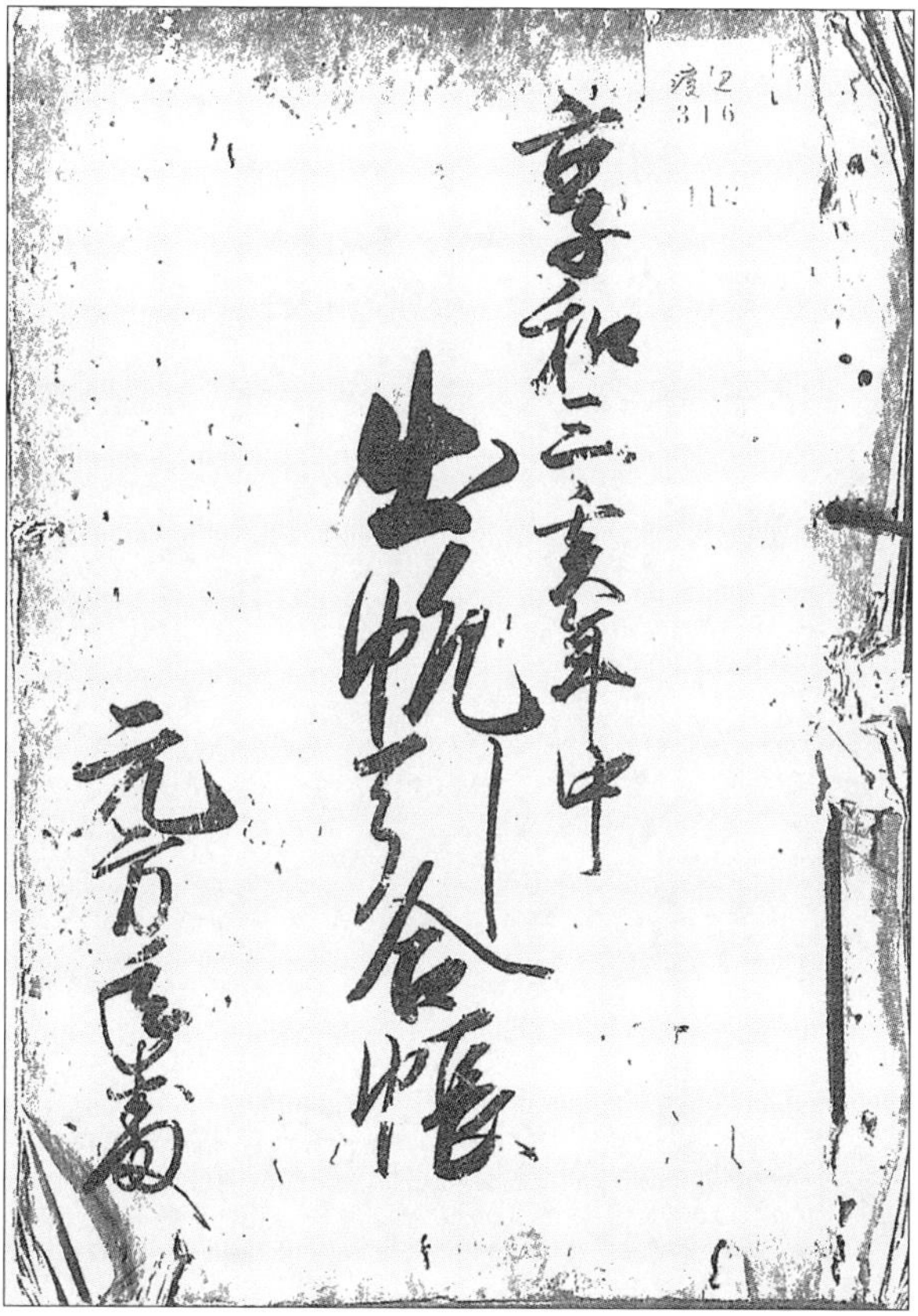
享和三亥年中
出帆引合帳

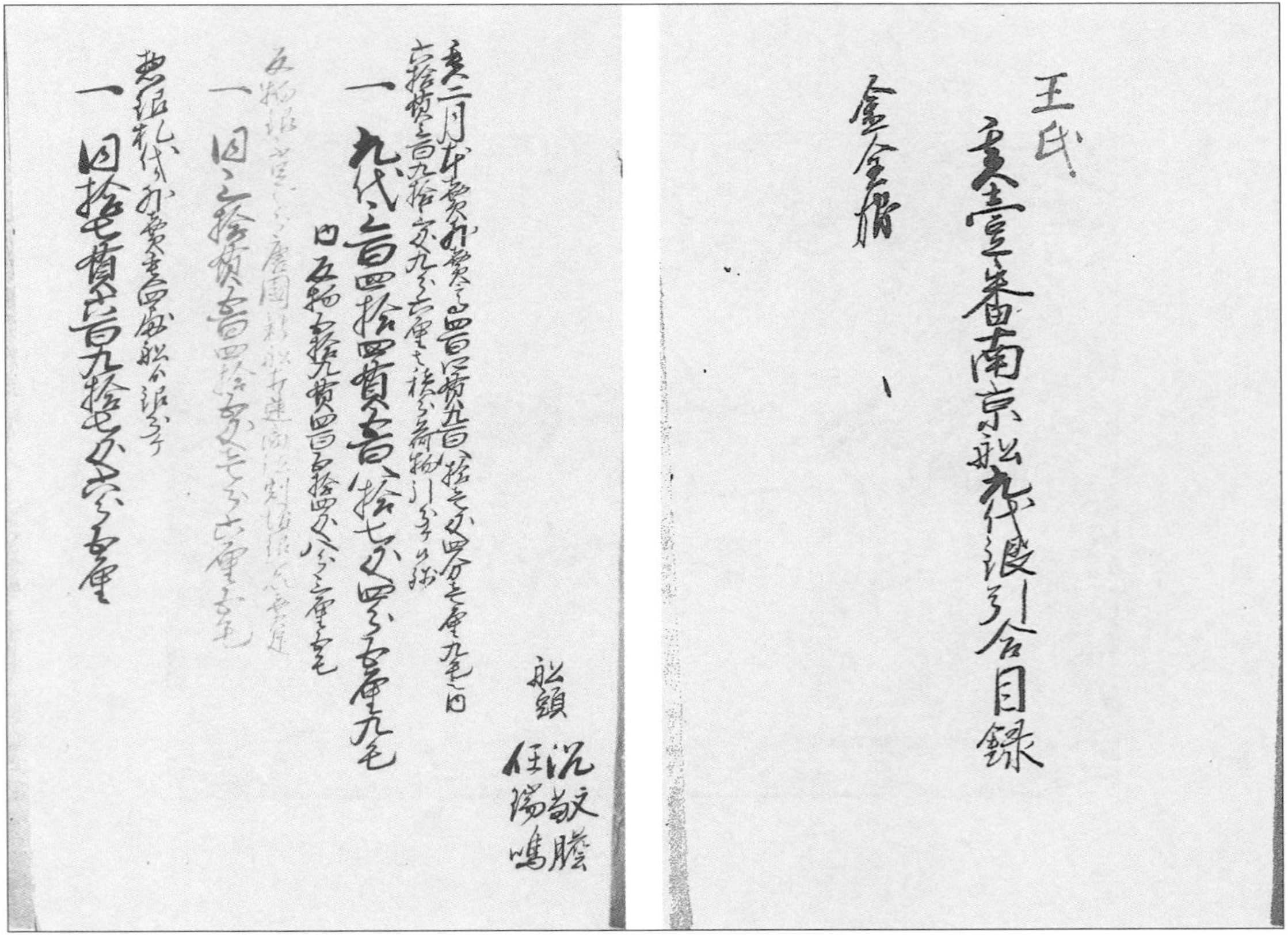
王氏
亥壹番南京船九代銀引合目録

船頭
沈敬瞻
任瑞鳴

一 九代六百四拾四貫六百八拾七匁四分五厘九毛

一 同 六拾貫六百四拾五匁七分六厘五毛

一 同 拾七貫六百九拾七匁六分五厘

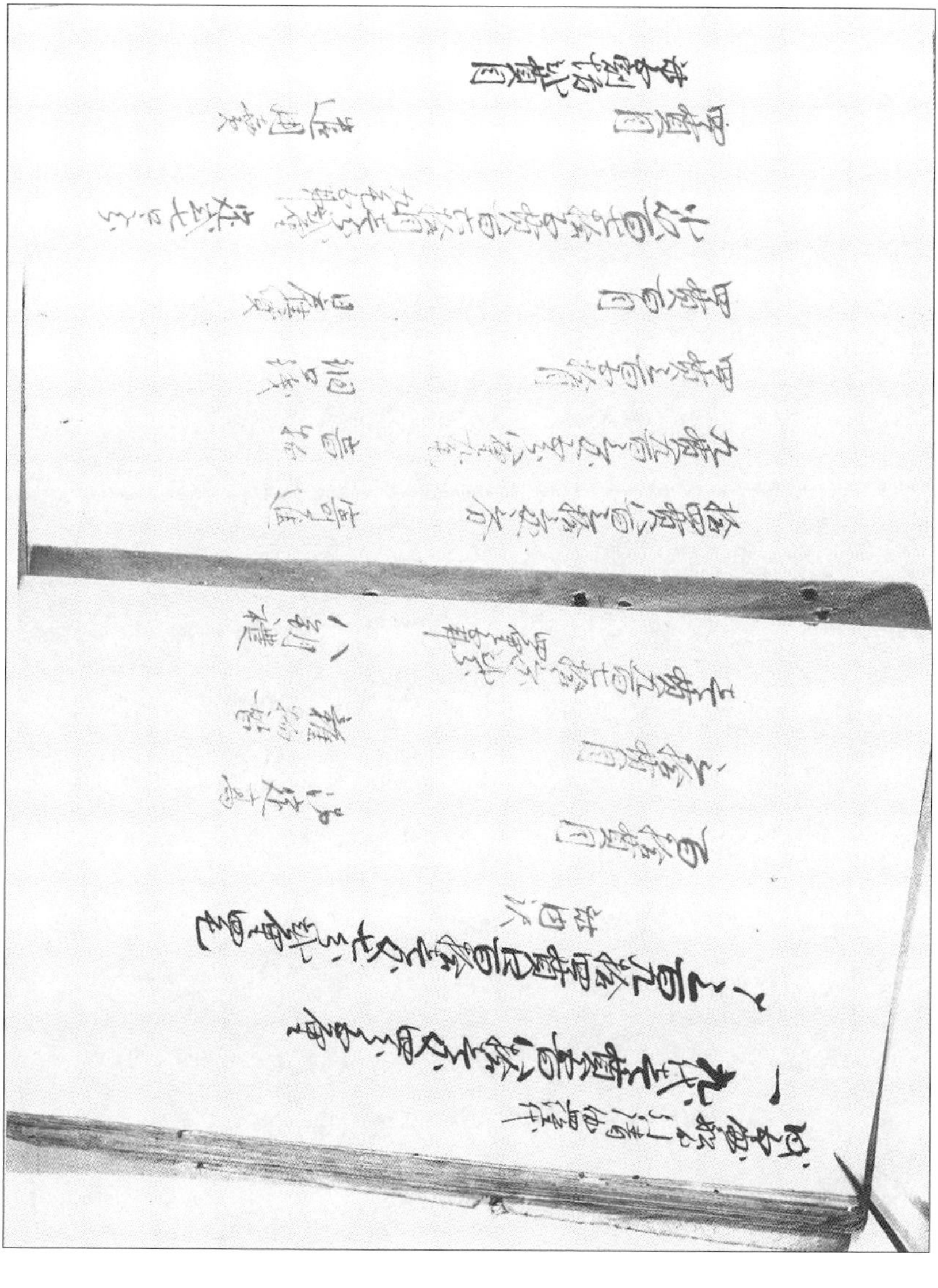

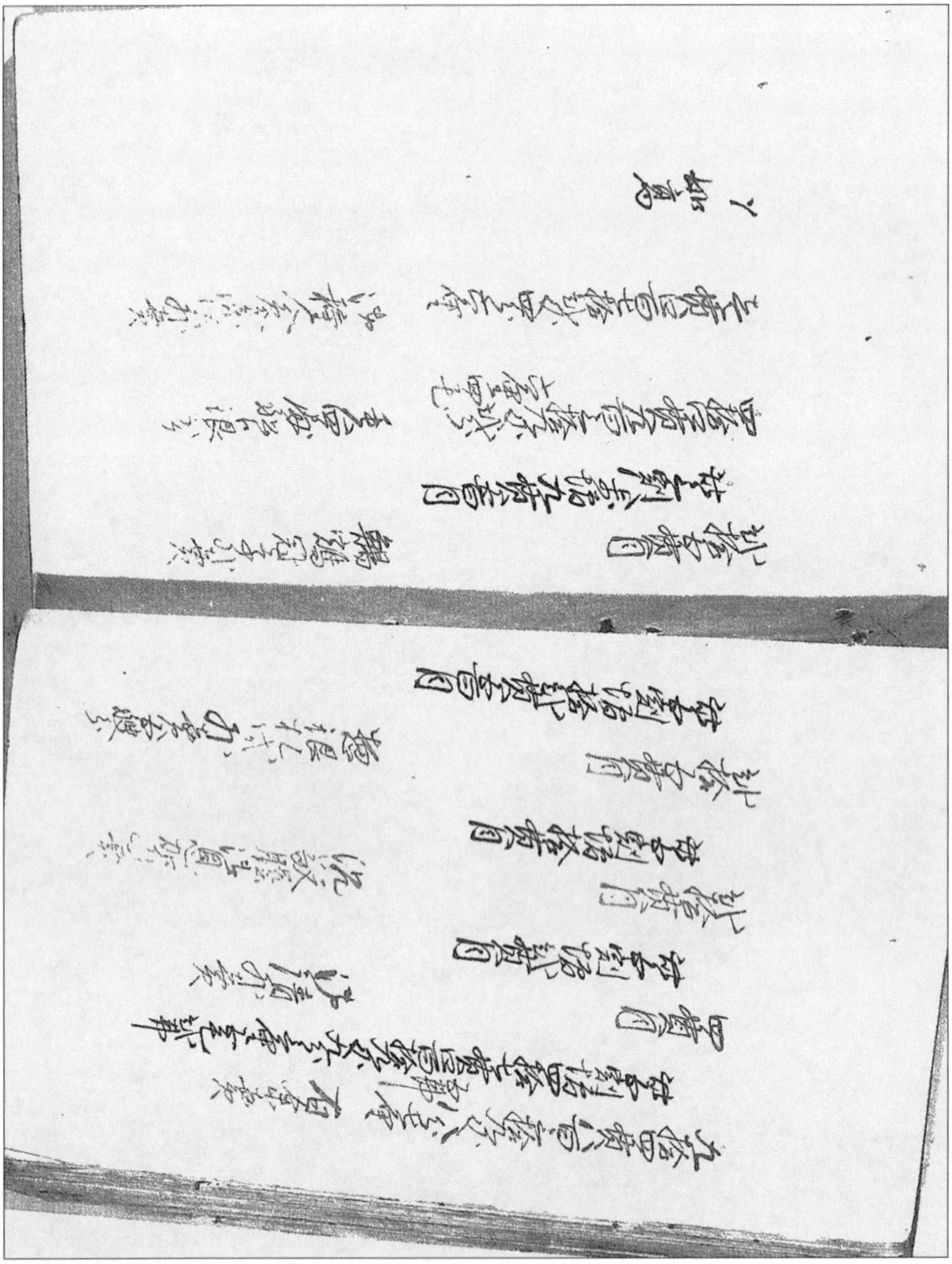

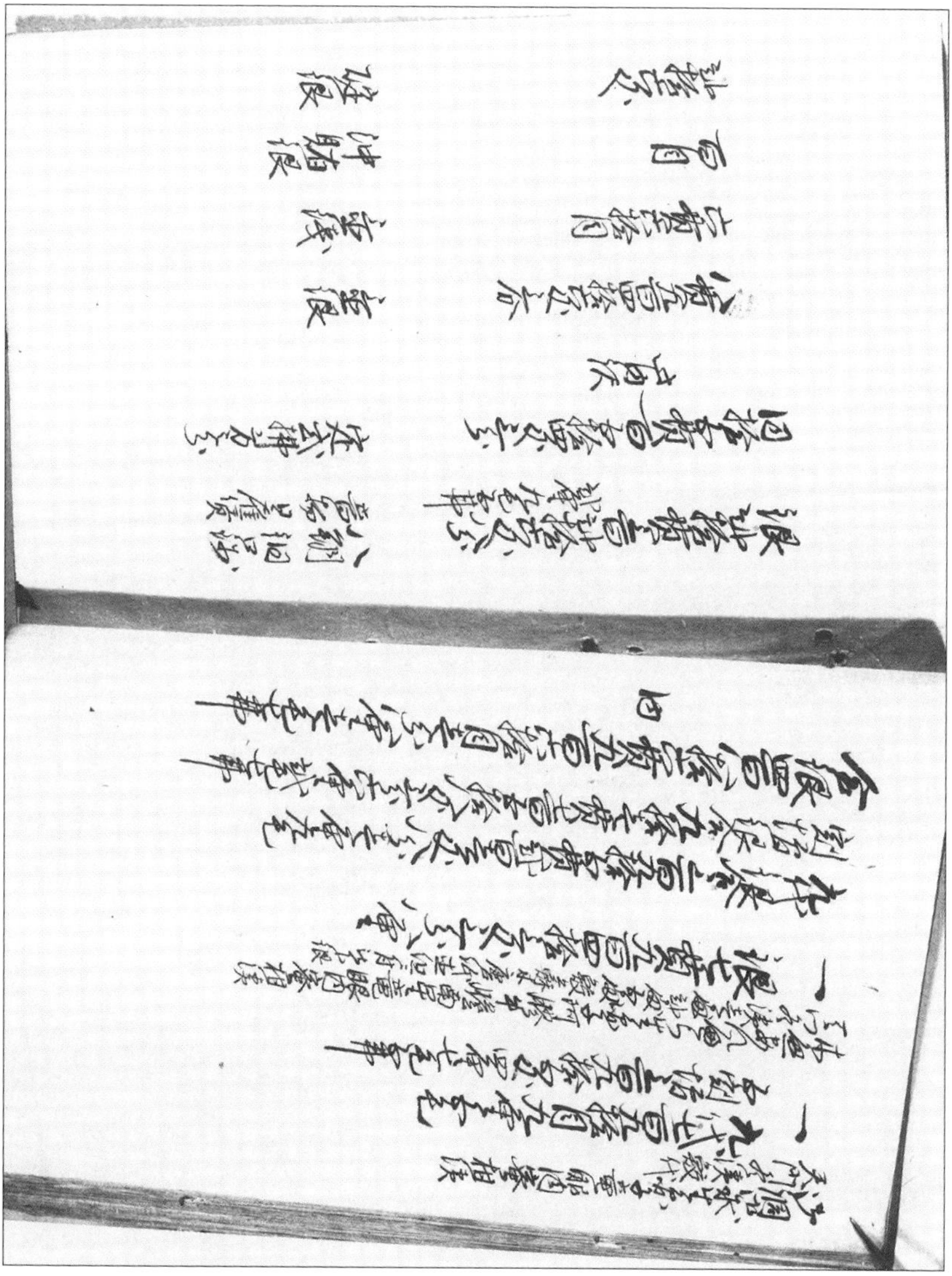

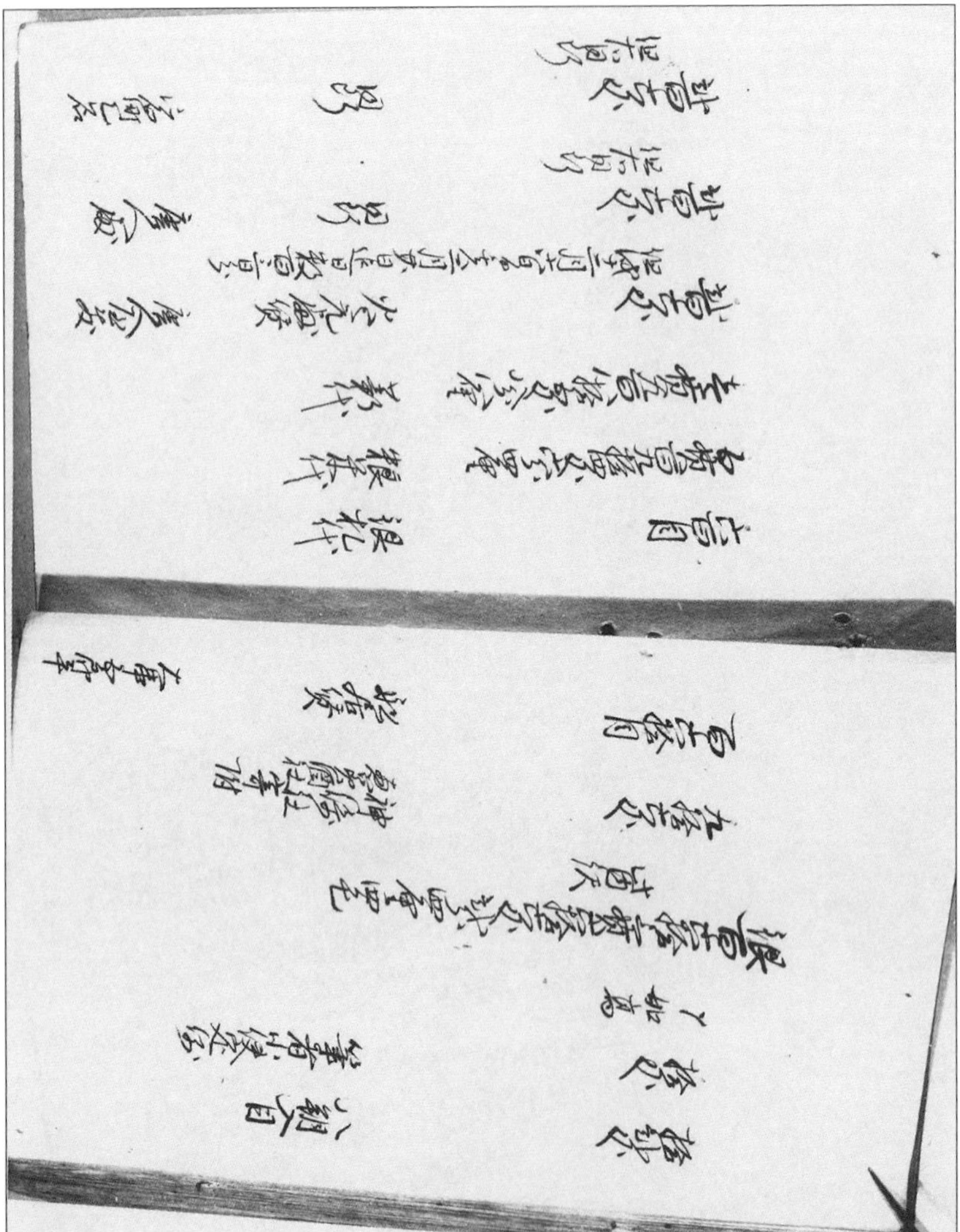

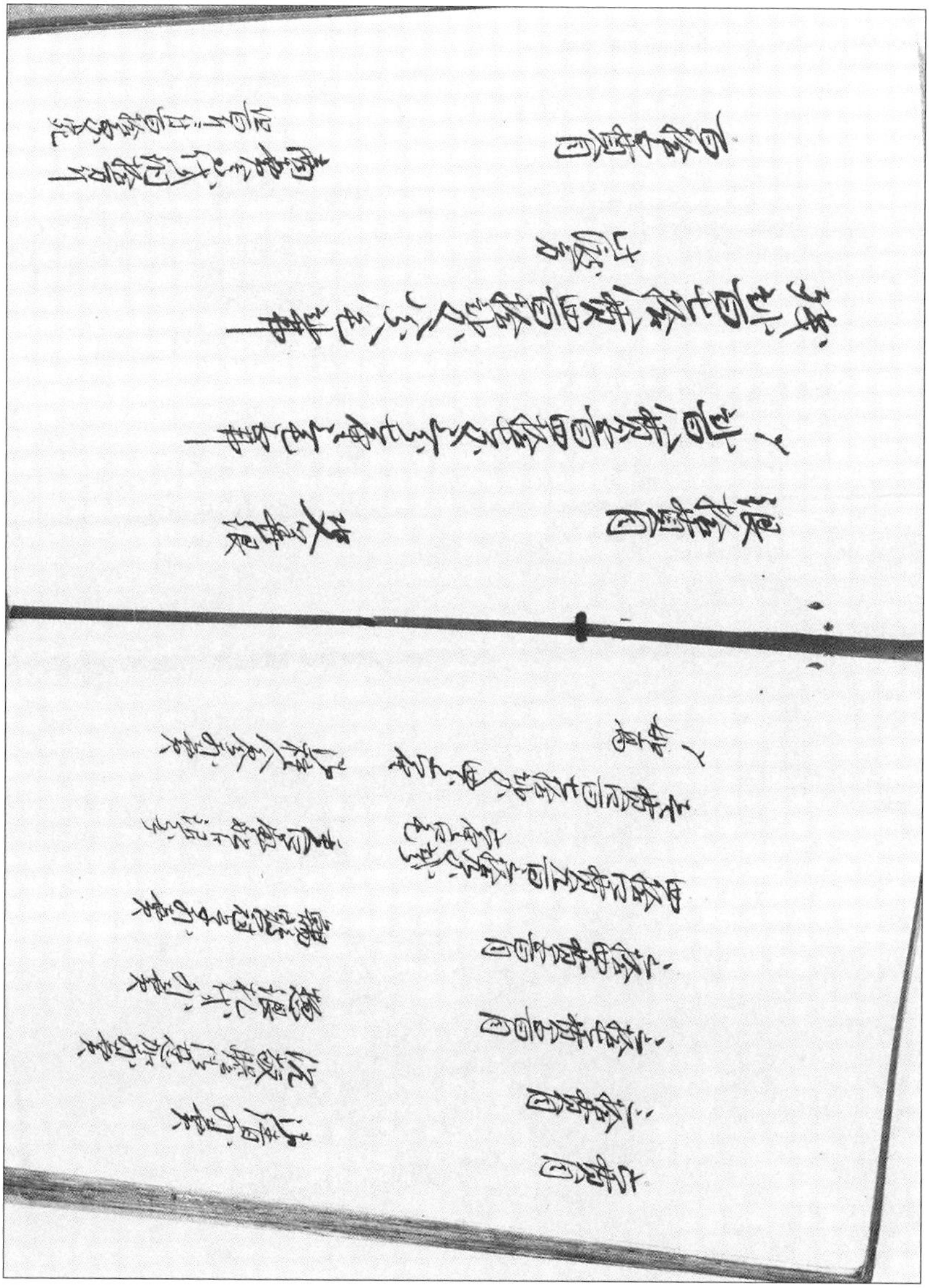

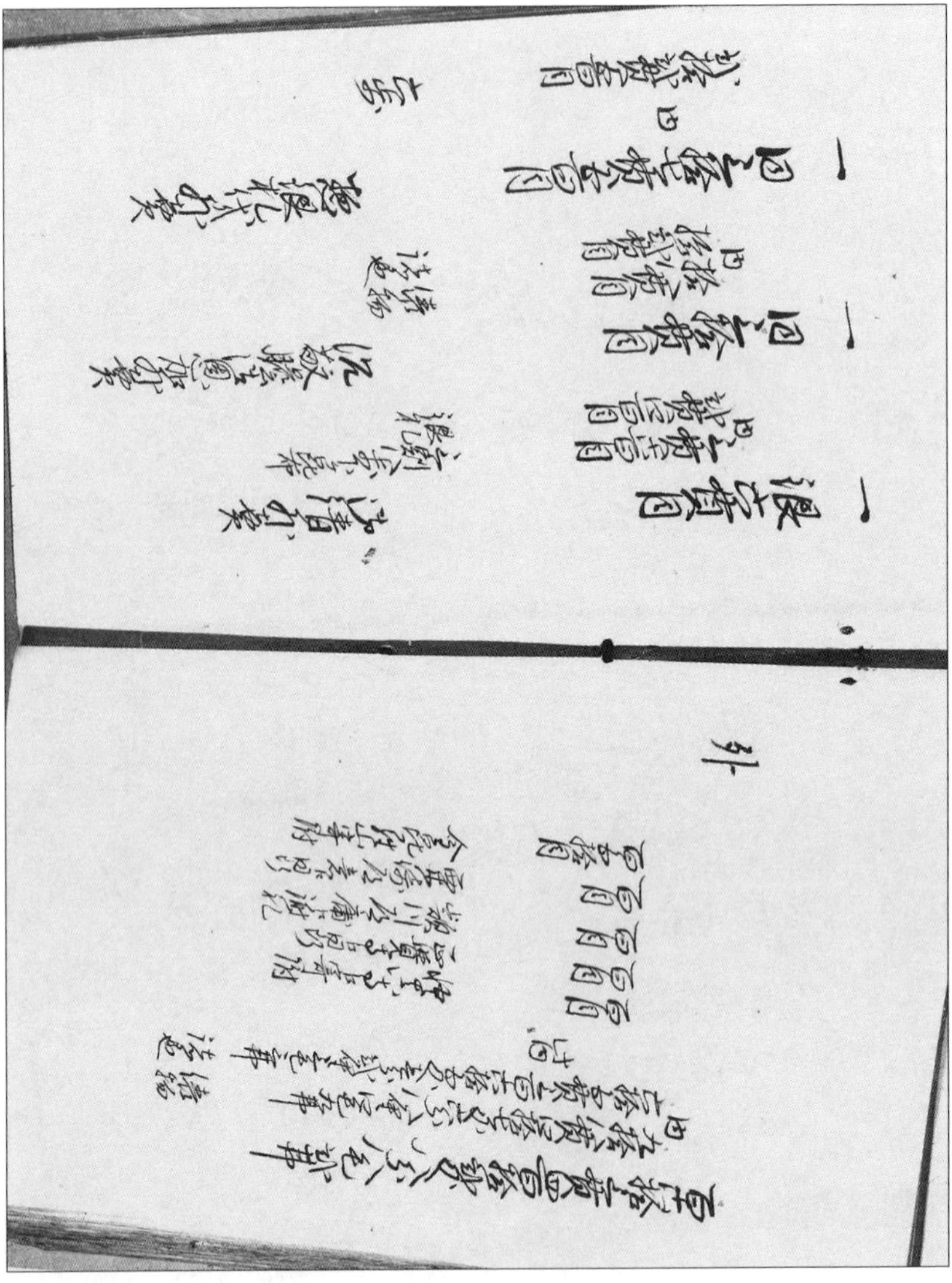

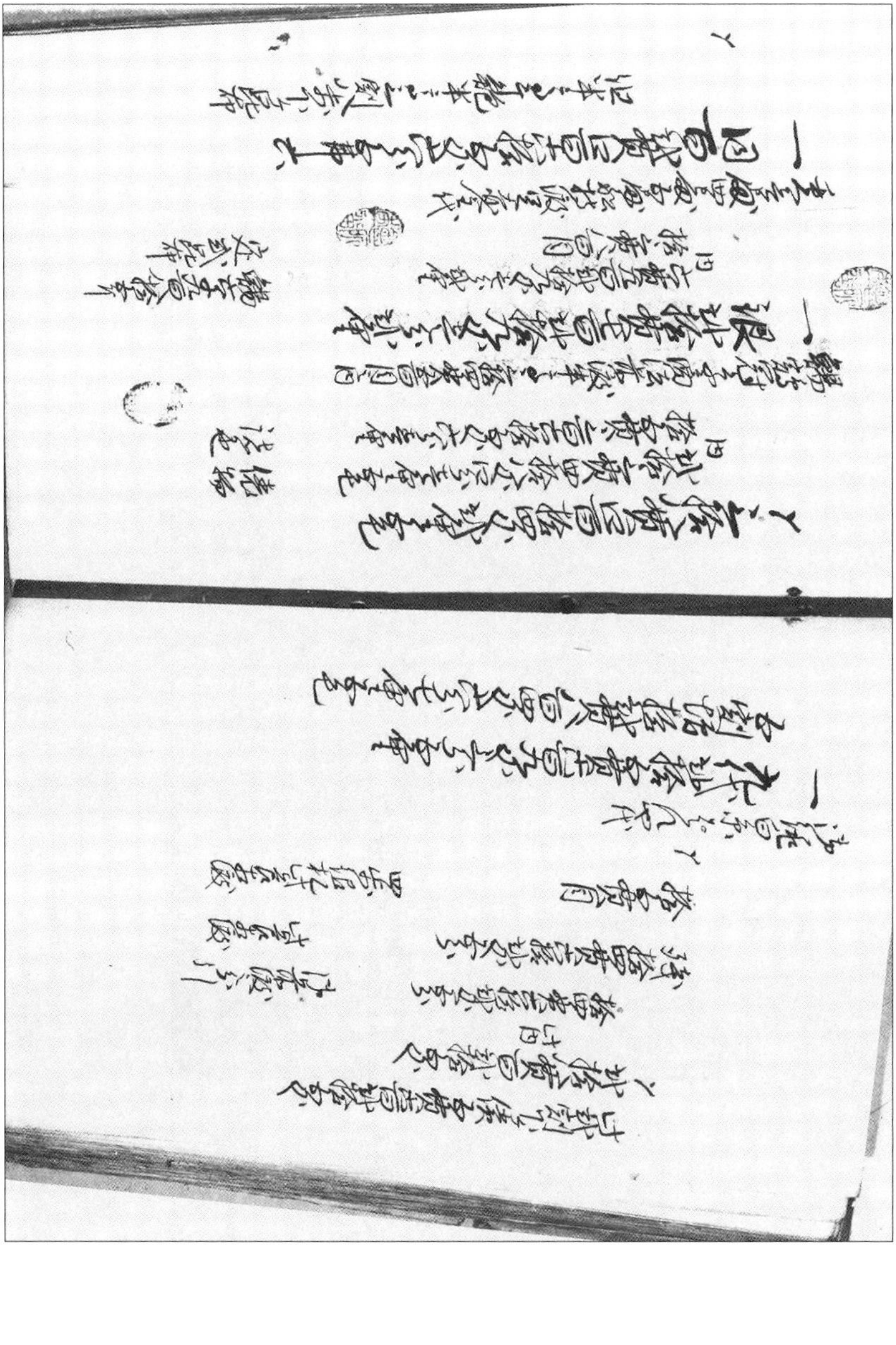

以上對明是實

亥一番船具

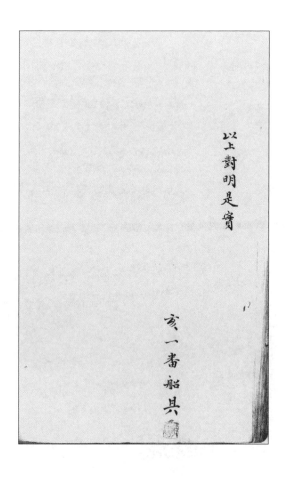

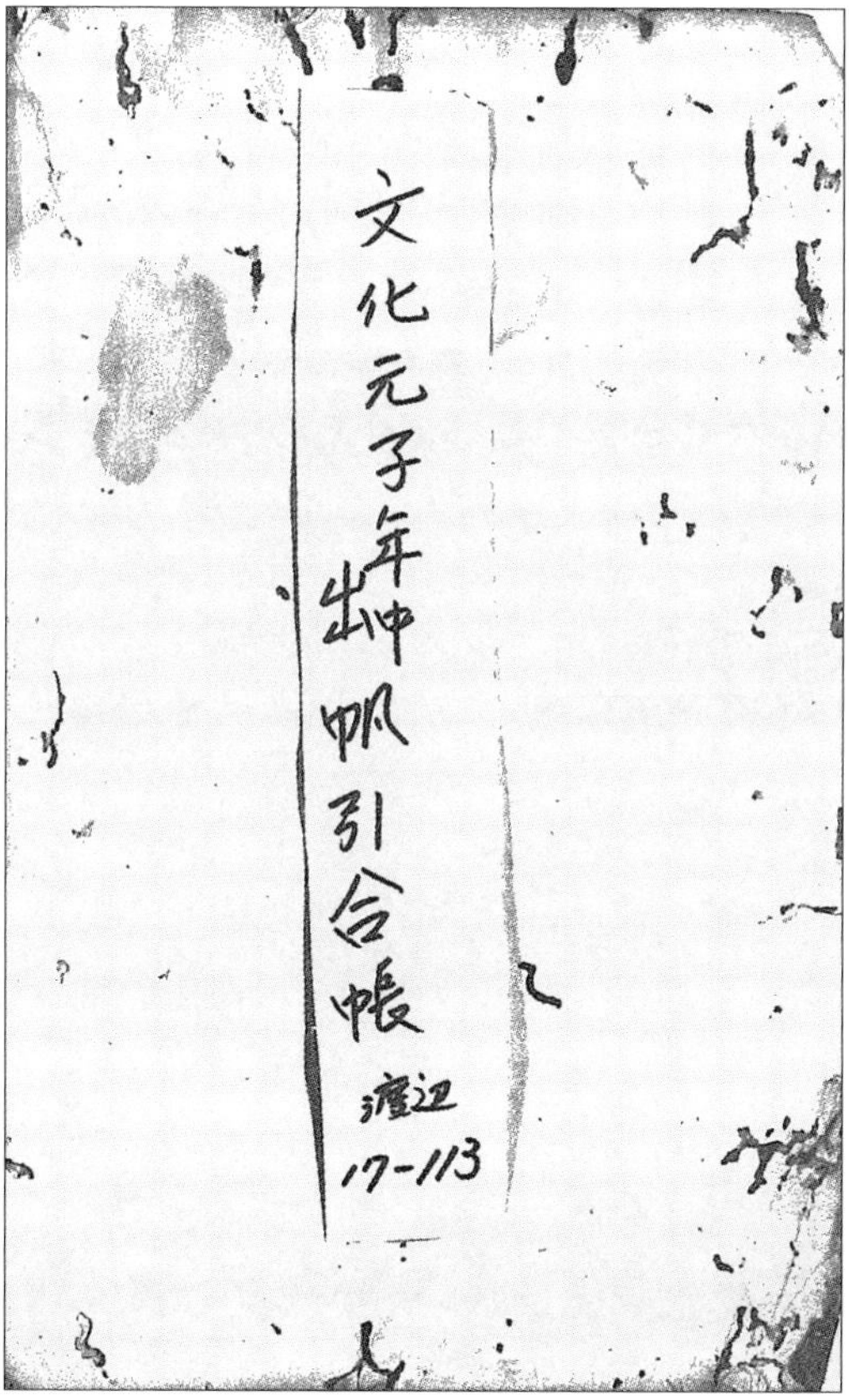
文化元子年中
出帆引合帳
渡辺
17-113

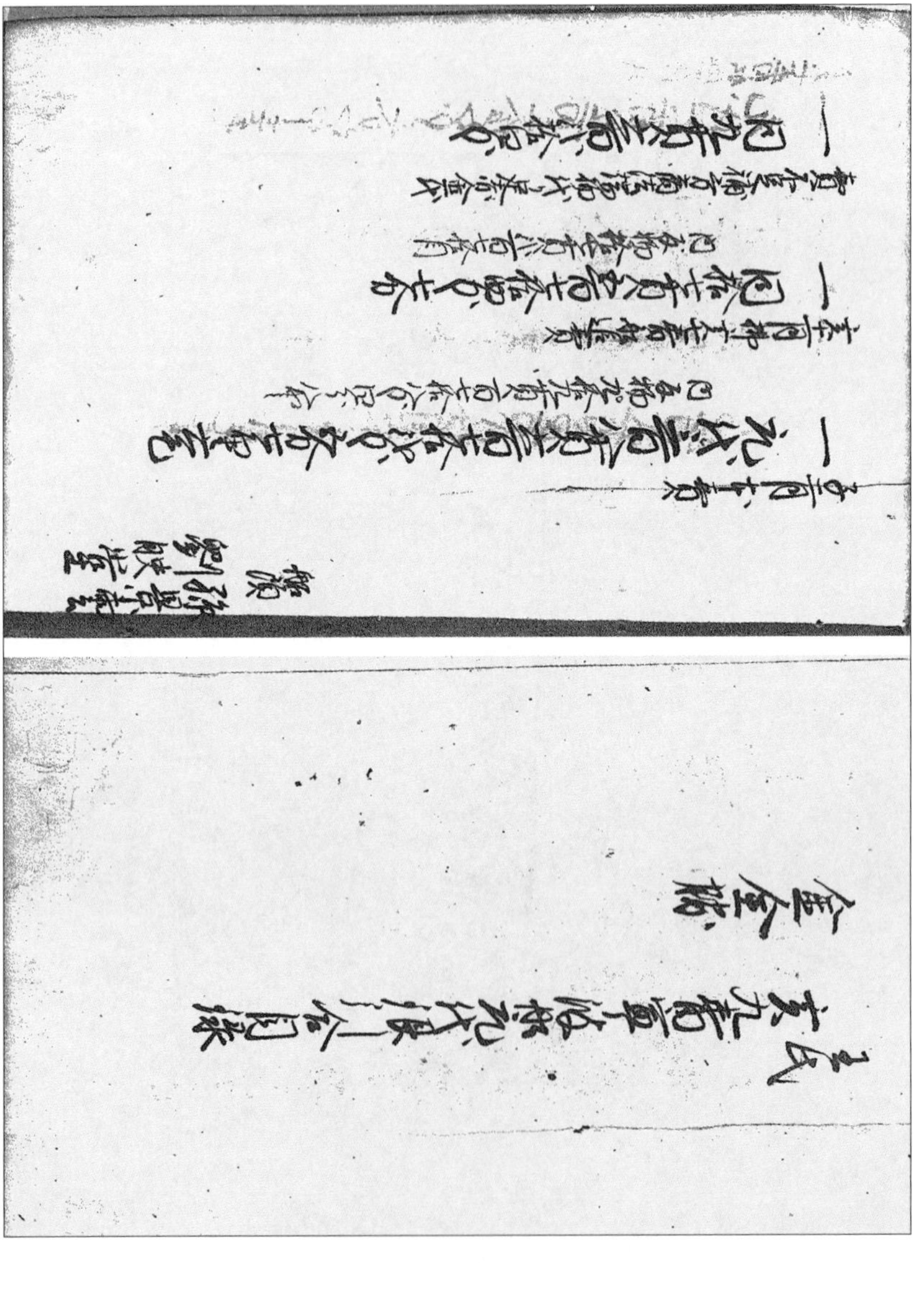

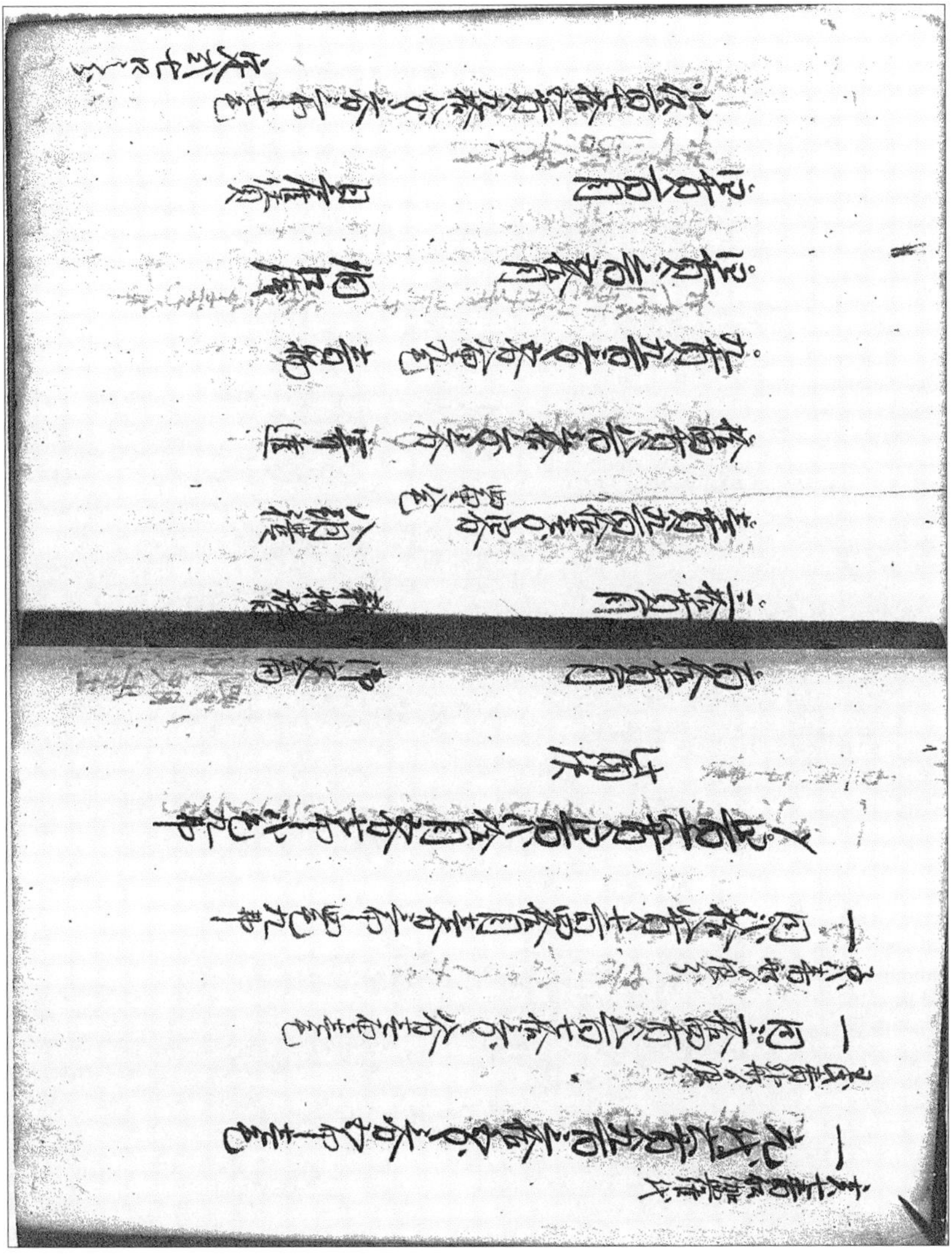

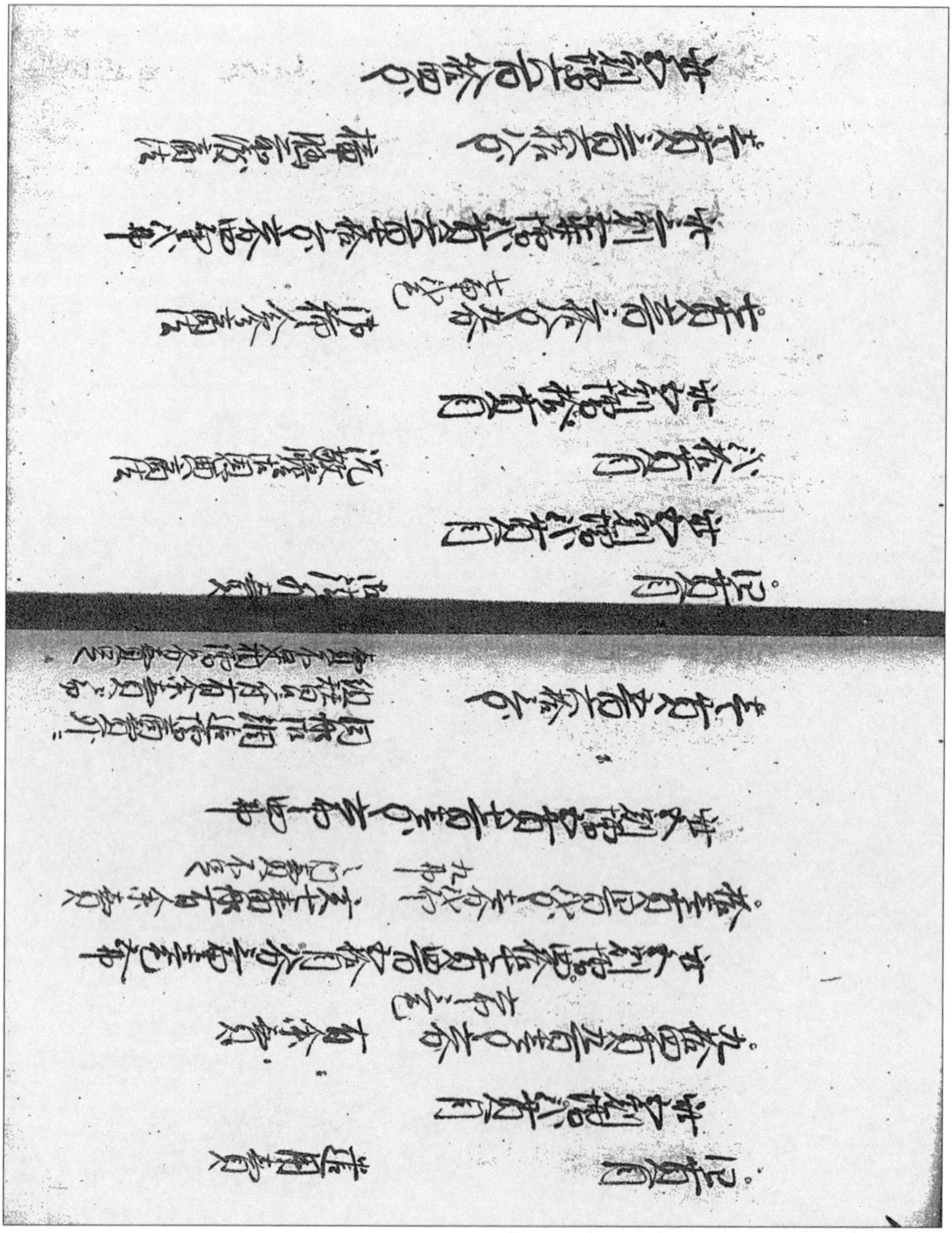

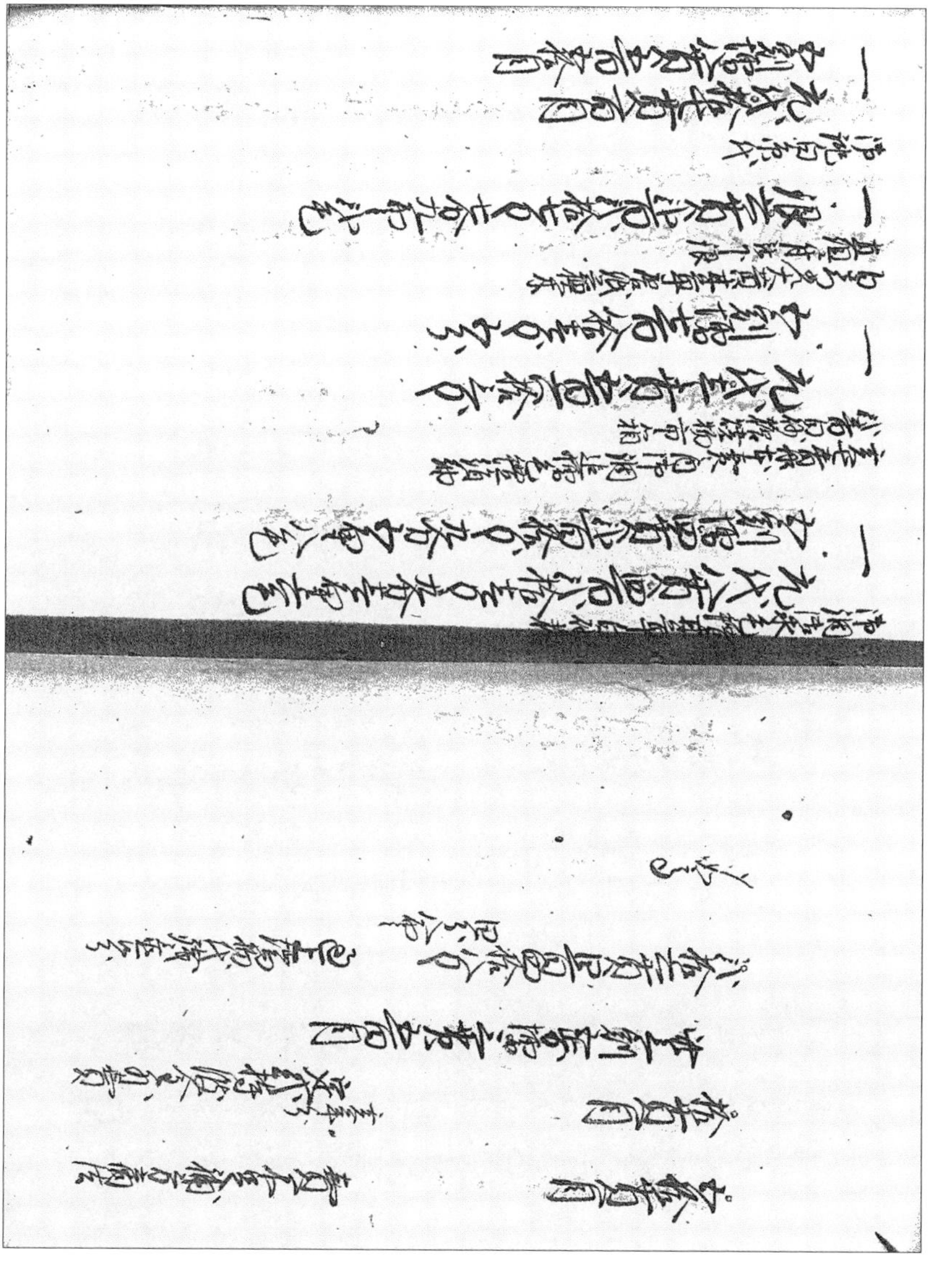

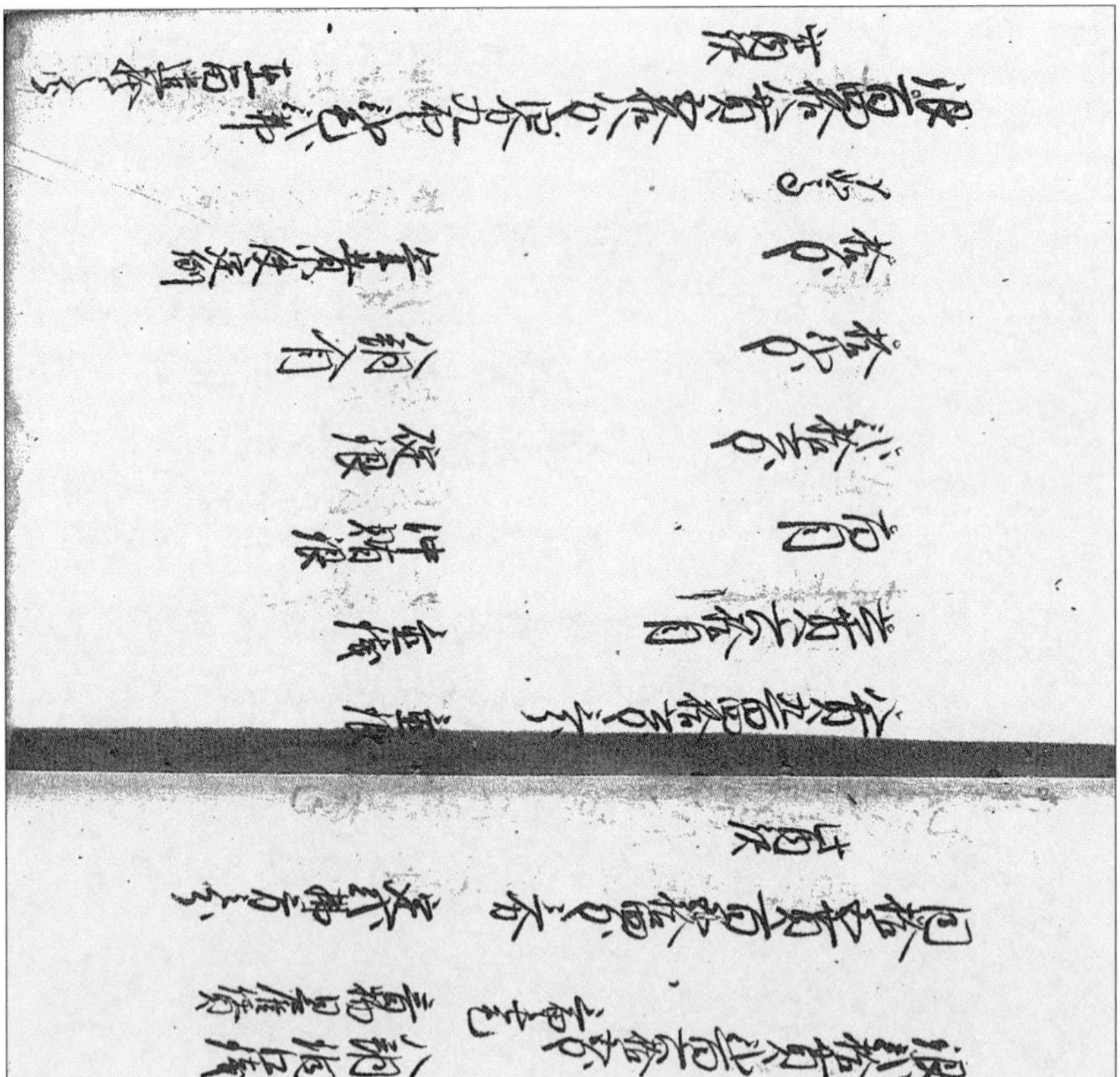

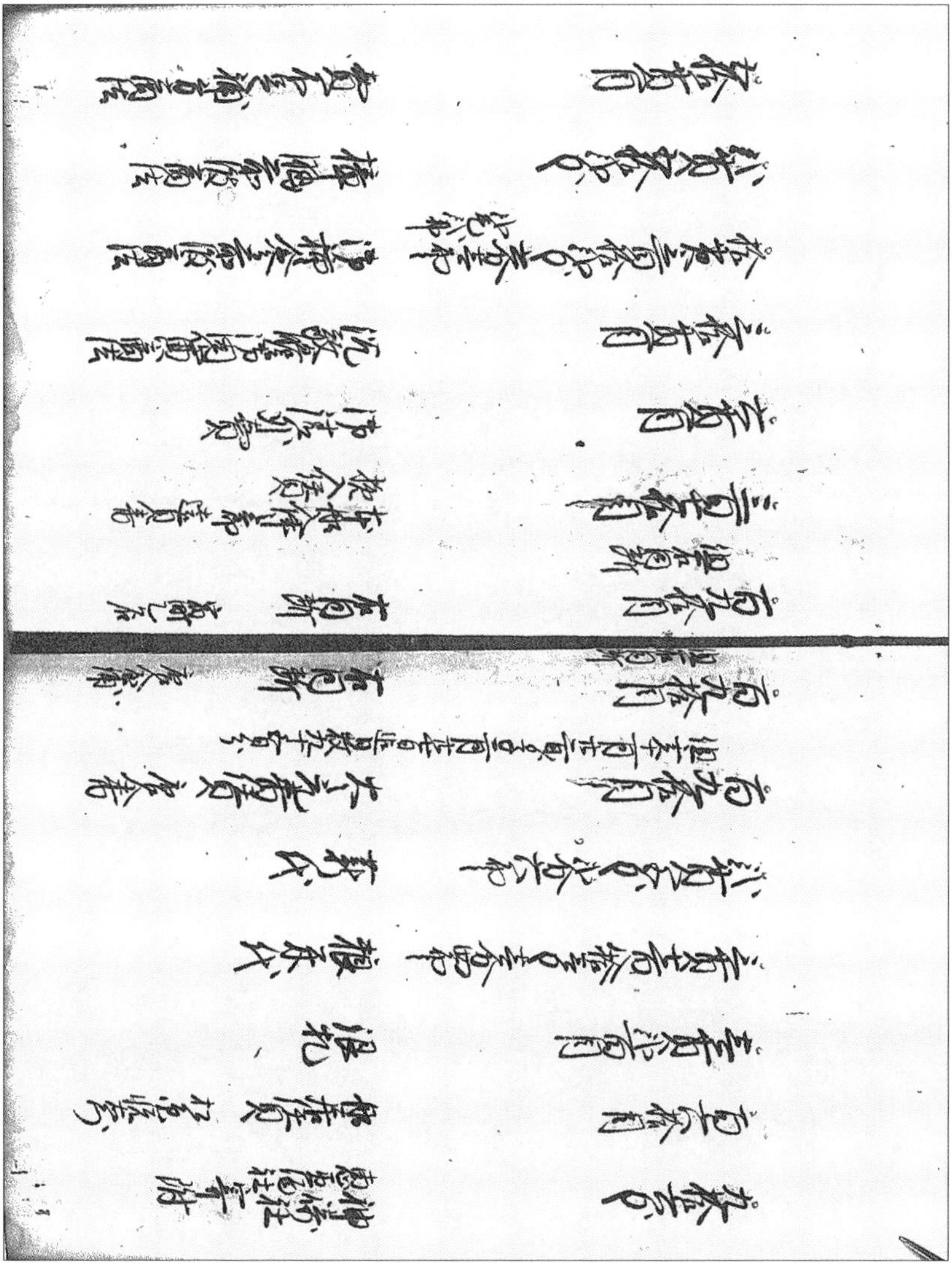

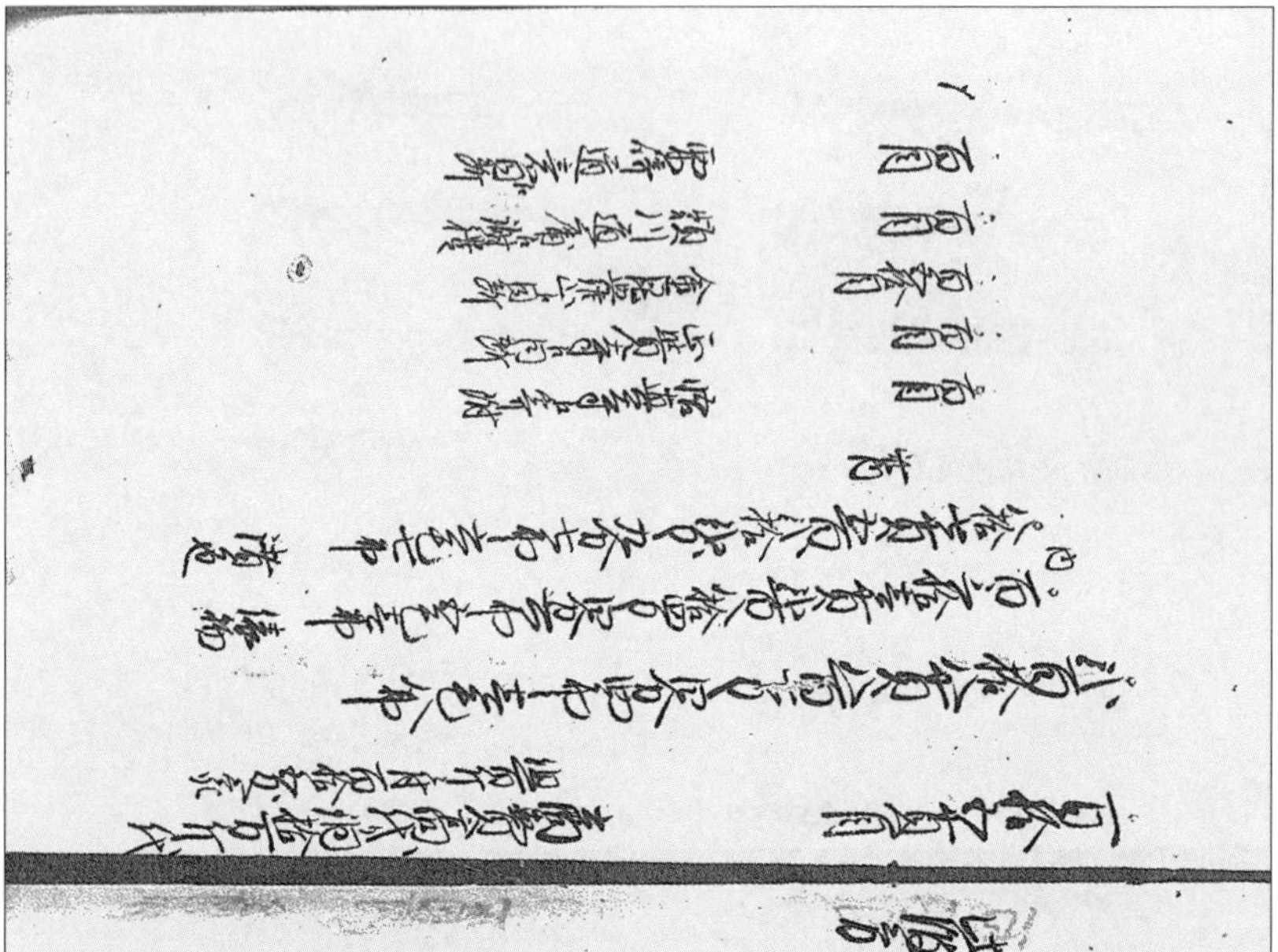

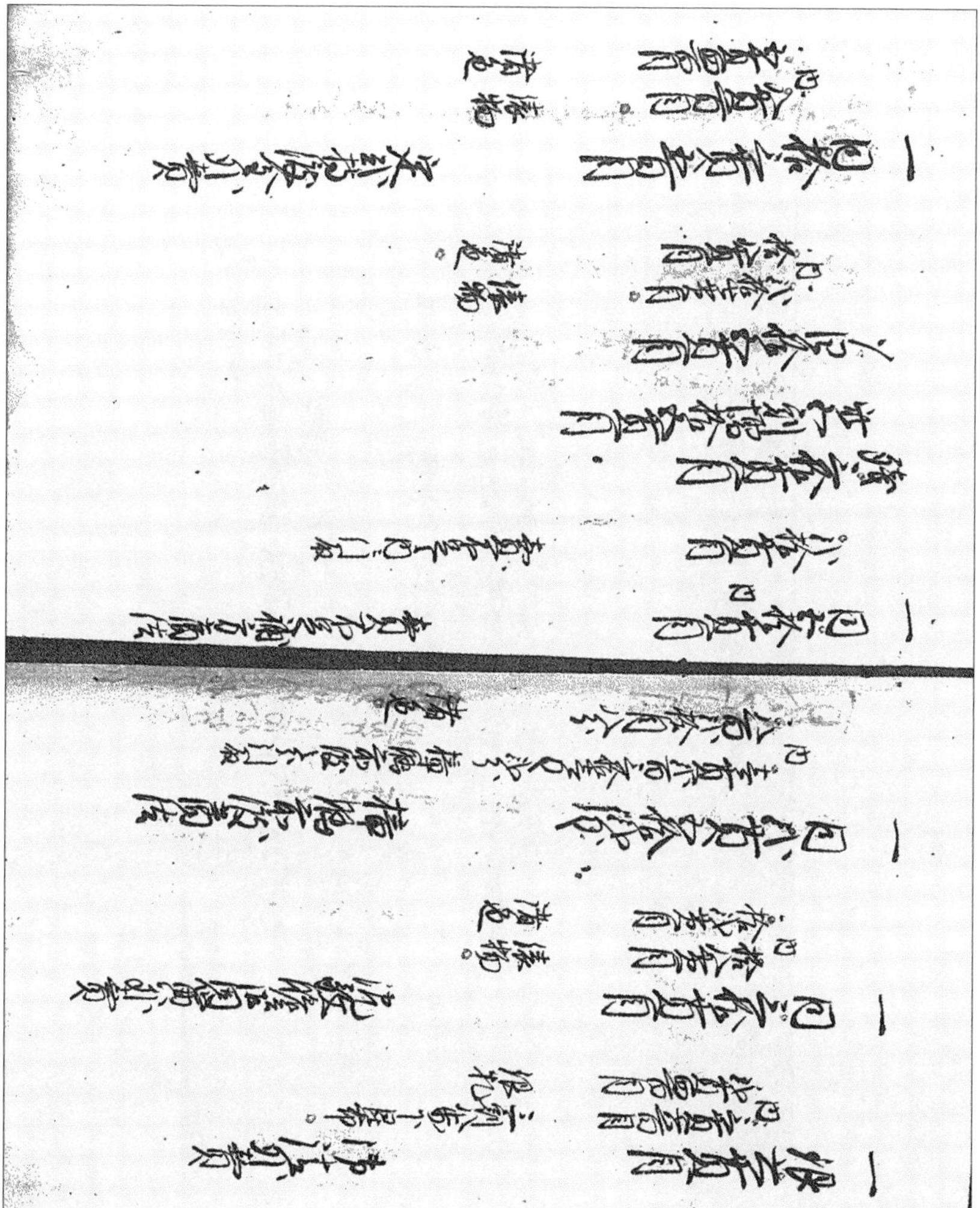

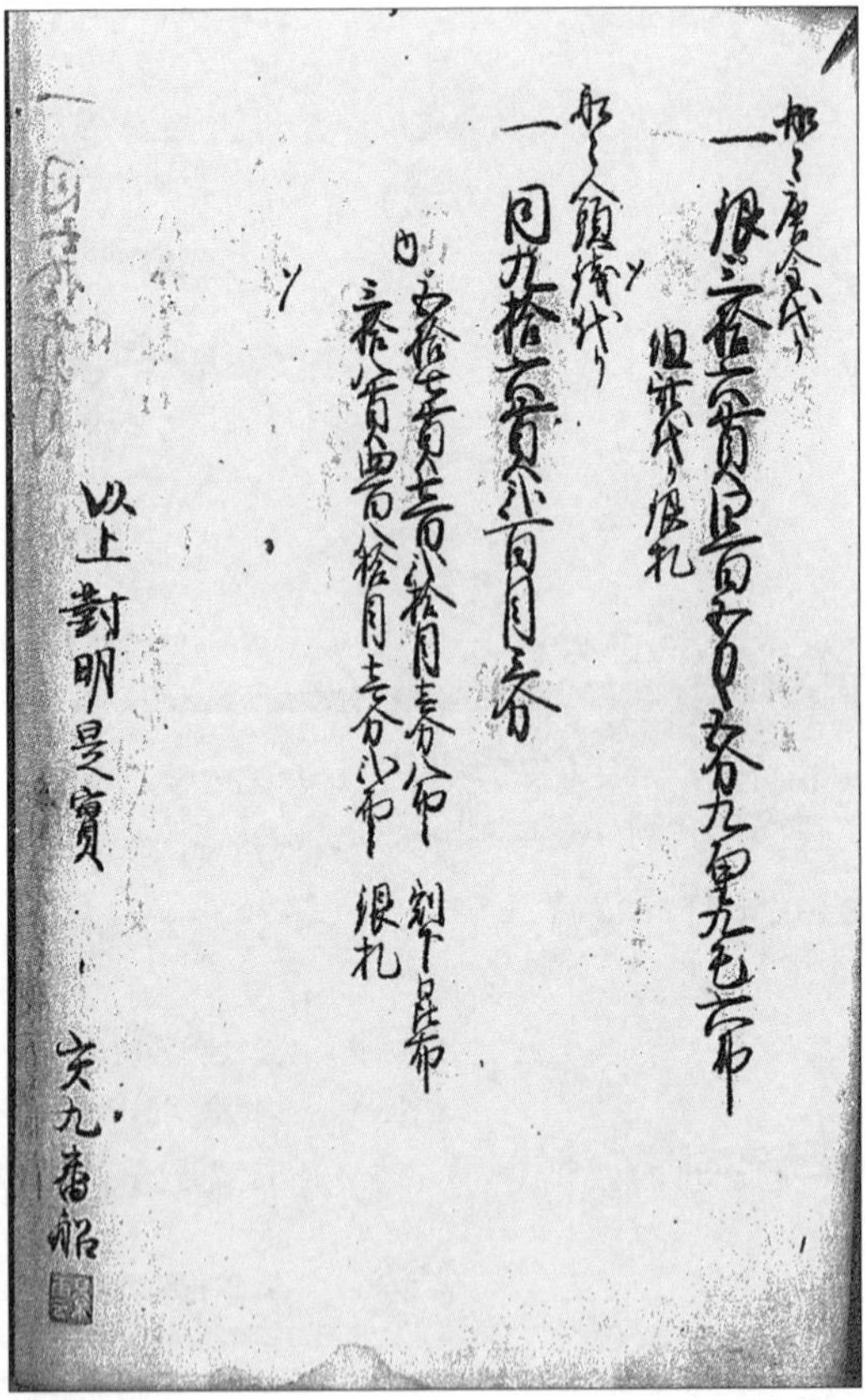
以上
封明是實
亥九番船

翻刻　近代雑記『通航一覧續輯』巻八所収

近代雑記

天保七年正月廿六日長崎出或書状、

當月廿一日昼八時過又々唐船壹艘入津仕候、是ハ去年十二月十日乍浦出船仕候南京船ニ御座候由、洋中ニて難風ニ逢、正月四日薩州片浦と申處へ漂着、同十二日薩州より足輕兩人上乗仕、同所を出船致し、日數十日目ニて長崎湊内へ入津仕候趣、右船鈕梧亭と申唐人申立候、船號ハ全勝と申候、乗組百拾壹人罷在候、去ル廿三日、右船中改并乗組人別取調として、右船へ私罷越、尤奉行よりも撿使兩人罷越、所々相改、大筒六挺、身筒三十挺、鐵炮小道具類三梱、鹽焇五瓶取上、封印仕、奉行方へ取上ケ申候、是ハ出帆之節迄預置候先例ニ御座候、右大筒之内山挺ニ玉込有之候間、於船中打払申度段願出候ニ付聞濟、直ニ打払申候、誠ニ大造筒音ニて驚申候、洋中海賊を恐れ、右之通大筒ニ玉込仕候由ニ御座候、此外之義は別帳ニ申上候、以上

正月廿六日

一金全勝荷物値段凡壹萬五千兩程之由ニ御座候

船長サ貳十四間、巾七間、深サ五間、帆柱凡二十間、中帆柱十三間、小帆柱十間、都合三本有之候、

右船中之様子、實ニ大造成ものニ御座候、旧臘入津致候船々、追々荷物取揚ケ、乗組の唐人共も不殘唐人屋敷へ上陸いたし、船宿丁と唱、町役人共之預りニ相成申候、此時キ、船湊内梅ケ崎と申所へ繋キ有之候、此所ニ松前より相送り候昆布ヲ入置候御蔵、五戸前も有之、右明キ船のトモノ方、右御蔵の屋根より遙上之方ニ相成申候、是ハ別紙ニ写奉入御覧候、

別紙

一　唐船之帆ハ圖の如くたゝミて太引にてからけ有之

一　江戸表にてハ、都て船を岸へ繋くにも、ミヨシノ方を繫留候得共、唐船ハ皆トモノ方を繋申候、長崎表之舟も右之通トモを繋申候

一　カジハ入津致し候は、翌日ハ取放し候て、翌日ハ取放し候て、新地ト申唐人舘前の上り場へ差置申候

帆柱の上に有るものハ、旗をさすもの也

一　菩薩堂、是は神之船の上に常夜燈あり、菩薩を唐寺へ預ケ候て、燈明ハつけ不申候、

一　帆柱の下ニ屋根の見ゆるハ竈なり、

長崎湊内

梅ケ崎昆布御蔵前　唐船繋有之圖

［圖］

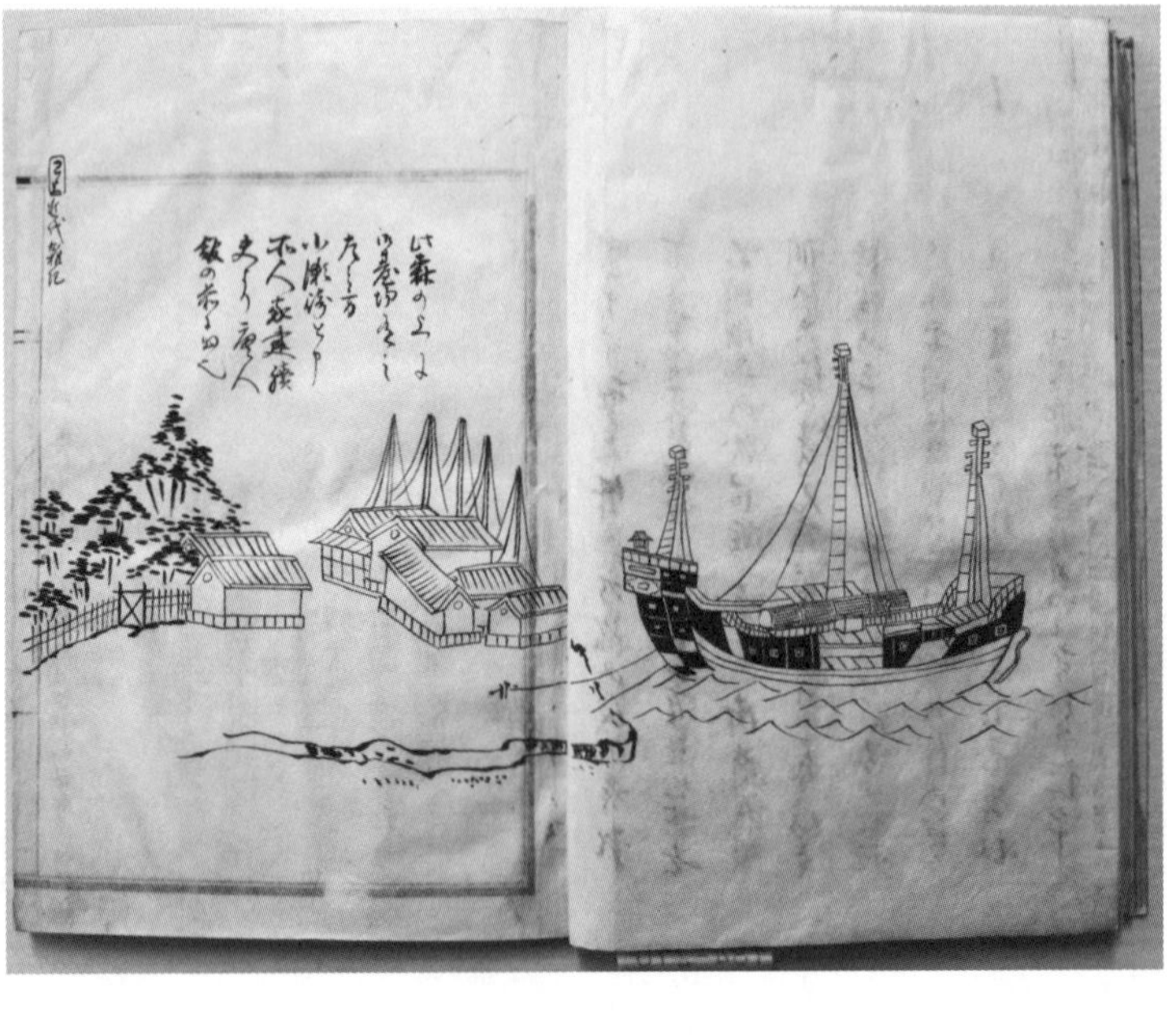

此森の上に御台場有之、左之方小瀬崎と申所、人家建續、夫より唐人館の前に出也。

長崎奉行留書

天保七年二月通事より會所調役に出す書付、

乍恐申上候口上覺

唐船御定船數、拾艘年々仕出し罷渡可申處、近來欠船ニ及、不相濟事ニ付、以來拾艘之辻罷渡候様、此節御申渡之儀如何可有之哉之段御尋被爲成、右船數相進候義は、商業繁榮之基ニ御座候、當時双方荷主共、商売方不景気ニ有之、殊更十二家方は元手操合悪敷折柄ニ御座候得は、船主共内情等を相探候上、模様合御内分可申上候間、當節船々商賣相濟候迄、猶豫被成置下度奉存候、何れ御定船數は勿論、夏仕出し方之儀は、私迄厚く遂相談、以來之取極仕法立等之儀式は、船主共實意之處、以書面追て御内意相伺候様可仕奉存候、此段申上候、以上、

申二月

石崎次郎左衛門　印
頴川豊十郎　印
頴川四郎八　印
頴川源三郎　印
西村俊三郎　印
彭城太次兵衛　印
清河源十郎　印
頴川仁十郎　印
柳屋治左衛門　印

高嶋四郎兵衛殿

翻刻　近代雑記　『通航一覧續輯』巻八所収

翻刻

『肥前長崎行日記』

『肥前長崎行日記』

享和二年九月十三日条

梅ヶ崎という所に唐船三艘あり。去年より泊年なり。

右船に番人一人おり申し、長門屋手代より相頼み、三艘共船へ乗り候て見物致し候。

右三艘艫の額は、
日新鵤　永興　得利　この如きなり。

当戌の年参りし船五艘小舟にて見物に行く。

大萬安　永泰　永寶鳥《ママ》　金全勝　金得泰　右の唐船はいずれも四、五千石積ぐらいなり。

阿蘭陀船二艘、
内一艘は是迄年々参候船にて凡八、九千石、垣廻り（舷側）は黒塗り、下は惣赤ね色なり。

一艘は大船にて当戌年初めて参候よし、内廻りは本朱塗、垣廻りは黄色、下は惣赤ね色、一万五千石積、美事なる事は筆紙につくしがたし。

右大船は一万五千石積と申すことにて候えども、日本船と見ては余り大船に御座候えば合点まいらず、それゆえ、間数、積り才割をいたし見る。

船長さ、十三丈、横幅、六丈、深さ、二丈、〆一万五千六石に出る。(1)

（註）

(1) 横倉辰次著『江戸時代　船と航路の歴史』雄山閣出版、一九七一年二月、二二三〜二二四頁。

翻刻

天保七年三月「天保長崎記」、「長崎御用留」
『通航一覧續輯』巻十八

天保七年三月
「天保長崎記」、「長崎御用留」『通航一覧續輯』巻十八

［天保七年三月］同月渡來の唐人定數より多く乗渡るによて、糺問ありしか、船主等歸唐のうへ治定の人數を言上すへき旨答ふ、

天保七年三月廿四日奉行申渡す書付、

高嶋四郎兵衛へ

唐船乗組人數之儀、近年猥ニ多人數乗渡候相聞、如何ニ候、尤寶暦之頃、船主共願出候は、洋中風難之節難凌渡候ニ付、以來福州船六十五人、南京船五十人、定乗渡度旨相願、其外一人にても多乗渡候ハヽ、定之通一人ニ付、銅千斤宛罰減を受、其節一言之儀申立間數段申之ニ付、右之通取極、其後寛政之頃、諸船主依頼八十人迄之乗組相定、猶又文化之頃大船は八、九十人迄乗組ニ差免候趣、然處近來別て多人數乗渡候、右は如前々乗組、人數高取極有之候方取締も能相聞候付、通事共へ申渡、以來乗組人數高取極、兼て船主共より眞物爲差出置候様いたし候方、後々迄取締も宜可有之哉、併又差支之事も可有之哉、得と評議いたし、宜方可申聞候事、

申

三月

同年四月通事差出す書付

乍恐奉仕申上候覺

船々乗組人數之儀は、先前御定も有之候儀、近來別て多人數乗渡候間、以來は人數勘辨仕申上候樣仰聞、承知仕候、随て私共申談候處、先年より次第ニ大船ニ相成、御定人數ニては難乗渡趣ニて、既文化之頃増人數御免ニ相成候處、當時ニ至り候ては、其頃と違又々大船ニ相成候ニ付、無是非乗組人數も右ニ準し可申哉、近來別て多人數乗渡候付、於我共其時々省略方申諭候儀も御座候得共、何分大船之儀ニて、人數減少仕候ては、渡來難出來筋等兼て申立候間、私共限人數評議決難仕、依之船主心得方再應相糺候處、右乗組人數之儀は、於唐國荷主并板主と相唱候船役之者専差配仕候儀ニ候へは、何分自分共限り差極、御請難申上候得共、凡見込之處を以、別紙船割之通當夏乗渡可申奉存候得共、猶治定之儀は、當夏渡來之上、御請申上度段、別紙眞之物通願出申候、且人數減少仕候儀は、於船主共も希候譯合之由ニて、可相成丈省略仕、書面申上候人數よりハ内端ニ罷渡候樣仕度趣も申出候得共、前条之仕合故、此節御請申上候儀御猶予之儀又々願出候間、眞之物相添、此段奉申上候、以上、

申

四月

石崎次郎左衛門　印

頴川豊十郎　印

頴川源三郎　印

頴川四郎八　印

西村俊三郎　印

彭城太次兵衛　印

清河源十郎　印
柳屋治左衛門　印

高嶋四郎兵衛殿

同月船主願書

上

具呈王公船主沈耘穀、楊西亭等、爲祈轉啓事、切蒙諭將來、通船人數、限定具報等、因已知悉、此乃在唐船名爲板主者、掌握派定、故當與伊商議、方可定見耘等、不敢定數、但因今蒙憲諭耘等、即行會議謀量其數、照別單于今夏帮、勉力來販、俟于回唐之日、必當議及板主以定人數、今夏進港之日、方可具覆、只因前陳情由耘等、不敢定奪具覆爲此伏乞、各大通老爹轉啓、高島公大人、即稟上恩准所求則感不淺矣。

天保七年四月

未四番船主　沈耘穀
同五番船主　楊西亭
同六番船主　周藹亭
同七番船主　汪竹安
申一番船主　鈕梧亭

右和解

以書付申上候は、王氏十二家船主沈耘穀、楊西亭等ニて御座候、被仰上被下度奉願御事、然ハ乗組人數以來之儀取極可

翻刻　天保七年三月　「天保長崎記」、「長崎御用留」　『通航一覧續輯』巻十八

申上段、御沙汰之趣奉畏候、右ハ御唐國、板主と唱へ乗組人數一条差配仕候船役之者有之、右ニ談合相極候儀ニ御座候故、私共限り難取極、乍然此節之儀は、格別重キ御沙汰ニ付、不取敢衆議仕、私共見込之處を以、凡別紙之通ニて、成丈當夏乗渡可申奉存候、勿論歸唐之上、早速右板主へ申談、以來之儀取極、當夏渡來之上、治定御請申上候様可仕候、右は前条之次第ニ付、私共限差極御請難申上奉存候、此段大通事衆迄申入候条、高嶋公大人より御奉行所へ被仰上、願通御猶予被成下候ハヽ、難有仕合奉存候、

天保七年四月　　　諸船主連印

右書付之通和解差上申候、以上、

柳屋治左衛門　印
清河源十郎　印
彭城太次兵衛　印
西村俊三郎　印
潁川四郎八　印
潁川源三郎　印
潁川豊十郎　印
石崎次郎左衛門　印

同斷書付
計開

王局日新船通船人數

船主財副　四人

夥總舵　四人

小公司　九人

頭目　十五人

炮手　四人

平份　六十五人

共計乙百零乙人

同全勝船

通船人數

同源興船

船主財副　四人

夥總舵　四人

小公司　九人

頭目　十二人

炮手　四人

平份　六十五人

共計九十八人

公局壽昌船通船人數

船主財副　四人

夥總舵　四人

小公司　九人

頭目　十二人

炮手　四人

平份　五十四人

共計八十七人

同得泰船通船人數

船主財副　四人

夥總舵　四人

小公司　九人

頭目　十五人

炮手　四人

平份　六十六人

共計乙百零二人

同寶泰船通船人數

船主財副　四人

夥總舵　四人
小公司　九人
頭目　十五人
炮手　四人
平份　六十七人
共計乙百零三人
右和解

覺

王氏日新船乗組人數
船主財副　四人
按針役惣代揖役　四人
僕唐人　九人
船役之者　十五人
鐵炮唐人　四人
工社　六十五人
〆百壹人
全勝船
同　乗組人數

源興船
船主財副　四人
按針役惣代揖役　四人
僕唐人　九人
船役之者　十二人
鐵炮唐人　四人
工社　六十五人
〆九十八人
十二家壽昌船乗組人數
船主財副　四人
按針役惣代揖役　四人
僕唐人　九人
船役之者　十二人
鐵炮唐人　四人
工社　五十四人
〆八十七人
同得泰船乗組人數
船主財副　四人

按針役惣代揖役　四人
僕唐人　九人
船役之者　十五人
鐵炮唐人　四人
工社　六十六人
〆百貳人
同寶泰船乗組人數
船主財副　四人
按針役惣代揖役　四人
僕唐人　九人
船役之者　十五人
鐵炮唐人　四人
工社　六十七人
〆百三人
同年四月會所調役伺書、
唐船乗組人數之儀は、寶暦以來追々御定人數も有之候處、近來別て多人數乗渡、右は如前々乗組、人數高取極有之候方、御取締宜敷候ニ付、通事へ申渡、以來乗組人數高取極、兼て船主共より眞之物爲差出置候様致候方、後々迄御取締宜可有御座、併差支候事も可有之哉、得と評議仕否可奉申上旨、被仰渡奉畏候、依之通事共へ相達評議申付候處、先年と違、

追々大船ニ相成、既文化之頃増人數御免ニ相成候處、當時ニ至候ては、又々大船ニ相成候ニ付ては、人數之程合通事共
限評決

翻刻

享和三亥年中　出帆引合帳　元方亥番

文化元子年中　出帆引合帳　元方子番

享和三亥年中
出帆引合帳
元方亥番

王氏
亥壹番南京船元代銀引合目録
金全勝

六貫目　御諸外賣
三拾貫目　沈敬瞻御恩價加外賣
三拾七貫五百目　揔銀札代リ外賣
三拾四貫五百目　鯣鶏冠草外賣
四拾四貫九百三拾九匁弐分六厘四毛　亥四番船ヱ銀分ケ
壱貫四百七拾弐匁四分六厘　御種人参外賣

〆如写

銀拾貫目　　雙算銀

〆弐百八貫五百四拾七匁三分七厘三毛五弗

残弐百七拾八貫四百拾弐匁八分八毛弐弗

此渡方

百拾五貫目　　商賣高代リ銅拾万斤

但百斤ニ付百拾五匁宛

百六拾三貫四百拾弐匁八分八毛弐弗

内　九拾八貫四拾七匁六分八厘四毛九弗　俵物

六拾五貫三百六拾五匁壱分弐厘三毛三弗　諸色

此内

百目　悟眞寺ヱ寄附

百目　正覺寺ヱ同斷

百目　韻川道庸ヱ謝礼

百目　栗崎道意ヱ同斷

百五拾目　金毘羅山寄附

外

一　銀六貫目　　御清外賣

内三貫六百目　　三割八歩下ケ昆布

弐貫四百目　　銀札

一　同三拾貫目　　沈敬膽御恩加外賣

内拾八貫目　　俵物

拾弐貫目　　諸色

一　同三拾七貫五百目　　揔銀札代リ外賣

内

弐拾弐貫五百目　　六歩

三拾八匁　　火之元番賃　宿町乙名

但二月廿一日より三月九日迠日数十九日分

〆弐貫九百四拾弐匁五分四弗

残七貫五拾七匁四分六弗

内　四貫弐百三拾四匁四分七厘六毛　　俵物

弐貫八百弐拾弐匁九分八厘四毛　　諸色

〆　以上對明是寔

亥一番船具

文化元子年中出帆引合帳（長崎歴史文化博物館　渡辺文庫　一七－一一三）

王氏
亥九番寧波船元代銀引合目録
金全勝
拾三貫五百目　定弐番渡金外賣
弐拾六貫四百四拾八匁四分八弗　極下端物代残リ重候分
壱貫五百六拾三匁　亥六番船御調達物之分
〆如高
銀拾貫目　雙算銀
〆百九拾三貫目四百七拾七匁八分弐厘九毛弐弗
残三百三拾三貫八百七匁四分四厘壱毛八弗
此渡方
百拾五貫目　商賣高代リ銅拾万斤代
但百斤ニ付百拾五匁宛
弐百拾八貫八百七匁四分四厘壱毛八弗
内　百三拾壱貫弐百八拾四匁四分六厘五毛壱弗　俵物

八拾七貫五百弐拾弐匁九分七厘六毛七弗　　　　諸色

此内

百目　　　悟眞寺ヱ寄附

百目　　　正覺寺ヱ同斷

百五拾目　金昆羅山ヱ同斷

百目　　　顯川道庸ヱ謝禮

百目　　　栗崎道意ヱ同斷

〆

〆弐貫弐百拾九匁八分七厘五毛

残七貫七百八拾目壱分弐厘五毛

内　四貫三百六拾八匁七厘五毛　　　　俵物

三貫百拾弐匁五厘　　　　諸色

以上對明是寔

亥九番船具　景雲　印

翻刻

『阿芙蓉彙聞』巻三、交兵第三

『阿芙蓉彙聞』卷三、交兵第三（壬寅、天保十三、道光二十二、一八四二）

壬寅十一月清商口單

王元珍

具呈王局総商王元珍、為祈轉啓、以邀補救事、竊商局與貴国貿易二百餘年、仰荷仁慈、俯卹商困、商自前歳冬幫、勉承祖父遺業、身膺特簡、竭尽駑駘、方期發販。源二通商悠久、不料今年四月初八日、英吉利国大兵、突入乍川、登岸焚掠、將商局停泊在塢之日新・全勝兩船、全行燒毀、片板無存、午時日新船、正在購料興修、工程將竣、忽與全勝船、同遭此劫、使商五六萬血貲、頓歸烏有、言之痛心。四月下旬、源宝・太平兩船回棹、太平船寄椗茶山洋面、忽被英船圍困、一昼夜、始得倖脱、與公局兩船、先後駛回乍口、惟源宝船、在洋戧駛。四月廿七日、突遇英船無數、繂至定海舟山港内、肆行擄掠、堅不放行、直至九月間、特奉諭旨、欽派大臣、妥為安撫、始得戢兵退去、而源宝船亦甫放回乍港、然羈延半載、貨物之霉變、損具之摧傷、費用之浩大、又難勝計、今夏遭此大創、勢難發辨、現抝海氛已靖、敢不竭蹷從公、無奈祇剩兩船、源宝尚需修葺、商當力竭計窮之候、又値兵戈殘破之餘、量力審時、實難承辨、然念與貴国、通市有年、未敢中途退阻、不得已、多方羅拙百計圖維。放九月初、興工將源宝・太平兩船、繕修完固。嗣即多遣商夥、往寧波・上海等処、不惜重價、購買新船、一俟成交、即當放乍、興修以践夏二冬三之約、商之不顧身家、急公報効、至失極失、伏念貴国、奉卹商難、無微不至、今商局危、如累卵定、邀格外鴻施爲此、敢乞當年總理生意老爺、轉啓年行公大人、即稟王上、俯援商困、回賜矜全、被難購船、兩施補救、則感沐隆恩、實無涯涘矣、激切上呈。

壬寅十二月清商口單

顧子英 陳逸舟

英寇狂焔將次欲熄、今春以來直至現今、傳聞情節臚列如左

一、上冬以來、英夷等離廣東・嶴門之地、退在外洋香港等島嶼、泊船及于寧波海面遊蕩、陽作無事之狀、詐冒国名、暗地貿易、但縁禁售鴉片、尚兀啣恨、復至岸邊、屢次挑戰、無如疆禦、有方視事不成、轉到江南・浙江之内海邊各地、乘寡登岸、奈因内地防備、點撥停當、只得去強就弱、在各所沿海游奕、恰於四月間、忽自江南鎮江府海邊、掩其不備、放砲衝擊、大獲勝捷、乘勢殺入重地、只因不諳地理、困在險隘、卻被民兵、殺得虀粉、落荒亂竄、奔回船上、又打寧波、復得兵利、陷取舟山、斬戮良民、劫擄婦女錢財、況在乍浦、亦有船到焚劫民屋無數、鎮海都統、因難取勝、自投水身死、海防同知被砲所傷、滿漢官兵、共死數百名、王局総商局房、併王局日新・全勝兩船・大駁船三艘、俱為灰烬。時有回乍洋船之内、太平船在乍浦口外、被夷船囲住三日、寅夜覷定順風、斬椗逃脫、源宝船亦被羈絆、自四月直至九月望間、放回通船各人、悶在艙内、勢如涸轍之魚、等待事竣。俱各縴進河下、大加修補、方始來崎、且聞廣東外洋香港島、前經被劫、今已交還、至于將軍伊里布、仍舊起復、反以林則徐充點充軍、未知的係何故、爾後漸見平靜商等、揚帆之際、各処安寧、即此方得国泰民安、亦未可知、但揚威大將軍、仍在江浙屯劄、以及沿海、各処營塞、禦敵兵將、未曾班師、因此乍浦地方、四月初旬、被夷殆欲蕩尽、甚至敗殘官兵乘虚搶劫財物、以致街衢荒涼寺觀廟宇、肅然無人、一似瓦礫之場、但今英船十分之九、已經回国、唯有零星稗兵之船、遊歷各処洋面、觀望動靜可見、必無侵劫之患、實此係陳逸舟在唐所聽、約畧風聞、至如精細末節。容待四船到齊、以便詳報、即此具單上稟。

壬寅十二月清商口單

王雲帆　沈澤香等

英夷侵犯海疆、蔓延四載、今夏勢焰大張、疊奉欽差妥為安撫、現已戢兵回国、尚有未退夷船、祗因貿易、不改再生寡端、玆將傳聞情、節臚列如左。

一、憶自玄冬、英寇竄入乍浦、旋即遠颺、方謂安堵、不料今夏四月八日、夷船突至乍川、登岸焚劫、官廨民房、尽成灰烬、占踞城廂内外。十九日、都統伊里布差官、到乍投書、致責英夷尽行、下船開去、所可恨者、竟將王局停泊在塢日新・全勝兩船、及大駁三艘、乗機燒毀。其時洋船回乍、以致太平船在洋被圍、一昼夜、斬纜放行、源宝船被縴舟山、直至九月望間、釋回乍港、至于上海、為江南要隘、逆夷將砲、高設桅頂、重疊開放、提督陳化成轟砲禦敵、擊斃夷匪無籌、提督忠勇殉難、城廂一空、又經伊大人里布、責令退兵夷船、又尽行開去、蓋英夷之聽命于伊相者、因伊相之釋放英夷、受恩深重也。豈知該夷猖獗、更甚衝突京口、劫掠鎮江、妄作虎踞金陵之想、欽差大臣著英、會同伊里布、親赴夷船、與夷酋璞鼎查等、屢加開導、香港廈門等処、聽其貿易、方得熄兵、陸續回国、然則英夷不知兵法、徒用火攻、一弱也。不諳強圉、僅識海道、一弱也。雖有火輪船隻、而内河支港浅擱、難行一弱也。怒發天兵、何難掃蕩、今已誠服、撤兵歸国、復現海半昇平之盛、各省將軍提鎮、亦漸班師、商等四船、在唐先後開行、所聞大略相同、為此具單、詳細上稟。

翻刻

護理浙江巡撫布政使額布奏粤省
送到日本遭風難番照例資送帰國摺

護理浙江巡撫布政使額布奏粵省送到日本遭風難番照例資送帰國摺

嘉慶二十一年閏六月二十一日『清代外交史料嘉慶朝』所収

護理浙江巡撫印務布政使奴才額特布跪奏、爲粵省送到日本國遭風番、照例撫邺、附船帰国恭摺奏聞事。竊奴才接准督臣汪志伊咨會准兩廣督臣蔣攸銛咨開、日本國遭風難夷漂流到粵、言語不通、内有古後七郎右衛門能書漢文、開出四十七人花名、並據寫稱在小琉球國大島處所置買黒糖草蓆、裝載起身、大風吹漂至粵洋、貨船失火燒燬、坐杉板小船由淺澳登岸、懇請發遣回國等情、即經粵省查勘撫邺奏明、委員護送浙江、交乍防同知収管、附便搭送回國、内水手防助一名、行至玉山縣地方患痘病故、尚有難夷古後七郎右衛門等四十六名、經粵省委員於嘉慶二十一年二月二十七日、護至浙省、當即飭送乍浦海口妥爲安頓撫邺、俟東洋辦銅便船、附搭回國、去後茲據平湖縣詳稱、查有范三錫・金全勝・金源寶・萬永泰・錢壽昌・金恒順六船前往東洋採辦銅觔、當将該難番等給與口糧、分搭銅船、正在候風開駛、聞難番内八兵衛一名中暑身故、給棺殮埋、其餘難番古後七郎右衛門等四十五名、於六月初十、十三、十五等日、先後在乍浦開行出口回國、由署藩司魏元煜具詳請奏前來、餘将撫邺口糧等項、另行核實題報外、所有資送日本國難番帰國日期間、奴才謹恭摺具奏、伏乞皇上睿鑒謹奏。

嘉慶二十一年閏六月二十一日

嘉慶二十一年七月十二日、奉硃批「知道了」欽此。

翻刻

浙江巡撫帥承瀛摺

浙江巡撫帥承瀛摺　『史料旬刊』第八期「道光朝外洋通商案」所収

浙江巡撫臣帥承瀛跪奏、爲閩省咨送日本國遭風難夷由浙省分搭二船歸國、内有一船遭風、仍行駛回各縁由恭摺具奏、仰
祈聖鑒事、臣於道光二年十二月、准前任福建撫臣葉世倬咨開、日本國遭風夷船一隻、漂流到閩内有舵水林仲右工衛門一名、能書漢字、據稱係日本國薩州人、船主幸次郎於四月間、帶同舵水等共三十人、往該國七島地方、販買黒砂糖・草蓆裝載回國、在洋遭風衝礁、將船擊碎、適遇兵船、護帶厦門、随經照例、撫卹奏明、委員護送、至浙江乍浦、附搭銅船歸國等、因随於本年二月間、據閩省委員護送該難夷幸次郎等三十名、並糖蓆等物到浙、臣即委員飭送乍浦、妥爲安頓撫卹、俟東洋辦銅船隻出口、即令護搭回國、嗣據乍防同知申報、難夷金次郎一名忽患風寒疾、症延、醫無效、於四月二十八日病故在案、茲據乍防同知何太青、平湖縣知縣胡述文先後詳稱、辦銅官商王宇安雇船戸金全勝商船出口、前往東洋、將難夷幸次郎等十五名附載。又額商楊鶴圃雇船戸金得泰商船出口、將難夷林仲右工衛門等十四名附載、并將原來沙糖物件、分裝二船、其金次郎棺柩、令幸次郎領回照例、按名給予船價、及在船鹽菜口糧、均六月初九日由乍浦開行、詎金全勝一船、行至劔山門洋面、猝遇颶風、損壞槓具、不能前進、於七月十三日駛回乍浦進口、所有附搭之難夷幸次郎等十五名、並糖貨等項、仍行起岸安寓、俟銅船冬汛開行、附搭歸國等情、由藩司常德具詳奏、前來臣查辦銅商船二隻、同時開行、今難夷幸次郎等十五名附搭之船、既因遭風駛回、自應待至冬汛、再行起程、仍飭地方官照例妥爲撫卹、所有林仲右工衛門等十四名附船歸國日期、理合先行奏聞、其幸次郎等十五名俟於冬令附搭銅船開行、再將起程日期、咨部査核、除撫卹該難夷等衣粮、統俟幸次郎等起程、後一併核實題報外、臣謹恭摺具奏、伏乞皇上聖鑒謹奏。

道光三年九月初七日

奉硃批「妥爲撫卹料理所奏、知道了」欽此。(1)

翻刻　浙江巡撫帥承瀛摺

注

(1) 故宮博物院編『史料旬刊』(全四冊) 第一冊、北京圖書館出版社、二〇〇八年一月、六一四～六一五頁。

翻刻

浙江巡撫富尼揚阿奏摺

浙江巡撫富尼揚阿奏摺　中国第一歴史檔案館　硃批奏摺　外交類　4－258－35

奏

浙江巡撫臣富尼揚阿跪

奏爲粤省送到日本國遭風難夷、照例撫卹、附搭銅船回國日期、恭摺具奏、仰祈聖鑒事、竊臣接准暫護兩廣督臣朱桂楨來咨、以日本國遭風難夷凝治甚助等十四名、因在廣唐波丹國洋面遭風、經小呂宋船救起、隋帯來澳、懇請附搭回國、奏明、委員護送赴浙、附搭銅船回國等因、經臣行司委員迎護入境、並督飭浙江沿途經過各營縣逐程護送、於道光十一年十月二十一日將難夷凝甚助等十四名、并隋帯衣物送至嘉興府平湖縣乍浦海口、照例撫卹、賃屋、妥爲安頓。復飭據署平湖縣知縣楊遇詳報、査有辦銅額商楊嗣亭傭錢壽昌商船、官商王宇安傭金全勝商船、各出口前往東洋、已將難夷陳古門等七名附搭錢壽昌船内、凝治甚助等七名附搭金全勝船内、分載回國、按名給發船價、並在途口糧鹽菜銀米、於十一月二十三、二十五等日先後開行出口等情、由署布政使陳鑾奏前來、除將該難易夷等起程日期、及隋帯行李件造冊分咨外、理合循例恭摺具奏、伏乞皇上聖鑒謹奏

硃批「知道了」

道光十一年十二月二十六日

解題

一　経過

1　はじめに

江戸時代の徳川幕府はいわゆる「鎖国」政策を施行して、海外への渡航を厳禁していたが、長崎に来航する蘭船いわゆるオランダ東インド会社の貿易船と、中国大陸及び東南アジアからの貿易船の来航を認めていた。とくに中国系帆船は長崎への貿易船のみならず、中国大陸の沿海船がしばしば海難に遭遇して、日本列島に漂着している。

江戸時代に日本へ漂着した中国船について『長崎志』及び『長崎志続編』に記録されているが、大別して、中国から日本貿易のために長崎に来航して来た船が、海難事故に遭遇して、長崎に赴くことが出来ず、長崎以外の日本の近海に漂着したものと、この他に中国大陸の沿海船または漁船が海難事故に遭遇して日本列島近海に漂着したものがほとんどを占めている。

それらを『長崎志』、『長崎志續編』によって表1「江戸時代に日本列島に漂着した中国船一覧」として整理した。注記に記した資料①～⑨はすでに関西大学東西学術研究所資料集刊九のシリーズとして刊行されたものであり、このシリーズは、一九八五年に出版を開始し、三〇余年を経過したが、今回が第一〇輯となる。その番号を示している。

本書、第一〇輯は、『長崎志続編』にも掲載されてはいないが、幕末に徳川幕府が編纂した『通航一覧續輯』に見られ、その漂着商船は船名を金全勝と称する中国帆船で長崎貿易に四〇年にわたり、中国の浙江省嘉興府平湖縣の乍浦港と日本の長崎を往来した貿易船である。

第一〇輯の特長は、漂着資料は極めて少ないが、金全勝号の中日間の航海の足跡とも言うべき航跡を辿る資料を収録し、江戸時代の長崎における中国貿易の一端を見て頂ければと考え、第一〇輯には研究編を付した。

表1　江戸時代に日本列島に漂着した中国船一覧

西暦	中国暦	日本暦	月日	船　名	船主名	乗員	漂着地	長崎志頁	注記
1693	康熙32	元禄06	8月	廣南船		18	洋上	260	
1715	康熙54	正徳05	8月	暹羅船	郭天玉		樺島	262	
1716	康熙55	享保元	7月	唐船	劉汝謙		薩摩	263	
1718	康熙57	享保03		唐船			豊前長門	264	
1718		享保03	5月	唐船	李華夫		平戸	264	
1720	康熙59	享保05		唐船			筑前	265	
1721	康熙60	享保06	8月	唐船	王在珍		五島	265	
1726	雍正04	享保11		廣南船	董宜叶		長門	267	
1729	雍正07	享保14	8月	酉三番	邱永泰		大村	268	
1731	雍正09	享保16	3月		周長茂		五島	268	
1732	雍正10	享保17	10月	唐船	謝愷臣		肥前	268	
1732		享保17	12月	鎮洋縣船	王季順	14	薩摩	269	
1732		享保17	12月	亥十五番	鄭免伯	46	薩摩	269	
1733	雍正11	享保18	正月	寶山縣船	瞿元順	23	薩摩	269	
1733		享保18	2月	鎮洋縣船	陳長順	20	種子島	269	
1733		享保18	2月	鎮洋縣船	徐永盛	27	屋久島	269	
1733		享保18	3月	上海縣船	金永一	28	屋久島	269	
1735	雍正13	享保20	7月	卯十三番			長崎·新地前	269	
1737	乾隆02	元文02	2月	唐船	藍耿朝	84	薩摩	270	
1743	乾隆08	寛保03	6月	唐船		9	野母	272	
1743	乾隆08	寛保03	8月	柬埔寨船	林善長	74	薩摩	272	
1743	乾隆08	寛保03	9月	台湾船	蘇維當	4	薩摩	272	
1744	乾隆09	延享元	正月	子一番	汪孔範	61	薩摩	272	
1744	乾隆09	延享元	12月	子二十四番	范錦栄	65	五島	272	
1745	乾隆10	延享02	閏12月	龍渓縣船	黄裕吉	15	薩摩	272.273	
1746	乾隆11	延享03	12月	子十三番	馬奉天	80	深堀	273	
1748	乾隆13	寛延元	12月		黄公弼	53	薩摩	273	
1749	乾隆14	寛延02	3月	辰三番	鄭民甫		大村	274	
1752	乾隆17	宝暦02	3月	廈門船	李旺観	20	屋久島	274	
1753	乾隆18	宝暦03	正月	酉三番			薩摩	274	
1753	乾隆18	宝暦03	8月		高山輝	71	八丈島	275	①資料
1754	乾隆19	宝暦04	6月	戌八番			深堀	275	
1757	乾隆22	宝暦07	6月	漳州船	林秀艇		五島	276	

西暦	中国暦	日本暦	月日	船名	船主名	乗員	漂着地	長崎志頁	注記
1761	乾隆26	宝暦11	9月	巳三番船			長崎	277	
1763	乾隆28	宝暦13	7月	未六番船			長崎	278	
1765	乾隆30	明和02	正月	申一番船	龍子興	52	大村	279	
1765	乾隆30	明和02	正月	上海縣船	費正夫	52	薩摩	279	
1766	乾隆31	明和03	12月	通州船	朱義順	19	薩摩	280	
1766	乾隆31	明和03	12月	蘇州船	秦廷安	17	屋久島	281	
1768	乾隆33	明和05	7月	泉州船	陳長利	21	紀州熊野	186	
1777	乾隆42	安永06	7月	申二番船	張温文		佐賀	189	
1777	乾隆42	安永06		申六番船	顧舒長		佐賀	189	
1780	乾隆45	安永09	4月	乍浦船	沈敬胆	78	房州	190	⑤資料
1780	乾隆45	安永09	11月	福州船	陳宜春	27	薩摩	190	
1781	乾隆46	天明元	6月	杭州船	高恒昌		長崎	191	
1783	乾隆48	天明03	6月	廈門船	王福弟	15	屋久島	191	
1786	乾隆51	天明06	6月	唐船		31	薩摩	192	
1787	乾隆52	天明07	10月	午六番船	張雨滄	60	種子島	193	
1788	乾隆53	天明08		未十一番	彭義來		唐津名護屋	194	
1788	乾隆53	天明08	10月	龍渓縣船	陳發成	27	屋久島	194	
1788	乾隆53	天明08	12月	門虫縣船	林調泰	34	薩摩	194	
1789	乾隆54	寛政元		安利船	朱心如		土佐		③資料
1796	嘉慶元	寛政08		広東船	陳世徳				
1799	嘉慶04	寛政11	正月		楊愚渓		薩摩	198	
1800	嘉慶05	寛政12	12月	乍浦船	劉然乙		遠州	199	⑥資料
1804	嘉慶09	文化元	11月	乍浦船	孫瑞章		五島	202	
1807	嘉慶12	文化04	正月	乍浦船	王永安		下総銚子沖	204	
1808	嘉慶13	文化05	11月		呉　新	2	海上	205	
1808	嘉慶13	文化05	11月	江南商船	范廷周	13	土佐		④資料
1808	嘉慶13	文化05	12月	蘇州船	邱裕成	14	五島	205	
1808	嘉慶13	文化05	12月	通州船	陶松品	15	薩摩	205	
1808	嘉慶13	文化05	12月	蘇州船	周玉廷	13	薩摩	206	
1808	嘉慶13	文化05	12月	蘇州船	銭宇芳	14	薩摩	206	
1808	嘉慶13	文化05	11月	乍浦船	陳積橋	61	薩摩	207	
1809	嘉慶14	文化06		通州船	姚龍飛	19	五島	208	
1809	嘉慶14	文化06		通州船	張輪書	17	種子島	208	
1809	嘉慶14	文化06		通州船	彭明如	16	種子島	208	

西暦	中国暦	日本暦	月日	船　名	船主名	乗員	漂着地	長崎志頁	注記
1809	嘉慶14	文化06		通州船	陶晋賢	15	薩摩	209	
1809	嘉慶14	文化06		南通州船	陸明發	11	種子島	209	
1809	嘉慶14	文化06		寧波船	厳性被	17	日州黒井浜	209	
1809	嘉慶14	文化06		蘇州船	張順芳	16	屋久島	210	
1809	嘉慶14	文化06		太倉州船	崔恵先	19	屋久島	210	
1809	嘉慶14	文化06		蘇州船	范廷周	13	土佐室津	211	
1809	嘉慶14	文化06		巳三番船	楊復亭	83	佐賀	211	
1812	嘉慶17	文化09		海門縣船	楊福泰	14	薩摩	214	
1815	嘉慶20	文化12		乍浦船	楊秋棠	86	伊豆	216	⑨資料
1816	嘉慶21	文化13		澄海船	姚業記	67	薩摩	217	
1816	嘉慶21	文化13		太倉州船			土佐		
1818	嘉慶23	文政元		上海縣船	季鶴慶	17	五島	219	
1818	嘉慶23	文政元		上海縣船	程順泰	17	五島	219	
1820	嘉慶25	文政03		崇明縣船	沈長發	12	壱岐	220	
1820	嘉慶25	文政03		崇明縣船	沈元斌	16	薩摩山川	220	
1821	道光元	文政04		通州船	高維貞	16	五島	221	
1821	道光元	文政04		崇明縣船	施紹修	17	紀州熊野	221	
1822	道光02	文政05		南通州船	居裕堂	20	対馬	222	
1823	道光03	文政06		乍浦船	譚竹庵	94	天草	223	
1823	道光03	文政06		崇明縣船	朱聚南	12	薩摩阿久根	224	
1826	道光06	文政09		得泰船	楊啓堂	115	遠州	226	②資料
1827	道光07	文政10		元和縣船	王玉堂	16	土佐浦戸	228	⑦資料
1830	道光10	天保元		崇明縣船	范端瑞	17	肥前	231	
1830	道光10	天保元		崇明縣船	施展雲	19	壱岐	231	
1830	道光10	天保元		太湖庁船	葵錦和	11	薩摩甑島	231	
1831	道光11	天保02		元和縣船	龍耀山	16	薩摩山川	232	
1831	道光11	天保02		源發號	王　氏		寧波沖	232	
1836	道光16	天保7	正月	金全勝号	鈕梧亭	111	薩摩片浦		⑩資料
1840	道光20	天保11		源興号	王雲帆	103	薩摩	255	
1855	咸豊05	安政02		宋福盛	汪福生	19	日向		⑧資料
1855	咸豊05	安政02		通州船	彭錦初	20	紀州		⑧資料
1855	咸豊05	安政02		沙太壽	呉邵廷	11	日向		⑧資料
1855	咸豊05	安政02		瓊興寶	陳治業	7	土佐		⑧資料
1855	咸豊05	安政02		得寶船	楊少堂	106	薩摩		⑧資料

注記覧に記入した番号は以下の史料による。
① 大庭脩編著『宝暦三年八丈島漂着南京船資料』関西大学東西学術研究所資料集刊13-1、関西大学出版部、一九八五年。
② 田中謙二・松浦章編著『文政九年遠州漂着得泰船資料』関西大学東西学術研究所資料集刊13-2、関西大学出版部、一九八六年。
③ 松浦章編著『寛政元年土佐漂着安利船資料』関西大学東西学術研究所資料集刊13-3、関西大学出版部、一九八九年。
④ 松浦章編著『文化五年土佐漂着江南商船郁長發資料』関西大学東西学術研究所資料集刊13-4、関西大学出版部、一九八九年。
⑤ 大庭脩編著『安永九年安房千倉漂着南京船元順號資料』関西大学東西学術研究所資料集刊13-5、関西大学出版部、一九九一年。
⑥ 藪田貫編著『寛政十二年遠州漂着唐船萬勝號資料』関西大学東西学術研究所資料集刊13-6、関西大学出版部、一九九七年。
⑦ 松浦章編著『文政十年土佐漂着江南商船蒋元利資料』関西大学東西学術研究所資料集刊13-7、関西大学出版部、二〇〇六年。
⑧ 松浦章編著『安政二・三年漂流小唐船資料』関西大学東西学術研究所資料集刊13-8、関西大学出版部、二〇〇八年。
⑨ 松浦章編著『文化十二年豆州漂着南京船永茂船資料』関西大学東西学術研究所資料集刊13-9、関西大学出版部、二〇一一年。
⑩ 松浦章編著『天保七年薩摩片浦漂着南京船金全勝號資料』関西大学東西学術研究所資料叢刊13-10、関西大学出版部、二〇一八年。

以上のように関西大学東西学術研究所から刊行されている史料集として「江戸時代唐船漂着資料集」は、江戸時代の日本に漂着した中国船に関する記録を収集したものである。故大庭脩教授の方針で、漂着船一隻につき一冊を刊行するという方針で現在まで①~⑨合計九冊が刊行され、今回一〇冊目となった。その概要を簡単に紹介したい。

①大庭脩編著『宝暦三年八丈島漂着南京船資料』関西大学東西学術研究所資料集刊13－1、関西大学出版部、一九八五年三月。同書は、宝暦三年（一七五三）に長崎貿易に向かっていた中国の貿易船が海難に遭遇して、現在の東京都に属している八丈島に漂着した際の記録である。この船の乗員と日本側の關修齢との間にかわされた筆談をまとめた『巡海録』と、そしてこの船が長崎へ舶載しようとした大量の漢籍の解題書にあたる「戌番外船持渡書大意書」などを収録している。この船には、四四一種、一二〇八二本もの書籍を積載していた。さらに狩野春潮によって描かれた乗員の絵が収められている。(1)

②田中謙二・松浦章編著『文政九年遠州漂着得泰船資料』関西大学東西学術研究所資料集刊13－2、関西大学出版部、一九八六年三月。同書は文政九年（一八二六）に現在の静岡県に漂着した長崎へ向かう中国の貿易船であった得泰船の記録である。同書には日本側の筆談者であった野田笛浦と中国船の乗員との間において交わされた筆談記録である『得泰船筆語』等関係資料を収録している。

③松浦章編著『寛政元年土佐漂着安利船資料』関西大学東西学術研究所資料集刊13－3、関西大学出版部、一九八九年三月。同書は、寛政元年（一七八九）に現在の四国の高知県に漂着した中国から長崎への貿易船であった安利船の乗員と土佐藩の長崎までの護送した役人との間で交わされた筆談記録『護送録』等を収める。

④松浦章編著『文化五年土佐漂着江南商船郁長發資料』関西大学東西学術研究所資料集刊13－4、関西大学出版部、一九八九年三月。同書は、文化五年（一八〇八）に現在の高知県に漂着した中国の長江口にある崇明島の沙船であった郁長發船の乗員と長崎まで護送した土佐藩の役人との間で交わされた筆談記録である『江南商話』等を収める。

⑤大庭脩編著『安永九年安房千倉漂着南京船元順號資料』関西大学東西学術研究所資料集刊13－5、関西大学出版部、一九九一年三月。同書は、安永九年（一七八〇）に現在の千葉県に当たる房総半島先端東部に漂着した中国からの長崎

への貿易船元順号の乗員と日本側の役人との間で交わされた筆談記録である『游房筆語』等を収録している。

⑥藪田貫編著『寛政十二年遠州漂着唐船萬勝號資料』関西大学東西学術研究所資料集刊13－6、関西大学出版部、一九九七年一一月。同書は、寛政十二年（一八〇〇）に現在の静岡県の西海岸に漂着した長崎へ向かうべき中国からの貿易船であった萬勝号の乗員と日本側との間で交わされた筆談記録である『寧波船筆語』等を収録する。

⑦松浦章編著『文政十年土佐漂着江南商船蔣元利資料』関西大学東西学術研究所資料集刊13－6、関西大学出版部、二〇〇六年一一月。同書は、文政十年（一八二七）に高知県へ漂着した長江口付近の沙船蔣元利船の乗員と土佐藩の役人との間で交わされた筆談記録を収録する。

⑧松浦章編著『安政二・三年漂流小唐船資料』関西大学東西学術研究所資料集刊13－8、関西大学出版部、二〇〇八年三月。同書は安政二年（一八五五）、同三年に日本の近海に漂着した中国の沿海商船四隻と長崎貿易船の漂着記録を長崎奉行所がとりまとめた史料を中心に関連資料を収録している。

⑨松浦章編著『文化十二年豆州漂着南京船永茂船資料』関西大学東西学術研究所資料集刊13－9、関西大学出版部、二〇一一年二月。同書は文化十二年（一八一五）に伊豆に漂着した永茂船の記録で、特に儒者朝川善庵と乗員との筆談記録『清舶筆話』が重要な史料であり、他に関係資料を収録している。

このような筆談記録等がなぜこれまで残されてきたのであろうか。それは基本的には、当時の日本では、恒常的に中国語を聞き喋れたのは、長崎の唐通事に限られていたが、一般には漢字を理解し筆記できる知識人は多くおり、この結果、中国の漂着船に対する初期的対応は漂着地の役人や漢学者等が動員され、筆談の形態で多くの記録を残したのであった。それらのものは各地に残され永らく看過されてきたのである。

本書第一〇輯には、筆談記録と言うべきものは無いが、漂着した唐船金全勝号の船の航跡とも言うべき記録をできるだけ収録したところに、前の一－九輯とは相違する点がある。

2　天保七年正月薩摩片浦漂着の南京船

天保七年（丙申年、一八三六）正月二十一日、一八三六年三月八日に長崎に唐船一隻が入港する。この唐船は、丙申年の一番船として申一番船に番立されている。(2)

長崎奉行所の簿冊『割符留帳』によれば、天保五年（一八三四）十二月二十七日に長崎に来航した午四番船は、牌主錢恒隆の癸巳年（天保四年）の長崎通商照票、信牌を持ち渡ってきて交易を済ませ、天保六年四月二十四日に、新たな信牌を給付され帰国した。その時の信牌を持参して長崎に来航した船が天保七年の申一番船である。『割符留帳』には、

丙申正月廿一日入津　　薩摩片浦漂着

代　鈕梧亭　　申一番(3)

と見られるように、同船は薩摩の片浦に漂着し、その後、長崎に送られて来たのであった。

『通航一覧續輯』巻八、唐國總括部一、入津船數并扱方に、

天保七年丙申正月四日松平島津中將齊興か所領薩摩國片浦沖に、阿邊郡に屬す、漂着の商船、同月廿一日長崎湊に送り來る。こは、去年十二月本國出帆のよし船主述るといへとも、先儀たるにより、申一番船と定め、江戸言上に及ぶ。(4)

とあるように、天保六年十二月、道光十五年十二月に中国を出帆するが、年を明けた早々の正月四日に薩摩の片浦に漂

着した。すなわち鹿児島県の薩摩半島西端に位置する片浦(5)に漂着して、長崎に送られてきたのであった。その経緯は『通航一覧續輯』所収の「近代雑記」に、次のように記されている。

天保七年正月廿六日長崎出或書状、

當月廿一日昼八時過又々唐船壹艘入津仕候、是ハ去年十二月十日乍浦出船仕候南京船ニ御座候由、洋中ニて難風ニ逢、正月四日薩州片浦と申處へ漂着、同十二日薩州より足輕兩人上乗仕、同所を出船致し、日數十日目ニて長崎湊内へ入津仕候趣、右船鈕梧亭と申唐人申立候、船號ハ全勝と申候、乗組百拾壹人罷在候、去ル廿三日、右船中改并乗組人別取調として、右船へ私罷越、尤奉行よりも撿使兩人罷越、所々相改、大筒六挺、身筒三十挺、鐵炮小道具類三梱、鹽焇五瓶取上、封印仕、奉行方へ取上ケ申候、是ハ出帆之節迄預置候先例ニ御座候、右大筒之内山挺ニ玉込有之候間、於船中打払申度段願出候ニ付聞濟、直ニ打払申候、誠ニ大造筒音ニて驚申候、洋中海賊を恐れ、右之通大筒ニ玉込仕候由ニ御座候、此外之義は別帳ニ申上候、以上

正月廿六日

一金全勝荷物値段凡壹萬五千兩程之由ニ御座候

船長サ貳十四間、巾七間、深サ五間、帆柱凡二十間、中帆柱十三間、小帆柱十間、都合三本有之候、右船中之様子、實ニ大造成ものニ御座候、旧臘入津致候船々、追々荷物取揚ケ、乗組の唐人共も不殘唐人屋敷へ上陸いたし、船宿丁と唱、町役人共之預りニ相成申候、此時キ、船湊内梅ケ崎と申所へ繋キ有之候、此所ニ松前より相送り候昆布ヲ入置候御蔵、五戸前も有之、右明キ船のトモノ方、右御蔵の屋根より遙上之方ニ相成申候、是ハ別紙ニ冩奉入御覽候、

別紙

一　唐船之帆ハ圖の如くたゝミて太引にてからけ有之

一　江戸表にてハ、都て船を岸へ繋くにも、ミヨシノ方を繋留候得共、唐船ハ皆トモノ方を繋申候、長崎表之舟も右之通トモを繋申候

一　カジハ入津致し候は、翌日ハ取放し候て、翌日ハ取放し候て、新地ト申唐人舘前の上り場へ差置申候
帆柱の上に有るものハ、旗をさすもの也

一　菩薩堂、是は神之船の上に常夜燈あり、菩薩を唐寺へ預ケ候て、燈明ハつけ不申候、

一　帆柱の下ニ屋根の見ゆるハ竈なり、

長崎湊内
梅ヶ崎昆布御蔵前　唐船繋有之圖

［圖］

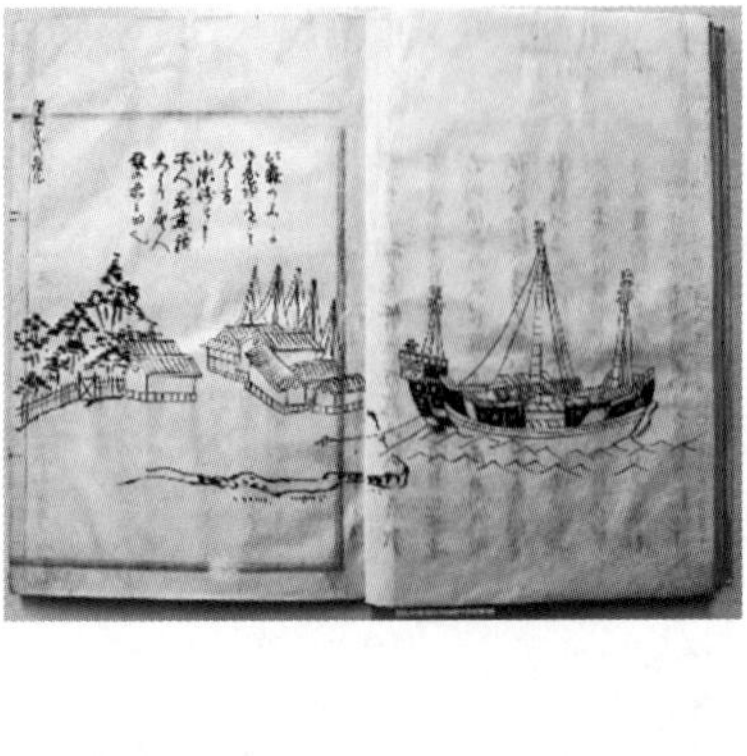

此森の上に御台場有之、左之方小瀬崎と申所、人家建續、夫より唐人館の前に出也。(6)

同船は、「去年十二月十日」天保六年十二月十日すなわち道光十五年十二月十日(7)西暦一八三六年一月二七日に、乍浦を出帆してきた南京船であり、海上に於いて「難風ニ逢」、正月四日、一八三六年二月二〇日に薩州の片浦に漂着したのであった。その後、同十二日一八三六年二月二八日に薩摩から「足輕兩人」が乗船して、片浦を出帆して、天保七年（丙申年、一八三六）正月二十一日、一八三六年三月八日に長崎港に入港して申一番船として番立されたのであった。同船

の船主は鈕梧亭であり「船號ハ全勝と中候、乗組百拾壹人罷在候」とあるように、船名は全勝、乗船者数は一一一人であった。

中国の貿易港乍浦から順調に航行すれば、七日から一〇日程度で長崎に入港できるところ、この全勝号は乍浦を出帆した西暦の一八三六年一月二七日から片浦漂着が二月二〇日、長崎入港が三月八日と、乍浦から片浦漂着の時間も含め、長崎まで四二日を要したのであった。

この漂着記録は短いものではあるが、漂着した船舶の形状が日本側の記録ではあるが詳しく知られる貴重なものである。

金全勝荷物値段凡壹萬五千兩程之由ニ御座候

船長サ貳十四間、巾七間、深サ五間、帆柱凡二十間、中帆柱十三間、小帆柱十間、都合三本有之候。

と記録されているように、船名が全勝号こと「金全勝」であること。その積載貨物の価格が「荷物値段凡壹萬五千兩程」と一五、〇〇〇両に達していたこと。船体の形状は「船長サ貳十四間、巾七間、深サ五間」と全長が二四間、一間を六尺として換算すると四三・六八メートル、幅が七間、約一二・七四メートル、深さが五間、約九・一メートルであったことがわかる。さらに「帆柱凡二十間、中帆柱十三間、小帆柱十間、都合三本有之候」と、帆柱は三本があり、主帆柱が長さ二〇間、約三六・四メートル、中帆柱は一三間、約二三・六六メートル、小帆柱が一〇間、一八・二メールと巨大な帆船であったことは確かである。江戸時代の船問屋の主人が一見して、日本の弁才船と比較して四、〇〇〇石積から五、〇〇〇石積と見たことから、現在の噸数から見ておよそ四〇〇噸から五〇〇噸の帆船であったかと思われる。

この金全勝号には絵画的価値の高い長崎大和屋の長崎版画「唐船入津之圖」が知られ、それからもその巨大な形状が知られるが、さらに日中間の航跡の期間が長期にわたることが知られる唐船である。

二　資料紹介

口絵

金全勝船関係圖

長崎湊内梅ヶ崎昆布御蔵前　唐船繋有之圖

唐船入津之圖

長崎版画の版元、長崎大和屋の版画である。制作年代は不明であるが、名著普及会の「長崎古版画」(8)の解説の「唐船入津之圖」（縦三七糎、横二五糎。二一色）によれば、

　大和屋版、年代は天保と安政の間と推察されます。

　あの江戸絵は天明寛政の頃が最盛期で、けんらんその極に達しておりますが、それに比べて本図は少しの遜色もなくむしろ優っております。無論主人文斎が江戸から渓斎英泉の技法を受けた結果で、この点長崎絵は特徴の稚拙味を喪失したうらみがありますが、それにしてもかかる優秀な作をなし得たのは文斎の技法の中に英泉以外伝統の長崎手法がひそんでいたと見られます。

　唐船が始めて長崎に入港したのは慶長五年です。

　慶長以後幕末まで唐船は引きつづき入港したのですが、その間元禄二年（一六八九年）唐人屋敷が出来て従来の市中民宿を禁じられ、日

本女性との接触は唐館行き丸山遊女に限られました。

以上が解説の全文であるが、この版画の年代は天保、安政とあるが、本書で述べるように、船尾に見られる「金全勝」の船号からこの船の長崎来航は天保十二年（一八四一）までであるから、天保年間の制作であったことになる。

この「唐船入津之圖」の版元長崎大和屋は、享和年間から知られ多くの作品を世に出し、のちに跡を継いだのが磯野文齋であり、彼は、天保年間から安政年間まで活躍した作者として知られ、弘化版『長崎土産』の作者として有名である。(9)

長崎に来航した唐船の圖は、この「唐船入津之圖」以外にも多くが知られている。(10)

金全勝漂着圖「近代雑記」

『通航一覧續輯』巻八に収録された「近代雑記」に描かれた金全勝号の圖である。同書に、

長崎湊内

梅ヶ崎昆布御蔵前　唐船繋有之圖

［圖］

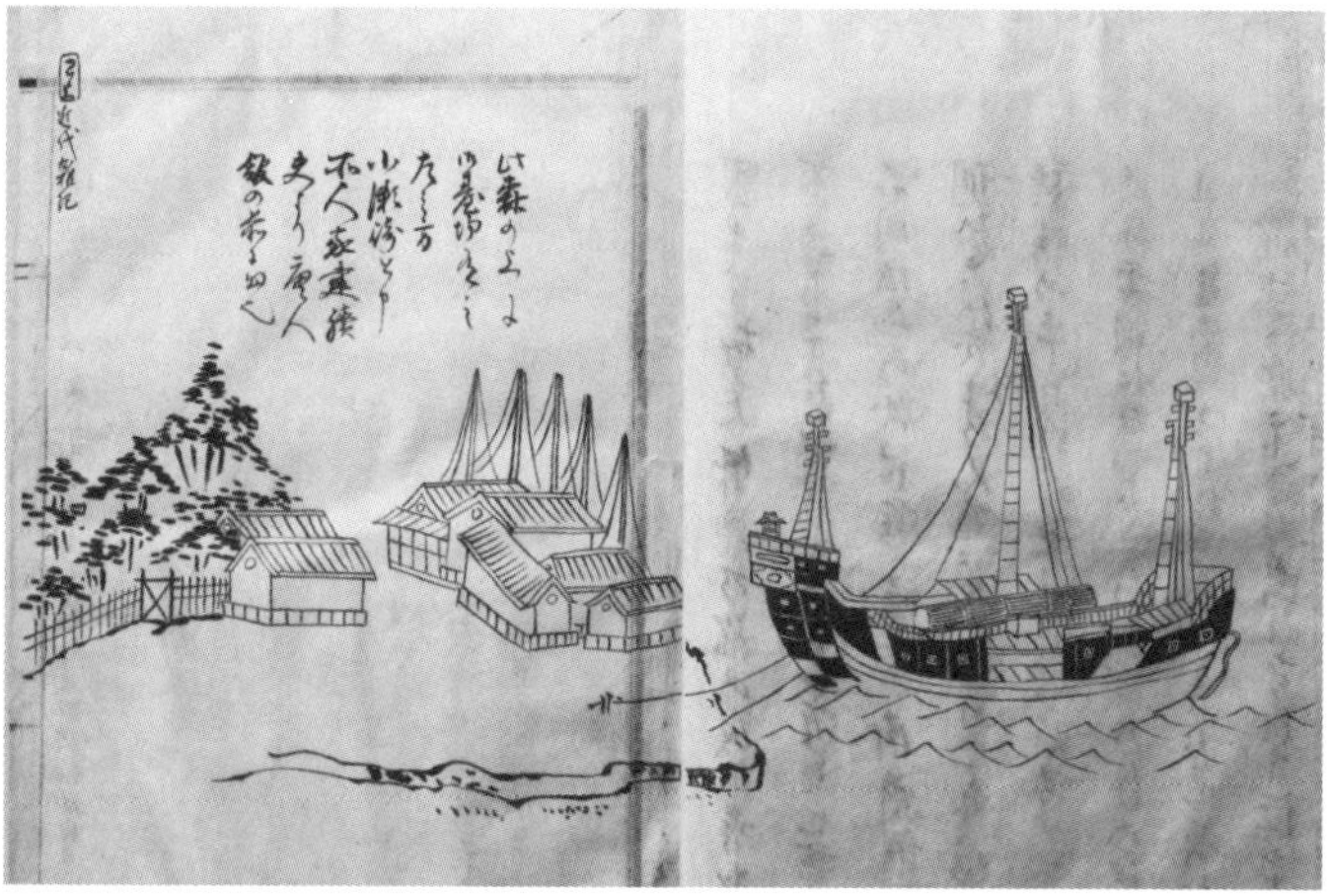

此森の上に御台場有之、左之方小瀬崎と申所、人家建續、夫より唐人館の前に出也。(11)

とあり、長崎の梅ケ崎の沿岸に碇泊した金全勝号を描いたものである。

梅ケ崎について『長崎志』巻二、「梅ヶ崎築地之事」に次のようにある。

積年ハ長崎領大村領磯續《イソツヅキ》ノ干潟ニテ境目不相分ノ處、延寶八庚申年牛込氏在勤ノ節、荒木傳兵衛ト云者、依願長崎領十善寺村ノ海邊ニ地形ヲ気キ茶屋屋竝土蔵ヲ建タキ旨願之通被差免、地内ニ土蔵一棟二拾八間入リ三間五戸前ヲ明ケ屋代居所二ケ所建之、但シ年来長崎領ノ境ニ榜示木ヲモ可被建置之處、幸此築地ニテ大村領トノ境、分明ニ相成レリ、則此所ヲ梅ケ崎ト名付ラル。(12)

長崎領と大村領の境界が不明分の地であった干潟を延宝八年（一六八〇）に、長崎領十善寺村の海辺から埋め立て築地された。そこに土蔵などが建築され、その後は長崎領と大村領の境界が分明したとされる。

さらにその梅ヶ崎が新たな目的で使用されることは、同書に見える。

先年ハ唐船積來諸荷物、江戸町、五島町、大黒町海邊ノ町土蔵並此梅ヶ崎土蔵ニ入置之。就中梅ヶ崎ハ市中ヲ離レ火災ノ難無之由ニテ専ラ相用來ルノ處、元禄十一年長崎大火ニテ町土蔵令類焼。依之土蔵所持主共海中ニ蔵地ヲ築キタキ旨相願ヘリ。則江府御窺之上、築地御免ニテ新地土蔵成就セリ。從是一切唐船荷物新地土蔵ニ令入置之。其以後ハ梅ヶ崎土蔵ハ諸商人借用テ穀物、俵物、諸雑色ヲ入置之。(13)

梅ヶ崎の土蔵が建築されて以降は、長崎市中の土蔵と同様に長崎来航の唐船

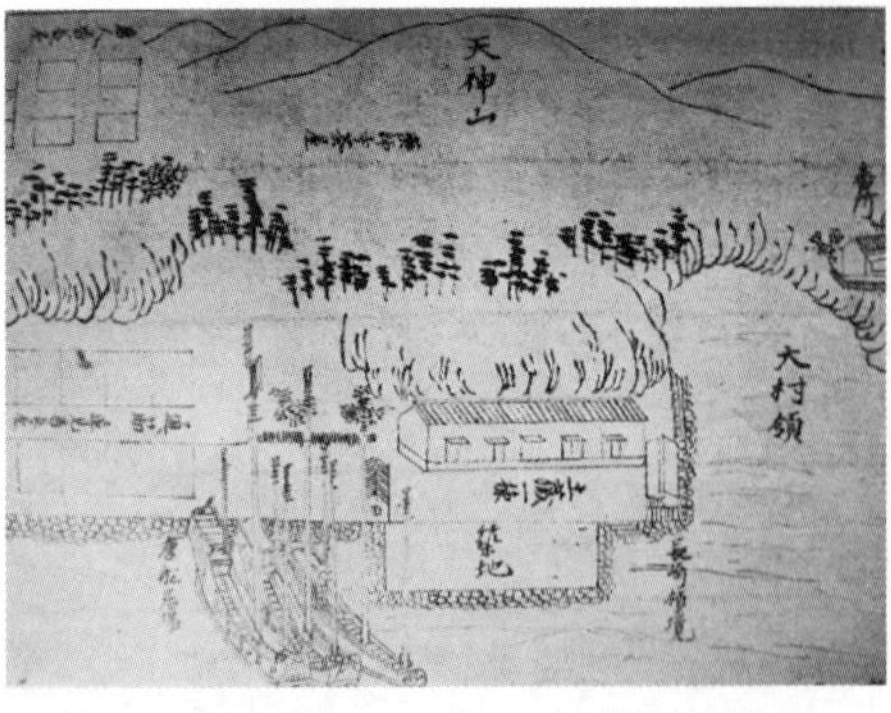

梅ケ崎圖（『長崎志』巻二による）

の諸貨物の倉庫として利用されていた。しかし元禄十一年（一六九八）の長崎市中に発生した大火により多くの市中の土蔵は類焼したものの、市中から離れた梅ヶ崎の土蔵は類焼を免れたことから、これ以降は梅ヶ崎の土蔵は唐船の貨物の倉庫として専用的に使用されることとなった。

その後さらに、同書に、

此地形ノ前海際ニ空《アキ》唐船ヲ居置事ヲ差免サル。(14)

とあるように、梅ヶ崎の海辺に長崎に来航した唐船の積荷の荷卸しが終わって空船となった船を碇泊させることとなったのである。

ついで、宝暦十二年（一七六二）には、梅ヶ崎の海辺を埋め立て、空船の唐船を碇泊しやすくしている。(15)

以上のことから、天保七年正月に長崎に入港した申一番金全勝号が、積荷を荷卸しが終わって梅ヶ崎に碇泊していた状況を描いたものであったことは確かであろう。

乍浦圖（Views of China）

この図は、次の書から収録した。

乍浦の市街

乍浦の英国軍船攻撃圖

China, in a series of views, displaying The Scenery, Architecture, and Social Habits, of that Ancient Empire.
Drawn, from original and authentic sketches, by Thomas Allon, Esq.
With Historical and descriptive notice by The Rev. G.N. Wright, M.A.
Fisher, Son, & Co.
Newgate Street, London; Rue ST. Honore, Paris.

出版年は不明であるが、G.N. Wright の Preface. には London, July, 1843 とあることから一八四三年に出版されたものと思われる。全二冊であるが、各冊 Vol.1-2, Vol.3-4 からなっている。その中に日本への貿易港の窓口になった乍浦の図が二枚納められている。

Ancient bridge at Chapoo, vol.iv. p.48.
Attack on Chapoo, vol. iii, p.49.

この二枚をここに収録した。本書は関西大学図書館吉田文庫蔵書によった。また上記の絵画を全て収録した下記の書籍が刊行されている。

The Chinese Empire Illustrated Being a Series of Views from Original Sketches, The Scenery, Architecture Social Habits, etc., of that Ancient and Exclusive Nation, by Tomas Allom, Esq. with Historical and Descriptive Letterpress, by The Rev G.N. Wright, M.A.
Adapted and Abridged by D.J.M. Tate, John Nicholson Ltd, Hongkong, pp.1-120.

田辺春房『長崎遊覧圖繪』（京都大学付属図書館）

京都大学付属図書館所蔵　古典籍　『長崎遊観図絵：長崎雑覧』［001/105］

田辺春房『長崎遊観圖繪』（京都大学文学部図書館）は、題簽には『長崎雑覧』とある田辺春房の長崎での見物図録とも言うべきものである。田辺春房については不明であるが、同書の中で、

文化四年卯の秋、江戸を出て長崎に至り、次の年なが月まで岩原の旅宿に在て、いとまある日は市中をみありき。阿蘭陀の出島、唐人やしき、あるは寺々の佛閣または近在に行て山水をながめ、その見たるままを矢立の筆にまかせ、懐中紙ニ寫して旅舎に歸り、あらたに繪圖して一冊になし、長崎觀覧圖繪と名付て古郷へ持ち歸りぬ。

田辺春房

と記しているように、文化四年（丁卯、一八〇七）の秋とあるから、旧暦の七月から九月の間に江戸を出発して、長崎の遊覧に赴いた。そして次年文化五年の長月すなわち旧暦九月に帰郷するまでの間に岩原とあるから、かって岩原郷と言われた現在長崎市立山にあった旅舎において宿泊して長崎市中を見物した際の絵図であることは確かであろう。

京都大学付属図書館に所蔵される『長崎遊覧圖繪』は、昭和五年（一九三〇）に『長崎紀聞』として復刻された際の草稿本と見られている。(16) 解説を認めた山鹿誠之助の「長崎紀聞解説」によれば、京都大学付属図書館所蔵の「『観覧圖

繪』は、著者春房の自筆稿本ならんと思はる、もので、半紙本凡そ百枚を一冊に綴つてある。この書は著者が書き下したままの草稿本であるから、その體裁順序等も整はず、繪圖も多くは寫生的の粗繪であり、彩色の如きも簡單に淡彩を施せるに過ぎない」[17]と指摘されている。

さらに、山鹿氏は、『長崎紀聞』の「筆者は無論原著者たる春房ではなく、これは全くの別人であるところの或る畫工の手に成れることは、兩書の筆蹟及び畫風の相違に由つて容易に之を推知することができる。」[18]とされるように、両書は別のものと見ることができる。

『長崎紀聞』が出版された背景として、文化元年（一八〇四）九月に長崎に来航したロシア使節レザノフに関係する絵図が、阿蘭陀関係とともに乾巻に収録され、これは春房の長崎に赴く前のことであった[19]から、日本国にオランダ、中国も含め未知の外国情報としてロシア情報を宣伝する意味があったものと思われる。

そこで本書では、金全勝号の船舶を描く「唐船荷揚げ圖」を収録する京都大学付属図書館の『長崎遊覧圖繪』

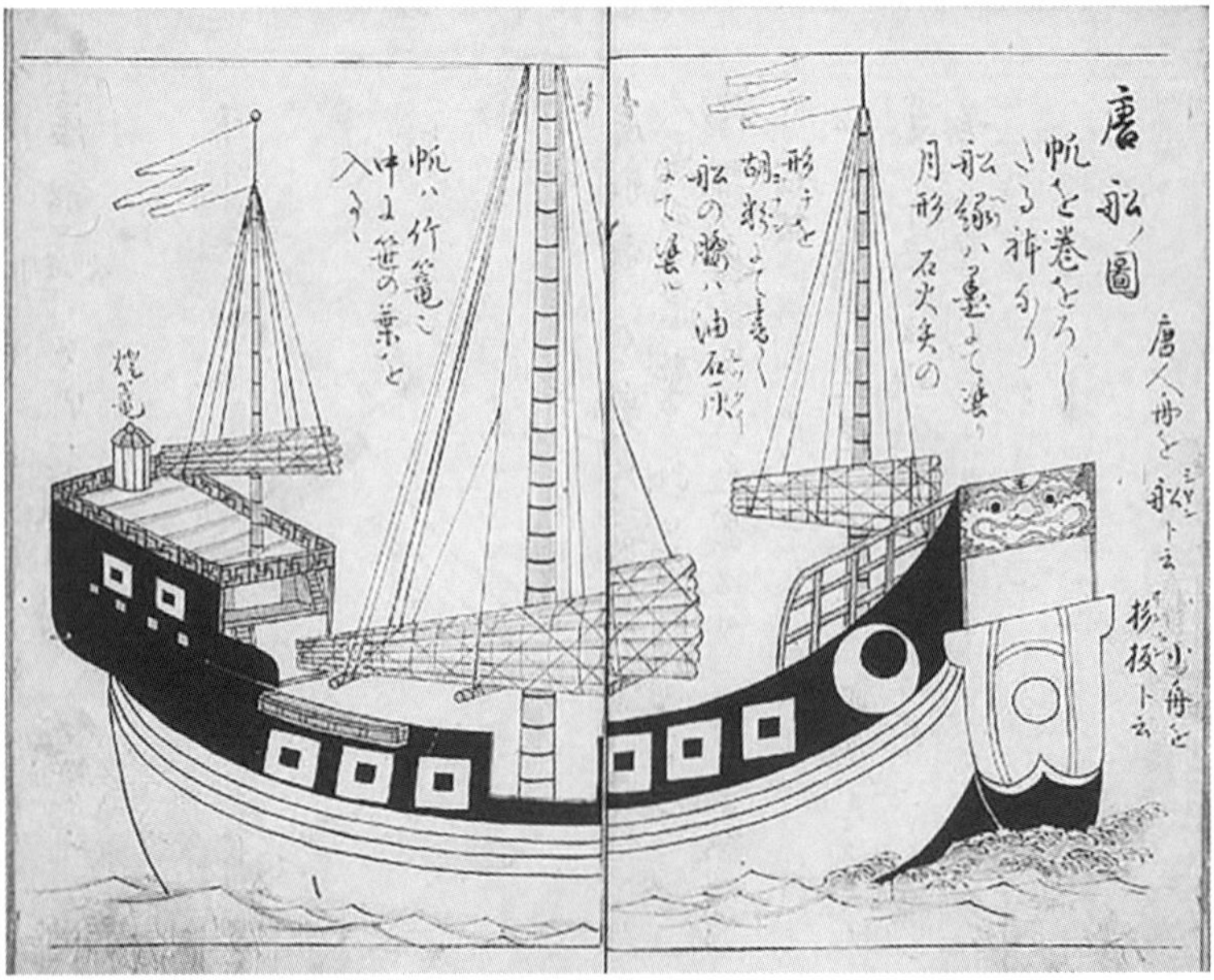

唐船之圖

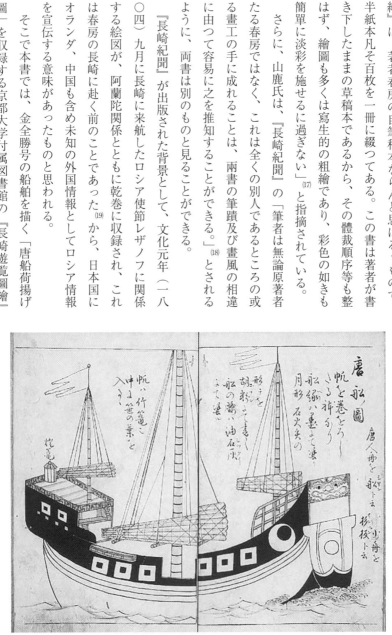

全巻とともに、『長崎紀聞』坤巻の唐船関係図を掲載した。

『長崎遊覧圖繪』の内容は、阿蘭陀船から始まり、唐船、唐船乗組者、その身の回りの品々、そして長崎の貿易関係者などを描いたもので、唐船関係としては次のものが見られる。

唐船艫の方帆柱、旗乃圖
唐船艫ノ画全圖
唐船艫の方真向乃圖
「是ハ唐船の艫の方に画きたる関羽の圖也
船号「大萬安」
唐船帆の圖
唐船帆柱の先かくのごとし
「唐人の圖」
唐人荷物雑具之圖
唐人船揚の圖（ボサ神）
唐人館（ヤシキ）
唐船荷揚の圖（船名に金全勝が見える）
「唐船荷揚ケの節

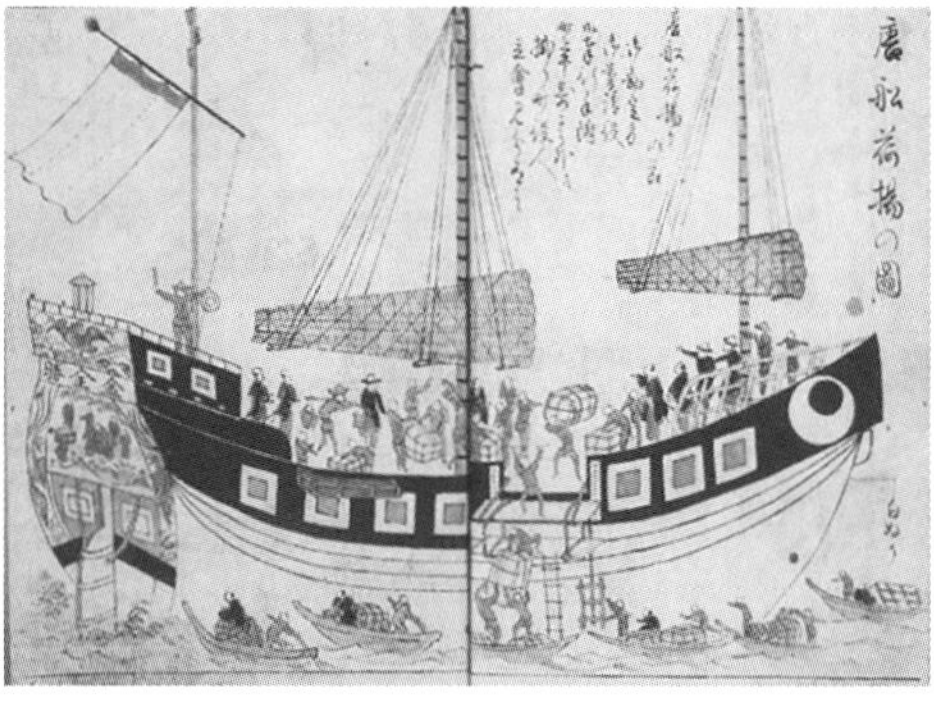

御勘定方　御普請譯　御奉行手附　町年寄共の外　掛り町役人　立會見分致候也」

新地唐人荷物蔵

長崎湊の圖

長崎氏來由

唐船来舶船主財副の名　従文化四年冬至ル同五年

唐船艫乃方に銘《ナ》を書ス事の如く画を記ス

大萬安　金得勝　日新萬　金全勝　永　興　永　茂

永寶鵤　永　泰　是ハ日本ニテ何丸ト書ガ如シ

同船神檀《ボサダン》ニ額あり左右ニ文章の聯《レン》數品あり。

天后聖母　海不揚波　海天共濟

浪静浪括欣海晏　風平日麗慶春和

唐船来舶船主財副の名　従文化四年冬至同五年ニ

卯八番船　公局　船主沈九霞　陸秋寧　財副譚子戈　沈綺泉

同九番船　王局　船主王蘭谷　夏雨村　財副戈象膽　王楚三

同拾番船　鄭局　船主劉培原　沈竹坪　財副蔣寶菴

辰壱番船　同　船主任端嗒　麗星齊　財副潘潤徳

同二番船　公局　船主張秋琴　財副陸桐軒　楊西亭

同三番船　同　船主米鑑把　財副程南岡　錢位吉

同四番船　十二家　船主程赤城
同五番船　同　　船主楊覆亭
同六番船　同　　船主孫呉雲
右ハ文化四年冬より同五年秋迠、長崎へ入津したる唐船の船頭荷主の名也。

唐人踊舞臺囃子方乃圖
唐人踊狂言仕組の圖
田辺春房　文
唐人衣服
西泊・戸町当番所
唐船の日本に来るハ……
唐船荷物取扱人夫の者目録
唐船宿町附町順番書
長崎諏訪社
長崎崇福寺

以上主要な項目を掲げてみたが、この中に金全勝号の荷揚げの圖が見られるため、金全勝号の来日時期の貴重な史料として全文を掲げ、関連して復刻された『長崎紀聞』坤巻の唐船関係の図絵も関西大学図書館生田文庫所蔵本を影印させて頂いた。

翻刻して収録した資料は次のものである。

「近代雑記」は『通航一覧續輯』巻八に収録されているもので、原文の確認が出来ないため、『通航一覧續輯』から収録した。

『通航一覧續輯』の編纂と刊行について箭内健次氏が「通航一覧續輯　解題」[20]を認められているので、それを参考にして述べたい。

『通航一覧續輯』の編纂は、正編の『通航一覧』の草稿が完成すると同時頃に開始されたようで、嘉永六年（一八五三）末から安政元年（一八五四）初頭頃と推定されている。[21]

一九世紀になると日本近海に外国船がしばしば来航し、江戸湾現東京湾にもイギリス商船を始めとしてイギリスやアメリカの捕鯨船などが出没するようになり[22]、幕府としても看過できない事態となり、外国事情の蒐集も急務となっていた。このため『通航一覧』や『通航一覧續輯』の編纂も、このような時代背景のもとで急がれたことは確かであろう。

『通航一覧』が文政八年（一八二五）外国船打ち払令の公布を終わりとしているのを、續輯はそれに次ぐ時期のものとして編纂された。[23]その内容の時期は、安政五年（一八五八）秋頃までを収録していることから、完成は安政五年の晩秋頃とされる。[24]

「近代雑記」（『通航一覧續輯』巻八所収）

第一巻から巻四が琉球、巻五、六が朝鮮、巻七が南蛮・呂宋、巻八から巻四六が唐国（巻三二まで刊本第一巻、巻三三から巻四六が刊本第二巻）、巻四七から巻六三が阿蘭陀（刊本第二巻）、巻六四から巻八〇が諳厄利亞、巻八一が暹羅、巻八二、八三が巴旦、巻八四から一〇三が魯西亞（刊本第三巻）、巻一〇四から一四二が北亞墨利加、巻一四三から一四五が佛朗西、巻一四六が弟那瑪尓加《デネマルカ》、巻一四七から一五二が異国（刊本第四巻）、巻一五一から一五二が異国、附録巻一から巻二六が海防（刊本第五巻）となっており、中国関係は巻八から巻四六までである。

巻八が唐國總括部一　入津船數并扱方
巻九から巻二十二まで唐國總括部二から十五が商法取締
巻二十三から巻三十一まで唐國總括部二から二十四が亂妨御咎
巻三十三から巻四十　唐國浙江省寧波府部一から八　漂着
巻四十　唐國浙江省乍浦部　漂着并難船
巻四十一から巻四十四　唐國浙江省寧波府九から十二　漂流
巻四十四　唐國浙江省温州部　漂流
巻四十五　唐國江蘇省蘇州府部十三　漂流
漂流
巻四十六　唐國江蘇省松江府部十四止　漂流
唐國廣東部陵水縣部　漂流

以上のような構成である。

この『通航一覧續輯』が活字となって出版されたのが、昭和四三年（一九六八）四月から四八年（一九七三）四月まで五箇年をかけて清文堂出版から刊行されたのである。(25)『通航一覧續輯』が完成したとされる安政五年（一八五八）晩秋から算えて一一〇余年も経過して、日の目を見ることになる。『通航一覧續輯』の価値について、箭内健次氏は、

續輯は正編（『通航一覧』）と通信全覧とを繋ぐ外交記録であるとともに、異國船打拂から開國への外國關係の推移

と、それをめぐる幕閣首脳部、下級武士、庶民の反應を具體的な記録を通じて察知しうる點で極めて貴重な史料集と考えられる。(26)

と指摘されるように、『通航一覧續輯』は、徳川幕府の編纂であり、幕末の重要な外交史料と言えるが普く利用されるようになって半世紀ほどである。

『肥前長崎日記』

『肥前長崎日記』の著作である古川孫六教泰は、若狭国西津の人で、永く回船業を営んでおり、享和二年に京都から長崎までの往復日記をしるしたのが「船旅日記」（未刊行）である。その長崎に滞在中に唐船に興味を示し、梅ヶ崎の唐船停泊地まで見物に行った時の記録である。

その記事の中に享和二年に長崎に来港した五艘の唐船の中に「金全勝」が居たのであった。本文は、横倉辰次著『江戸時代　船と航路の歴史』（雄山閣出版、一九七一年二月）二二一〜二八九頁を参照した。

長崎奉行留書（『通航一覧續輯』巻八所収）

「近代雑記」と同様に、『通航一覧續輯』巻八に収録されている。天保七年（一八三六）二月に唐通事より長崎会所調役に出された書状である。

この時期、定例の長崎来航の唐船数である一〇隻が守られず、「欠船」と一〇隻を下回る唐船数しか来航してこなかった。ちなみに『割符留帳』から、天保年間のみの唐船来航数を見るに次のようになる。

天保元年庚寅年（道光十、一八三〇）一〇隻

天保二年辛卯年（道光十一、一八三一）　五隻
天保三年壬辰年（道光十二、一八三二）　九隻
天保四年癸巳年（道光十三、一八三三）　五隻
天保五年甲午年（道光十四、一八三四）　八隻
天保六年乙未年（道光十五、一八三五）　七隻
天保七年丙申年（道光十六、一八三六）　八隻
天保八年丁酉年（道光十七、一八三七）　八隻
天保九年戊戌年（道光十八、一八三八）　五隻
天保十年己亥年（道光十九、一八三九）　九隻
天保十一年庚子年（道光二十、一八四〇）　三隻
天保十二年辛丑年（道光二一、一八四一）　六隻
天保十四年癸卯年（道光二三、一八四三）　六隻[27]

天保元年（道光十、一八三〇）に一〇隻の唐船の長崎来航を見て以降、天保年間はもちろん、それ以降の弘化、嘉永、安政年間そして幕末の萬延、文久年も含めても一〇隻を越えることはなかったのであった。[28]

そこで、日本側としても一〇隻の唐船の来航を維持するように中国商人へ要請したものであった。中国商人側は、その「欠船」の理由として、「當時双方荷主共、商売方不景気ニ有之、殊更十二家方は元手操合悪敷折柄ニ御座候」と中国側荷主の経営状況が芳しく無かったためとしていた。特に中国側の民商、十二家の経営が芳しくなかったようである。この十二家の荷主の代表であったのが、道光五年（文政八、一八二五）から道光十七年（天保八、一八三七）まで民商

の代表格であった楊嗣亨である。[29]

「商売方不景気」の理由として、天保五年の午四番船船主孫漁村が天保六年十二月十三日に死去し、その遺骸を興福寺に葬送する途中で、唐船乗組者が起こした騒動によって、天保六年十一月末から十二月に来航していた未四番から七番船の帰帆が先送りとなっていた。[30]そのため、天保七年六月に来航した申二番船から在唐荷主の「十二家銅商楊嗣亨」[31]から「去冬双方より五艘仕出し罷渡候処、夏至之節迄も消息無之候」[32]と認められた書状が長崎にもたらされた。事実、未四番から七番船が長崎で次回の信牌を給付されたのは、天保七年四月二十五日のことであった。[33]長崎来航の唐船の帰国の遅延によって、中国側荷主でも取引の障害が生じていたようである。

この「長崎奉行留書」は、唐船の来航の不正常から生じた経済的波及の一端を述べている。

享和三亥年中　出帆引合帳（抄録）

文化元子年中　出帆引合帳（抄録）

この享和二年（嘉慶七、一八〇二）と文化元年（嘉慶九、一八〇四）の二冊の「出帆引合帳」は、舊長崎県立図書館に所蔵された唐船が帰帆時に行なう決算書とも言うべきものである。

現在は長崎歴史文化博物館に所蔵される『享和三亥年中　出帆引合帳』[34]と『文化元子年中　出帆引合帳』[35]である。享和二年（一八〇二）に長崎に来航した唐船が、帰国に際して積載した貨物の價格や、同船の乗員等の長崎での滞在経費などを精算した記録として残された。

最初の記録には「十二家　戌七番南京船元代銀引目録　永興」との表題が付せられている。十二家とは中国側の荷主のことで、民商と呼ばれる商人集団であり、後に見られる王氏は官商で清政府から指定を受けた商人であった。[36]末尾の永興は唐船の船名である。(37) この戊七番船の貿易額とその内訳、銅と俵物そして諸色の内訳は次のようになる。

残弐百六拾六拾貫九百六拾弐匁三分五厘八毛七弗

此渡方

百拾五貫目　商賣高代リ銅拾万斤

但百斤ニ付百拾五匁宛

百五拾壱貫九百七拾弐匁三分五厘八毛七弗

内　九拾壱貫百七拾七匁四分壱厘五毛弐弗　俵物

六拾貫七百八拾四匁九分四厘参毛五弗　諸色(38)

とあり、戊七番船の貿易額二六六貫九六二匁余の内、一一五貫目が銅で渡され、九一貫一七七匁余が俵物、六〇貫七八四匁余が諸色であった。この三者を対比すれば、銅が四三%、俵物が三四%、諸色が二三%となる。

これを享和三年の一〇隻と

享和３年文化元年唐船帰帆貨物貿易額の平均

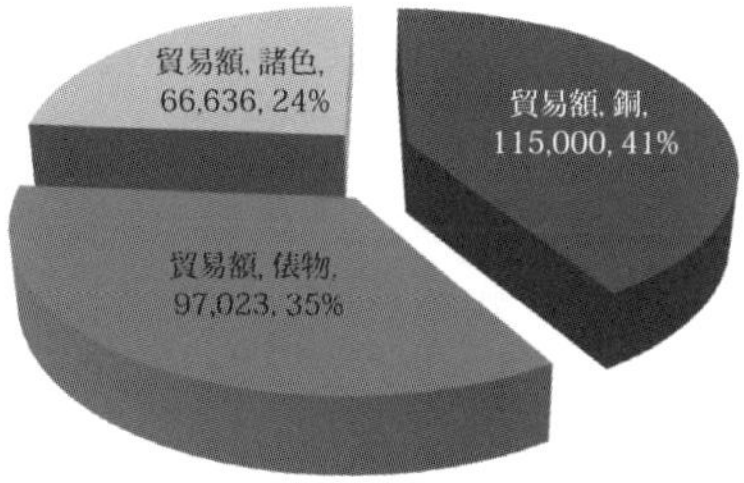

表２　享和三年（1803）文化元年（1804）帰帆唐船の銅・海産物積載銀額：貫目

年号	番立名	船名	荷主	銅	俵物	諸色	昆布	貨物總額	出典:丁
享和三年	戊７番南京	永興	十二家	115,000	91,177	60,785		266,962	8
享和三年	戊８番寧波	日新	王氏	115,000	89,455	59,537		264,091	18
享和三年	戊10番南京	皆吉	十二家	115,000	101,760	67,840		284,600	27
享和三年	亥１番南京	金全勝	王氏	115,000	98,048	65,365		278,413	38
享和三年	亥２番南京	永泰	十二家	115,000	100,370	66,913		282,283	48
享和三年	亥４番寧波	源盛	王氏	115,000	100,560	67,040		282,600	58
享和三年	亥３番寧波	永寶	十二家	115,000	86,654	57,770		259,424	87-88
享和三年	亥５番寧波	源寶	王氏	115,000	90,247	60,164		265,411	100-101
享和三年	亥７番南京	大萬安	王氏	115,000	93,178	62,119		270,297	113
享和三年	亥６番南京	皆吉	十二家	115,000	134,160	89,440		338,600	124-125
文化元年	亥８番寧波	永祥	十二家	115,000	107,414	71,609		294,023	23
文化元年	亥９番寧波	金全勝	王氏	115,000	131,284	87,523		333,807	35
文化元年	亥10番南京		十二家	115,000	124,542	83,028		322,570	45
文化元年	子３番南京	得勝	王氏	115,000	98,419	65,613		279,032	55
文化元年	亥王氏番外	源盛	王氏	115,000	58,218	58,218	25,300	256,736	65
文化元年	子１番寧波	永泰	十二家	115,000	90,526	60,350		265,876	89
文化元年	子２番寧波	大萬安	王氏	115,000	89,381	59,587		263,968	99
文化元年	子４番寧波	日新	王氏	115,000	97,690	65,126		277,816	109
文化元年	子７番南京	永興		115,000	98,024	65,350		278,374	137
文化元年	亥十二家番外	永寶	十二家	115,000	59,350	59,350	25,300	259,000	141
合　計				2,300,000	1,940,457	1,332,727		5,623,883	
平　均				115,000	97,023	66,636		281,194	

文化元年の一〇隻の合計二〇隻の銅、俵物、諸色の貿易総額の平均と比較すると、銅が一一五貫目、俵物九七貫余斤、諸色の六六貫余となり、その貿易比率が銅四一%、俵物三五%、諸色二四%と比較しても大差がない。

この頃の唐船の帰帆貨物の積荷の貿易額に占める比率は同様であったと思われる。

次に、これを表2として一覧にした。

「天保長崎記」、「長崎御用留」天保七年三月（『通航一覧續輯』巻十八）

天保七年三月付の「天保長崎記」、「長崎御用留」については、『通航一覧續輯』に収録されたものである。『通航一覧續輯』巻十八は唐國總括十一として「商法取締」である。冒頭に、

天保七丙申年三月、在館の唐商非常のとき館外の事を歎訴し、また出帆前漕者等、端船にて本船へ往返の事を願ふ、のち兩条とも御免あり。(39)

として、天保五年午四番船船主孫漁村の長崎での葬送を契機に発生した唐船未四番から七番までの乗組員が引き起こした事件の結束に関する内容である。

関係した唐船は未四番船から同七番船と、直後に来航した申一番船の金全勝号の乗員等が判明する記事としては貴重である。

騒動が起こった要因の一つに「近來別て多人數乗渡候」(40)と指摘されたように、唐船乗員数が多かったことによるとされた。その唐船の乗員数を掲げれば次の人数となる。

王局日新船　一〇一人
王局全勝船（金全勝号）　九八人

王局源興船	九八人
公局壽昌船	八七人
公局得泰船	一〇二人
公局寶泰船	一〇三人

このように、公局壽昌船を除き、ほぼ一〇〇名前後の乗組員を算える。文化十二年（嘉慶二〇、一八一五）に伊豆に漂着した永茂船が九〇名[41]であったことから見ても、乗員数は増加しているであろう。文政九年（道光六、一八二六）の得泰船の場合には、日本人漂流者の送還三名の他に唐船乗組者数は一一五名がいた。[42]

このことから文政末年以降から乗組者が増加傾向にあったと見られる。これは長崎における唐船貿易の中の乗組員者の持ち込み貨物による貿易、別段売商法の急増へと聯繫して行ったと言える。[43]

ここに掲げた「天保長崎記」、「長崎御用留」は、幕末期の長崎の唐船貿易の変質を物語る記事の一つと言えるであろう。

『阿芙蓉紀聞』巻三、交兵

天保十一年時期の長崎来航船

アヘン戦争が勃発した頃にも長崎における中国貿易は行われていた。このために長崎に来航する貿易船が中国情報を日本に伝えたのである。その風説書の原文を収めたとされるのが「阿芙蓉彙聞」巻三、交兵第三に収録された次のものである。[44]

年月	題目	日本暦	中国暦	船主名
庚子七月	清商口單	天保十一年	道光二十年	周藹亭
庚子十二月	清商口單			沈耘穀 陳逸舟等
辛丑三月	清商口單	天保十二年	道光廿一年	沈耘穀 王雲帆等
辛丑六月	清商口單			
辛丑十二月	清商口單			顧子英 王秋濤等
壬寅正月	清商口單	天保十三年	道光廿二年	
壬寅十一月	清商口單			王元珍
壬寅十二月	清商口單			顧子英 陳逸舟
壬寅十二月	清商口單			王雲帆 沈萍香等
癸卯七月	清商口單	天保十四年	道光廿三年	周藹亭 沈晉卿等

そこで、アヘン戦争勃発直前から直後の時期にかけて長崎に来航していた中国船の長崎入港、帰港の状況について述べてみたい。基本史料としては長崎奉行所が残した「割符留帳」(45)がある。「割符留帳」の記録からアヘン戦争直前から直後にかけて長崎に来航した唐船の入港状況は次のようになる。上記に触れた「清商口單」として阿片戦争の情報を伝えた船主等については太字で示した。

天保十年(己亥、道光十九、一八三九)

亥一番船　己亥六月二十五日　船主楊方舟

亥二番船　己亥六月二十五日　船主沈耘穀(在留)

亥三番船　己亥六月二十五日夜　船主沈綺泉　脇船主李少白
亥四番船　己亥六月二十六日　船主顧子英
亥五番船　己亥十二月二十八日夜　**船主周藹亭**
亥六番船　庚子正月八日　船主沈耘穀（在留）財福婁梅渓
亥七番船　庚子正月十日夜　船主沈綺泉（在留）財福邵植齋
亥八番船　庚子正月十日夜　船主顧子英
野母難船　庚子正月二十五日送り届　船主王雲帆

天保十一年（庚子、道光二十、一八四〇）

子一番船　庚子十二月二日夜　**船主沈耘穀（在留）財副陳逸舟**
子二番船　庚子十二月三日　船主王雲帆　脇船主沈萍香
子三番船　庚子十二月十六日　船主邵植齋

天保十二年（辛丑、道光二十一、一八四一）

丑一番船　辛丑二月十九日夜　船主沈綺泉　楊少棠
丑二番船　辛丑六月九日夕　船主沈耘穀（在留）財副沈萍香
丑三番船　辛丑六月十八日　船主顧子英　脇船主王雲帆
丑四番船　辛丑七月二日　船主周藹亭（在留）財副楊少棠
丑五番船　辛丑十二月二十三日　**船主顧子英（在留）財副王秋濤**
丑六番船　辛丑十二月二十五日夕　船主周藹亭（在留）財副陳躍雲

天保十三年（壬寅、道光二二、一八四二）

寅一番船　壬寅正月十六日夕　船主蔣春洲　楊少棠
寅二番船　壬寅正月十六日夜　船主王雲帆　脇船主沈萍香
寅三番船　壬寅十二月十七日　**船主顧子英　財副陳逸舟**
寅四番船　壬寅十二月二十一日　**船主王雲帆　沈萍香**
寅五番船　壬寅十二月二十三日　船主周藹亭（在留）財副沈晉伯
寅六番船　壬寅十二月二十六日　船主楊西亭　楊少棠

天保十四年（癸卯、道光二三、一八四三）

卯一番船　癸卯七月十二日　**船主周藹亭（在留）財副沈晉伯**
卯二番船　癸卯七月十二日夕　船主顧子英（在留）脇船主王雲帆
卯三番船　癸卯十二月朔日　船主楊少棠
卯四番船　癸卯十二月三日　船主周藹亭（在留）財副沈晉伯
卯五番船　癸卯十二月三日夕　船主王雲帆（在留）財副陳逸舟
卯六番船　癸卯十二月八日　船主沈萍香　脇船主王秋濤

弘化　元年（甲辰、道光二四、一八四四）　七隻来航
弘化　二年（乙巳、道光二五、一八四五）　五隻来航

以上のように、「阿芙蓉彙聞」巻三、交兵第三に収録されたアヘン戦争に関する情報をもたらした唐船と、長崎に来航した唐船の入港一覧を比較した時、極めて相関関係があることが判るであろう。唐船の来航状況と唐船風説書をもたら

した唐船との関連については拙著を参考にされたい。(46)

ここでは、本書で述べた金全勝号の終焉に関する記録のみを収録した。その詳細は、後述する。

清代檔案

護理浙江巡撫布政使額布奏粵省送到日本遭風難番照例資送帰國摺（『清代外交史料嘉慶朝』所収）

嘉慶二十一年閏六月二十一日

浙江巡撫帥承瀛摺（『史料旬刊』第八期「道光朝外洋通商案」所収）

道光三年九月初七日

浙江巡撫富尼揚奏摺（中国第一歴史檔案館　硃批奏摺　外交類　4－258－35）

道光十一年十二月二十六日

ここに掲げた三件の清朝檔案は、日本人漂流者を中国から長崎に送還する直前の清朝官吏が皇帝へ上奏したものである。

嘉慶二十一年閏六月二十一日の護理浙江巡撫布政使額布の奏摺に関係する日本資料は、漂流者が長崎に帰国したことに関して『長崎志續編』巻九、「子貳番、同三番、同四番、同五番、同六番、同七番ヨリ薩州家臣送來事」(47)に見える。

文化十三年の貳番沈萬船、三番楊西亭船、四番汪松巣、楊少谿船、五番蔣春洲船、六番譚竹庵、沈綺泉船、七番汪執耘船によって帰国した「松平豊後守家臣古後七郎右衛門、染川伊兵衛、税所長左衛門七郎右衛門家來、谷主右衛門、宮原權右衛門同下人、市次郎伊兵衛家來、川畑藤右衛門同下人、休次郎十右衛門仁助長左衛門家來、重信郷四郎、四本次右衛門、辻村十郎同下人、助右衛門小助、船頭宅右衛門、水手廿六人、琉球ニテ雇入ノ水手實孝佐五郎、三次、八次郎、清次郎、富志、伊久貞坊助、都合四拾九人之内、水手權右衛門ハ唐國漂着以前船中ニテ病死、船頭宅右衛門傭水手坊助、水手八兵衛ノ三人ハ、唐國碣石鎮、玉山縣、乍浦等ノ處々ニテ病死、殘四拾五人」らの中国から日本帰還に関する檔案である。

彼等は、廣東省に漂着後、江西省を経て乍浦に送られ、乍浦から長崎への唐船で帰国した。(48)その一隻に金全勝号が含まれていた。

道光三年九月初七日付の浙江巡撫帥承瀛奏摺（『史料旬刊』第八期「道光朝外洋通商案」所収）は、『長崎志續編』巻九、「未壹番、同四番船ヨリ薩摩大隅之者送來事」(49)の時の漂流民の事情が記されている。文化十年（嘉慶十八、一八一三）に薩摩の阿久根から政右衛門船二三反帆六九〇石積の伊勢田丸に四九名が乗船して大島へ赴き、薩摩藩に納める黒砂糖三二万斤などを積載して、文化十二年八月十四日（一八一五年九月一六日）に大島の大熊湊を出帆したが、同夜の大風と雨のためまた大熊湊に戻り、同十七日に再度出帆し、同二十二日に大島の東古仁屋村役所付近に寄港して、その後、薩摩を目指して出帆した。ところが同二十七日になり北東風により難船となり漂流を続け、十月四日（一一月四日）に中国の廣東省漁船を見つけて救助を求め救済されて、後に乍浦に送られ帰国した松平豊後守家臣古後七郎右衛門等の中国からの送還に関するもので、送還船の一隻に金全勝号があった。

道光三年九月初七日の浙江巡撫臣帥承瀛奏摺に関する日本記録には、『長崎志續編』巻九、「未壹番、同四番船ヨリ薩摩大隅之者送來事」[50]が見られる。文政六年壹番劉景筠船、四番譚竹庵船によって帰国した薩州隅州の人々は、鹿児嶋仲左衛門三拾貳端帆六百六拾石積天満丸、沖船頭幸次郎水主等二四名らが送還されてきた際の中国側の奏摺で、これに見える金全勝号は洋上で大風に遭遇してふたたび乍浦に戻り、十一月十六日に乍浦を出航して、十二月三日に長崎に入港し金全勝が未四番船として番立されたのであった。

道光十一年十二月二十六日の浙江巡撫富尼揚奏摺は、文政九年の酉六番沈綺泉船、同八番劉景筠・楊啓堂船によって浙江乍浦から帰国した奥州南部領七名の中国から長崎への送還に関する奏摺である。『長崎志續編』巻九、「酉六番同八番ヨリ奥州之者送來事」[51]によれば、漂流者の証言では「暹羅國」[52]に漂着したことになっているが、中国側の奏摺によって、暹羅国ではなく呂宋国すなわちフィリピンであったことがわかる。詳細については一般的考察の第三章において述べた。この「奥州南部領ノ者七人」を長崎に送還した唐船の一隻が金全勝号であった。

(註)

(1) 大庭脩「解題」、大庭脩編著『宝暦三年八丈島漂着南京船資料』関西大学東西学術研究所資料集刊13－1、関西大学出版部、一九八五年三月、四六九頁。

(2) 大庭脩編『唐船進港回棹録　島原本唐人風説書　割符留帳――近世日中交渉史料集――』関西大学東西学術研究所資料集刊九、関西大学東西学術研究所、一九七四年三月、二一二頁。

(3) 同書、二一二頁。

(4) 箭内健次編『通航一覧續輯』第一巻、清文堂出版、一九六八年四月、一三〇頁。

(5) 現在の南さつま市笠沙町片浦。
(6) 箭内健次編『通航一覧續輯』第一巻、清文堂出版、一九六八年四月、一三四〜一三六頁。
(7) 道光十五年八月、天保六年八月以降、道光十六年、天保七年は大小月も同一、毎月の朔日の干支も同じである（内務省地理局編纂『三正綜覧』地人書館、一九六五年六月、四一一頁）。
(8) 名著普及会取扱書に「長崎古版画」「長崎市立博物館秘蔵の原版木から直接摺り立てた希少品。現在唯一人長崎に残る摺り師武田紫鼓氏が、その精妙な技術を駆使、異国情緒豊かな、貴重な美術品」（名著普及会、出版総目録、一九七八年一月現在）とある。
(9) 神戸市南蛮美術館図録編集委員会編『神戸市南蛮美術館図録』三、神戸市南蛮美術館、一九七〇年三月、四〜五頁。
樋口弘編『長崎浮世絵』味燈書屋、一九七一年六月、解説、五一〜五五頁参照。
(10) 松浦章『清代海外貿易史の研究』朋友書店、二〇〇二年一月、第一部第四編第二章「清代鳥船と「長崎版画」」、三〇七〜三二三頁参照。
(11) 箭内健次編『通航一覧續輯』第一巻、清文堂出版、一九六八年四月、一三四〜一三六頁。
(12) 古賀十二郎校訂『長崎志』長崎文庫刊行会、一九二八年一月、七〇頁。
(13) 古賀十二郎校訂『長崎志』七〇〜七一頁。
(14) 古賀十二郎校訂『長崎志』七一頁。
(15) 古賀十二郎校訂『長崎志』七一頁。
(16) 山鹿誠之助「長崎紀聞解説」、一頁。『長崎紀聞』乾坤二冊、貴重圖書影本刊行會、一九三〇年一一月所収。
(17) 山鹿誠之助「長崎紀聞解説」、二頁。なお山鹿氏は、解説の中で『長崎觀覽圖繪』とされている。
(18) 山鹿誠之助「長崎紀聞解説」、三頁。
(19) 山鹿誠之助「長崎紀聞解説」、五頁。
(20) 箭内健次「通航一覧續輯　解題」、箭内健次編『通航一覧續輯』第五巻、清文堂出版、一九七三年一二月、四五五〜四六六頁。
(21) 同書、四五七頁。
(22) 西川武臣『ペリー来航』中公新書二三八〇、中央公論新社、二〇一六年六月、八〜一三、四八頁。
(23) 同書、四五六頁。
(24) 同書、四六一頁。
(25) 箭内健次編『通航一覧續輯』全五巻、清文堂出版、一九七三年一二月。この刊本の第一巻が一九六八年四月、第二巻が一九六八年九

月、第三巻が一九七〇年五月、第四巻が一九七二年三月、第五巻が一九七三年一二月に出版された。

(26) 箭内健次「あとがき」、箭内健次「通航一覧續輯　解題」、箭内健次編『通航一覧續輯』第五巻、清文堂出版、一九七三年一二月、四六七頁。

(27) 大庭脩編『唐船進港回棹録　島原本唐人風説書　割符留帳―近世日中交渉史料集―』関西大学東西学術研究所資料集刊九、関西大学東西学術研究所、一九七四年三月、一二～一五頁。

(28) 同書、一五～一七頁。

(29) 松浦章『清代海外貿易史の研究』朋友書店、二〇〇二年一月、一六二頁。

(30) 森永種夫校訂『長崎文献叢書第一集・第四巻　続長崎實録大成』長崎文献社、一九七四年一一月、二三四～二四〇頁。

(31) 同書、二四一頁。

(32) 同書、二四一頁。

(33) 大庭脩編『唐船進港回棹録　島原本唐人風説書　割符留帳―近世日中交渉史料集―』関西大学東西学術研究所、一九七四年三月、二一五～二一六頁。

(34) 『享和三年亥年中　出帆引合帳』（全一三五丁）長崎歴史文化博物館蔵（図書番号：渡辺三一六‐一一二）。

(35) 『文化元年子年中　出帆引合帳』（全一三五丁）長崎歴史文化博物館蔵（図書番号：渡辺一七‐一一三）。

(36) 松浦章『清代海外貿易史の研究』一四四～一四六頁。

(37) 松浦章『清代海外貿易史の研究』二八九頁。

(38) 『享和三年亥年中　出帆引合帳』八丁（全一三五丁）長崎歴史文化博物館蔵（図書番号：渡辺三一六‐一一二）。

(39) 箭内健次編『通航一覧續輯』第一巻、二八四頁。

(40) 同書、三〇一頁。

(41) 松浦章編『文化十二年豆州漂着南京永茂船資料―江戸時代漂着唐船史料集九―』関西大学出版部、二〇一一年二月、三六三頁。

(42) 田中謙二・松浦章編『文政九年遠州漂着得泰船資料―江戸時代漂着唐船資料二―』関西大学出版部、一九八六年三月、五七八頁。

(43) 松浦章「清代対日貿易船乗組員の個人貿易」、松浦章『清代海外貿易史の研究』朋友書店、二〇〇二年一月、一一八～一四二頁。

(44) 「阿芙蓉彙聞」**巻三**、交兵第三に収録された風説書に関する研究として、書誌学的な視点から取り上げたものとして森睦彦「阿片戦争情報としての唐風説書―書誌的考察を中心として―」（『法政史学』第20号、一九六八年三月、一二五～一四二頁）がある。他方、北京大学の王暁秋は「阿片風説—日本人関于鴉片戦争的情報」(『近代中日啓示録』北京出版社、一九八七年十月、八〜一三頁)において、「阿芙蓉彙聞」に収録された風説書の内容を紹介しているが、詳細な検討はされていない。

(45) 大庭脩編著『唐船進港回棹録　島原本唐人風説書　割符留帳』関西大学東西学術研究所、一九七四年三月、一四〜一五頁。

(46) 松浦章『海外情報からみる東アジア　唐船風説書の世界』清文堂出版、二〇〇九年七月、三〇〇〜三三一頁。

(47) 森永種夫校訂『長崎文献叢書第一集・第四巻、続長崎實録大成』長崎文献社、一九七四年十一月、二七〇頁。

(48) 森永種夫校訂『長崎文献叢書第一集・第四巻、続長崎實録大成』二七〇〜二七五頁。

(49) 森永種夫校訂『長崎文献叢書第一集・第四巻、続長崎實録大成』二八〇〜二八二頁。

(50) 森永種夫校訂『長崎文献叢書第一集・第四巻、続長崎實録大成』二八〇〜二八二頁。

(51) 森永種夫校訂『長崎文献叢書第一集・第四巻、続長崎實録大成』二八四頁。

(52) 同書、二八六頁。

唐船金全勝号の来日とその時代

一般的考察

目次

第一章　清代乍浦と長崎貿易

一　緒言

清の張之洞撰『張文襄公奏議』巻三十六、奏議三十六、光緒二十一年（一八九五）二月初四日付の「布置江南防務摺」に、「浙江之乍浦、相接距松江・蘇州甚近、尤關緊要」(1)と見られるように、乍浦は、清代における最大の商品市場の一である蘇州とは水運によって比較的近距離にあり、商品の集散には適した港市であった。しかし近代以降はあまり注目されることはなかった。

清代における沿海貿易において台頭してきた浙江省の乍浦であるが、乍浦に関する記録には、乾隆二十二年（一七五七）『乍浦志』、乾隆五十七年（一七九二）『乍浦志續纂』、道光二十三年（一八四三）補刻本『乍浦備志』(2)などの鎮志の存在が知られるが、沿海貿易や対日貿易に関してはその実績ほどに詳細には記録されていない。しかし雍正年間（一七二三～一七三五）頃より、寧波にかわって対日貿易の中心的な貿易港となったのが乍浦である。その最大の理由は、大型帆船が接岸するに容易な港であっただけでなく、清代前期における最大の商品市場であった蘇州へも内陸河川を利用した水運が便利である地理的な条件も包含されていたためと考えられる。その乍浦は対日貿易の基地であったばかりでなく、中国の廣州、福州、寧波、上海、天津など多くの港市が河港であるのに

乍浦（浙江省嘉興市）の埠頭（2001年８月撮影）

浙江省公路里程地図内、人民交通出版社、2005年４月、8-9頁。

同、16-17頁。

対し、乍浦は海濱の港市で中国大陸沿海の貿易にも優れた港であったと考えられる。それは、江戸時代の長崎に輸入された商品に乍浦近郊ではほとんど生産されない大量の砂糖があったことによる。砂糖製品の多くは、福建省の南部から広東省において生産されており、それら砂糖製品が沿海の貿易船によって乍浦にもたらされ、対日貿易船に積み込まれて日本の長崎にもたらされたと考えられるからである。

そこで本章は、清代における乍浦の対外貿易とくに長崎貿易と沿海貿易が連繫する港市としての機能を、海外貿易の帆船の出港地として海外交渉の一基点であると同時に国内沿海貿易のための沿海帆船が寄港する国内交渉の一基点とがリンクする港との観点から一つの港市の機能について考察してみたい。換言すれば本書で述べる唐船金全勝号の活動時期の乍浦とも言えるであろう。

二　浙江海関の一口岸乍浦

清代中期、後期において中国側の日本貿易の中心的な港は、浙江省嘉興府平湖縣の乍浦鎮であった。乾隆『乍浦志』巻一、海關税口に次のように乍浦の港としての歴史を記している。

在吊橋南賃民房爲之。順治十二年奉旨禁海。……康熙八年奉旨、撤去前立邊界、許民照舊居住。十一年少弛海禁、准令沿海漁民乘筏採捕。十三年閩省變亂禁海。二十二年復禁、乘筏捍扞。二十三年臺灣既入版圖、海氛盡殄、乃遣巡海大人、弛各處海禁、通市貿易。二十四年部議覆、准浙江照福建廣東例、許用五百石以下船隻、出海貿易、地方官登記人数船頭烙號、給發印票、令防守海口、官員驗票放行、建海關於寧波府鎮海縣之南薫門外、凡爲口址十五、乍浦其一也。離關署七百二十里、海關監督不分満漢。自二十五年後、倶差部員。六十一年始、命巡撫兼理。雍正元年以後、題委道府監収乍浦舊、係海関遙領近、以本處海防同知兼摂海關。初設税無定額、嗣回洋船日増、樑頭貨税、歳額定三萬二千餘兩、鮮貯藩庫、每年贏餘無多。……凡商船進口、牙行具報單、將縣照赴海防同知署、呈驗照上開明船戸舵行水手各姓名・年貌・籍貫、次日領出赴嘉協右営守營守備署登簿訖。續報明水陸二口址。然後運貨過塘、將部牌并紅單、赴海関税口、報驗紅單、載明某商某貨在關某口、報税若干、有各關口鈐記、自閩廣來者、隔省道遠、雖已向関口納税、到乍仍遵則例額徴。其自浙東來者、止驗票不更徴収税、及内地貨出口於税口納税。領部牌紅單訖。牙行仍具報單、先赴守備署、次赴同知署、將縣照各呈驗、用印領出、又赴任水陸二口址掛號放行。(3)

清の順治帝は順治十二年（一六五五）に上諭によって海禁令を実施した。その後、しばらく中国大陸沿海には緊張した時期があったが、台湾の鄭氏政権の反清活動に対し、海禁を厳密に実施していたが、その鄭氏政権が清に降ると、康熙二十四年（一六八五）には海禁を停止して、民間の海外貿易を認めた。このことで乍浦にも海上貿易のための税関に相当する口岸が設けられた。(4)

乍浦は浙江海関、浙海関に属した。その本部に当たる大関が寧波に置かれたが、乍浦と寧波とでは清朝の里数で七二〇里約四〇〇キロメートルも離れていたため、管理の官吏が派遣された。康熙二十五年（一六八六）以降は戸部から官吏が派遣されたが、康熙六十一年（一七二二）には浙江巡撫が兼任することになり、雍正元年以降は乍浦海防同知が海関業務を担当することになった。(5)

乍浦は浙江海関に一五箇所ある口岸の一つであった。乍浦には入港、出港する商船の出入に関与する牙行すなわち船行がおり、帆船の入港にともない、貨物の荷卸し業務から売却、出港の際には貨物の集荷から積載などの業務に関与する専門業者であった。(6)

その乍浦と日本との関係を記した道光二十三年（一八四三）補刻本『乍浦備志』巻十四、前明倭變の項に、乍浦から長崎に来航する唐船の目的を次のように記している。

以彼國（日本）銅斤、足佐中土鋳銭之用、給發帑銀、俾官商設局、備船由乍浦出口、放洋採辦[7]

清代では秤量貨幣としての一般的に銀錠と言われる銀と鋳造貨幣の銅貨による貨幣経済が発展していたが、明代後期より中国に流入した海外からの銀は溢れていたが、庶民が日常的に使う銅貨は不足する状況で、銀錠と銅貨の比価では、銀錠が銅貨に対して低い状況にあった。このため原料となる銅の需要を満たすため、日本産の銅が、「洋銅」として中国国内における鋳造貨幣の原料として必要であった。その日本銅を購入するために、清政府は官商を設け、他に民間の民商らが雇用した清代帆船が乍浦から東を目指して日本へ赴いたのである。日本では官商を范氏、王氏、銭氏など姓で、民商は十二家と呼称していた。[8]さらに同書には、船舶の運航形態に関して次のように記している。

尋分官・民二局、局各三船、毎歳夏至後小暑前、六船装載閩・廣糖貨、及倭人所需中土雜物、東抵彼國。[9]

官局と民局が設けられ、各局が三隻の船を毎年の夏至のあと小暑前に、計六隻の船に福建や廣東産の砂糖や日本人の求める中国の様々な品々をもって東の日本へ赴いたとされる。清代帆船の日本への運航の時期は、夏至から小暑すなわち現在の六月二〇日前後から七月上旬までの時期の二〇日間に乍浦から日本に向けて出帆した。その航行の日程について、さらに同書に、

西風順利、四五日即可抵彼。否則十餘日三四十日不等。[10]

とあり、西風が順調であれば四日か五日で日本に到着した。しかしそうでなければ一〇餘日から三〇〜四〇日を要することもあった。そしてこれらの帆船の帰帆は、同書に、

九月中、従彼國装載銅斤、及海帯・海参・洋菜等物回乍浦。[11]

とあるように、旧暦九月中に帰帆するのが常であり、日本産の銅や昆布や干海鼠などの乾物海産物を積載して戻ってき

たのであった。

そして、再び日本に赴いたことは同書に、

起貨過塘訖、仍復装載糖貨等物、至小雪後大雪前、放洋抵彼、明年四・五月間、又従彼國装載銅斤及雜物回乍。通年一年兩次、官辧銅斤共以一百二十萬觔爲額、毎一次各船分載十萬觔。(12)

とある。日本から帰帆して積荷の荷卸しが終わると、再び砂糖などの貨物を積載して小雪後から大雪前に、即ち現在の一一月下旬から一二月上旬までの二〇日ほどの間に日本に向けて出帆し、翌年の四、五月頃にまた乍浦に戻るとの運航形態であった。

この場合も日本から銅や様々な物を乍浦にもたらした。このように一年に二回の帆船による航運形態が行われていたのであった。そして日本から中国へもたらされる銅は、一年に一二〇万觔であり、一艘当たり一〇万觔であったことを記している。

そこで、清代帆船がどのように長崎に来航していたかを日本側の記録から具体的に見てみたい。江戸時代後期、清朝で言えば道光年間の初期の記録を例として説明してみたい。次に掲げるのは文政九年、十年即ち清の道光六年、七年（一八二六、一八二七）の時期に長崎に来航した二〇隻の中国商船の事例を掲げて、その入港日と帰港日、そして滞在日数を表1のように検討してみた。

清代帆船の長崎に来航する時期は、表1からも一年にほぼ二期に分かれていて、最初は西暦の五～八月の間であり、これは先の『乍浦備志』の言う「夏帮」に相当するであろう。そして一月から二月の間に来航し、これは「冬帮」であった。先の道光『乍浦備志』が記した「毎歳夏至後小暑前」そして「小雪後大雪前」と言う記述とほぼ一致するであろう。このように一年に二期にわたって清代帆船は長崎に来航していた。

表1　文政9-10年（道光6-7、1826-1827）長崎入港中国商船・滞在日数

文政9・10年	船主	入港日・旧暦	西暦・月日	帰港日・旧暦	西暦・月日	滞在日数
戌1番南京船	夏雨村　在留 江芸閣　財副	**文政9年** 0419夕	**1826年** 0525	**文政9年** 0828	**1826年** 0929	128
戌2番寧波船	周藹亭	0505	0610	0828	0929	112
戌3番南京船	顔雪帆 顧少虎　脇船主	0702	0805	0900	1002～1030	59～87
戌4番寧波船	劉景筠 朱開圻　脇船主	0702夕	0805	0900	1002～1030	59～87
戌5番南京船	沈綺泉　在留 鈕梧亭　財副	0715	0818	0900	1002～1030	46～74
戌6番南京船	金琴江	1216	**1827年** 0113	**文政10年** 0506	**1827年** 0531	139
戌7番南京船	楊西亭	1224	0121	0506	0531	131
戌8番南京船	沈綺泉　在留 鈕梧亭　財副	**文政10年** 0103	0129	0506	0531	123
戌9番寧波船	夏雨村	0121	0216	0506	0531	105
戌10番厦門船	周藹亭　在留 朱開圻　脇船主	0121夕	0216	0506	0531	105
亥1番寧波船	楊西亭　在留 顧少虎　脇船主	閏603	0726	0900	1021～1118	88～137
亥2番寧波船	江芸閣 金琴江	閏603夕	0726	0900	1021～1118	88～137
亥3番寧波船	周藹亭	閏604	0227	0900	1021～1118	87～137
亥4番南京船	夏雨村　在留 顔遠山	閏615	0807	0900	1021～1118	76～104
亥5番南京船	金琴村 孫漁村　在留脇	1204夕	0120	0419	0601	133
亥6番南京船	劉景筠	1204夕	0120	0419	0601	133
亥7番南京船	朱開圻 楊啓堂	1206	0122	0419	0601	131
亥8番南京船	周藹亭　在留 顧少虎　脇船主	1206	0122	0419	0601	131
亥9番寧波船	沈綺泉	1206	0122	0419	0601	131
亥10番南京船	江芸閣　在留 鈕梧亭　財副	1208夜	0124	0419	0601	129

出典：大庭脩編著『唐船進港回棹録　島原本唐人風説書　割符留帳』関西大学東西学術研究所、一九七四年三月、一一、一八六～一九四頁参照。月日は、全て旧暦であり、四月十九日を0419のように四桁の数字で示した。

表1に示した二〇隻の長崎における滞在日数を見ると、明確に判明する一三隻の総日数は合計一、六三一日となり、平均すると一二五・五日となる。明確でない他の七隻の各滞在日数を、最小にして計算すれば二、一三四日と、平均一〇六・七日になり、最大にして合計すれば、二〇隻で二、三九四日となって一一九・七日となる。このことから、道光時期に長崎に来航した清代帆船は長崎に入港してから帰港するまで最小で一〇七日から最大一二〇日、約四ヶ月碇泊していたことになる。

清代帆船の対日貿易につての具体的日程に関して詳細な記録を残しているのは、現在のところ唯一知られる航海日誌に相当する「豐利船日記備查」(13)である。この記録では、豐利船は咸豊元年十一月二十日(一八五二年一月一〇日)に乍浦を出帆し、二十七日(一七日)に五島列島を見かけ、十二月六日(二六日)に長崎に入港している。豐利船は、長崎までの航海日数として一五日間を要したことになる。入港後、十三日(二月二日)には積荷の荷卸しが始まり二十日(二月九日)に終了した。大雪の日があったりしたが実働七日間であった。(14)その後、咸豊二年四月十九日(六月六日)に帰帆した。豐利船の長崎港においての滞在日数は一三三日であった。豐利船とほぼ一緒に長崎に来航した得寶船が咸豊元年十一月二十八日(一八五二年一月一八日)に入港し、咸豊二年四月十九日(六月六日)に帰港しているから、長崎滞在は一四一日であった。(15)

豐利船の来日時期に比べ二五年ほど前の文政九、十年時期が一二〇〜一二六日であったのに対して、豐利船の方が滞在日数は一〇日前後延びているが、基本的にはほぼ同様であったと見ることができよう。

文化・文政時期の清代帆船は、日本への貨物、また帰帆時の貨物以外に最大一二〇名から九〇数名の乗員を搭載していたから、長崎に滞在した中国の人々は夏季、冬季の二期に分散したとして一隻当たり一〇〇名とすると、夏季が五隻で五〇〇名、冬季が五隻で五〇〇名が唐人屋敷で滞在したと見ることができよう。

表一の船主の欄に「在留」とあるのは、既に長崎に来航していて、唐人屋敷即ち唐館に滞在していた船主である。文政九年戌一番船船主夏雨村の場合は、文政八年酉一番船にて六月六日（一八二五年七月二一日）に来航し、文政九年八月二十八日（一八二六年九月二九日）に帰国している。長崎滞在は一年二箇月になる。沈綺泉の場合は、文政九年正月九日（一八二六年二月一五日）に酉六番船にて来航し、文政十年五月六日（一八二七年五月三一日）に帰国したから、彼の場合は一年三箇所月余になる。周藹亭は文政九年五月五日（一八二六年六月一〇日）に来航して、文政十年五月十日（一八二七年五月三一日）に帰国したから三五六日の滞在であった。楊西亭は文政九年十二月二十四日（一八二七年一月二一日）から同年九月まで滞在しているので約九ヶ月の滞在であった。(16) このように船主の一部は、長崎の唐人屋敷に一年有余滞在する者が見られ、長崎の丸山遊女との間に子供を儲ける者もいたのである。(17)

三　清代の海港としての乍浦

清代の乍浦は、史料にどのように記録されていくのであろうか。

『聖祖實錄』巻二〇一、康熙三十九年（一七〇〇）九月丙午（十七日）の条に、

戸部議覆、江南江西総督阿山、會同江蘇巡撫宋犖疏言、臣等率監督舒胡德等、閲看金山衛南青龍港等處、自該衛海塘外四十里、有金山頭、凡商船皆聚此處。候潮往西、則至浙江平湖縣之乍浦。往東北、則至崇缺、與上海縣之呉淞江。雖據舒胡德疏稱、於金山衛青龍港地方挑河、商船可以就近駐泊、税額可以加增。(18)

とあり、金山衛付近の近海は商船の参集する最適の地とされ、浙江の乍浦から上海の呉淞口付近が最適と見られ、乍浦も商船の碇泊に適する海域に属することが知られていた。

『聖祖實錄』巻二三二、康熙四十七年（一七〇八）正月己巳（二十一日）に、康熙帝の上諭が見える。

上諭大學士等曰、聞内地之米販往外洋者甚多、勞之辨條陳甚善。但未有禁之之法其出海商船。何必禁止洋船行走、倶有一定之路、當嚴守上海、乍浦、及南通州等處海口、如查獲私販之米、姑免治罪、米倶入官、則販米出洋者自少矣。(19)

とあり、中国国内の産出米を海外に搬出する商船が多いが、それらの米穀の搬出を禁止する法令が無かったので、それらの米穀の海外への搬出を禁止するために、注目される主要な港の一つとして乍浦が位置づけされていた。

『聖祖實錄』巻二六九、康熙五十五年（一七一六）九月甲申（二十八日）の条に、

前張伯行曾奏、江南之米、出海船隻、帶去者甚多。若果如此亦有關係。洋船必由乍浦、松江等口出海、稽查亦易、聞臺灣之米、尚運至福建糶賣。由此觀之、海上無甚用米之處。朕理事五十餘年、無日不以民生為念。直隷今年米價稍昂、朕發倉糧二十萬石、分遣大臣。巡視散賑米價即平小民均沾實惠。若内而九卿科道外而督撫提鎮悉體朕軫念蒼生至意、則天下無不理之事矣。(20)

とあるように、江南で産出された米穀がなお商船によって搬出されていて、特に海外に赴く外国貿易船で、乍浦や松江などの港から搬出されていたことが知られる。

『聖祖實錄』巻二七九、康熙五十七年（一七一八）六月丁未（三十日）の条に、

吏部議覆、福建浙江總督覺羅滿保疏言、沿海各處口岸各派弁兵防守、撥文官查驗。獨浙江嘉興府屬乍浦地方、為各處商漁船隻聚泊之區、雖設有守備、千總、而文職止一巡檢、不足以資彈壓。請移嘉興府同知、駐劄乍浦、協同武職盤驗船隻、嚴拏奸匪。應如所請。從之。(21)

とあり、乍浦は商船や漁船の出入絶えざる港として海防のための重要な地として武職の専門官の配置が必要と見られて

いた。

この乍浦の港としての最大の機能は、諸地域の様々な物資が陸揚げされ、また積込まれていくことであった。そのことに関して道光二十三年（一八四三）補刻本『乍浦備志』巻六、關梁、海關税口に、

各船所帯之貨、自日本・琉球・安南・暹羅・爪哇・呂宋・文郎馬神等處來者、則有金・銀・銅・錫・鉛・珠・珊瑚、瑪瑙……自閩廣隔省來者、則有松・杉・楠・靛青・蘭……、自浙東本處來者、則有竹・水・炭・鐵・魚鹽。(22)

とあるように、乍浦の港に陸揚げされる物資の産地として外国は日本・琉球・安南・暹羅・爪哇・呂宋・文郎馬神（インドネシア・カリマンタン島南部）など、日本をはじめ琉球やベトナムやさらに東南アジアの諸地域のものがあった。さらに中国国内では福建や廣東などをはじめとして、浙江省内からももたらされていたのである。このように乍浦は海外との結びつきのみならず省内に限らず沿海地域から帆船によって様々なものがもたらされていたのである。具体的には同書に、乍浦に連繋する沿海の地域や港市が見える。

浙江巡撫師承瀛有記　乍浦距平湖邑城三十里。北達禾郡、南濱巨海、商賈輻輳、人民殷軫爲浙西一巨鎮焉。(23)

とされるように、乍浦は上級の平湖縣から三十里のところにあり、北は嘉興府をはじめとして江南の経済圏に連なり、南は大海原に面して商人達が輻輳し、人々によって賑う浙西の巨大市鎮として知られていた。道光『乍浦備志』巻十二、兵制、満洲水師によれば、

査浙省沿海之地、惟嘉興府属平湖縣之乍浦地方、係江浙接壤、東與江南松江之提臣海道、遙遠南隔寧波提臣海道、四百餘里、此地間于二處之中與省城海口之鼈子門甚近。(24)

とあるように、乍浦は江蘇省の松江府にも近く、杭州湾をはさんで南は海上を経て寧波にも近い立地にあった。

その乍浦にもたらされる沿海各地の物資を道光『乍浦備志』巻六、關梁には次のように記している。

筝乾來自福建、靛及炭有來自福建者有來、自本省温台者冰鮮醃貨蕃茹等類、則來自本省寧波居多。[25]

とあるように、乾物のたけのこは福建から、染色原料や木炭も福建から、浙江省内の台州からは海産品の塩干物やいも類が寧波からと、乍浦との繋がりのある地域は福建省や浙江省の温州や台州そして寧波などであり、いずれも結びつきの強い沿海港市であった。

それでは次に海外貿易と沿海貿易がリンクする港市である乍浦の状況に述べてみたい。

1　海外貿易港としての乍浦

海外貿易の港としての乍浦が最も関係の深かった海外の港市は日本の長崎であった。

江戸時代の長崎に来航した中国船の中で、明らかに乍浦から出帆してきた商船として知られるのは享保年間（康熙五五～雍正十三、一七一六～一七三五）以降である。そこで長崎に入港した中国船の内、乍浦から出帆したものをあげてみることにする。

享保十年（雍正三、一七二五）五番東京船は「寧波のうち乍浦にて仕出し」[26]とあり、また十五番廣南船が「寧波のうち乍浦にて仕出し」[27]、そして同十七番東京船も「寧波のうち乍浦にて仕出し」[28]とある。享保十一年（雍正四、一七二六）四十番厦門船も「寧波のうち乍浦において厦門出産の荷物積添へ唐人四十六人乗組候て」[29]とあるように、乍浦において厦門産の荷物を積載して乍浦を出帆してきた。同年の四十二番廣東船は、

寧波のうち乍浦において廣東出産の荷物積添へ唐人数五十八人乗組候て、[30]

とあり、上記の例にもあるように乍浦は寧波の一地域として見られる程度であった。この寧波の意味は浙江省とほぼ同意味として理解されていたことは確かであろう。この場合も乍浦において廣東の産品を搭載して長崎に来航している。

また享保十三年（雍正六、一七二八）十一番寧波船も「寧波のうち乍浦にて仕出し」[31]と、寧波からではなく乍浦から長崎に来航した。

これ以降の長崎へ来航した中国商船の幾艘かが乍浦から来航し、十八世紀の中頃から幕末までのおよそ一〇〇年間は、乍浦が対日貿易の中心地となった。[32]そのことは、道光『乍浦備志』巻十四、前明倭變に、清代の乍浦と日本との結びつきを明確に記している。

以彼國（日本）銅斤、足佐中土鋳錢之用、給發帑銀、俾官商設局、備船由乍浦出口、放洋採辦[33]

とあるように、日本産の銅が中国国内の鋳造貨幣のために必要であり、その銅を購入するために、官商を設けて乍浦から東を目指して日本へ赴いた。さらに同書には、船舶の運航形態に関し、

尋分官・民二局、局各三船、毎歳夏至後小暑前、六船装載閩・廣糖貨、及倭人所需中土雜物、東抵彼國。[34]

とあり、官局と民局が設けられ各局が三隻の船を毎年の夏至のあと小暑前に、計六隻の船に福建や廣東産の砂糖や日本人の求める中国の様々な品々をもって東の日本へ赴いたとされる。対日貿易船の運航の時期である夏至から小暑まで、現在の六月二〇日前後から七月上旬までの時期に相当する。この二〇日間の時期に乍浦から日本に向けて出帆した。その航行の日程について、さらに同書に、

西風順利、四五日即可抵彼。否則十餘日三四十日不等。[35]

とあり、西風が順調であれば四日か五日で日本に到着した。しかしそうでなければ一〇餘日から三〇〜四〇日を要することもあった。そしてこれらの船の帰帆は、同書に、「九月中、従彼國装載銅斤、及海帯・海参・洋菜等物回乍浦」[36]とあるように、九月中に帰帆するのが常で、日本産の銅や昆布や干し海鼠などの海産乾物を積載して戻ってきたのであった。

そして、再び日本に赴く。同書に、

起貨過塘訖、仍復装載糖貨等物、至小雪後大雪前、放洋抵彼、明年四・五月間、又從彼國裝載銅斤及雜物回乍。通年一年兩次、官辦銅斤共以一百二十萬觔爲額、毎一次各船分載十萬觔。(37)

とある。日本から帰帆して積荷の荷卸しが終わると、再び砂糖などの貨物を積載して小雪後から大雪前に、即ち現在の一一月下旬から一二月上旬までの二〇日間ほどの間に日本に向けて出帆し、翌年の四、五月頃にまた乍浦に戻るとの運航形態であった。この場合も日本から銅や様々な物を乍浦にもたらした。このように一年に二回の帆船航運が行われていた。そして日本から中国へもたらされる銅は、一年に一二〇万觔であり、一艘当たり一〇万觔であったことを記している。

清代末期に乍浦から日本貿易に赴いた中国帆船豊利船の乗員が記録した「豊利船日記備査」が残されている。その咸豊二年（嘉永五、一八五二）末の記事に、中国商船の豊利船、得寶船、源寶船、吉利船(38)の四艘が、乍浦から長崎へ出帆する様子が記されている。

【咸豐二年】十二月……（唐山作十一日）初十日，晴。辰刻外面有信，云一艘在羊角峙，一艘在米澳，兩艘在五島，但王府尚皆未報。至戌正，豐利船有信寫來矣。

豐利補船　楊少棠　陶梅江 楊亦樵　顏心如 周少亭 陳吉人　醫生　沈寄梅

伙長　傅全使　買辦　毛五

舵工　傅鞍使 陳強使　總哺　蔣順

總管　鄭行攀　剃頭　周文才

十一月廿八，乍開。

得寶船　項摠珊　顔亮生　楊友樵　顧子英　徐熙梅　居廷璋　項慎甫

伙長　高煒第　買辦　周長生

舵工　傅俊使 治使　總哺　鄒双

總管　林德奇　剃頭　蔣喜

十一月廿八日，乍開。

源寶船　江星畬　戴萊山　錢少虎　王安槎　江吟舫

伙長　陳九係　總管　林莪輝

十二月初四，乍開。

吉利船[39]　江星畬　汪松坪　鈕春杉　王蘭亭

伙長　陳凤池　總管　林莪燦

十二月初四日，乍開。

春幫四艘回棹，吉利船于五月初二日首先進港，其余三船于初八日啣尾平順抵乍。

（唐山十五日）十四日，晴。巳刻館内各殿拈香。[40]

とあるように、「乍開」とあるのは乍浦からの開船すなわち出港の意味であり、その乍浦から長崎へ向け貿易船が出帆した。豊利船、得寶船、源寶船、吉利船は、長崎に入港してそれぞれ嘉永五年の子二番船、子三番船、子四番船、子五番船[41]と番立てされている。

このように、乍浦は清朝の雍正年間頃から長崎貿易への出帆地として注目され、乾隆年間以降はその中心としての地位が不動のものとなっていった。

乍浦から帰帆した中国帆船によってもたらされた一八二八年に発生した長崎暴風雨の情報が、南の廣州で刊行されていた英語紙"*The Canton Register*"に掲載された(42)ことが知られるように、乍浦と日本との繋がりは極めて深かった。その乍浦の重要性は、乍浦における海防問題とも密接に関係していたのである。さかのぼれば雍正時代に行き当たる。『世宗實録』巻七二、雍正六年（一七二八）八月乙未（十七日）には、

査平湖縣乍浦地方、係江浙海口要路、通達外洋諸國。且離杭州、止有二百餘里、易於照應。請挑選水師兵丁二千名、駐劄乍浦、杭州八旗滿洲蒙古内、挑選餘丁八百名。或於京城江南、挑選八百名。再於浙省沿海水師各營兵丁内。選諳練水性船務者四百名、爲捕盜頭舵水手之用、共合二千名之數、分為左右二營。……(43)

とあり、乍浦は江南、浙江の重要な海港であると同時に、海外特に日本への港として注視されていた。そこで乍浦に杭州八旗の内八〇〇名を選抜して、乍浦に常駐させ海防の任に就かせることになったのである。

2　沿海貿易港としての乍浦

海港乍浦が沿海貿易において注目されたのには、乍浦から各地へ搬出される物資があった。『聖祖實録』巻二九三、康熙六十年（一七二一）六月甲辰（十四日）条に、

諭大學士等曰、聞得米從海口出海者甚多、江南海口、所出之米尚少、湖廣江西等處米、盡到浙江乍浦地方出海雖經禁約、不能盡止。福建地方、正在需米之時、又派浙江兵二千、往閩駐防。恐米價益貴。米到乍浦、價值必賤。交與浙江巡撫、提督、嚴禁私買、不許出海。動帑買米三萬石、預備海船裝載。提督派官兵護送押運、從海運至厦門收貯。

自福寧州直至福州府、不過十數日之内、即可達廈門。斯事甚屬緊要。嗣後出海米石、交與江南浙江總督、巡撫、提督總兵官、嚴行禁止。(44)

とあり、江南産の米や長江の水運で搬運される湖北、湖南、江西などの米が乍浦に集荷され海上輸送で、米穀が恒常的に不足する福建などに運ばれる状況が知られる。

しかし、乍浦の海防は容易でなく、『高宗實錄』卷二一五、乾隆九年（一七四四）四月丁丑（三十日）条によれば、

浙省從無禁遏、不應温、處、之與江蘇、獨有彼此之分也。若云海禁、查浙省乍浦海船出入、必由内河起剥過壩、與別省沿海内河、直接大洋者不同。自乍至温、斷難飛越、凡商運米船、先令地方官查選土著、驗明商本、取具印保各結、開明年貎籍貫、通詳給照、赴江買運、乍口官驗符合、於照内填註鈐印、移會經過汛防、查驗放行、一面咨會給照地方官、米船進口、查驗數目相符、然後銷照、是浙省稽查之法。(45)

とあり、乍浦における海船の出入は多く見られ、その上内陸部とは水路で結ばれるため乍浦における監視を重視することになった。

『高宗實錄』卷二六六、乾隆十一年（一七四六）五月壬寅（七日）条に、

兵部議准、浙江巡撫常安奏稱、乍浦地方、通達外洋、為濱海要區、駐防滿兵一千六百名、又有熟練船務綠旗兵四百名、會同滿兵、演習水操、一切營制事宜、俱照天津水師例辦理、此項綠旗兵丁、係由本省沿海各營、抽撥前往。(46)

とあり、乍浦は外洋に通じる重要な海港として満洲兵一、六〇〇名と、熟練の緑旗兵四〇〇名を配置し、水軍の訓練を施行するなどの体制が取られることになる。

海港乍浦が日本と関係の深い交易港ゆえの問題は、『高宗實錄』卷四一九、乾隆十七年（一七五二）七月甲申（二十六日）条に、

尋尹繼善、莊有恭等奏、寛永錢文、乃東洋倭地所鑄、由内地商船帶回、江蘇之上海、浙江之寧波、乍浦、等海口、行使尤多。查寛永為日本紀年、原任檢討朱彜尊集内、載有吾妻鏡一書、有寛永三年序、又原任編修徐葆光中山傳信録、内載市中皆行寛永通寳、是此錢本出外洋、並非内地有開鑪發賣之處、但既係外國錢文、不應攙和行使、臣等現飭沿海各員弁、嚴禁商船私帶入口、其零星散布者、官為收買、解局充鑄。報聞。(47)

とあるように、清朝国内の流通銅貨の不足からか、日本で鋳造された銅貨である「寛永通宝」が乍浦などに違法に持ち込まれていたのである。このような違法な通貨は、その後も見られ、乍浦はそれらの通貨が流通する窓口となっていた。『高宗實錄』巻八三五、乾隆三十四年（一七六九）五月丙午（二十五日）条に次のように見られる。

諭軍機大臣等、據永德奏、浙省查獲小錢案犯内、有陳茂榮等、係廣東潮陽縣人、現住縣城南門外海邊嶺口、於上年十二月内、裝載小錢、從粵省航海、帶至乍浦等語。……(48)

また、同様に続いて『高宗實錄』巻八百三十七、乾隆三十四年（一七六九）六月甲戌（二十四日）条に、

諭曰、永德奏、浙省查獲小錢一案、據供、有廣東潮陽縣人陳茂榮、於上年十二月、從粵省航海帶至乍浦等語、已傳諭李侍堯、鐘音、照該撫咨開住址、實力嚴行查緝、徹底根究矣。但廣東距浙甚遠、陳茂榮所有小錢、無難就近行使、何必遠涉海洋、赴浙銷售、此必呉七事發到官、捏招遠省無頼之人、希圖狡飾、亦未可定、且積錢至數百千之多、其中必有本地奸徒、夥局私鑄、並銷燬官錢情事、江浙地面犯案最多、則銷鑄之犯、自必潛匿該處、即如去年江蘇巡撫彰寳、查辦私鑄案犯、供出行家舗戸、倶在浙江海寧縣長安鎮、翁家埠等處。……(49)

とあり、廣東の潮陽縣人が海上航路を利用して乍浦に上陸し、違法な通貨で問題を起こすなどの事態となっていたのである。

乍浦は商船や漁船の出入する港としての様相だけではなく、海賊も出入する港でもあった。『高宗實錄』巻一四四三、

乾隆五十八年（一七九三）十二月丁丑（十八日）条に、

又拏獲石板殿焚搶逸犯數十名、從重審辦各摺、可見該省盗風仍未能盡息、不知現在各海口、有無似康熙年間洋盗情形。著傳諭伍拉納、即留心訪査、實力整頓、並直抒所見。據實陳奏、毋稍匿飾。又諭、浙江寧波乍浦温台等處、均係瀕海地方、時有海洋盗刦之案、近日如石板殿被賊焚搶、雖首夥各犯、均已拏獲正法、但浙江水師營汛、廢弛已久、究恐一時不能整飭、盗風未盡歛戢、有無似康熙年間洋盗情形。著傳諭吉慶、將現在浙江洋面、詳加察看、並將如何防範整飭緝盗之處、直抒已見。據實奏聞。(50)

とあり、海港は単なる良民が運航する船舶の出入だけではなく、「洋盗」と呼称された海盗も出入していたのである。乍浦もその例に漏れない港であった。

そして、これらの海盗は、乍浦に出入するのみならず、乍浦からまた他の港へと進出している。『高宗實録』巻一四八五、乾隆六十年（一七九五）八月丙午（二十八日）条によれば、

山東巡撫玉德奏、前飭登萊將弁、出洋巡哨。據報並無賊船、隨親至膠州海口、據南來各商船均稱、六月間浙江乍浦、江南羊山、有賊匪滋擾、過大沙尖迤北、實無賊匪。……(51)

とあり。山東の膠州の海口に現れた海船は、南から来航したもので、六月頃に乍浦や長江口附近の沿海からであった。乍浦や羊山付近には商船に扮装した海盗船が多く出没していたと見られる。

『仁宗實録』巻九五、嘉慶七年（一八〇二）三月庚辰（十日）条には、

諭軍機大臣等、阮元奏、乍浦汎口外委郎廷槐、率同兵役盤獲盗船一隻、搜出私硝八百餘斤、並獲犯沈大庭、訊出私販硝斤、欲賣給海匪蔡牽等情。盗匪在洋行劫、所得贓物、總須上岸銷售、況一切食用之物、若非有奸民暗中接濟、盗匪必不能在洋面存身、是欲靖盗源、總在嚴査濟盗奸民、方為有裨、如售買硝黄、本干嚴禁、果能實力査拏、盗匪

何從得有火藥、而糧米為口食所必需、若能禁止出洋、則盜夥立形飢窘、至上岸銷贓、必有一定處所、更當密為訪察、偵探蹤跡、自必易於擒捕、著傳諭該撫、督飭近海各口岸地方營汎各官弁、認眞巡察、嚴拏濟盜奸民、務期絶跡。(52)

とあり、乍浦の海防官が拿捕した海盗船を捜索したところ、硝石八〇〇余斤も搭載していたのである。硝石は周知のように火薬の材料として利用される危険物質である。そのため海防の重視が高揚された。この船は嘉慶年間の海盗蔡牽(53)に関係していたと見られた。

海防の重視からか『仁宗實録』巻三一九、嘉慶二十一年（一八一六）閏六月丁未（二十九日）条に、

諭内閣、直省沿海地方、如廣州、福州、浙江之乍浦、江南之京口、倶設有水師駐防。其緑營在各沿海省分者、設有外海水師、歳時操演、按期會哨、定制周詳。……(54)

とあるように、廣州、福州、乍浦などに水軍を配備して日々の訓練を怠らないように嘉慶帝が厳命している。

『宣宗實録』巻三九、道光二年（一八二二）八月甲寅（十三日）条には、清代後期から国内だけではなく海外まで需要が高まった茶葉の輸送の窓口として乍浦が注目されていたことが見られる。

諭、帥承瀛奏、浙省温州等府茶船、請仍由海道販運一摺。上年江海關出口茶船、經孫玉庭等査明、船身與閩廣浙省之船、可以利渉深洋者不同、舵水人等、亦不諳南洋沙綫、勢難逾越、因降旨准其出口。北赴山東天津奉天等處、其向由内河行走輸税者、照舊禁止出洋、不容紊越。茲帥承瀛復以浙省温州土産麤茶、向由平陽江口出海、進乍浦口、運赴蘇州、定海縣歳産春茶、亦由海運至乍浦、轉售蘇州、自飭禁海運以後、均從内河行走、盤費浩繁、未免生計維艱。懇請仍由海道販運、浙省毗連閩粤、洋面遼闊、稽察難周、雖據該撫奏稱、提驗査對、各口岸均有稽覈、恐日久懈弛、茶船出口後、該商民等貪圖厚利、任意駛赴南洋、私售外夷。並守口員弁得規徇縱、任令攜帶違禁貨物、致滋刀偸漏。其流弊實不可勝言、所有該撫奏請由海販運之處、著不准行、温州定海各茶船、仍著由内河行走、以昭禁令

而重海防。(55)

清代の海外へ搬出された重要な産品であった茶葉は、産出地域によって、輸送形態が主として内陸路や内陸河川によって輸送するように定められていた。ところがそれを無視した人々が、輸送量の拡大と輸送費の低廉を目途として海上輸送を行ったのであった。特に浙江省南西部の温州附近で産出された茶葉が内陸の行程ではなく、海上航路を利用して乍浦に陸揚げし、乍浦から水路で蘇州へと、その輸送量の増大と時間短縮をはかっている。

道光五年（一八二五）以降、大運河が決壊すると税糧輸送のための海運(56)が必要となり、『宣宗實録』巻二三一、道光十三年（一八三三）二月癸卯（二日）の条によれば、

［閩省］委員前赴寧波、乍浦、或行文江蘇於上海雇備海船。迅速運往。以資接濟。(57)

とあるように、乍浦も海運のための船舶調達の港として注目されるようになっていた。

沿海航運で言えば、『宣宗實録』巻二三六、道光十三年四月丁卯（二十七日）条に、

臺灣之商、既困於閩中海口、勢必遠載謀利、其運至浙江乍浦・江蘇上海者、尚可寛裕民食、或接濟重洋、勾通盜賊、為害不可勝言等語。臺米為福建民食所需、況荒歉之區、米船到關、例得免税、該地方官何得任聽胥吏横索、致令商販不前、近年兵米何以多改折價、以致進口米少、如果屬實、不可不嚴行飭禁、至江浙亦係連年荒歉、一經採買、其困更甚、自係實在情形。著程祖洛、魏元烺、會同悉心妥議、出示曉諭、廣為招徠、臺商運米到口、可否免其船税、照驗放行。……(58)

とあるように、台湾からの船舶も乍浦に来航するようになる。これに関して同治『淡水廳志』巻十一、風俗考、風俗にも、

曰商賈、估客輳集、以淡為臺郡第一。貨之大者莫如油・米、次麻豆、次糖・菁。至樟栳、茄籐、薯榔、通草、籐、

苧之屬、多出内山。茶葉、樟腦、又惟内港有之。商人擇地所宜、僱船裝販、近則福州・漳・泉・厦門、遠則寧波・上海・乍浦・天津以及廣東。凡港路可通、爭相貿易。所售之値、或易他貨而還。(59)

とあるように、台湾の淡水から寧波、上海、乍浦を目指して貿易のために航運してくる商船も見られるようになったのである。

そして『宣宗實録』巻二三八、道光十三年（一八三三）六月己酉（十日）条に、

浙江省寧波乍浦一帶、海船輻輳、前赴廣東貿易者、難保其不以紋銀易貨、著該撫即將刑部奏定條例、出示徧行曉諭、嗣後内地民人赴粤貿易、衹准以貨易貨、或以洋銀易貨、不准以紋銀易貨。外洋夷人在粤貿易、亦衹准以貨易貨、或以紋銀易貨、不准以洋銀易貨。洋銀塞其來源、其用不禁而自絀、紋銀斷其去路、其價不減而自平。儻奸商仍前情弊、一經査出、即照刑部新定罪名懲治、俾知儆畏、至私鑄私販、既壞錢法。(60)

とあり、乍浦から廣東への貿易に赴く船舶が見られようになった。その典型的な例が、海商が、「以紋銀易貨」と紋銀を使って交易を行う事例がしばしば見られ清朝の貨幣体系を崩壊するものとして厳罰で臨むべきとされた。

その乍浦が沿海貿易で繁栄していたことは、中国のみならず外国船にも注視されている。

『宣宗實録』巻三三六、道光二十年（一八四〇）七月癸巳（五日）の条に、

據長喜馳奏、夷船直逼乍浦海口、該副都統率兵堵禦、互相轟擊傷斃兵丁十餘名等語。該處夷船、現在雖衹一隻難保、不陸續而至乍浦、兵力較單、亟須撥兵赴援該將軍現在省城防守、不可輕動、著即遴委將弁、選派兵丁、星夜赴乍浦海口接應、相機堵逐、毋稍延誤、將此由四百里諭令知之。又諭、本日據長喜由驛馳奏、夷船直逼乍浦海口情形一摺。……(61)

とあり、アヘン戦争の勃発より英国軍艦が乍浦を攻撃する事態に至り、注目されたのである。

『宣宗實録』巻三三六、道光二十年七月甲午（六日）の条に、

本日奇明保驛馳奏、乍浦海口有夷匪船隻、現經帯兵馳往査辦一摺。……(62)

と見られるように、乍浦に「夷匪船隻」ことイギリス軍艦が現れたのであった。

『宣宗實録』巻三五六、道光二十一年（一八四一）八月己亥（十八日）条に、

諭、本日據劉韻珂奏、逆夷分擾各嶴、業已擊退、現在撥兵防堵要口、及籌衛省垣一摺、覽奏均悉、此次逆夷在浙洋盛嶴石浦地方、分船滋擾、雖經該處文武督兵擊退、尚未大加懲創、難保不伺隙復來、昨據裕謙奏到、已有旨飭令嚴加防範、茲復據該撫奏稱、逆船現在各洋遊奕、誠恐竄入乍浦、亟須豫為籌備、該處本係通商馬頭、閩省遊民、聚集甚多、其中之強壯馴良者、固可挑募以資捍衛、而獷悍之徒、既難全行收養、恐不免別生事端、該撫請添兵彈壓、及令該道挑充郷勇之處、均著照所議辦理、至尖山口為省垣門戸、該處水陸既無可以堵截、現經該撫團練郷里勇、豫備陸戰、尤以多多為善、如該夷一經登岸、即行奮力痛剿、務殲醜類而靖海氛、將此由四百里、諭令知之。(63)

とあり、英国軍艦が乍浦に侵入するが、何とか撃退するために、臨時的ではあったが、乍浦に参集するのは多くは福建の遊民とされ、その戦力に彼らを利用しようと考えられたのであった。

『宣宗實録』巻三六二、道光二十一年十一月丁丑（二十七日）の条に、

諭軍機大臣等、據劉韻珂奏、海口封閉日久、商民失業、請照舊開港、並酌定稽査章程等語。浙江省乍浦等處各海口、商船出入、貨物流通、貧民得資餬口、既據該撫奏稱、該處舵水人等、屢次籲求開港、自宜俯順輿情、所有乍浦及温台等處商漁船隻、均著准其照舊出入。……(64)

とあるように、乍浦は沿海貿易の港として多くの商人等の出入が見られ、イギリス軍の攻撃で、港が封鎖され、海上輸送等で働く人々が生活に窮する事態に到っていた。

道光『乍浦備志』巻六、関梁に、「福省之南臺鎮、為木植湊集総所」

とあるように、福州の南台は木材の集散地として繁栄していた。南台からの船舶は沿海を利用して、清代において商業の中心地でもあった蘇州にも近い浙江省の東北沿海にある乍浦にも木材を輸送していたのである。その福州の南台には福建より北の海域を交易圏とする海商がいた。上海の『国民日日報』一九〇三年八月二一日（光緒二十九年六月二十九日）付の「中国警聞」に「閩商破産」の記事が掲載されている。それには、

南台張禮記閩之巨商也、家有帆船数艘、専往来膠州・牛荘等処。……閩省具有数十萬商本者、寥々今又復破壊一家矣。(66)

とあるように、福建省福州の閩江の中洲に位置する南台に張禮記と云う巨商がおり、彼の家業は数隻の帆船を山東省の膠州や遼寧省の牛荘などとの間に航行させる沿海航運業者であった。しかし、その帆船の乗員が違法の武器などを搭載していて張家が官憲に追われることになり、張家は香港に逃れ財産が没収されたのであった。この他にも福州の『閩報』第一四二四号、一九一〇年五月七日、宣統二年三月二十八日、「省會要聞」の「商船被劫」に、

商船金順益、由閩装運木植各貨、前往上海、於本月初八日、駛至

Views of China, 1842に見るイギリス船の乍浦攻撃の図

金駟門洋面、突遇賊船十餘艘、四面兜圍。[67]

とあり、福建の福州から木材を搭載した商船金順益が上海へ航行途中に海賊に襲撃されている。また『閩報』第一五一一号、一九一〇年一一月二六日、宣統二年十月二十五日、「三山雑記」の「商船沈没」に、

日前有大商船新源成、由福州載貨、前往膠州卸售、後即由該処、装運豆餅・各貨來閩、不料該船纔行、至膠州海外之洋面、遇風沈没、計損失資本不下三萬餘金云。[68]

とあり、大型商船新源成が福州から貨物を搭載して山東省の膠州に赴き、膠州でそれを売却して豆餅等の貨物を積載して福州に帰帆する際に膠州沖の海域で海難に遭遇して沈没したのである。その損失は三萬餘金と云われている。

これらの事例からも知られるように福州から上海、膠州などの北洋方面への沿海貿易が積極的に行われていたのである。福州からみた北洋貿易には当然のことながら乍浦も視野に入っていたことは、先に掲げた道光『乍浦備志』の記事からも類推できる。

日本の領事報告である『通商報告』明治一九年（光緒十二、一八八六）第二回に「清式帆船貿易概況」として次のように記されている。

……清式帆船ノ重モナル航路ヲ舉ケンニ、分テ三区トナシ、其一ハ遼東ノ錦州府・天津・芝罘等ノ諸港ノ間トシ、稱シテ大北ト曰フ。其二ハ上海・寧波・乍浦等ノ諸港ノ間トシ、稱シテ小北ト曰フ。其三ハ厦門及其近傍ノ間トシ、稱シテ厦郊ト曰フ。就中寧波ハ全國中清式帆船ノ出入最モ頻繁ノ港ニシテ、南北ニ回航スル者ハ概ネ該港ニ寄航セザル者ナシ。其寧波ヨリ福建ニ航行スル帆船ノ如キハ、北地ヨリ該港ニ輸入シタル豆餅、豆類、曹達、木綿等ノ品ヲ搭載シ、其福建ヨリ寧波ニ來ル帆船ハ砂糖、唐紙、橄欖、密柑、材木等ヲ回漕ス。又寧波ヨリ鎮江ニ往復スル帆船ハ毎年二百余艘ヲ下ラス。[69]

と記しているように、中国式帆船の主要な海港として江南附近では上海・寧波・乍浦の港市が掲げられているように乍浦も重要港であったことは周知の事実であった。

乍浦から日本への貿易帆船の底荷貨物として注目されるものに砂糖があるが、道光『乍浦備志』巻六、關梁に、

進口各貨……乾隆朝、廣東糖約居三之二、比來多汎至江南之上海縣収口、其収口乍浦者比較之福建糖轉少、其半廣東糖商、皆潮州人、終年坐庄乍浦、糖船進口之時、各照包頭斤兩、經過塘行家、報關輸税。(70)

とあるように、乾隆年間において廣東省産の砂糖の三分の二は乍浦において陸揚げされていた。ところが道光年間になるとその多くが上海において陸揚げされるようになった。しかしまだ福建産の砂糖は乍浦において陸揚げされていた。廣東産の砂糖を取扱う商人はほとんどが潮州人で、一年を通して乍浦に滞在していた、砂糖を積載した商船が入港してくると過塘行に行って進口税を収めていると記されるように、乍浦には砂糖だけを専門に扱う「糖商」がいて、その多くが産地である潮州商人であり、一年にわたり乍浦で起居し交易を行っていたのである。

四　小結

上述のように、海港乍浦は清朝の雍正年間（一七二三〜一七三五）には日本の長崎へ出港する港の一として知られるようになり、乾隆年間（一七三六〜一七九五）以降は対日貿易の基地となった。それには、沿海貿易として、中国沿海各地から集荷される産品が陸揚げされ、対日貿易船に積み替えられていた。そのことは、先に指摘したように『島原本唐人風説書』にも見られ、「寧波のうち乍浦において厦門出産の荷物積添へ唐人四十六人乗組候て」(71)とか「寧波のうち乍浦において廣東出産の荷物積添へ唐人数五十人乗組候て」(72)のように長崎で中国商船の乗員から報告されたように、乍

浦には沿海とりわけ乍浦以南の海域から来航する福建や廣東からの商船が積載してくる砂糖が多量に日本にもたらされた。このことは『乍浦備志』にも「裝載閩・廣糖貨、及倭人所需中土雜物、東抵彼國」とあることからも証明される。さらに乍浦から、江南の運河によって内陸の大市場である蘇州などの後背地に物資が搬出され、また中国各地からの産品が搬入された。これらの物資は、乍浦から長崎への貿易船によって海外へと搬出され、また日本からの物資がもたらされた。

このように、清代の乍浦は中国大陸沿海における物流の基点の一であると同時に、対日貿易における貿易基地であった。乍浦は沿海貿易と海外貿易の分岐点であった。乍浦を通じて沿海貿易と海外貿易が分岐する典型的な貨物が福建や廣東産の砂糖であった。後述の唐船金全勝号はこのような時代に乍浦と長崎を結ぶ唐船の一隻であった。

(註)

(1) 張之洞撰『張文襄公奏議』巻三十六、奏議三十六。
(2) いずれも『中国地方志集成・郷鎮志専輯二〇』(江蘇古籍出版社、上海書店、巴蜀書社、一九九二年七月)に所収されている。
(3) 『中国地方志集成・郷鎮志専輯二〇』江蘇古籍出版社、上海書店、巴蜀書社、一九九二年七月、一一頁。
(4) 松浦章『清代海外貿易史の研究』朋友書店、二〇〇二年一月、九八～一〇六、五九九～六〇三頁。
(5) 同書。
(6) 同書、九八～一一七頁。
(7) 『中国地方志集成・郷鎮志専輯二〇』二二九頁。
(8) 松浦章『清代海外貿易史の研究』一四四～一六七、三五一～三六二頁。
(9) 『中国地方志集成・郷鎮志専輯二〇』二二九～二三〇頁。

(10) 同書、二三〇頁。
(11) 同書、二三〇頁。
(12) 同書、二三〇頁。
(13) 松浦章『清代海外貿易史の研究』朋友書店、三二八頁。
松浦章編著・卞鳳奎編譯『清代帆船東亞航運史料彙編』楽学書局、二〇〇年二月、一八九～二一五頁。
(14) 松浦章『清代海外貿易史の研究』三三五頁。
(15) 松浦章『清代海外貿易史の研究』三三三頁。
(16) 大庭脩編著『唐船進港回棹録　島原本唐人風説書　割符留帳』関西大学東西学術研究所、一九七四年三月、一一、一八六～一九四頁参照。
(17) 松浦章『清代海外貿易史の研究』二五一～二五四頁。
(18) 『清實録』第六冊、中華書局、一九八五年九月、四五頁。
(19) 『清實録』第六冊、三一八頁。
(20) 『清實録』第六冊、六四四頁。
(21) 『清實録』第六冊、七三七頁。
(22) 『中国地方志集成・郷鎮志専輯二〇』江蘇古籍出版社、上海書店、巴蜀書社、一九九二年七月、一四八頁。
(23) 『中国地方志集成・郷鎮志専輯二〇』一八六頁。
(24) 『中国地方志集成・郷鎮志専輯二〇』二〇〇頁。
(25) 『中国地方志集成・郷鎮志専輯二〇』一四九頁。
(26) 大庭脩編著『唐船進港回棹録・島原本唐人風説書・割符留帳』関西大学東西学術研究所、一九七四年三月、一〇六頁。
(27) 同書、一一一頁。
(28) 同書、一一二頁。
(29) 同書、一一三頁。
(30) 同書、一二四頁。
(31) 同書、一三九頁。

(32) 松浦章『清代海外貿易史の研究』朋友書店、二〇〇二年一月、九八～一一七頁。
(33) 『中国地方志集成・郷鎮志専輯二〇』江蘇古籍出版社、上海書店、巴蜀書社、一九九二年七月、二二九頁。
(34) 同書、二二九～二三〇頁。
(35) 同書、二三〇頁。
(36) 同書、二三〇頁。
(37) 同書、二三〇頁。
(38) 吉利船：嘉永四年亥三番船、嘉永五年子五番船。官商王氏派遣了商船。
(39) 吉利船：嘉永四年亥三番船、嘉永五年子五番船。官商王氏派遣了商船。
(40) 松浦章編著・卞鳳奎編譯『清代帆船東亞航運史料彙編』樂學書局（台北）、二〇〇七年二月、二一四～二一五頁。
(41) 松浦章『清代海外貿易史の研究』三二六、三三二～三三四頁。
(42) 松浦章「The Canton Registerに掲載された1828年長崎暴風雨」『アジア文化交流研究』第二号、二〇〇七年三月、七三～八九頁。
松浦章『海外情報からみる東アジア　唐船風説書の世界』清文堂出版、二〇〇九年七月、二七五～二九九頁。
(43) 『清實録』第七冊、中華書局、一九八五年一〇月、一〇八〇頁。
(44) 『清實録』第六冊、八四六頁。
(45) 『清實録』第一一冊、中華書局、一九八五年一一月、七六六頁。
(46) 『清實録』第一二冊、中華書局、一九八五年一二月、四五四頁。
(47) 『清實録』第一四冊、中華書局、一九八六年二月、四九二頁。
(48) 『清實録』第一九冊、中華書局、一九八六年三月、一四九頁。
(49) 『清實録』第一九冊、中華書局、一九八六年三月、一八〇頁。
(50) 『清實録』第二七冊、中華書局、一九八六年六月、二六二～二六三頁。
(51) 同書、八五四頁。
(52) 『清實録』第二九冊、中華書局、一九八六年七月、二七一頁。
(53) 松浦章『東アジア海域の海賊と琉球』榕樹書林、二〇〇八年一一月、二二三～二三七頁。
(54) 『清實録』第三二冊、中華書局、一九八六年八月、二三六～二三七頁。

(55)『清實録』第三三冊、中華書局、一九八六年八月、七〇六〜七〇七頁。
(56)松浦章『清代上海沙船航海業史の研究』関西大学出版部、二〇〇四年一一月、二四四〜二五九頁。
(57)『清實録』第三六冊、中華書局、一九八六年一〇月、七〇六〜七〇七頁。
(58)『清實録』第三六冊、五三五頁。
(59)『中國地方志集成　臺灣府縣志輯二』上海書店・巴蜀書社・江蘇古籍出版社、一九九九年七月、四五八頁。
(60)『清實録』第三六冊、五六六頁。
(61)『清實録』第三八冊、中華書局、一九八六年一〇月、一〇二頁。
(62)同書、一〇三頁。
(63)同書、四二三頁。
(64)同書、五三三頁。
(65)『中国地方志集成・郷鎮志専輯二〇』江蘇古籍出版社・上海書店・巴蜀書社、一九九四頁。
(66)『国民日日報』一九〇三年八月二一日（光緒二十九年六月二十九日）。
(67)『閩報』第一四二四号、一九一〇年五月七日、宣統二年三月二十八日、「省會要聞」。
(68)『閩報』第一五一一号、一九一〇年一一月二六日、宣統二年十月二十五日、「三山雑記」。
(69)『通商報告』明治一九年（光緒十二、一八八六）第二回。
(70)『中国地方志集成・郷鎮志専輯二〇』江蘇古籍出版社・上海書店・巴蜀書社、一四九頁。
(71)大庭脩編著『唐船進港回棹録・島原本唐人風説書・割符留帳』、一二三頁。
(72)同書、一二四頁。

第二章　唐船金全勝の日本への航跡

一　緒言

江戸時代の長崎貿易は、長崎に来航する中国の貿易船、江戸時代の人々が、〝唐船〟と呼称した中国式帆船の来航によって行われていた。[1]長崎に来航する〝唐船〟すなわち中国式帆船には、大きく言って二種類があった。一種類は、中国長江口附近の水深の浅い水域で利用しやすい形状で発達した平底型帆船であり、その代表が沙船である。[2]沙船が長崎に来航していたことは、江戸時代の人々が残した繪圖や文献からも知られる。もう一種類は、〝鳥船〟と呼称された中国式帆船であり、深い水域に適した尖底型帆船で、日本でも〝鳥船〟と呼称されていた。[3]

江戸時代の前半には〝沙船〟や〝鳥船〟もともに来航してきたが、江戸中期以降になると、日本側から輸出する銅の産額が減少するにともなって、長崎への来航唐船の隻数が制限されると、漸次来航唐船は大型化する傾向になり、ここで述べる金全勝号は、その唐船が大型化した時代の長崎来航唐船の一隻であった。

そこで、ここでは金全勝号の来航の航跡の確認できるものから順次述べてみたい。

二　享和・文化年間の来航

1　享和二年（一八〇二）の来航

金全勝は長崎版画「唐船入津之圖」に雄大な姿が描かれた鳥船である。その長崎来航が知られる最初の記録は古河孫六教泰の「肥前長崎行日記」(4)である。

古河孫六教泰は、若狭小浜の西津港において廻船業を営み、「六代教泰のとき寛政ころには家業次第に隆盛となって廻船七艘を有した」(5)とされる人物で、教泰が享和二年（一八〇二）八月に、

兼々肥前長崎も一見致し度、殊更当年は阿蘭陀より珍らしき大船到着の趣き風聞承り旁もって思い立、八月一六日発足。(6)

として認めた「肥前長崎行日記」が知られる。小浜から京都に行き、大坂、兵庫に赴き、兵庫から古河家の廻船「永楽丸」に乗船し、瀬戸内海を経て九州の小倉に至っている。小倉から陸路で、福岡、佐賀の本庄に至り、船で有明海を渡って諫早に着き、諫早からまた陸路で長崎に赴き九月十二日に到着した。(7)そして十三日に長崎港の見物をして、次のように記している。


梅ヶ崎という所に唐船三艘あり。去年より泊年なり。

右船に番人一人おり申し、長門屋手代より相頼み、三艘共船へ乗り候て見物致し候。

右三艘艫の額は、
日新鵤　永興　得利　この如きなり。

当戌の年参りし船五艘小舟にて見物に行く。

大萬安　永泰　永寳鳥《ママ》　金全勝　金得泰　右の唐船はいずれも四、五千石積ぐらいなり。

阿蘭陀船二艘、
内一艘は是迄年々参候船にて凡八、九千石、垣廻り（舷側）は黒塗り、下は惣赤ね色なり。

一艘は大船にて当戌年初めて参候よし、内廻りは本朱塗、垣廻りは黄色、下は惣赤ね色、一万五千石積、美事な

る事は筆紙につくしがたし。
右大船は一万五千石積と申すことにて候えども、日本船と見ては余り大船に御座候えば合点まいらず、それゆえ、間数、積り才割をいたし見る。
船長さ、十三丈、横幅、六丈、深さ、二丈、〆一万五千六石に出る。[8]

この古河孫六教泰の記録から、金全勝は、享和二年（一八〇二）に長崎に来航しており、その大きさは日本船の形状から見て四、五千石積の大型船であったことが知られる。教泰は、廻船業者であったことから、その推定は当を得たものであったと思われる。ちなみに阿蘭陀船は、常時来航してきた船は日本船に比し八千石、九千石の形状であって、享和二年の一隻は一万五千石を越える大型船で、唐船の三倍もの大きさがあったことが知られ、古河教泰も簡単に信用できず、その形状を丁寧に観察して長さを計測し記録したのであった。

2　享和三年（一八〇三）亥一番、亥九番船

長崎歴史文化博物館に所蔵される『享和三亥年中　出帆引合帳』[9]と『文化元子年中　出帆引合帳』[10]に、享和三年冊に亥一番船と文化元年冊には亥九番船として金全勝号の帰帆貨物の決算書が見られる。この記録から金全勝号が享和三年に亥一番船と亥九番船として二度の長崎に来航していたことがわかる。

この享和三年（嘉慶八、一八〇三）と文化元年（嘉慶九、一八〇四）の二冊の「出帆引合帳」は、唐船が帰帆時の決算書とも言うべきものである。享和三年に長崎へ来航した唐船が、帰帆に際して積載した貨物の価格や、同船の乗員等の長崎での滞在経費などを精算した記録として残された。

『享和三亥年中　出帆引合帳』の最初に記録された「十二家　戌七番南京船元代銀引目録　永興」には、日本では十二

家と呼称された中国側の荷主で、民商と呼ばれる商人集団であり、金全勝号には、王氏とある官商で清政府から指定を受けた商人であった。[11]末尾の永興は唐船の船名である。[12]この戌七番船の貿易額とその内訳、銅と俵物そして諸色の内訳は次のようになる。

残弐百六拾六拾貫九百六拾弐匁三分五厘八毛七弗

此渡方

百拾五貫目　　商賣高代リ銅拾万斤

但百斤ニ付百拾五匁宛

百五拾壱貫九百七拾弐匁三分五厘八毛七弗

内　九拾壱貫百七拾七匁四分壱厘五毛弐弗　　俵物

六拾貫七百八拾四匁九分四厘参毛五弗　　諸色[13]

とあり、戌七番船の貿易額二六六貫九六二匁余の内、一一五貫目が銅で渡され、九一貫一七七匁余が俵物、六〇貫七八四匁余が諸色であった。この三者を対比すれば、銅が四三%、俵物が三四%、諸色が二三%となる。

これを享和三年の一〇隻と文化元年の一〇隻の合計二〇隻の銅、俵物、諸色の貿易総額の平均銅が一一五貫目、俵物九七貫余斤、諸色の六六貫余の貿易比率が銅四一%、俵物三五%、諸色二四%と比較しても大差がない。

そこで、金全勝号の積荷を全二〇隻の決算と比較してみたい。

文化十二年（一八一五）に支給された信牌の文面には「壹艘所帯貨物限定估價約玖千伍百兩以

表1　享和三年（1803）文化元年（1804）帰帆金全勝号の銅・海産物積載銀額：貫目

年号	番立名	船名	荷主	銅	俵物	諸色	昆布	貨物總額
享和三年	亥1番南京船	金全勝	王氏	115,000	98,048	65,365	—	278,413
文化元年	亥9番寧波船	金全勝	王氏	115,000	131,284	87,523	—	333,807
20隻の平均				115,000	97,023	66,636	—	281,194

通生理」[14]とあり、その和解には「積み來る所之荷物價九拾五貫目之高商賣を遂しむへし」[15]とあり、漢文表現が「玖千伍百両」と金價で示しているのに対して、和解は「九拾五貫目」と銀價で著している。このことから長崎貿易における金價、銀價は一：一〇〇であったことになる。残された安政肆年（一八五七）捌月參拾日給牌の信牌にも「約玖千伍百兩」[16]とあることから、金全勝号の来日時は、金價、銀價の比価は一：一〇〇であったと見られる。

そうすると享和三年の亥一番船の貨物総額が二七八、四一三貫目は、金二、七八四・一三兩、亥九番船の場合の三三三、八〇七貫目は、金三、三三八・〇七兩と換算できる。

3　文化二年（一八〇五）丑二番船

その後、文化元年（一八〇四）十二月の大田南畝の尺牘によって、翌年の丑二番船に番立されたことがわかる。

徳川幕府勘定奉行の支配勘定役であった大田南畝は、享和四年・文化元年（一八〇四）に長崎出張を命ぜられた。

文月廿五日といふに江戸をいでゝ、東海道をすぎ、み

永茂号　恒順号　日新鵃号
「唐船修理圖」(『長崎名勝圖繪』)による。

やこをへ、なにはをいでゝ、室津といふ所より船にのり、風波のけはしき、疾病のいたづきをいだきて、長月十日に長崎につきぬ。(17)

大田南畝は、陰暦七月二十五日（一八〇四年八月三〇日）に江戸を出発し、東海道から京都、大坂を経て、姫路に近い室津から船に乗り瀬戸内海を経由して陰暦九月十日（一〇月一三日）に長崎に到着している。江戸から長崎まで四五日をかけて到着した。そして文化元年（一八〇四）に、長崎に来航した唐船の荷揚げに立ち会っている。

十一月廿五日には丸荷役とて清商の荷物揚候。立合に参　新地貨庫。十二月二日には清船　丑二番船　全勝号の船の荷揚に参、船中菩薩《ボサ》堂の中に毛氈を鋪座し居申候。清人自分持用の書画をも見申候。箱類の書附　全勝公司陳国記　など〻有之、〻〻記と書し申候記は此主と申事に見へ申候、箱等竹器雅甚し。帆柱などは画に書るが如く船中の柱聯紙にて張置候。雲霞出海曙、梅柳度江春とあり。雅なること也。(18)

文化元年甲子年の十一月頃に長崎に来航したが、定数を越えたため翌年の文化二年乙丑年の丑二番船に番立されたのが金全勝であったようである。その金全勝号に大田南畝が荷揚げに立合、船内に入り、船内の状況が、置かれた調度品、書画などを見て記録した。

十二月十六日付の息子定吉(19)に宛てた書翰の別紙にこの時期の来航船について記している。

十二月十六日　　　　杏花園

大田定吉殿

別紙

子九番船頭

船名〔皆吉〕　張秋琴　同財副江泰交　同蔣岳初　同安柱役王偉業　同惣代林建瑶

同十番船頭
船名〔金源盛〕　許錫綸　同財副夏雨村　同銭守和　同安針役李瑞森　同惣代黄成懋
廿一番船頭
船名〔永泰〕　沈九霞　同財副陳升階　同沈起潜　同安針役林徳海　同惣代程在郊
廿二番船頭
船名〔金全勝〕　陳国振　同財副沈啓堂　同銭雲亭　同安針役邱有斌　同惣代呉得玉
廿三番船頭
船名〔金得勝〕　汪晴川　同揚玉亭　同劉映堂　同安針役黄光明　同惣代鄭得青
廿四番船頭
船名〔永興〕　劉景筠　同財副陳光烈　同銭位吉　同夥長（安針役）李造使
同惣官（惣代）陳義彬
廿五番船頭
船名〔大万安〕　孫瑞章　同姚靜安　同王宗鼎
此船五島鯛之浦にて破船、水船に成候、孫瑞章は損瑞相と戯言に申候。
此外工社（水主の事）等大勢名前略之。(20)

文化元年末から文化二年にかけて長崎に来航した七艘の唐船の船名がわかる。この中で、子十番船に関して、『長崎志續編』巻八、文化二年条に、

子十番許錫綸船持渡リ書籍ノ内、堅瓠全集十部各四套、書中御制禁ノ事等記載有之ニ付、其所墨消ニテ歸帆ノ節積

戻リ被仰付之。(21)

とあることから、子十番船の船主が許錫綸であったことは確実である。ちなみに同船が持渡ってきた『堅瓠全集』は蘇州の人褚人穫がまとめた筆記小説類でさまざまな記録が記され、利瑪竇や聖書に関する記述があったことが指摘されている。(22) このことから江戸幕府の国禁に触れるとして、該当の箇所を墨塗にして持ち帰らせたのであったろう。

さらに丑五番船について『長崎志續編』巻八、文化二年条に次のようにある。

去子十一月六日乍浦出ノ唐船孫瑞章・王宗鼎船、洋中風順悪ク、同月廿九日五嶋太ノ浦口上小島ト申所ヱ漂着、……濡荷物取揚洗ヒ乾立、薬種類ハ乾立難出来、其儘日本船三艘ヱ積乗セ、唐人七十六人、當丑正月九日當地ヱ護送ノ處、翌十日着岸、然ドモ本船浮兼、急速挽届相成由ニテ、尚亦取揚荷物并ニ残リ唐人ノ内十人、日本船二艘ヱ積乗セ、二月廿一日同所出帆、同廿三日當港着船ス。然ル處本船漸ク四月十五日浮船ニ相成、且ツ修復成テ、殘リ唐人四人并ニ殘荷物トモ一同積乗、同廿八日當港ヱ挽送届ラル。依テ丑五番ニ相立。(23)

孫瑞章船は五島に漂着し、航行が困難となり、五島から長崎に挽き船によって送り届けられ丑五番船となった。積載貨物もほとんど損出して、貿易が出来ない状況であったが、この年の夏に来航した各船から荷物を分けてもらって、貨物を補充して交易を認められ、文化三年の寅七番船に番立が変更され交易を終えて四月三日に帰帆している。(24)

このような事情で大田南畝が孫瑞章を「孫瑞章は損瑞相と戯言に申候」と記したのであろう。

上述のように金全勝号は文化元年の年末に来航したため、翌年分に番立された。その時の船主は陳國振であり、財副は沈啓堂と錢雲亭で按柱役は邱有斌、揔代理が呉得玉であった。

4　文化四年（一八〇七）、卯十番船、同五年（一八〇八）の来航

文化四年、五年（一八〇七、一八〇八）頃に、金全勝が長崎に来航していたことは『長崎遊覧圖繪』や『長崎紀聞』の記録からも知られる。本書、五七頁参照。

『長崎遊覧圖繪』に「文化四卯年來舶十番船金全勝の圖を写ス」（本書五七・八五頁図参照）にあることから文化四年の卯十番船が金全勝号であった。

文化四年、五年の来航唐船の船号が「唐船艫ノ方銘荒増記」として知られ、

大萬安　金得勝　日新萬《ママ》　金全勝　永　興　永　茂　萬　勝　永寶鵤　永　泰(25)

とある九隻である。

この九隻に対応する「唐來舶船主財副之名　従文化四年冬至同五年」によれば、

卯八番船	公局	船主　沈九霞・陸秋實	財副　譚子才・沈綺泉
同九番船	王局	船主　王蘭谷・夏雨村	財副　才象膽・王楚之
同拾番船	鄭《ママ》局	船主　劉培原・沈竹坪	財副　蔣容菴
辰壹番船	同	船主　任端鳴・麗星齊	財副　潘潤徳
同二番船	公局	船主　張秋琴	財副　陸桐軒・楊西亭
同三番船	同	船主　米鑑滬	財副　程南岡・錢位吉
同四番船	十二家	船主　程赤城	
同五番船	同	船主　楊覆亭	

同六番船　同　　船主　孫呉雲(26)

右ハ文化四年冬より同五年秋迠長崎へ入港したる唐船の船主荷主の名之

文化四年の丁卯に来航した一〇艘の内の卯八番から十番までと、文化五年戊辰年に来航した辰一番から六番までの九艘の船主名並びに財副名が詳細にわかる。文化四年、五年の長崎来航船主の知られる記録が無い中で貴重であるといえる。『長崎志續編』巻八、文化五年条に、「三月二日夜、卯十番劉培原船出火ノ處、早速船々乗附ケ取鎮ル」(27)とあることから、卯十番船船主劉培原と一致するから確かなものと言える。ただ王局、鄭局と荷主を示す記述があるが、『長崎志續編』巻八、文化四年条に、

日本渡海唐商荷主、是迄王氏十二家ト相立處、王氏荷主王永慶、官銅調達ノ年限當年限リニテ、右跡程天和ト申者、當時程浩然ト改名シ、當冬ヨリ新商程氏ニ代リ、此末程氏十二家ヨリ商船仕出ノ儀入津ノ船ヨリ訴之。(28)

文化四年の途中から中国側の荷主が、王氏と十二家荷主であったものが、王氏が程氏に交代したのであった。『長崎遊覧圖繪』、『長崎紀聞』に「鄭局」とあるのは「程局」の誤写であることは確実であろう。

嘉慶年間すなわち日本の寛政八年（一七九六）から文政三年（一八二〇）に相当する時期の中国側の官商の交代に関する事情を記した林則徐の「會奏官銅商辦運洋銅請復舊章摺」によると次のようにある。

竊照蘇省官商承辦直隸・陜西・湖北・江西・浙江・江蘇六省鼓鑄洋銅、前於嘉慶二年、僉商王履階承辦、奏定毎百斤、例給價銀十三兩五錢九分三釐、毎年額辦六省洋銅、共五十萬五千九百六斤、……嗣王履階之弟王日桂接辦、十有餘年、銅帑兩清、從無貽誤、迨嘉慶十三年、程洪然投充官商、自願減價、毎百斤祇請價銀十二兩、並願先繳銅斤、後領帑項、……不久即因力乏告退、後商汪永增接辦僅止四年、亦即乏退、復舉舊商王日桂之王宇安奏充、……迨嘉慶二十二年、以現商王宇安奏充、……(29)

直隷・陝西・湖北・江西・浙江・江蘇六省において必要とする銅貨鼓鑄のための洋銅すなわち日本銅を調達する官商として嘉慶三年（寛政十、一七九八）に王履階がなり、一〇〇斤の銅を銀一三両五銭九分三釐で請負い、毎年日本から五〇万余の銅を中国に輸送していた。その後の官商は王履階についで弟の王日桂が年限を怠りなく完了した。そして嘉慶十三年（文化五、一八〇八）に官商は程洪然に替わった。程洪然は、銅の輸入価格を一〇〇斤に付、一二両の低価格で、銅現品の納入後に代価を受ける方法を自ら申請して官商となったが、短期間で引退することとなり、ついで官商汪永増が継ぐも四年で撤退して、信用の高い王日桂の子供の王宇安が官商を引き継ぐことになったとある。

嘉慶十二、十三年時期に官商が王日桂から程洪然に交替したことは明らかで、『長崎遊覧圖繪』、『長崎紀聞』に見える「王局」は官商王日桂の王であり、「鄭局」は官商程洪然の程の誤写と見ることは明らかであろう。

5　文化十二年（一八一五）亥十番船

金全勝号のその後は不明であるが、文化十二年（一八一五）十一月に伊豆に漂着した長崎貿易船の永茂船を取り調べた朝川善庵の『清船筆話』第二に、

聞上冬（乙亥、文化十二）乍浦開駕之船六艘、其船主及船名哉審。

南京船三艘　恒順　船主楊西亭　壽昌　船主劉訥君　永茂　船主楊秋棠

山西船三艘　源寶　船主沈秋屏　全勝　船主汪耘園　金全順　船主汪小園(30)

とあり、乙亥年、嘉慶二十年すなわち文化十二年十一月に、中国の港乍浦を永茂号とともに出帆した唐船は六隻あった。その中に金全勝号も含まれていた。伊豆に漂着した永茂船の船主楊秋棠は、他の船の動向を気にして、日本側に質問したところ、日本側から、

上冬十二月六日
亥七番船　船主沈秋屏
同八番船　船主楊西亭
同九番船　船主劉景筠　王復初
本年正月十八日
同十番船　船主汪執耘
右四艘順風平安抵崎、幸其放心。
在此費心日久、弟不安久念。老人之温情矣。(31)

との返答を受けて、永茂船乗員は安堵した。このことから、亥七番船は源寶号、亥八番船は恒順号、亥九番船が壽昌号、金全勝号は亥十番船に番立されたことがわかる。

永茂船の返答に「南京船三艘」「山西船三艘」とある、南京船、山西船であるが、この時の官商は汪永増であり、山西出身では無いが、初期の官商が山西省出身の范氏であったからこのように答えたと思われる。南京船は民商船で、日本で呼称した十二家船であった。

6　文化十三年（一八一六）子七番船

文化十三年の来航は、中国側の『清嘉慶朝外交史料五』に収録される嘉慶二十一年（文化十三、一八一六）の「護理浙江巡撫布政使額布奏粤省送到日本遭風難番照例資送帰國摺」に見える。

護理浙江巡撫印務布政使奴才額特布跪奏、爲粤省送到日本國遭風番、照例撫卹、附船帰国恭摺奏聞事。竊奴才接准督臣汪志伊咨會准兩廣督臣蒋攸銛咨開、日本國遭風難夷漂流到粤、言語不通、内有古後七郎右衛門能書漢文、開出四十七人花名、並據寫稱在小琉球國大島處所置買黒糖草蓆、装載起身、大風吹漂至粤洋、貨船失火燒燬、坐杉板小船由淺澳登岸、懇請發遣回國等情、即經粤省査勘撫邮奏明、委員護送浙江、交乍防同知収管、附便搭送回國、内水手防助一名、行至玉山縣地方患痘病故、尚有難夷古後七郎右衛門等四十六名、經粤省委員於嘉慶二十一年二月二十七日、護至浙省、當即飭送乍浦海口妥爲安頓撫邮、俟東洋辦銅便船、附搭回國、去後茲據平湖縣詳稱、査有范三錫・金全勝・金源寶・萬永泰・錢壽昌・金恒順六船前往東洋採辦銅觔、當将該難番等給與口糧、分搭銅船、正在候風開駛、聞難番内八兵衛一名中暑身故、給棺殮埋、其餘難番古後七郎右衛門等四十五名、於六月初十、十三、十五等日、先後在乍浦開行出口回國、由署藩司魏元煜具詳請奏前來、餘将撫邮口糧等項、另行核實題報外、所有資送日本國難番歸國日期間、奴才謹恭摺具奏、伏乞皇上睿鑒謹奏、嘉慶二十一年閏六月二十一日

嘉慶二十一年七月十二日、奉硃批「知道了」欽此。

とある。六月中旬に金全勝を含む六艘が乍浦を出帆している。この六艘に日本の漂流者を搭載して長崎に向かった。

漂流者が長崎に帰国したことに関して『長崎志續編』巻九、「子貳番、同三番、同四番、同五番、同六番、同七番ヨリ薩州家臣送來事」に見える。

文化十三年丙子年、貳番沈萬船、三番楊西亭船、四番汪松巣、楊少谿船、五番蔣春洲船、六番譚竹庵、沈綺泉船、七番汪執耘船ヨリ、松平豊後守家臣古後七郎右衛門、染川伊兵衛、税所長左衛門七郎右衛門家來、谷主右衛門、宮原權右衛門同下人、市次郎伊兵衛家來、川畑藤右衛門同下人、休次郎十右衛門仁助長左衛門家來、重信郷四郎、四本次右衛門、辻村十郎同下人、助右衛門小助、船頭宅右衛門、水手廿六人、琉球ニテ雇入ノ水手實孝佐五郎、三次、八次郎、清次郎、富志、伊久貞坊助、都合四拾九人之内、水手權右衛門ハ唐國漂着以前船中ニテ病死、船頭宅右衛

門傭水手坊助、水手八兵衛ノ三人ハ、唐國碣石鎭、玉山縣、乍浦等ノ處々ニテ病死、殘四拾五人送リ來ル。……(32)

文化十年（嘉慶十八、一八一三）に薩摩の阿久根から政右衛門船二三反帆六九〇石積の伊勢田丸に四九名が乗船して大島へ赴き、薩摩藩に納める黒砂糖三二万斤などを積載して、文化十二年八月十四日（一八一五年九月一六日）に大島の大熊湊を出帆したが、同夜の大風と雨のためまた大熊湊に戻り、同十七日に再度出帆し、同二十二日に大島の東古仁屋村役所付近に寄港して、その後、薩摩を目指して出帆した。ところが同二十七日になり北東風により難船となり漂流を続け、十月四日（一一月四日）に中国の廣東省の漁船を見つけて救助を求めた。上手く伝わらず、六日に本船を捨て、橋船二艘に乗船して陸地を目指して上陸した地が廣東省の惠州碣石鎭であった。同所の役人に救済され、同八日（一一月八日）には陸豊縣に到り、十一月二日（一二月三日）陸豊縣から出発して、六日に歸全縣、八日には廣東省廣州府下の東莞縣に到着した。そして同地で取調を受け、同二十日（一二月二日）に出発して南海縣、佛山、二十五日に清遠縣、二十八日英徳縣、二十四日曲江縣に到着してしばらく滞在す。正月五日（一八一六年二月二日）に英徳縣から出発して、十日に廣東江西省境の南雄府に到着し、省境の大庾嶺、梅嶺を越えて江西省の南安府に到った。同十五日に贛州府、十九日に吉安府萬安縣、二十二日吉安府廬凌縣、二十四日臨江府峡江縣、二十六日南昌府豊城縣、二十八日南昌府城下、二月朔日瑞洪鎭、龍津、四日饒州府安仁縣、八日廣信府貴渓縣、十日弋陽縣、十一日鉛山縣河口、十四日玉山縣、十六日浙江省衢州府、二十二日嚴州府、二十五日杭州府銭糖縣、二十六日嘉興府石門縣、二十七日嘉興府城下より平湖縣を経て、二十八日（三月二六日）に乍浦港に到着した。(33)

廣州府下から一〇九日、ほぼ四箇月近くを要して乍浦まで到着した。漂流民は、

通事唐人徐八、徐福ノ兩人案内シテ上陸ス、日本商汪氏十二家汪永增、楊鶴圃兩荷主ノ問屋二階造ノ處ヱ差置、同廿九日護送役人歸郷ノ由ニ付、漂士三人右乗組ノ船ニ行キ禮謝トシテ紬縞一端宛、其外品々人別ニ贈リ、且ツ下役

ヱモ島木綿等餞別トシテ差贈、[34]

とあり、乍浦に到着後、通事の唐人徐八、徐福の世話により、日本通商の官商の汪氏の汪永増と民商の十二家の楊鶴圃が保有する二階建ての建物で撫育された。漂流民を乍浦まで送り届ける護送を担当した官吏が帰郷すると聞き、漂流民はお礼の品として彼等が所有していた紬縞などを贈呈している。

漂流民がとうとう帰国することが決まり、

同五月初旬、日本通商ノ船入津ノ由ニテ別宿ニ引移シ、兩商（汪永増、楊鶴圃）出店ノ内ヲ補理シ二階ニ差置、食物塩魚菜薪等日々懇ニ預リテ滞留ス。……當六月朔日官所ノ令アリ、此度日本渡海ノ船ヨリ可送届旨、兩荷主ヱ命ゼラレ、同十日、日本渡海汪氏十二家雙方仕出シノ船六艘ニ乗組、沈萬珍、楊西亭船兩艘ハ當六月十三日出帆、沈萬珍船ハ同廿四日長崎着岸、楊西亭船ハ同廿六日着船。汪松巣、譚竹庵兩艘ハ六月十五日出帆、洋中風順悪ク、同廿四日肥後國天草郡崎津港漂着、其所ヨリ挽船ヲ以テ、同廿七日當港ヱ着船、蔣春洲、汪執耘船ハ六月十七日出帆、蔣春洲船同廿七日、汪執耘船ハ同廿九日當港入津ス。[35]

と、漂流民は汪氏十二家の手配した六艘の唐船に搭乗して帰国した。

六月十三日に乍浦を出帆した沈萬珍、楊西亭船二隻は沈萬珍船が二十四日に、楊西亭船は二十六日に長崎へ着船。六月十五日に出帆した汪松巣、譚竹庵船二隻は、汪松巣船が海上で大風に遭遇して二十四日に肥後國天草郡崎津港に漂着し、同所の挽船によって二十七日に長崎に入港した。蔣春洲、汪執耘船は六月十七日に乍浦を出帆し、蔣春洲船は同二十七日に、汪執耘船は二十九日に長崎に入港している。

長崎の入港記録を記した『割符留帳』によれば、子二番船船主は沈萬珍、子三番船主は楊西亭、子四番船主汪松巣、子五番船主は蔣春洲、子六番船主は譚竹庵、子七番船主は汪執耘であった。[36]

同記録から、子二番「沈萬珍」船は「丙子年廿四日入津」[37]とあり、子六番「譚竹菴・沈綺泉」船は「丙子六月廿七日入津　天草郡崎津港漂着」[38]と記録されている。他の子三、四、五、七番船の記録が見られないのは、この『割符留帳』が文化十二年正月以降の信牌を配布したもので、それ以前の『割符留帳』に記録されたため、管見の限り見られない。しかし以上の記録から『長崎志續編』の入港記録は正しいものと考えられる。そうすると中国側の記録である「范三錫・金全勝・金源寶・萬永泰・錢壽昌・金恒順六船前往東洋採辦銅觔」の六艘と子二番船から七番船までの六隻が一致することは確かである。

先の『清舶筆話』の記載から、汪執耘が乗船していた船が金全勝であったことから、汪執耘が同船で長崎に入港したとしたら、子七番船が金全勝であったと考えられる。

三　文政・天保年間の来航

1　文政六年（一八二三）未四番船

長崎奉行所の裁判記録である『犯科帳』文政六年（一八二三）の条によれば、松平豊後守領分の種子島赤尾木の天満丸が中国に漂着し、水主仲右衛門等一三名が文政六年に長崎に入港した未一番船、沖船同幸次郎等一五名が未四番船で帰国した。この時の中国側の資料が、『史料旬刊』第八期「道光朝外洋通商案」の「帥承瀛摺」（天二九一、二九二）に見える。

浙江巡撫臣帥承瀛跪奏、爲閩省咨送日本國遭風難夷由浙省分搭二船歸國、内有一船遭風、仍行駛回各緣由恭摺具奏、仰祈聖鑒事、臣於道光二年十二月、准前任福建撫臣葉世倬咨開、日本國遭風夷船一隻、漂流到閩内有舵水林仲右工衛門一名、能書漢字、據稱係日本國薩州人、船主幸次郎於四月間、帶同舵水等共三十人、往該國七島地方、販買黒砂糖・草蓆装載回國、在洋遭風衝礁、將船撃碎、適遇兵船、護帶厦門、随經照例、撫卹奏明、委員護送、至浙江乍浦、附搭銅船歸國等、因随於本年二月間、據閩省委員護送該難夷幸次郎等三十名、並糖蓆等物到浙、臣即委員飭送乍浦、妥爲安頓撫卹、俟東洋辦銅船隻出口、即令護搭回國、嗣據乍防同知申報、難夷金次郎一名忽患風寒疾症延醫無效、於四月二十八日病故在案、茲據乍防同知何太青、平湖縣知縣胡述文先後詳稱、辦銅官商王宇安雇船戸金全勝商船出口、前往東洋、將難夷幸次郎等十五名附載。又額商楊鶴圃雇船戸金得泰商船出口、將難夷林仲右工衛門等十四名附載、并將原來沙糖物件、分装二船、其金次郎棺柩、令幸次郎領回照例、按名給予船價、及在船鹽菜口糧、均六月初九日由乍浦開行、詎金全勝一船、行至剱山門洋面、猝遇颶風、損壊槓具、不能前進、於七月十三日駛回乍浦進口、所有附搭之難夷幸次郎等十五名、並糖貨等項、仍行起岸安寓、俟銅船冬汛開行、附搭歸國等情、由藩司常德具詳奏、前來臣査辦銅商船二隻、同時開行、今難夷幸次郎等十五名附搭之船、既因遭風駛回、自應待至冬汛、再行起程、仍飭地方官照例妥爲撫卹、所有林仲右工衛門等十四名附船歸國日期、理合先行奏聞、其幸次郎等十五名俟於冬令附搭銅船開行、再將起程日期、咨部査核、除撫卹該難夷等衣粮、統俟幸次郎等起程、後一併核實題報外、臣謹恭摺具奏、伏乞皇上聖鑒謹奏。

道光三年九月初七日

奉硃批「妥爲撫卹料理所奏、知道了」欽此。(39)

とあり、この奏摺によって、仲右工衛門等一四名が搭乗したのは額商楊鶴圃が雇った船戸金得泰船であり、幸次郎等が乗船したのは官商王宇安が雇った船戸金全勝船であったことがわかる。

『長崎志續編』巻九、「未壹番、同四番船ヨリ薩摩大隅之者送來事」にこの時の漂流民の事情が記されている。

文政六年癸未年、壹番劉景筠船、四番譚竹庵船ヨリ、薩州隅州ノ者送來ル。此輩去ル午四月、琉球國ノ内大嶋ヨリ薩州ヱノ年貢黒砂糖爲積受、同國鹿児嶋仲左衛門三拾貳端帆六百六拾石積天満丸、沖船頭幸次郎水主共ニ貳拾四人乗組、同月十二日薩洲山川湊出船、同廿六日大嶋着船、黒砂糖五拾萬斤、莚三千枚程積入、且ツ同所へ滞在ノ薩州者、便乞三人、並ニ大嶋ノ琉球人實父ト云者、同人悴段次郎、甥ノ嘉助兩人ハ爲暇乞同船ヱ乗込居シ處、俄ニ順風ト成テ船ヨリ下ス暇ナク其儘乗組、都合三拾人、同八月九日大嶋出帆、凡百里程ノ大洋ヲ乗過シ處、同十三日暁ヨリ北東ノ烈風トナリテ楫折レ、何國ヱ乗寄セン手便モナク、……同九月廿四日ノ早天、申酉ノ方ニ當リ遙ニ地方ヲ見掛シカバ、……此處福建省漳州府漳浦縣ノ沖ニテ、則チ船繫留シ……同廿八日漳浦縣ノ内、厦門ニ連行、滞留ノ内、縣吏漂着ノ次第ヲ吟味シテ後、同十一月廿日、此所出立セリ、其後數日處々ヱ繼送ラレ、福州府ヲ經テ、當二月二日、浙江省乍浦ヱ着船、同所ノ旅店二階造リ家ニ差置、品々撫育ニ逢ヒ逗留イタス内、水主金治郎即病氣差重リ、同四月廿八日終ニ病死セシユへ、同所登光寺境内ヱ葬リ、殘ル者共當六月十一日、日本渡海ノ船貳艘ニ乗組出帆、同十九日迠ハ竹庵ノ船トモ乗伴ヒシ處、右類船見失ヒ、然ルニ劉景筠船乗組ノ實父、同廿四日ノ夜走リ船ニテ海中ヱ沈没スト見へ行衛不知、殘リ十三人護送シテ、七月十四日長崎港入津、譚竹庵船ハ風順悪ク乗戻リ、十一月十六日再ビ乍浦出船、同キ十二月三日當津着岸ス。依之例之通御吟味畢テ、壹番船連ル十三人ハ、當九月廿三日薩州聞役石原正左衛門ヱ引渡トナリ、四番船護送ノ十五人ハ、翌申年二月晦日、同家士若松治右衛門へ被引渡之。[40]

これらの記録から、金全勝船は洋上で大風に遭遇してふたたび乍浦に戻り、十一月十六日に乍浦を出航して、十二月三日に長崎に入港したことがわかる。すなわち金全勝が未四番船として番立されたのであった。『割符留帳』によれば、文政六年十二月三日に長崎に入港した未四番船となった船主は在留船主の譚竹菴、財副が孫漁村であった。[41]

2　文政九年（一八二六）酉六番船

文政九年（道光六、一八二六）の酉六番沈綺泉船、同八番劉景筠・楊啓堂船より、浙江乍浦から奥州南部領の七名が送り帰されてきた。

『長崎志續編』巻九、「酉六番同八番ヨリ奥州之者送來事」によれば、

文政九年丙戌、酉六番沈綺泉、同八番劉景筠・楊啓堂船ヨリ、奥州南部領ノ者七人送來ル。此輩七個年以前辰年、奥州閉伊郡船越浦田野村黒澤屋六之助船、十二端帆六百五拾石積神社丸ヱ、沖船頭同國磯鶴村平之丞、水主共ニ拾二人乗組、鰯粕大豆魚油鰹節、並ニ領主江戸蔵屋鋪ヱノ届物、其外品々積入、同年十一月廿六日同國大槌浦出船、江府ヱ志シ、房州沖ニテ乗掛シニ、同十二月十二日夜、風戌亥ニ變ジ、雨雪強風波次第ニ烈ク、遂ニ地方ヲ見失ヒ危殆ニ及シユヘ、無是非檣ヲ伐捨、積荷ヲ投ジ、流レ漂フコト數日、……同月廿一日暁、何國トモ不辨地方ヲ見出、……(42)

とあるように、奥州の神社丸ノ乗員等は房州沖で遭難し、不明の地に漂着したのであった。その地において地元民の救済を得て暮らし「未年七、八月ノ比、外國船一艘此嶋へ着船」(43)とある外国船の帰帆に搭乗させてもらい到着した地が暹羅国であることが分かり、さらに同地に漂着した福建省福州府福清縣の船が帰国するのに乗せてもらい、

酉六月三日、八人共乗船出帆セシニ、水主伊勢松船中ニテ病死、埋葬スルコト不能シテ、雑具トモニ海中ニ投ジ、七月十八日廣東省廣州府香山縣澳門ヱ着船、(44)

とあるように、文政八年（一八二五）七月に澳門に至ったのであった。その後、

福建省漳州府龍渓縣ヲ歴、凡六十餘日ヲ過テ、十月十五日浙江乍浦へ着。(45)

と、乍浦に到着している。

この時の中国側に日本人送還に関する記録が『清道光朝外交史料』二に見える。それが「浙江巡撫程含章奏護送日本難夷至浦並照例撫恤資遣回國各情形片」である。

再臣接准福建撫臣來咨、閩縣船戸金福全由呂宋國回棹、搭載日本難夷清祐等七名至閩、奏明派撥員弁護送、赴浙等因、當即行司、轉飭沿途、經過各營縣、逐程護送、至平湖縣乍浦海口、妥爲安頓照例撫卹、遇有東洋辦銅商船出口、搭載回國去、後茲據平湖縣胡述文詳振、准前途各縣營、于十月十五日、將亥難夷清祐等七名、随身衣履木箱、護送至浦、當經照例、撫卹賃屋安頓、今有官商王宇安、又額商楊嗣亭前往東洋辦銅、即將該難夷清祐等七名、分船附載、給與船價、並口糧鹽菜銀米、于十一月十八日、二十四日出口等情、由布政司繼昌具詳請奏、前來臣謹附片具奏、伏乞皇上聖鑒謹奏。

道光五年十二月二十二日

道光六年正月初九日　奉硃批「知道了」欽定。(46)

漂流民が何国か不明の地と言ったのは、この奏摺から呂宋国であったことがわかる。彼等を中国まで運んでくれたのは「閩縣船戸金福全」船すなわち福建省福州府閩縣の船であった。その後、彼等は乍浦に送られ、乍浦において官商王宇安と民商楊嗣亭の撫育を受けて二隻の唐船に分かれて帰国したのである。

この漂流民が乗船したのが次の船であった。

日本商王氏十二家兩荷主王宇安・楊嗣亭ノ出店へ差置、衣類其外與ヱラレ日々撫育ニ逢ヒ、十一月廿四日日本通商ノ船貳艘ニ乗組、沈綺泉船ハ十二月十三日隅州屋久嶋ヱ漂着シ、當正月九日當地着岸、劉景筠・楊啓堂船ハ於洋中逢難風乗後レ、同月朔日遠州下下田村ヱ漂着、同十九日駿州清水湊ヱ被挽入、同三月九日同所ヨリ護送ノ處、同四月廿四日肥前國平戸田助浦兀嶋ニテ難船、同五月六日、同所ヨリ日本船ニテ被挽送、同七日長崎ニ着船ス。(47)

漂流民は官商王宇安と民商楊嗣亭の手配した沈綺泉船と劉景筠・楊啓堂船の二隻に分乗して長崎に戻ったのであった。この二隻の唐船のうち、遠州下吉田村に漂着したのが得泰船である。(48)得泰船が長崎に送られるまで、筆談で乗員と問答したのが野田笛浦である。その際の文政九年（一八二六）四月二十五日に質問に次のような応答があった。

秋嶽（野田笛浦）云。唐船四艘下番。

啓堂（楊啓堂）云。船名如何。

秋嶽云。壽昌、金全勝、永泰、日新鵃。

啓堂云。見役人問、四艘唐船何日下番、何日開行。

秋嶽云。役人説及、壽昌漂収薩摩屋久島、正月五日下番。金全勝収薩摩野舟、正月九日下番。永泰亦収野舟、二月廿四日下番。日新鵃一収琉球、二収朝鮮、三収薩摩。唯恒順乙隻、未知其所之、洋面有旋溜之所、行船落其間、全船沈没、不見其影子、恒順必不落旋溜之所、恐収回唐山、放心爲是。(49)

と、楊啓堂は長崎来航唐船の動向が気になっていた。そこで判明した船名が壽昌、金全勝、永泰、日新鵃の四隻である。そのうち、動向の判明したのが、壽昌であり屋久島に漂着したものの正月五日に、金全勝は薩摩に漂着したものの正月九日に、永泰も薩摩に漂着したが二月二十四日に長崎に入港したことが判明している。しかし日新鵃と恒順が不明であった。

長崎奉行所の『割符留帳』によれば、酉五番船は朱鑑池が船主で「丙戌正月五日入津　隅州屋久島漂着」(50)とある。酉六番船は船主沈綺泉で「丙戌正月九日夕入津　隅州屋久島漂着」[51]とあり、酉七番船は在留船主金琴江、財副陸吟香は「丙戌二月廿四日夕入津　隅州屋久嶌漂着」[52]、そして酉八番船は在留船主劉景筠、財副朱柳橋であり「遠州下吉田村漂着並ニ肥前國平戸領田助浦ハゲ島難船、乗組唐人之内護送、丙戌五月七日着岸」[53]とある。

以上から、金全勝号は酉六番船であったことがわかる。

3　天保二年（一八三一）卯三番船

天保二年十二月に外国へ漂着した日本人が長崎に来航した唐船、卯一番船、卯三番船に搭乗して帰国した。その間の事情は、『長崎志續編』巻九、「卯壹番、同三番船ヨリ備前讃岐備後能登國之者送來事」に見える。

天保二年辛卯十二月、壹番周藹亭、三番汪執耘船ヨリ、外國漂流日本人十四名送來ル、漂着ノ次第ハ、去ル寅年、松平伊豫守江戸邸中扶持米積込ニ付、領内備前國岡山廣瀬町多賀屋金十郎船千七百石積三拾端帆神力丸ヱ、米四千六百廿俵、其外雜物積入、同人家來楫役宇治甚助、片山榮蔵、沖船頭五左衛門、水主拾貳人、松平讃岐守領内讃岐國ノ者一人、松平勝吉領内備後國ノ者一人、松平加賀守領内能登國ノ者一人、毛利甲斐守領内長州下ノ關ノ者一人、都合拾九人乗組、同年八月十二日、岡山川口出船、同廿九日夜、紀伊國鹽見崎ヱ乗來ル處、俄ニ北東風大ニ起リ海上荒立、翌晦日同様ニテ、遂ニ帆裂楫折レ、西南ノ方ニ流レ漂ヒ、風波更ニ不止、危殆ニ及ビシニ因テ、積荷ヲ投、身力ヲ竭スト雖ドモ、大洋ニテ無爲方、同九月、十月中、空ク漂ヒ居、漸ク十一月六日ニ至テ南方ニ山ヲ見出ス、幸ヒ北風ニテ稍近寄岸ニ上ラントス、……此所波丹國ノ小嶋ニテ、サブタント云フ、同十一日出立、同十五日サルトリメンユヱ著、數百ノ人家アリ、……翌卯年正月六日、役人附添ヒ此地乗船ス、……同月十九日夜呂宋國ノ港口ニ著、……同廿一日上陸、唐國ノ商館ニ行テ唐人ニ引渡ス、……同三月廿日ノ頃、唐船四艘入津交易ス。[54]

天保二年の卯一番、三番唐船により日本へ戻ってきたのは備前、讃岐、備後、能登の出身者であった。彼等は岡山から江戸の松平伊豫守藩邸に、米穀四、六二〇俵を輸送するため、一、七〇〇石積、三〇反帆の神力丸に搭載して「岡山川口」おそらく吉井川の河口付近から出帆するが、「紀伊國鹽見崎」付近で北東の大風に遭遇して太平洋を流され、漂着したのが「波丹國ノ小嶋ニテサブタン」と言う所であった。そこから「呂宋國ノ港口」おそらくマニラ（Manila）で中国人の商館「唐人ノ商館」で撫育を受けたのであった。ここはおそらくマニラのパリアンすなわちチャイナタウンにあった中国商人の商館であろう。(55)

その後、漂流民たちは澳門に送られることになる。

同五月三日、右館前ヨリ呂宋船ニ乗組、四百石積程ノ船ニテ黒ク塗、上ハ板ヲ覆ヒ、帆柱三本、爪二ツアル鐵ノ碇ヲ以テ轆轤ニ掛ケ有之、大洋ヲ晝夜乗リ行キ、凡五百里程ニテ同月九日晝、マカオと云所へ着、繁華ノ地也。(56)

おそらくスペインのガレオン船でマニラからマカオまで送られた。その後、彼等はマカオから「同七月朔日、廣東省廣州府香山縣ヱ着」(57)と廣東省に送られ、さらに「同三日廣東ニ著、廣大ノ港ナリ」(58)と廣州に至り、廣州から南雄を経て江西省に入り、南安府、廣信府、南昌府などから浙江省に至り、「同廿一日浙江省嘉興府平湖縣乍浦ニ著船セリ」(59)と乍浦に到着したのであった。

漂流民は乍浦で中国荷主から撫育を受ける。

通事唐人來リ案内シテ、日本通商荷主楊嗣亭ノ出店ニ伴ヒ撫育セリ、右樓上ニ薩州ノ者是亦漂流ノ地ヨリ送リ來ル由入リ代リ滞留ス。其後荷主ヨリ木綿蒲団並ニ綿入帽子ヲ與フ、同十一月廿日餞別ノ饗應有テ、同廿三日唐船貳艘ニ乗リ分ケ、周藹亭船ニハ宇治甚介等七人乗組、翌廿四日發船、同十二月七日薩州山川漂着、同九日出船、同十三日長崎著。汪執耘船ニハ、水主等七人乗組、十一月廿九日出帆、同十二月十六日當港着岸ス。(60)

漂流民は日本通商の商人によって長崎に送還されることになった。十一月二十三日に宇治甚介等七名が周藹亭船に搭乗し、他の水主等七名は汪執耘船に搭乗して帰国したのである。

この送還に関する中国側の記録が、浙江巡撫富呢揚亞の題本である。

査得平湖縣接収粤省、送到日本國遭風難番凝治甚助等十四名、至乍浦地方安頓撫恤、附搭銅船回國一案、縁該難番等係日本國蒲前島人、通船共十九人在本地、装糧米開往烏金王處、不料本船于十年八月間、駛至廣唐波丹國洋面、遭風撃碎人米盡行落水、該難番等抱板漂流至廣唐島、遇救得生十四人、其餘五人倶落海身死、該島人將伊等送至小呂宋國、候有夷船、轉送廣東、住宿一百餘日、于道光十一年八月間、經粤省委員護送赴浙江乍浦地方、附搭銅船回國、咨行浙省接護等因、……道光十一年十月二十一日、准委員等護送到乍設舘安頓、照例資給口糧衣物、加意撫恤等情、就經由司□詳分、咨續、據該廳縣詳報、將難番陳古門等□名、并行李物件、雇搭錢壽昌銅船出口、其凝治甚助等七名、雇搭金全勝銅船出口、均于道光十一年十一月二十三曁二十五等日、由乍浦起程開行。(61)（□：不明文字）

浙江巡撫富呢揚亞のこの題本から、漂流民が漂着したのは廣唐波丹國であり、そこから小呂宋國に送られ、廣東に滞在すること一〇〇余日において浙江乍浦に送られたのであった。彼等一四名は、七名ごとに分けられ、中国側荷主が手配した錢壽昌船と金全勝船に分乗して帰国した。

さらに、中国第一歴史檔案館に所蔵される硃批奏摺には次の浙江巡撫富呢揚阿の奏摺が知られる。

奏

浙江巡撫臣富尼揚阿跪

奏爲粤省送到日本國遭風難夷、照例撫卹、附搭銅船回國日期、恭摺具奏、仰祈聖鑒事、竊臣接准暫護兩廣督臣朱桂楨來咨、以日本國遭風難夷凝治甚助等十四名、因在廣唐波丹國洋面遭風、經小呂宋船救起、随帯來澳、懇請附搭回國、奏明、委員護送赴浙、附搭銅船回國等因、經臣行司委員、迎護入境、並督飭浙江沿途、經過各營縣、逐程護送、於道光十一年十月二十一日、將難夷凝甚助等十四名、并随帯衣物、送至嘉興府平湖縣乍浦海口、照例撫邮、賃屋、妥爲安頓。復飭據署平湖縣知縣楊遇詳報、査有辦銅額商楊嗣亭傭銭壽昌商船、官商王宇安傭金全勝商船、各出口前往東洋、已將難夷陳古門等七名、附搭銭壽昌船内、凝治甚助等七名、附搭金全勝船内、分載回國、按名給發船價、並在途口糧鹽菜銀米、於十一月二十三、二十五等日先後開行出口等情、由署布政使陳鑾奏前來、除將該難易夷等起程日期、及随帯行李件、造冊分咨外、理合循例、恭摺具奏、伏乞皇上聖鑒謹奏。

硃批「知道了」

道光十一年十二月二十六日[62]

ここでも確かに漂流民送還の中国からの出帆の状況が記され、「陳古門等七名、附搭銭壽昌船内、凝治甚助等七名、附搭金全勝船内、分載回國」と陳古門等七名は銭壽昌船に、凝治甚助等七名は金全勝船に搭乗したとある。

『長崎志續編』では、周藹亭船には「宇治甚介七人」が、汪執耘船には「水主等七人」が搭乗していた。周藹亭船が卯一番船、汪執耘船は卯三番船に番立されている。富呢揚亞の題本によれば、「難番陳古門等七名、并行李物件、雇搭銭壽昌銅船出口、其凝治甚助等七名、雇搭金全勝銅船出口」とある、「宇治甚介」と「凝治甚助」を同一人物とすると見られ、帰国して報告された日本側の記録にも依拠すると、卯一番船が金全勝船であり、卯三番船が銭壽昌船であったことになる。

長崎奉行所の『割符留帳』によれば、天保二年の卯一番船について船主は周藹亭は「辛卯十二月十三日夕入津、薩州山川漂着」[63]とあり、卯三番船は在留船主汪執耘、脇船主孫漁村であり「辛卯十二月十六日暁入津」[64]と記されている。

4　天保七年（一八三六）申一番船

先に触れたように、天保七年正月に薩摩の片浦に漂着したことは「近代雜記」に見られる。

天保七年正月廿六日長崎出或書状、

當月廿一日昼八時過又々唐船壹艘入津仕候、是ハ去年十二月十日乍浦出船仕候南京船ニ御座候由、洋中ニて難風ニ逢、正月四日薩州片浦と申處へ漂着、同十二日薩州より足輕兩人上乗仕、同所を出船致し、日數十日目ニて長崎湊内へ入津仕候趣、右船鈕梧亭と申唐人申立候、船號ハ全勝と申候、乗組百拾壹人罷在候、

天保七年正月四日に薩摩の片浦に漂着したのが鈕梧亭が率いた金全勝号であった。乗員一一一人の大型船であった。

そのことは、積荷の事情が、同書に、

金全勝荷物値段凡壹萬五千兩程之由ニ御座候。

船長サ貳十四間、巾七間、深サ五間、帆柱凡二十間、中帆柱十三間、小帆柱十間、都合三本有之候、

右船中之様子、實ニ大造成ものニ御座候。

とあるように、「近代雜記」に見られるように、金全勝は積載貨物が一万五千両と見積もられ、船の形状は船長は二四間、船幅七間、船深が五間とされ、ここの単位の〝間〟が六尺、約一・八mとすると、船長は四三・二m、船幅が一二・六m、船深が九mと見られる船であった。同船は『割符留帳』によれば、船主鈕梧亭の申一番船は「丙申正月廿一日入津、薩州片浦漂着」[65]とあるから、金全勝は天保七年丙申の申一番船に番立されている。

さらに同年の王氏・十二家荷主連名の請書中に、

同斷書付

計開

王局日新船通船人數

船主財副　四人

夥總舵　四人

小公司　九人

頭目　十五人

炮手　四人

平份　六十五人

共計乙百零乙人

同全勝船

通船人數

同源興船

船主財副　四人

夥總舵　四人

小公司　九人

頭目　十二人

炮手　四人

平份　　六十五人
　共計九十八人
公局壽昌船通船人數
船主財副　四人
夥總舵　四人
小公司　九人
頭目　十二人
炮手　四人
平份　五十四人
　共計八十七人
同得泰船通船人數
船主財副　四人
夥總舵　四人
小公司　九人
頭目　十五人
炮手　四人
平份　六十六人
　共計乙百零二人

同寶泰船通船人數

船主財副　四人

夥總舵　四人

小公司　九人

頭目　十五人

炮手　四人

平份　六十七人

共計乙百零三人

とあり、王局すなわち、王氏の派船が日新船、金全勝船、金源興船の三艘に対し、公局すなわち十二家の派船が壽昌、得泰、寶泰船の三隻であった。

5　天保十三年（一八四二）の金全勝号の終焉

アヘン戦争は香港で始まったのであるが、イギリス海軍は中国の重要な港も攻撃対象とした。そのため浙江省の乍浦も攻撃対象の一港となったのである。イギリスは、乍浦が対日貿易の重要な港市と認識していたためである。その結果、イギリス海軍は、香港から北上し乍浦も攻撃したのである。

清實録『宣宗實録』巻三七〇、道光二十二年夏四月壬辰（十四日）条に、次のようにある。

又諭、本日耆英奏、逆夷大幫船隻、竄至乍浦洋面一摺、據稱初七日午刻、有逆夷火輪　船二隻、大小夷船二十餘隻、由乍浦所轄之黄盤山東首洋面而來。未刻、火輪船拖帶三板船、自彩旗港駛入西行汎停泊等語。該逆猖獗異常、甫經退出寧波。又復駛至乍浦外洋、意圖擾掠實屬可恨、現在耆英等極力防堵、並於尖山等處、加意嚴防、誠恐該逆分［舟宗］肆擾乗勢竄入上海各海口、著牛鑑・陳化成、督率文武員弁、認真防範、毋稍疏虞。……(66)

道光二十二年夏四月初七日、一八四二年五月一六日にイギリス海軍が乍浦近海に渡来してきたのである。そのことは、『籌辦夷務始末（道光朝）』巻四十八、道光二十二年四月乙未（四月十七日）の「廷寄三」にも、

又諭、本日據耆英等馳奏、逆夷攻陥乍浦一摺、據稱逆夷退出寧波、早有滋擾他處之語、本月初七日、突有夷船二十餘隻、自江蘇金山洋面轉入乍浦遊奕。初九日辰刻、將船隻排列陣勢、開礮内逼、另用杉板船、分撲西山觜、唐家灣等處、旋由燈光山等處登岸、火箭齊發。乍浦城内復有漢奸施放火箭接應、以致各兵潰散、乍浦失守等語。(67)

とあり、イギリス海軍は寧波に向かうかのように見せて、四月七日に突如二〇余隻の軍船が、江蘇の金山近海から乍浦を攻撃してきた。九日には軍船の陣営を整え乍浦を攻撃したのであった。他方、乍浦では「漢奸」が放火するなど混乱が生じたことで、乍浦の守備軍も散り散りとなり、乍浦の防備が崩れたのであった。

この時のイギリス軍の攻撃の具体的な状況は、王氏荷主王元珍の口單に見える。

王元珍

壬寅十一月清商口單

具呈王局総商王元珍、為祈轉啓、以邀補救事、竊商局與貴国貿易二百餘年、仰荷仁慈、俯卹商困、商自前歳冬幫、勉承祖父遺業、身膺特簡、竭尽駑駘、方期發販。源二通商悠久、不料今年四月初八日、英吉利国大兵、突入乍川、登岸焚掠、將商局停泊在塢之日新・全勝兩船、全行燒毀、片板無存、午時日新船、正在購料興修、工程將竣、忽與全勝船、同遭此劫、使商五六萬血貲、頓歸烏有、言之痛心。四月下旬、源宝・太平兩船回棹、太平船寄椗茶山洋面、忽被英船圍困、一昼夜、始得倖脱、與公局兩船、先後駛回乍口、惟源宝船、在洋戯駛。四月廿七日、突遇英船無數、而源宝船縴至定海舟山港内、肆行擄掠、堅不放行、直至九月間、特奉諭旨、欽派大臣、妥為安撫、始得戢兵退去、而源宝船

亦甫放回乍港、然羈延半載、貨物之霉變、損具之摧傷、費用之浩大、又難勝計、今夏遭此大創、勢難發辨、現拠海氛已靖、敢不竭蹷從公、無奈衹剩兩船、源宝尚需修葺、商當力竭計窮之候、又値兵戈殘破之餘、量力審時、實難承辨、然念與貴国、通市有年、未敢中途退阻、不得已、多方羅拙百計圖維、放九月初、興工將源宝・太平兩船、繕修完固。嗣即多遣商夥、往寧波・上海等処、不惜重價、購買新船、一俟成交、即當放乍、興修以踐夏二冬三之約、商之不顧身家、急公報効、至失極失、伏念貴国、奉卹商難、無微不至、今商局危、如累卵定、邀格外鴻施爲此、敢乞當年總理生意老爺、轉啓年行公大人、即稟王上、俯援商困、回賜矜全、被難購船、兩施補救、則感沐隆恩、實無涯涘矣、激切上呈。(68)

とあるように、とくに「今年四月初八日、英吉利国大兵、突入乍川、登岸焚掠、將商局停泊在塢之日新・全勝兩船、全行燒毀、片板無存」と見られるように、イギリス海軍が四月初八日すなわち、先の耆英の上奏に見える翌日に乍浦を襲撃し、乍浦港に停泊していた日新船、全勝船すなわち金全勝船が砲撃を受けて消失したのであった。

王元珍の「壬寅十一月清商口單」に見る壬寅十一月に長崎に来航した唐船は一艘も無い。長崎来航時の最も近いものは船主が顧子英で財副陳逸舟として「壬寅十二月十七日」に来航した寅二番船であ

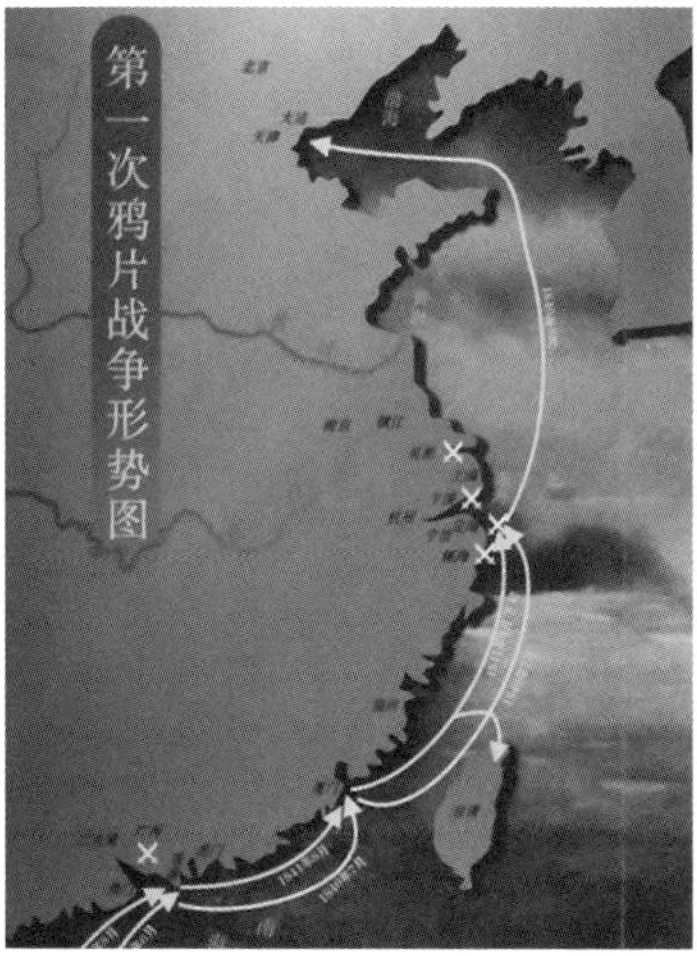

アヘン戦争時期の戦争形成図
（浙江博物館展示圖による）

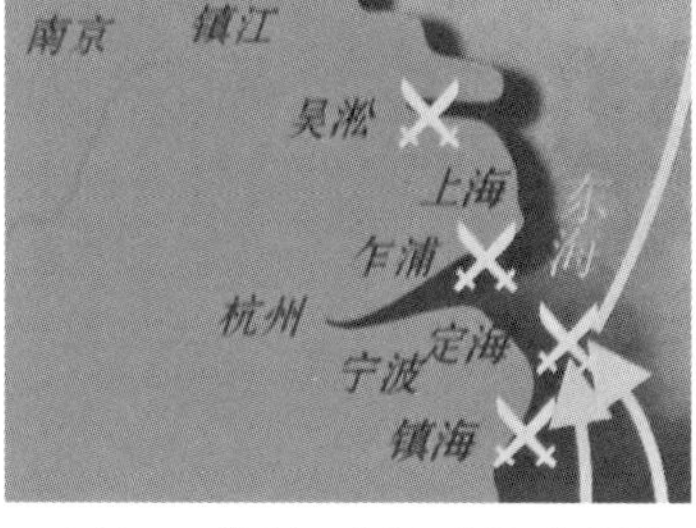

イギリス海軍の浙江攻撃形成図

る。[69]そして王元珍とは「王局総商王元珍」とし、さらに「承祖父遺業」とも記した「王氏荷主」であった。[70]この口單の特色は、長崎貿易に従事していた荷主側の英国軍船による被害が具体的に報告されたことである。道光二十二年（天保十三、一八四二）の「四月初八日、英吉利国大兵、突入乍川、登岸焚掠」とあるように、英国船が乍浦を攻撃してきた。耆英の道光二十二年四月十三日付の奏摺によれば、

竊英逆大帮船隻于本月初七日竄入乍浦、副都統長喜等以兵勇勢不能支、咨請援兵往援。嗣據續報、乍浦于初九日已被該逆攻陥、該逆又有自乍浦進攻嘉興之語。[71]

とある。乍浦近海に現れた英国軍船は攻撃してきた。そして停泊中の「商局停泊在塢之日新・全勝兩船」が攻撃を受け灰燼に帰したのであった。日新船は享和元年（嘉慶六、一八〇一）から[72]、全勝は金全勝船のことで享和二年にはそれぞれ長崎への来航が知られ、いずれも四〇年以上も日中の貿易を支えていた船であった。また「四月下旬、源宝・太平兩船」とある「公局兩船」も英軍船の餌食となるが、何とか難を逃れた。源宝船は文化十二年（嘉慶二十、一八一五）の亥七番船の長崎来航船として知られ[73]、太平船は金太平船のことと考えられる[74]。いずれも長崎貿易と関係深い船であった。この二隻が「九月初、興工將源宝・太平兩船、繕修完固」として、積荷を集めるために、王元珍は配下の商人を「多遣商夥、往寧波・上海等処、不惜重價、購買新船」として、不足する貨物を人を寧波や上海に遣わし収集し、さらに新船を購入しようとしていた。しかし王元珍等が差配する長崎貿易は「今商局危」と長崎貿易を差配した中国荷主の危機と言ったように極めて困難な状態にあったことを長崎に伝えたのであった。

このイギリス軍の乍浦攻撃の圖が Thomas Allom の "*The Chinese Empire Illustrated: Being A series of views from original sketches*" に見られ、'Close of Attack of Chapoo' として描かれ、その記述に次のようにある。

It was on the 17th of May, in the year 1842, that a British fleet, under the command of Vice-Admiral Sir William

Parker, arrived before the city of Chapoo; and, on the following morning, Sir Hugh Cough succeeded in landing a force of 1,300 men on a sandy beach, two miles east of the city, without the least opposition from the Chinese.(75)

一八四二年五月一七日、副将ウィリアム・パーカー卿の指揮下にある英国艦隊が乍浦の近海に到着し、翌朝、Hugh Cough 卿は、中国からのほとんど抵抗無しに、乍浦から東二マイルの砂浜に一、三〇〇人の軍隊を上陸させ、乍浦鎮を攻撃したのである。

五月一七日は中国暦四月初八日であり、官商王元珍が言う「四月初八日」と一致する。

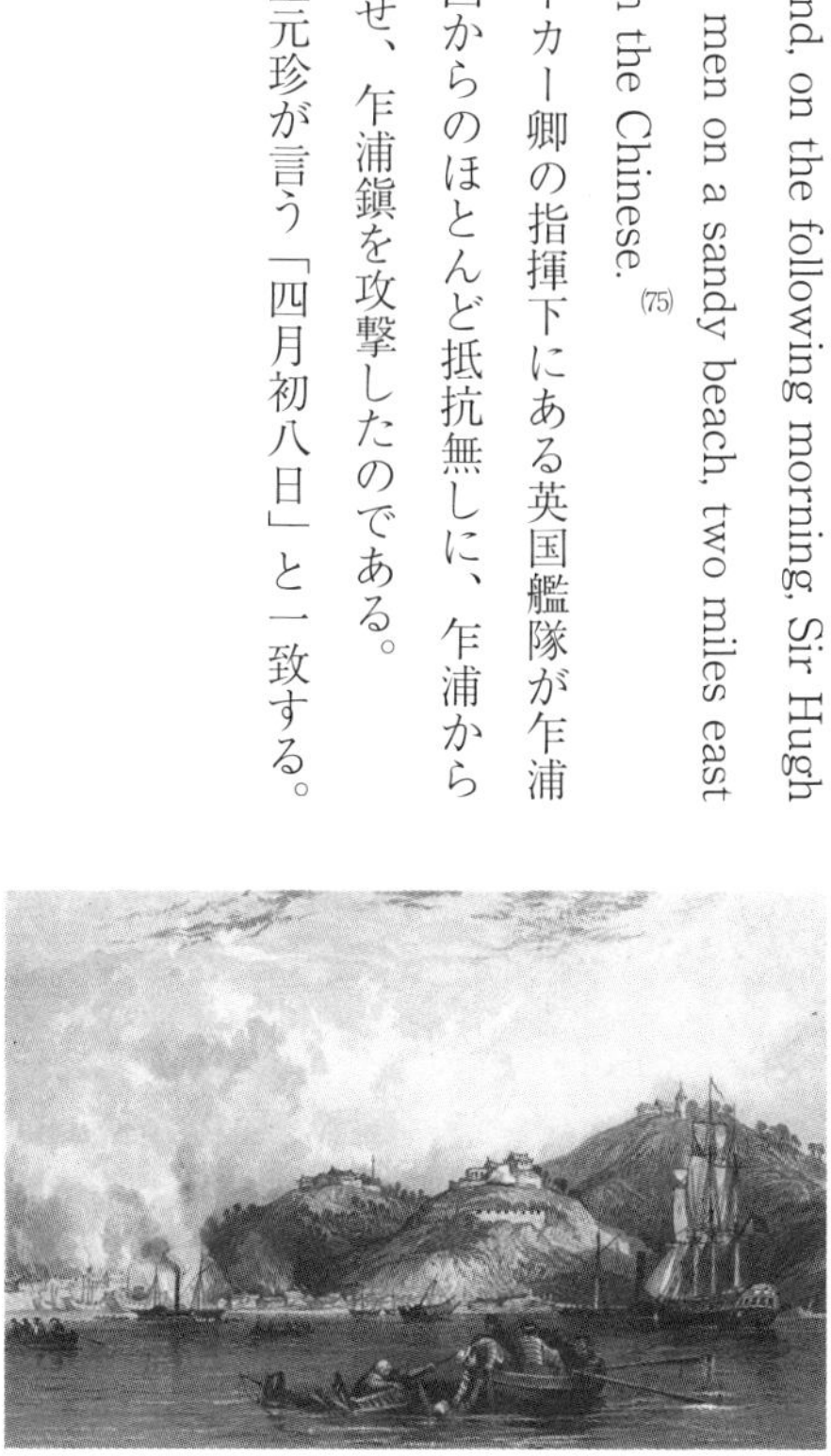

四　小結

上述のように唐船金全勝号は管見の限り、享和三年（嘉慶八、一八〇三）から天保十三年（道光二十二、一八四二）まで四〇年にわたり存在していたことのわかる中国式帆船である。その形状が具体的に知られるのが、本書で紹介した天保七年（道光十六、一八三六）正月の薩摩片浦への漂着に関して記録された「近代雑記」である。

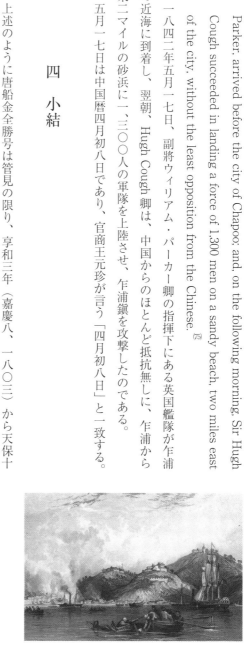

この「近代雑記」から、その形状がほぼ知られ、大型鳥船であったことは明らかである。しかし、アヘン戦争によるイギリス海軍の乍浦攻撃の際の歴史的事件によって、金全勝号が終焉を迎えると言う悲劇を見て、約四〇年に及ぶ、帆船の生涯を閉じたのであった。

金全勝号の雄姿は、「近代雑記」の他に長崎大和屋の「唐船入津之圖」に描かれた雄大な姿からも往事の長崎における唐船貿易の片鱗を垣間見ることができるであろう。

（註）

(1) 松浦章『清代海外貿易史の研究』朋友書店、二〇〇二年一月、二六四～二六九頁。
(2) 松浦章『清代上海沙船航海業史の研究』関西大学出版部、二〇〇四年一一月、三二一～七五頁。
(3) 松浦章『清代海外貿易史の研究』二六九～三〇六頁。
(4) 横倉辰次『江戸時代　船と航路の歴史』雄山閣出版、一九七一年二月、二一三～二二〇（全二九八頁）。
(5) 福井県立図書館・福井県郷土誌懇談会編『小浜・敦賀・三国湊史料』福井県郷土誌懇談会、一九五九年三月、小葉田淳「解説」九八頁（全八一五頁）。
(6) 横倉辰次『江戸時代　船と航路の歴史』二一三頁。
(7) 横倉辰次『江戸時代　船と航路の歴史』二一三～二二二頁。
(8) 横倉辰次『江戸時代　船と航路の歴史』二二三～二二四頁。
(9) 『享和三年亥年中　出帆引合帳』（全一三五丁）長崎歴史文化博物館蔵（図書番号：渡辺三一六～一一二）。
(10) 『文化元年子年中　出帆引合帳』（全一三五丁）長崎歴史文化博物館蔵（図書番号：渡辺一七～一一三）。
(11) 松浦章『清代海外貿易史の研究』一四四～一四六頁。
(12) 松浦章『清代海外貿易史の研究』二八九頁。
(13) 『享和三年亥年中　出帆引合帳』八丁（全一三五丁）長崎歴史文化博物館蔵（図書番号：渡辺三一六～一一二）。
(14) 大庭脩編『唐船進港回棹録　島原本唐人風説書　割符留帳―近世日中交渉史料集―』関西大学東西学術研究所、一九七四年三月、一四三頁。
(15) 同書、一四三頁
(16) 同書、図版一、信牌「南京船主楊敦厚」に給牌。
(17) 濱田義一郎編『大田南畝全集』第八巻、岩波書店、一九八六年四月、四〇三（全七一五頁）。

⒅ 濱田義一郎編『大田南畝全集』第十九巻、岩波書店、一九八九年三月、一二五（全七三一頁）。

⒆ 定吉は安永九年（一七八〇）に誕生。大田南畝三二歳の時の長男である。濱田義一郎編『大田南畝全集』第八巻、岩波書店、一九九〇年三月、九七頁（全三八八、一六頁）。

⒇ 濱田義一郎編『大田南畝全集』第十九巻一二九～一三〇頁。

(21) 森永種夫校訂『長崎文献叢書第一集・第四巻、続長崎實録大成』長崎文献社、一九七四年十一月、二〇一～二〇二頁（全七三二頁）。。

(22) 李奭學『中外文學關係論稿』聯經出版、二〇一五年一月、一六一（全四六六）頁。同書は明末に中国に伝来した歐洲文学を論じている。

(23) 森永種夫校訂『長崎文献叢書第一集・第四巻、続長崎實録大成』二〇二頁。

(24) 同書、二〇二頁。

(25) 『長崎遊覧圖繪』、本書八五～八六頁。貴重圖書影本刊行會編集『長崎紀聞』便利堂内、貴重圖書影本刊行會頒布事務所、一九三〇年一一月、山鹿誠之助「長崎紀聞解説」十五頁（全十六頁）には永茂の次に萬勝があり、『長崎遊覧圖繪』には見られない。

(26) 山鹿誠之助「長崎紀聞解説」十六頁。

(27) 森永種夫校訂『長崎文献叢書第一集・第四巻、続長崎實録大成』長崎文献社、一九七四年十一月、二〇五（全七三二頁）。

(28) 森永種夫校訂『長崎文献叢書第一集・第四巻、続長崎實録大成』二〇四頁。

(29) 林則徐『林文忠公政書』中国書店、一九九一年一一月、四〇頁（全二八八頁）。

(30) 松浦章編『文化十二年豆州漂着南京永船資料―江戸時代漂着唐船資料集九―』関西大学東西学術研究所資料集刊十三―九、関西大学出版部、二〇一一年二月、六三頁。

(31) 松浦章編『文化十二年豆州漂着南京永船資料―江戸時代漂着唐船資料集九―』二三〇頁。

(32) 森永種夫校訂『長崎文献叢書第一集・第四巻、続長崎實録大成』長崎文献社、一九七四年十一月、二七〇頁。

(33) 森永種夫校訂『長崎文献叢書第一集・第四巻、続長崎實録大成』二七〇～二七五頁。

(34) 同書、二七五頁。

(35) 同書、二七八頁。

(36) 大庭脩編『唐船進港回棹録　島原本唐人風説書　割符留帳―近世日中交渉史史料集―』関西大学東西学術研究所資料集刊九、関西大学東西学術研究所、一九七四年三月、一五三～一五五頁。

(37) 大庭脩編『唐船進港回棹録　島原本唐人風説書　割符留帳―近世日中交渉史史料集―』一五二～一五三頁。
(38) 大庭脩編『唐船進港回棹録　島原本唐人風説書　割符留帳―近世日中交渉史史料集―』一四五頁。
(39) 故宮博物院編『史料旬刊』（全四冊）第一冊、北京圖書館出版社、二〇〇八年一月、六一四～六一五頁。
(40) 森永種夫校訂『長崎文献叢書第一集・第四巻、続長崎實録大成』二八〇～二八二頁。
(41) 大庭脩編『唐船進港回棹録　島原本唐人風説書　割符留帳―近世日中交渉史史料集―』一七四頁。
(42) 森永種夫校訂『長崎文献叢書第一集・第四巻、続長崎實録大成』二八四頁。
(43) 同書、二八六頁。
(44) 同書、二八六頁。
(45) 同書、二八六頁。
(46) 故宮博物院編輯『清代外交史料　道光朝』成文出版社、一九六八年二月、一四九（全四五二）頁。
(47) 同書、二八六頁。
(48) 田中謙二・松浦章編『文政九年遠州漂着得泰船資料―江戸時代漂着唐船資料集二―』関西大学東西学術研究所資料集刊十三―二、関西大学出版部、一九八六年三月、全六五〇頁。
(49) 田中謙二・松浦章編『文政九年遠州漂着得泰船資料―江戸時代漂着唐船資料集二―』、「得泰船筆話」一二二頁、『得泰船筆語』二八八～二八九頁。
(50) 同書、一七五頁。
(51) 同書、一七五～一七六頁。
(52) 同書、一七九頁。
(53) 同書、一七六頁。
(54) 森永種夫校訂『長崎文献叢書第一集・第四巻、続長崎實録大成』二九〇～二九二頁。
(55) 箭内健次「マニラの所謂パリアンに就いて」『臺北帝國大學文政學部史學年報』第五輯、一九三八年一二月、一～一五八頁。
(56) 同書、二九二頁。
(57) 同書、二九三頁。
(58) 同書、二九三頁。

(59) 同書、二九三頁。
(60) 同書、二九三頁。
(61) 中央研究院歴史語言研究所編『明清史料』庚編第八本（全一〇本）、中央研究院歴史語言研究所、一九六〇年一一月、七八二裏～七八三表。
(62) 中国第一歴史檔案館所蔵「硃批奏摺・外交類・4－258－35」による。
(63) 大庭脩編『唐船進港回棹録　島原本唐人風説書　割符留帳―近世日中交渉史史料集―』二〇〇頁。
(64) 同書、二〇〇頁。
(65) 大庭脩編『唐船進港回棹録　島原本唐人風説書　割符留帳―近世日中交渉史史料集―』二一二頁。
(66)『宣宗實録』巻三七〇、道光二十二年夏四月上、『清實録』第三八冊、中華書局、一九八六年一〇月、六六八頁。
(67)『籌辦夷務始末（道光朝）』第四（全六）冊、中華書局、一九六四年三月第一版、二〇一四年四月北京第二次印刷、一八一六頁。「欽差大臣耆英等奏報英船欲犯嘉興現籌防守情形摺」、中国第一歴史檔案館編『鴉片戦争檔案史料』第五冊、天津古籍出版社、一九九二年一二月、二九二～二九四（八三五）頁参照。
(68)『阿芙蓉彙聞』巻三、交兵第三所収。
(69)『割符留帳』二二九頁。
(70) 松浦章『清代海外貿易史の研究』朋友書店、二〇〇二年一月、一五五～一五六（全六七三、二五）頁。
(71) 中国第一歴史檔案館編『鴉片戦争檔案史料』五、天津古籍出版社、一九九二年二月、二九三頁。
(72) 松浦章『清代海外貿易史の研究』二八七～二八八頁。
(73) 松浦章『清代海外貿易史の研究』二九四、二九七～二九八頁。
(74) 松浦章『清代海外貿易史の研究』二九八頁。
(75) Thomas Allom, "*The Chinese Empire Illustrated*", p.117 (pp.1-120).

附章　唐船金全勝号と同時代の長崎来航唐船

唐船金全勝号が享和二年（嘉慶七、一八〇二）の長崎来航から、イギリス海軍の乍浦攻撃の余波を受け、同海軍の軍艦からの攻撃を受けて灰燼に帰した道光二十二年（天保十三、一八四二）まで、その航跡知られるが、金全勝号とともに同時代に長崎に来航していた唐船名には次のものがある。

大萬安、永泰、永寶鵃、金得泰、皆吉、金源盛、金得勝、永興、日新鵃、永茂、萬勝、恒順、壽昌、源寶、金全順、范三錫、源興、寶泰

以上、金全勝を含め一九艘の唐船名が知られる。これら唐船は、毎年のように長崎に来航していたが、長崎では入港の順に、入港年の十二支を使用して、子年であれば、子一番、子二番、子三番、……、丑年であれば、丑一番、丑二番、丑三番、……のように番立てされた。信牌、長崎通商照票の給牌に際しても、唐船名は子一番などのように、番立名で記された。そのため、長崎の貿易記録に唐船名が記録されることは皆無であった。

本書で紹介した「享和三亥年中出帆引合帳」、「文化元子年中出帆引合帳」に船名が見られるのは極めて珍しい例である。このため唐船各船の船名を知る記録は極めて少なく、金全勝号も毎年のように長崎に来航していたはずであるが、その来航を確認できるものは四〇年間に一〇度ほどと少ない。

第一章で述べたように、乍浦から長崎へ来日する唐船は、一般には中国で言われる〝夏帮〟と〝冬帮〟と、東アジアに吹く季節風を利用していた。夏季には太平洋高気圧から吹き出される南東風があり、冬季にはシベリア高気圧から吹き出される北西風があった。夏季は中国から日本へは順風となるが、冬季は中国から日本へは逆風となる。しかし中国

帆船の帆柱と帆布の設置関係から逆風でも、風を利用して中国から日本への運航は可能であった。このため上記の唐船等も毎年二度ほど長崎に来航していたと見られる。

このことから、金全勝号も四〇年間に、およそ八〇回ほど長崎に来航していたはずであったが、その来航が確認できるのは一〇%余りの回数である。しかし、その推定される来航回数から、金全勝号は一九世紀前半の中国と日本を結ぶ基幹帆船の一隻であったことは確かである。

大萬安（本書四五、一二七頁）は享和、文化初期に、日新鵰は金全勝とほぼ同時期、金得勝は文化年間前期、永泰は享和から文政年間に、金源盛は文化前期、皆吉は文化初期、萬勝は文化初期、恒順は文化から天保年間に、源寶は文化年間後半、金全順は文化後半、壽昌は文化後半から天保年間、金得泰は文政から天保年間などの長崎来航が知られている。(1)

本書で掲げた「近代雑記」や「長崎遊覧圖繪」に見られるように、現在の噸數でおそらく四〇〇噸ほどの帆船であった。この金全勝号には一〇〇名ほどの乗員とともに、日本の貨幣単位で一五、〇〇〇両と見積もられた貨物を積載して長崎に来航した。

他方、長崎の記録、「享和三亥年中出帆引合帳」、「文化元子年中出帆引合帳」から、唐船の帰帆時の積載貨物の価格が約三、〇〇〇両とみられる。

（註）

(1) 松浦章『清代海外貿易史の研究』朋友書店、二〇〇二年一月、二七七〜三〇六頁。

表１　金全勝号の長崎来航表

西暦	中国暦	日本暦	唐船数	金全勝号の来日	その他の唐船名
1801	嘉慶６	享和元	19	金全勝号	大萬安、永泰、永寶鵤、金得泰
1802	嘉慶７	享和２	11	亥一番、亥九番	
1803	嘉慶８	享和３	10		
1804	嘉慶９	文化元	11		
1805	嘉慶10	文化２	13	丑二番船	皆吉、金源盛、永泰、金得勝、永興、大萬安
1806	嘉慶11	文化３	5		
1807	嘉慶12	文化４	8	卯十番船	大萬安、金得勝、日新鵤、永興、永茂、萬勝、永寶鵤、永泰
1808	嘉慶13	文化５	12		
1809	嘉慶14	文化６	10		
1810	嘉慶15	文化７	11		
1811	嘉永16	文化８	11		
1812	嘉慶17	文化９	13		
1813	嘉慶18	文化10	13		
1814	嘉慶19	文化11	7		
1815	嘉慶20	文化12	10	亥十番船	恒順、壽昌、永茂、源寶、金全順
1816	嘉慶21	文化13	10	子七番船	范三錫、金源寶、萬永泰、錢壽昌、金恒順
1817	嘉慶22	文化14	9		
1818	嘉慶23	文政元	8		
1819	嘉慶24	文政２	9		
1820	嘉慶25	文政３	10		
1821	道光元	文政４	6		
1822	道光２	文政５	8		
1823	道光３	文政６	7	未四番船	金得泰
1824	道光４	文政７	8		
1825	道光５	文政８	8	酉六番船	壽昌、永泰、日新鵤
1826	道光６	文政９	10		
1827	道光７	文政10	10		
1828	道光８	文政11	8		
1829	道光９	文政12	8		
1830	道光10	天保元	10		
1831	道光11	天保２	5	卯三番船	錢壽昌
1832	道光12	天保３	9		
1833	道光13	天保４	5		
1834	道光14	天保５	8		
1835	道光15	天保６	7		
1836	道光16	天保７	8	申一番船	日新鵤、源興、壽昌、得泰、寶泰
1837	道光17	天保８	8		
1838	道光18	天保９	5		
1839	道光19	天保10	9		
1840	道光20	天保11	3		
1841	道光21	天保12	6		
1842	道光22	天保13	6	金全勝号	日新鵤、源寶、太平

第三章　江戸時代日本漂流民の外国認識
――文政十二年（一八二九）丑四番、五番唐船の帰国者の場合――

一　緒言

江戸時代の日本はいわゆる「鎖国」政策を堅持したため、日本人全てが海外渡航を禁止されていた。『長崎志正編』第一巻、「唐船長崎一方ニ令着津、並日本ヨリ異國渡海御停止之事」によれば、

同［寛永］十三丙子年、御奉書到來ニテ、向後日本ヨリ異國渡海一切御停止被仰出、猶又切支丹御制禁ノ旨、其外御條目之趣、被仰渡之。(1)

とあり、寛永十三年（一六三六）に、徳川幕府は長崎奉行に命じ、日本から海外への渡航を厳禁にしたのであった。このため、同禁令の「定」として、

一　異國ヱ日本之船遣候儀堅停止之事。

一　日本人異國ヱ不可遣候。若忍候而乗渡者於有之ハ、其身ハ死罪、其船並船主共ニ留置可上事。

一　異國ヱ渡海住宅仕日本人來候ハヽ、死罪可被申付事。

とあるように、日本船が海外へ赴くことは厳禁となり、日本人が海外へは渡航できず、密かに渡航したものは死罪とされ、船や船主は「留置」と奉行所等において監禁の扱いとなり、海外へ渡航していたものが帰国すれば死罪とされるなど、江戸時代の日本人にとって海外へ渡航することは皆無となる事態となった。

しかし、日本近海での船舶による海上交通は許可され、日本型帆船、千石船と俗称された弁才船の活動は極めて活発

であった。(2)ところが天候不順時、とくに風雨の激しい天候の際の弁才船の航行性の低下は避けがたいものであった。(3)このため江戸時代の日本帆船の漂着事例は数え切れない。(4)

そこで、本章では、江戸時代の船乗りが、自然の影響により海外へ漂流し、某国に漂着して帰国(5)した文政十二年（一八二九）丑四番、五番唐船の帰国者事例を、一九世紀東アジア海域の交流をめぐる日本、中国史料から実態を解明するものである。

二　江戸時代日本人漂流者の中国からの帰還――一九世紀前半を中心に

中国の故宮博物院が整理した檔案史料に『清外交史料』嘉慶朝と道光朝がある。『清代外交史料嘉慶朝』は六冊からなり、嘉慶元年（一七九六）九月から嘉慶二十五年（一八二〇）十二月まで収録し、『清代外交史料道光朝』は、四冊で、道光元年（一八二一）正月から道光十一年（一八三一）五月まで、この両朝三六年間の外交関係に関する檔案を収録しており、その中に日本船の漂着・送還に関する次の文書が見られる、その題目を以下に掲げてみた。ただし、※印の史料は『史料旬刊』と『明清史料』庚編第八本より補った。

嘉慶朝第一輯

嘉慶元年十月二十五日　　軍機處奏擬日本難夷交四譯館暫行収養片

「遭風難夷安治録等三名……至吉林赫哲地方」(6)

嘉慶元年十月二十五日　　軍機處寄浙江巡撫玉徳日本遭風難民遇有引見解餉等員回浙省送至乍浦遇便送回上諭

「遭風難夷安治録等三名」(7)

嘉慶二年二月二十七日　浙江巡撫玉徳奏報撫恤日本國難番并資送歸國日期摺
「遭風難夷安治録等三名」(8)

嘉慶朝第二輯

嘉慶十三年六月二十九日　福建巡撫張師誠奏撫邺日本琉球遭風難夷摺
「遭風難夷源吾郎等十三名又淡水同知送到琉球國難夷三名」(9)

嘉慶朝第三輯

嘉慶十五年四月二十三日　閩浙総督方維甸奏撫邺日本國遭風難番摺
「日本國遭風難番漂至台湾……難番十四名」(10)

嘉慶十五年四月二十三日　閩浙総督方維甸奏査辦搶掠日本難番貨物之匪徒摺
「日本國番民三次良等船隻……漂至彰化縣」(11)

嘉慶十五年十二月二十六日　閩浙総督方維甸奏日本國難番附搭辦銅商船回國摺
「日本國難番三次良等十四名、遭風漂至彰化縣地方」(12)

嘉慶朝第四冊

嘉慶十八年十月十六日　兩廣総督蔣攸銛奏遞送日本國遭風難夷赴浙搭船回國摺
「日本國遭風難夷三名到粵……委員護送浙江交乍浦同知」(13)

嘉慶十九年六月十四日　浙江巡撫李奕疇撫邺日本國難番並咨送歸國摺
「呂宋國貿易夷船回澳附搭日本國遭風難夷三名……咨送浙江交乍浦同知」(14)

嘉慶二十年十月二十八日　兩廣総督蔣攸銛等委員護送日本遭風難夷至浙搭船回國摺

「日本國難夷四十七人被風漂流到粤……日本國難夷遭風附搭西洋夷船到粤……委員護送浙江交乍浦同知」(15)

嘉慶朝第五冊

嘉慶二十一年閏六月二十一日　護理浙江巡撫布政使額特布奏粤省送到日本遭風難番照例資送歸國摺

「難夷古後七郎右衛門等四十六名……護浙省、當即飭送乍浦海口」(16)

嘉慶朝第六冊

嘉慶二十一年十一月二十八日　浙江巡撫楊護奏撫卹日本遭風難夷遣令歸國摺

「日本國夷船一隻漂至鎖洋面（浙江省象山縣）……日本國船主市良石衛門、舵水傳助等共二十四名」(17)

嘉慶二十二年六月二十四日　浙江巡撫楊護奏日本國遭風難夷改搭銅商船隻回國摺

「象山縣漂収日本國夷船……護送至乍浦」(18)

道光朝第一冊

道光元年正月十九日　湖廣総督陳若霖奏撫卹日本國遭風難夷情形摺

「日本國夷船一隻漂至縣境（浙江温州府永嘉縣）三盤門洋……日本國薩州人名、係園田喜三次、船頭水主共一十六人」(19)

※道光元年二月初一日　陳若霖奏撫卹日本国夷民摺(20)

「日本國夷船一隻漂至縣境（浙江温州府永嘉縣）三盤門洋……日本國薩州人名、係園田喜三次、船頭水主共一十六人」

道光二年十二月十五日
福建巡撫葉世倬奏日本國難夷遭風來閩循例撫邺送浙遣發回國摺
「日本國薩州人船主名幸次郎……等三十人……漂至縣境（福建省）漳浦縣轄」(21)

道光三年正月十八日
日本遭風難夷派員送浙附便遣回國摺
「難夷幸次郎等三十名……送浙江乍浦」(22)

道光三年八月十七日
浙江巡撫帥瀛奏咨送日本國遭風難夷歸國情形摺
「日本國遭風難夷由浙省、分搭二船歸國……幸次郎……等共三十人」(23)

※道光三年九月初七日
[浙江巡撫］帥承瀛摺(24)
「日本國遭風夷一隻漂流到閩内、……幸次郎……共三十人」

※道光三年九月初十日
禮部「爲内閣抄出浙江巡撫帥奏」移會(25)
「日本國遭風難夷幸次郎等三十人、照例撫邺、由浙省分搭二船歸國」

道光朝第二冊

道光五年八月二十八日
福建巡撫孫爾準奏日本遭風難夷附商船來閩循例撫邺送至浙江遣發回國摺
「厦門金福全到彼（呂宋國）生理、……回櫂之時、有日本國難夷七人……日本國難夷清祐等」(26)

道光五年十二月二十二日
浙江巡撫程含章奏護送日本難夷至浦並照例撫邺資本遣回國各情形片
「日本難夷清祐等七名至閩……護送平湖縣乍浦海口」(27)

道光六年五月十五日
江蘇巡撫陶澍奏日本夷船遭風漂至鎮洋縣境照例撫邺撥船指引出洋回國摺
「日本國夷船漂収鎮洋縣（江蘇省）、……日本國人船主源太郎……等十人、

道光六年六月二十九日　浙江巡撫程含章奏護送日本遭風難夷至乍浦安頓俟東洋銅船出口附帶歸國摺

……委員護送至浙江乍浦口」(28)

「日本國人長崎越州人船主源太郎……共十一人」(29)

道光七年正月二十四日　署浙江巡撫劉彬士奏報江蘇送到之日本國遭風難夷搭船回國日期摺

「日本國遭風難夷荘右衛門等九名漂収至江蘇省屬川沙廳海口」(30)

※道光七年二月四日　兵部「爲内閣抄出浙江巡撫劉彬士奏」移會(31)

「日本國遭風難夷荘右衛門等九名漂収至江蘇省屬川沙廳海口」

道光八年七月十二日　浙江巡撫劉彬士奏撫邮日本琉球二國遭風難夷情形摺

「日本琉球二國夷人共十三名……徳治郎……等十一名倶日本國人……又金平・金六兩名係琉球國人、……日本國難夷徳治郎等十一名、轉交平湖縣乍浦地方」(32)

道光朝第三冊

道光九年七月初九日　兩廣総督李鴻賓等奏護送日本遭風難夷赴浙搭船回國摺

「小呂宋船一隻帶到日本國難夷長重郎……等共十三名、……來澳、……將該難夷派員護送來省（廣東省）……委員籌送浙江交乍浦同知」(33)

道光九年十二月二十六日　浙江巡撫劉彬士奏資遣粵省送到日本遭風難夷搭船回國日期摺

「日本國難夷長重郎等十三名、因在小呂宋地方遭風、經呂宋救起帶至澳門……委員護送浙、附搭銅船回國」(34)

道光朝第四冊

道光十年十一月初七日　護理浙江巡撫布政使慶善奏撫卹日本遭風難夷護送乍浦俟銅船出洋附搭回國摺「日本夷船一隻漂至瀝港地方（浙江省定海縣）船内共有難夷二十二人……姓安田名義芳」(35)

※道光十二年十二月二十日　浙江巡撫富呢揚阿殘題本(36)「日本國遭風難番凝治甚助等十四名、在乍浦」

※道光十七年七月三十日　戸部「爲浙江巡撫烏爾恭額奏」移會(37)「日本國遭風難番戈治……等六名……送至嘉興府平湖縣乍浦海口」

※道光二十三年十一月初五日　兵部「爲内閣抄出浙江巡撫管遹羣奏」移會(38)「日本國難夷遭風、漂入浙境、……難番中善助供、係日本國兵庫洋人」

以上33件の日本人の遭難と日本への送還に関する中国側の史料である。

日本は清朝中国の朝貢国ではなかったが、中国へ漂着した日本人は救済、撫卹され日本へ送還されている。清朝の記録で、日本の漂流民の本国送還に関する草創期のものとして、康熙三十二年（一六九三）のものが知られる。『聖祖實録』巻百六十、康熙三十二年九月辛亥（十日）條に、

兵部議覆、廣東廣西総督石琳疏言、風飄日本國船隻、至陽江縣地方、計十二人、請發回伊國、應如所請、得旨。外國之人、船隻被風飄至廣東、情殊可憫、著該督撫量給衣食、護送浙省、令其歸國。(39)

とあるように、廣東省の雷州半島から東の沿海部にある陽江縣に日本船が漂着し、その乗員一二名が廣東から浙江省に送られて帰国させるように命じられた。

清朝中国の漂流民に対する送還等の規定に関しては、乾隆『大清會典則例』巻九十四、拯救に見られる。最初の規定

は次のものである。

崇徳二年定、凡内地民人駕船、被風飄至朝鮮境内者、令該國解送。(40)

とされるもので、清朝の入関以前の崇徳二年（一六三七）に定めたもので、内地人すなわち中国人が遭難して朝鮮国内に漂着した際に、送り返すようにとするものであった。その後、朝貢国の朝鮮国、琉球国の漂流者、また中国民衆の海難遭遇者の送還に関する事例が記録されている。しかし、同書、乾隆二年（一七三七）には、

諭、沿海地方常有外国船、遭風飄至境内、朕胞與爲懐、内外並無岐視、豈可令一夫失所、嗣後如有飄泊人船、著該督撫率有司、動用存公銀、賞給衣糧、修理舟楫、並將貨物給還遣歸、將此永著爲例。欽此。(41)

と、乾隆帝の上諭により、外国船の漂着者の救済、撫育、送還を命じている。ここでは朝貢国にのみ限定したものではない。しかし、この上諭の発令の契機には次の事情があった。

この上諭が出される契機になったのは、琉球国の船舶の中国漂着に関係している。

乾隆二年閏九月十五日、内閣奉上諭、聞今年夏秋間、有小琉球國中山國装粟米棉花船二隻、遭値颶風、斷桅折柁、飄至浙江定海象山地方、随經大學士嵇曽筠等、査明人數、資給衣糧、將所存貨物一一交還、其船隻器具、修整完固、咨赴閩省、附伴歸國。朕思沿海地方常有外国船隻、遭風飄至境内者、朕胞與爲懐内外並無岐視、視外邦民人、既到中華、豈可令一夫失所、嗣後如有似此、被風飄泊人船、著該督撫率有司、加意撫卹、動用存公銀兩、賞給衣粮、修理舟楫、並將貨物、査還遣歸本國、以示朕懐柔遠人之至意、將此永著爲例。欽此。(42)

乾隆二年の夏秋の時期に、琉球船の漂着が浙江省定海、象山地方に相次いだことから、乾隆帝は琉球船のみならず外国船と普遍し、その救済について公費の出費を認め、漂流民の撫育のために、漂流民に衣類や食料の支給のみならず、破損した船舶の修繕などを関係官吏に命じたのであった。

嘉慶『大清會典事例』巻四百、拯救には、

［乾隆］三十二年、日本國人十八名、遭風飄到呂宋國宿霧地方、因該處向無日本往來船隻、適有海澄縣船戸、在彼貿易、順帶回閩、經該撫照例撫䘏、覓船載往寧波、附搭日本貿易船隻回國。(43)

［嘉慶元年］又奏准、日本國人三名、遭風飄至吉林地方、船隻貨物、倶經飄没、該將軍照例撫䘏、送京安插、交浙省便員帶回、令該撫轉附便船回國。(44)

とあり、乾隆三十二年（一七六七）に、呂宋フィリピンの宿霧セブ嶋に漂着した日本人が、福建の海澄縣の商船によって福建まで運ばれ、さらに寧波へ送られ、寧波から日本へ中国の日本貿易船で帰国した際にも、清朝側は救済の手を差し伸べた。

ついで嘉慶元年（一七九六）にも日本人の中国東方の吉林地方に漂着したものを、北京に送り撫育し、さらに浙江省へ送り届けて帰国させた。この日本人の送還に関する記録は、先に触れた『清代外交史料（嘉慶朝）』の冒頭の史料である。

このように清朝中国にとって外交関係の無い日本であったが、漂流者を日本へ帰国させるための便宜をはかったのであった。

同様な便宜を受けて、帰国した漂流者の中に、漂流地が何国か認識されていなかったものもいたのである。そのことについては次に述べたい。

三　文政十二年丑四番、五番唐船の帰国者

文政十二年（道光九、一八二九）十二月に長崎に来航した丑四番船と翌十三年、改元されて天保元年になるが、この正月に同じく長崎に来航した丑七番船で、伊豆八丈島の人々が日本へ送還されて来たのである。その時の記録である『長崎志續編』巻九、「丑四番道番船ヨリ伊豆國八丈嶋之者送來事」によれば、以下のように見られる。

文政十二年己丑年十二月、四番沈秋屏・孫漁村　同十三庚寅年正月、七番周藹亭船ヨリ、暹羅國漂流日本人十二人送來ル。此輩元柑本兵五郎、當時田口五郎左衛門支配所、伊豆國八丈嶋大賀郷村ノ者七人、同三根村ノ者三人、合拾人、同嶋中野郷金右衛門船五百石積廿二端帆仁壽丸ヱ、八丈縞若干積入、外ニ同嶋ニ漂着、藝州ノ者十八人、勢州ノ者十八人、尾州ノ者十六人、紀州ノ者拾四人、都合六十六人、江戸柑本氏ヱ地役人ヨリ可送届旨ニ付、一同乗組、去々子年八月朔日、同嶋八重根港出船、同十日江戸鐵炮洲ヱ着、漂人送リ届、端物相納ム、滞船中大賀郷村ノ者一人病死ス。同所ニテ穀物・鹽・茶ノ類積載、且在所樫立村ノ者貳人、大賀郷村ノ者貳人、都合十三人乗組、同九月廿三日同所出船、同十月十一日八丈嶋港ニ乗係シニ、俄ニ風濤荒立欲沈没數ナリ。追々船具傷折ス。幸ニ風少ク和ギ濤又穏ト雖ドモ、大洋不見山、同十九日帆桁ニ帆ヲ抜、芋縄ヲ下ゲ漂フ處、去丑正月十日、西南ニ山ヲ見ル。翌十一日地方ニ近キ漸ク陸ニ上ル。漠々人家無シ。又人跡モ不見、此地方乃チ暹羅國也。遙ニ煙気ヲ認至ルニ異人アリ。頭ハ斬髪ニテ笠ヲ戴ノ男五人、各血ニ染タル鎗ヲグ。獵ヲスル体ニ見ユ。女ハ髪ヲ頂ニ巻キ、水牛ニ騎ル。尋問スルニ詞不通。因テ大指ヲ出シ、村長ノ有無ヲ仕形ス。又不通、頭ヲ指スニ少ク暁ルト見ヱ、右ノ者附添數里往テ一村ニ來ル。毎屋如棕櫚葉ヲ以テ葺之。米ノ粥、鹿ノ煮物ヲ使食、爰ニ止宿スルコト數日、同二月十日、同國ノ内、小名マニイランニ着、唐國ノ商館ニ連レ往キ、福建人ニ引渡ス。同四月十五日廣東僻地ノ名マカヲヱ着、人

家數百アリ。同五月七日廣東に着、繁華ノ地ナリ。同八月十七日江西省廣信府玉山縣ヨリ乗船、浙江ヱ往來ノ内河ヲ歴テ、同九月廿四日乍浦へ着、日本商荷主ヱ引渡シテ撫育ス。同所逗留中、三根村ノ者壹人腰痛相煩フニ付、醫ヲ請ヒ服薬スル内、十一月廿七日通商ノ船貳艘ニ乗組、同廿九日一同出帆、同十二月四日、右病人遂ニ死ス。一艘ハ同六日五嶋沖ヱ漂着、同八日順風ニ出帆、翌日當港着、一艘ハ同月九日薩州片浦漂着、當寅正月六日挽立、同十九日着船ス。依テ御吟味中死骸ハ大音寺ニ假リ埋、且又生國等田口五郎左衛門ヱ糺ノ上、同五月十六日、八丈嶋地役山下平次、平村役人總代ヱ拾貳人被引渡、猶死人所持ノ品々ハ其親類ヱ可相渡旨被命。且ツ唐人共ヱハ先規之通現米賜之。(45)

伊豆八丈島は現在では東京都に含まれるが、東京から三〇〇kmほど離れた絶海の孤島であり、江戸時代には船で交通するしか方法が無かった。その八丈島の中野郷の金右衛門の船であった五百石積二二反帆の仁壽丸に八丈島の特産である絹織物の八丈縞などを積載し、さらに同島に漂着した藝州すなわち安芸(現在の広島県西部)、勢州すなわち伊勢(現在の三重県東北部)、尾州すなわち尾張(現在の愛知県西部)、紀州すなわち紀伊(現在の和歌山県と三重県の一部)の人々合計六六名を乗せ、文政十一年戊子(道光八、一八二八)八月朔日(一八二八年九月九日)に、八丈島から一〇日間の航海で江戸の鉄砲洲(隅田川西岸)に送り届け、積荷も役所に納入し、帰帆に穀物や鹽や茶葉などを積載して、鉄炮洲から八丈島に帰帆するが、その途上で海難に遭遇して彼らが「此地暹羅國也」とする地に漂着したのであった。その後、同地の人々の救済を得て、同国の「小名マニイラン」に到着し、福建人に引き渡され、さらに「廣東僻地ノ名マカヲ」に送られ、廣東から江西省を経て、浙江省に到り、乍浦に到着したのであった。それは文政十二年己丑(道光九、一八二九)九月二十四日(一八二九年一〇月二一日)のことであった。海難に遭遇し漂流してから一年以上経過していた。その後、日本への貿易船で帰国したのである。この時は唐船二艘に分乗したのであるが、海難に遭遇する直前には、十三名が乗船したのであるが、その人名については『長崎志続編』には記されていない。

しかし、彼等漂流者が長崎奉行所で取り調べられた記録が文政十三年・天保元年庚寅年の『犯科帳』に見える。全文は次のようである。

柑本兵五郎元支配所　当時田口五郎左衛門支配所　伊豆國附近八丈嶋中野郷金右衛門船　仁寿丸沖船頭　同嶋大賀郷村

一　儀兵衛　丑十二月九日重五郎・徳蔵・八五郎・亀次郎・長次郎揚リ屋、其外之もの共ハ寅正月廿一日揚リ屋ヱ遣ス。寅五月十六日八丈島地村役人惣代ヱ引渡。

同村　水主　万助

同村　同　長助

同村　同　重五郎

同村　同　徳蔵

同村　同　八五郎

同嶋三根村　同　竹次郎

同村　同　万蔵

同嶋樫立村　年寄　佐助

同村　長次郎

同嶋大賀郷村　亀次郎

同村　留吉

右之もの共、去丑年暹羅國ヱ致漂流、同年四番、七番唐船より送来候付、遂吟味処、彼國ニ而、切支丹宗門勧ニ逢候儀無之、疑敷筋も不相聞ニ付、無構国元ヱ差帰候条、難有可存候、尤住所之国より外ヱ猥ニ住居致間敷候。
一 暹羅国より持戻候所持ノ品々相渡之候。
一 暹羅国唐国ニおゐて貰候品々之内、銅銭唐銭は取上之上、其外之品々ハ其儘爲取之銅銭唐銭之分ハ爲代日本銭爲取之候旨申渡。(46)

丑四番、七番唐船で帰国したのは、八丈島の仁壽丸の沖船頭儀兵衛、水主万助、長助、重五郎、八五郎、竹次郎、万蔵、佐助、長次郎、亀次郎、留吉等一二名である。一名は乍浦で病死している。この漂流者の漂着地は、「暹羅國」として長崎奉行所に報告している。

この時の漂流民の詳細な口述書は不明であるが、一部分が知られる。それは、『視聴草』に記録されている。『視聴草』は、幕臣宮崎成身が、見聞したことを手写した一、八〇〇余点からなる記述を一七八冊に合綴したものである。宮崎成身の生年は不明であるが、安政五年(一八五八)に老衰と病気のために職を退いている。在任中は昌平坂学問所内の沿革調處において幕府官撰事業に従事していた。(47)

『視聴草』第三集八、

八丈嶋賣船仁壽丸　天竺漂着

金右衛門船　船頭　儀兵衛
　　爺　重五郎
　水主　万蔵
　　長助

八五郎
病死　助四郎
亀次郎
万助

便船松五郎事

長助　廿六才

此長十郎事、品川大阪屋と申薬種屋之手代ニ候処、御代官より被仰付、八丈島へ織物所望之ため糸類持参にて、右之舟へ便船いたし候、〆四人也。

佐助
留吉
竹次郎

総〆十二人、

文政十一年子九月廿四日品川沖出帆、十月十日新島出帆、翌十一日暁、八丈嶋へ近付候処、大風雨にて十一日、十二日海中に漂流、丑正月十一日東天竺しやむ國へ著岸、夫より丑十一月廿九日漢唐の浙江へ著岸、夫より十二月八日に長崎へ著、寅ノ五月廿六日長崎出立、七月五日江戸著。(48)

宮崎成身は、仁壽丸の乗員が漂着した地は、「東天竺しやむ國へ著岸」として、拡大して天竺漂着と見たのであった。江戸時代の人々にとって、「暹羅國」とか「天竺」とは、現在のどこの国として認識されていたのであろうか。そのことを考える根拠の一つとして宝永六年（康熙四八、一七〇九）序の西川如見の『増補華夷通商考』全五巻が参考となる。(49)同書は、第一巻は中国の事を記し、中華十五省として、二京、南京《ナンキン》と北京《ホッキン》を最初に掲げ、山東、山西、河南、江西、福建、廣東、廣西、貴州、四川、雲南省の順に記述している。浙江省以降が第二巻となる。

第三巻では、外国と外夷に分けられ記述される。外国は朝鮮、琉球、大冤《たいわん》、東京《トンキン》、交趾《カウチ》を掲げ、「右の國は唐土の外なりと云ども、中華の命に従ひ、中華の文字を用、三教通達の國也」(50)とするのに対して、外夷は、占城、柬埔寨、太泥、六甲、暹羅、母羅伽、莫臥爾《モウル》、咬𠺕吧、呱哇、番旦、阿蘭陀であり、「右之國々は唐土と差ひて皆横文字の國也」(51)とした。

已上、外國外夷の諸國、何れも唐人商賣往來する所也。莫臥爾、阿蘭陀の二國は唐人往來なし。(52)

西川如見が言う外国とは、中華、中土、唐土の他に外国があり、その外国は漢字文化圏であり、非漢字文化圏が外夷と認識されたようである。その外夷の中に、暹羅があった。

暹羅《シャム》　シャムロウ　北極の地を出る事十三度の國也。

海上日本より二千四百里。柬埔寨《カンボチャ》の西北にて、唐土よりは西南の方に當れり。則何天竺是也。モウル國の平下《てした》の國なる由。國主有て仕置す。此所より國主の船とて大船一二艘宛毎年來れり。船頭役者は此地居住の唐人也。其外は暹羅人も乗來れり。偶々モウル人も此國の船より乗渡りし事あり。唐人阿蘭陀人も往て諸色を辨じ日本に積乗る也。(53)

暹羅国はモウル国の支配下にあるとされる。そのモウル国、莫臥爾国とは、「暹羅の西北にて南天竺第一の大國也」(54)と暹羅国の西北にある大国であった。すなわち莫臥爾国とは、インドを支配したイスラム国家であったムガール帝国(Mughal Empire: 1526–1858) のことを言っているのである。一九世紀後半以降にイギリスによって支配される以前のインドの統一国はムガール帝国であって、その情報は、長崎の西川如見にも確実に認識されていた。

ちなみに西川如見『増補華夷通商考』巻四に、亞媽港と呂宋については次のように記している。

亞媽港《あまかう》　唐韻アマカン、日本にてアマカウ、俗因て天川の字を用てアマカワと云り。
廣東國の南に當れる所なる由。南蠻人住居すと云。海上日本より九百餘里なる由云傳ふ。

呂宋《ろそん》　併マンヱイラ　ババヤン　カベツタ　バカシナン等呂宋近き島にて類國と云。
臺灣國の南に當る島國也。則南蠻人居住の由。海上日本より八百餘里と云。此國本は守護無き島なりしを、南蠻人いつとなく從へ領知せりとぞ。暖國にて人物甚賤く、類屬の小島多しと云。[55]

亞媽港は、記述のように現在の澳門マカオ（Macao）であり、呂宋は現在のフィリピン（Philippines）を示していることは明らかであろう。

上記のように、先の漂流民の長崎での報告から、彼らはムガール帝国の支配下にあった暹羅国に漂着したことになる。それは事実であったろうかについて、次で検証したい。

四　中国側の送還文書

道光九年（文政十二、一八二九）七月に、廣東省に送られてきた日本人漂流民に関して、兩廣総督の李鴻賓と廣東巡撫の盧坤が次のように連名で奏摺を認め報告している。
日本漂流民が浙江省乍浦へ送られた際の廣東省の総督、巡撫の奏摺である。

兩廣総督李鴻賓、廣東巡撫臣盧坤跪奏、爲日本國遭風難夷來至粤省送赴浙江搭船回國恭摺奏聞事、據署廣東廣州府海防同知鹿亢宗、香山縣知縣劉開城稟報、據澳門西洋夷目嘜嚟哆稟稱、本年五月初一日、有澳額第十四號小呂宋船一隻、帯到日本國難夷長重郎、重五郎、萬蔵、張煦、八五郎、歸治郎、笏吉、煦治郎、佐煦、徳蔵、竹三郎、儀兵衛、萬煦等共十三名、並無貨物。因該船在小呂宋地方遭風擱爛、經呂宋船主嗎若哷嘶嗹著令三板船救起、随帯來澳、懇請覓船附搭回國等情。随即傳同通事提訊、該難夷言語不通、詢之該夷目、據稱澳地、僅有西洋通事、不諳東洋言語、無從譯釋。因査該難夷既有姓名説出、何以言語難通、詢之通事人等、稱係約畧其音開報、究不知實在名字、惟令其比對手勢、察看情形、實系遭風失水等情前來。當經檄飭將該難夷派員護送來省、臣等督同藩司阿勒清阿、飭令南海縣傳同洋商通事、向該難夷再三査訊、實属言語不通、難以訊取供詞。給與紙筆、令其書寫、内有儀兵衛一名、僅能寫日本及年歳、數目等字、細察服色、系該國難夷無疑。査廣東向無赴日本貿易商船、無從由本省送回國。惟査嘉慶十八年暨二十年、有日本國難夷遭風漂流到粤、經前督臣蔣攸銛先後奏明、委員護送浙江、交乍浦同知収管、附便搭送回國在案。此次日本難夷長重郎等、遭風經呂宋船拯救到粤、事同一律、自應査照向辨成案、即爲資送回國、以仰副聖主懐柔遠人示意。除飭行按名酌予賞恤、並照例支給口粮、菜薪、銀兩、委員送至浙江、附搭便船回國。並咨明浙江撫臣外、臣等謹繕摺具奏、伏乞皇上聖鑒。謹奏。

道光九年七月初九日

道光九年八月十八日奉硃批「知道了」欽此。[56]

この奏摺は、道光九年七月初九日（一八二九年八月八日）付で廣東から北京に送られ、道光帝は、道光九年八月十八日（九月一五日）付で硃批「知道了」を記している。廣東から北京まで約四〇日を要して報告された。その内容は、廣東省の香山縣の知縣の報告として、香山縣南の澳門から、道光九年五月初一日に澳門に来航した「澳額第十四號小呂宋船一隻」すなわちマニラ（Manila）からの船舶に、「日本國難夷長重郎、重五郎、萬蔵、張煦、八五郎、歸治郎、笏吉、煦治郎、佐煦、徳蔵、竹三郎、儀兵衛、萬煦等共十三名」が乗船し、貨物も無い状態であった。彼らは「該船在小呂宋地方遭風擱爛、「經呂宋船主嗎若嗬嘶嗟著令三板船救起、随帶來澳、懇請覓船附搭回國等情」と、呂宋地方の地に漂着し、呂宋船に救済され、漂流民は帰国を希望していた事情が報告されたのである。

それでは、漂流民が言う呂宋とは何国であろうか。乾隆十二年（一七四七）十一月初五日付の福州将軍兼閩海關事務新柱の奏摺が参考になろう。

乾隆十年十月十八日、有呂宋夾板船一隻、船戸郎夫西榱敏及舵水共一百零八名、裝載海参等貨來廈貿易等情。(57)

とあるように、厦門へ呂宋からの夾板船が到着した。同船には船戸及び水主等が一〇八名乗船し、海参などの貨物を積載して、厦門での貿易を求めたのであった。その奏摺に、呂宋の状況の一端を記している。

臣伏査呂宋一國、久爲西洋佔踞遣人分治其地、凡行天主邪教之教首、見居該國、上年究擬之白多祿等僉供、伊等所用銀兩、毎年教首在呂宋遺人送至澳門、轉運内地。其内地從教愚民、毎年改授番名、造具花名清冊、亦由澳門轉遞呂宋、給伊教主、則呂宋人之與西洋天守教、一氣串結、不問可知。(58)

呂宋国は西洋人が占拠し、天主教が行われていること、また澳門とも関係が深いなど、明らかに今日のフィリピンであることは確実である。

また康熙三十九年（一七〇〇）序の屈大均の『廣東新語』巻十五、貨語、銀の條に、

閩・粤銀多從番舶而來、番有呂宋者、在閩海南、産銀、其行銀如中国行錢、西洋諸番、銀多轉輸其中、以通商故、閩・粤人多賈呂宋銀至廣州。(59)

と指摘するように、福建や廣東において銀が多いのは、商人が呂宋からもたらすためであるとしている。その呂宋は福建の南にあって、銀を産する地とされていた。しかし、その事実は、呂宋を支配していたスペインが新大陸からもたらした銀であった。(60)

中国と呂宋の間の通商は、主に中国商人や呂宋国から来航する商船によって行われていた。

新大陸のメキシコではマニラガレオン（Manila Galleon）と呼ばれた帆船は、“Nao de China”と呼称され、新大陸とマニラの通商に従事していた。このマニラガレオン船によって新大陸からマニラに運ばれたものが、中国商人の船でマニラから中国へと運ばれた。[61]

中国とフィリピンのマニラの間には、少なくとも一六世紀後半より中国船のマニラ来航によって通商が行われ、毎年数隻から二〇～三〇隻、多いときには五〇余隻の中国船が来航していた。[62]このため様々な商品が廣東や厦門やその他の港から直接マニラに運ばれたのであった。[63]一九世紀においても以下のように中国とマニラの関係が、認識されていた。

From Amoy and Nankin, the granaries and workshops of the eastern provinces, the most fertile and commercial part of the empire, it is but a short run to Manila, ……[64]

アモイとナンキンと言う清帝国の最も肥沃で商業的な地域である東部の穀倉地帯や作業場と言える生産地からマニラへはほんの近距離にあったと見られていたのである。

このように、フィリピンと中国華南地区との通商関係は、明に続いて清朝でも継続して行われていた。[65]

上記の奏摺から明らかなように、この時の日本人漂流者は「小呂宋地方遭風擱爛」とフィリピンのマニラ地方に漂着したのであったことは確実である。

その後、「委員送至浙江、附搭便船回國」と廣東省の官吏が漂流民を浙江省に送るよう手配したのであった。

廣東から浙江省に送られてきた浙江巡撫もこれに関する奏摺を認めている。

浙江巡撫臣劉彬士跪奏、爲粤省送到日本國遭風難夷、照例撫邺、附搭銅船回國日期、恭摺奏祈聖鑒事、竊臣接准兩廣督臣李鴻賓來咨、以日本國遭風難夷長重郎等十三名、因在小呂宋地方、遭風經呂宋救起、帶至澳門、懇請附搭回國、奏明委員護送赴浙、附搭銅船回國等因、經臣行司委員督飭浙江沿途經過各營縣、逐程迎護、於道光九年九月二十四日、將難夷長重郎等十三名、并箱隻物件、護送至嘉興府屬平湖縣乍浦海口、照例撫卹、賃屋妥爲安頓、復飭據平湖縣知縣胡述文詳報、查有辦銅官商王宇安、雇錢壽昌商船、額商楊嗣亨雇榮源發商船各出口、前往東洋、已將難夷長重郎等十三名分載、附搭回國、按名給發船價、並在途口糧・鹽・菜・銀・米、即於十一月二十八日、開行出口等情由、布政使慶善具詳請奏前來、除將該難夷等、起程日期、及隋帶行李物件、造冊分咨外、理合循例、恭摺具奏、伏乞皇上聖鑒、謹奏。

道光九年十二月二十六日

道光十年正月十九日、奉硃批「知道了」欽此。(66)

浙江省の乍浦に漂流民が到着したのは道光九年九月二十四日（一八二九年一〇月二一日）のことであった。先に述べた文政十二年丑四番、七番唐船で長崎に帰国した漂流民が、乍浦に到着した期日を「文政十二年己丑（道光九、一八二九）九月二十四日」と言っている月日と一致する。彼らは「辦銅官商王宇安」、「額商楊嗣亨」の撫育を受けて、官商王宇安が用意した銭壽昌商船と額商楊嗣亨の手配した榮源發商船に分乗し、十一月二十八日（一二月二三日）に、乍浦を出帆して長崎を目指した。

長崎奉行所の記録である『割符留帳』によれば、丑四番となった船主沈秋屏・孫漁村の船は、

己丑十二月九日入津　五嶋沖漂着

在留船主　沈秋屏　脇船主　孫漁村　丑四番(67)

とある。十二月九日（一八三〇年一月三日）に長崎に入港したことは確かである。

丑七番の周藹亭の船は、

庚寅正月十九日夜入津　薩州片浦漂着
［船主］　周藹亭　　丑七番(68)

と、翌庚寅年正月十九日（二月一二日）に長崎に入港している。

両船ともに道光九年九月二十四日（一八二九年一〇月二一日）に乍浦を出帆して、文政十二年十二月九日（一八三〇年一月三日）、文政十三年正月十九日（二月一二日）と、丑四番船は七五日、丑七番船にいたっては一一五日間も要している。乍浦と長崎の間は当時であれば、順調にいけば、一〇日間ほどであるが、丑四番船は五島に、丑七番船は薩摩の片浦に漂着するなどの事故があったことで、長崎の入港が大幅に遅滞したのであった。

以上の記述から、丑四番、丑七番船の帰国者は、中国側の檔案記録と同一の漂流者であると考えられる。さらに確認の意味で、漂流者の名簿を検討してみたい。

日本側の記録では、八丈島の仁壽丸の沖船頭**儀兵衛**、水主万助、長助、**重五郎**、**八五郎**、竹次郎、**万蔵**、佐助、長次郎、亀次郎、留吉の一一名であり、一名は乍浦で病死している。これに対して、中国側の檔案には、「日本國難夷長重郎、**重五郎**、**萬藏**、張煦、**八五郎**、歸治郎、笏吉、煦治郎、佐煦、徳蔵、竹三郎、**儀兵衛**、萬煦等共十三名」とある。

明らかに一致するのは、太字で示した儀兵衛、重五郎、八五郎、万蔵（萬蔵）の四名で、残りの万助は萬煦、長助は張煦、竹次郎は竹三郎、佐助は佐煦、長次郎は煦治郎、亀次郎は歸治郎、留吉は笏吉と比定できよう。そうすると乍浦で死去したのは徳蔵になるであろう。

このように、丑四番、七番唐船で長崎に帰帆した漂流者に関する記録は、日本側の記録と、中国側の檔案記録とは一致すると見ることは間違いないであろう。

大きな相違は、日本漂流者が漂着地を「暹羅国」としたのに対して、中国側檔案では「小呂宋地方」とされていることである。

そうすると、日本人漂流者によって「暹羅國」と思われた地は、中国官吏の奏摺に見られるように呂宋島であったことになる。

五　小結

文政十二年（道光九、一八二九）十二月に長崎に来航した丑四番唐船と、翌十三年改元されて天保元年になるが、この正月に同じく長崎に来航した丑七番唐船に搭乗して、伊豆八丈島の仁壽丸の乗員等一二名が日本へ送還されて来た。彼等は、帰国直後の長崎での取調に対して、八丈島から江戸への航海を行い、江戸から八丈島への帰着直前に漂流して、暹羅国に漂着し、澳門に送られ、廣東から江西省を経て浙江省の乍浦に送り届けられ、長崎に帰帆したことを報告している。

しかしこの日本人漂流者の送還に関与した中国側官吏の奏摺によれば、彼等が漂着した地は暹羅国では無く、呂宋国であったことが明らかとなった。その結果、彼等の漂流記の一部分は、暹羅国ひいてはそれに大きな影響を与えていたムガール帝国に鑑みて「天竺」と見られたのであった。漂流民の外国認識の誤りが、拡大した事例と言える。

〔註〕

(1)　古賀十二郎校訂『長崎志正』長崎文庫刊行會、一九二八年三月、一一頁。

(2) 石井謙治『江戸海運と弁才船』財団法人日本海事広報協会、一九八八年五月。
(3) 石井謙治『江戸海運と弁才船』
(4) 荒川秀俊編『日本漂流漂着史料』気象史料シリーズ三、地人書館、一九六二年一二月、全六五八頁。
(5) 江戸時代の日本人が中国へ漂着したことに関して、次のものがある。
さねとうけいしゅう（実藤恵秀）「漂流記にあらわれたる日本と中国」（『早稲田法学会誌』第二、一九五一年六月、さねとうけいしゅう「漂流記にあらわれた中国」『近代日中交渉史話』春秋社、一九七三年七月、五五～八七頁）。

川合彦充『日本人漂流記』現代教養文庫五九八、一九六七年一二月、一～三九六頁。日本人の漂流記に関して、最も詳しいものであるが、出典が明記されていないのが惜しまれる。

佐藤三郎「江戸時代における日本人の海外漂流―中国漂着の場合を中心として―」『山形大学紀要（人文科学）』第三巻第四号、一九五七年三月、佐藤三郎『近代日中交渉史の研究』吉川弘文館、一九八四年三月、三八八～四二四頁。

相田洋「近世漂流民と中国」『福岡教育大学紀要』第三一号、第二分冊、一九八二年二月、一～二〇頁。日本人の漂流者に関して、日本側と中国側の関係資料を一覧にした表（「中国経過近世漂流民略年表」三～九頁）が極めて有効な指針となる。

春名徹「近世日本船海難にかんする中国全記録の再検討―東アジアにおける近世兩龍民送還制度と日本―」『海事史研究』第六二号、二〇〇五年一二月、一～三四頁。清朝の乾隆時代までを検討している。
(6) 『清代外交史料嘉慶朝』成文出版社、一九六八年二月、一四頁。
(7) 同書、一四頁。
(8) 同書、一五頁。
(9) 同書、一六三頁。
(10) 同書、二九五頁。
(11) 同書、二九八頁。
(12) 同書、三〇六頁。
(13) 同書、三八八頁。
(14) 同書、三九七頁。
(15) 同書、四四〇頁。

(16) 同書、五二六頁。
(17) 同書、六六四頁。
(18) 同書、六八五頁。
(19) 『清代外交史料道光朝』成文出版社、一九六八年二月、九頁。
(20) 『史料旬刊』第五期、道光朝外洋通商案、天一六五～一六六。
(21) 『清代外交史料道光朝』八二頁。
(22) 同書、八三頁。
(23) 同書、九六～九七頁。
(24) 『史料旬刊』第八期、道光朝外洋通商案、天二九一～二九二。
(25) 『明清史料』庚編第八本、七七三丁表。
(26) 『清代外交史料道光朝』一三一～一三四頁。
(27) 同書、一四九頁。
(28) 同書、一五四～一五五頁。
(29) 同書、一五八～一五九頁。
(30) 同書、一七一頁。
(31) 『明清史料』庚編第八本、七七七丁裏。
(32) 『清代外交史料道光朝』一九〇頁。
(33) 同書、二九〇頁。
(34) 同書、二七七～二七八頁。
(35) 同書、三五〇～三五二頁。
(36) 『明清史料』庚編第八本、七八二丁裏‐七八三丁裏。
(37) 『明清史料』庚編第八本、七八五丁表。
(38) 『明清史料』庚編第八本、七八八丁表。
(39) 『清實録』第五冊、中華書局、一九八五年九月、七五五頁。

(40)『影印四庫全書』第六二二冊、上海古籍出版社、九四五頁。
(41)『影印四庫全書』第六二二冊、上海古籍出版社、九四六頁。
(42)中国第一歴史檔案館編『乾隆朝上諭檔』檔案出版社、一九九一年六月、二二二頁。
(43)近代中國史料叢刊三編第六七輯、『欽定大清會典事例（嘉慶朝）』文海出版社、八～四三頁。
(44)同書、八～四六頁。
(45)『長崎志續編』巻九、二九〇～二九一頁。
(46)森永種夫編『犯科帳』第八巻、犯科帳刊行会、一九六〇年五月、四〇（全四二六）頁。
(47)福井保「解題」、内閣文庫所蔵史籍叢刊特刊第二『視聴草』第一巻、史籍研究会、一九八四年一一月、一～六頁。
(48)内閣文庫所蔵史籍叢刊特刊第二『視聴草』第三巻、史籍研究会、一九八五年一月、一五五（全三七）頁。
荒川秀俊編『日本漂流漂着史料』気象史料シリーズ三、地人書館、一九六二年一二月、五三二～五三三（全六五八）頁。
(49)西川如見著、飯島忠夫・西川忠幸校訂『日本水土考・水土解弁・増補華夷通商考』岩波書店、岩波文庫青一八－二、一九四四年八月第一刷、一九八八年一一月第二刷、六一～一九四頁。
(50)同書、一一三頁。
(51)同書、一一三頁。
(52)同書、一一三頁。
(53)西川如見著、飯島忠夫・西川忠幸校訂『日本水土考・水土解弁・増補華夷通商考』、一二八頁。
(54)同書、一三一頁。
(55)同書、一六二頁。
(56)中国第一歴史檔案館、硃批奏摺、外交類、四－二五八－三一。
故宮博物院編『清代外交史料道光朝』成文出版社、一九六八年二月、二五九～二六一（全四五二）頁。

「兩廣総督李鴻賓等奏報委員將日本國遭風難夷送赴浙江搭便船回國摺」、中山市檔案局（館）・中国第一歴史檔案館編『香山明清檔案輯録』上海古籍出版社、二〇〇六年六月、四九八（全一一五六頁）
(57)中國第一歴史檔案館編『清代中國與東南亞各國關係檔案史料匯編』第二冊、菲律賓巻、國際文化出版公司、二〇〇四年一月、一四八頁。

(58) 同書、一四八頁。
(59) 清代史料筆記叢刊『廣東新語』下、中華書局、一九八五年四月、四〇六頁。
(60) 全漢昇「明季中國與菲律賓間的貿易」、同「明清間美洲白銀的輸入中國」、全漢昇『中國經濟史論叢』第一冊、新亞研究所、一九七二年八月、四一七~四五〇頁。
(61) Shirley Fish, *The Manila-Acapulco Galleons: The Treasure Ships of Pacific, With an Annotated List of Transpacific Galleons* 1565–1815, UK, 2011, p93（pp.1–540）.
(62) 全漢昇「明季中國與菲律賓間的貿易」、全漢昇『中國經濟史論叢』第一冊、四三〇頁。
(63) William Lytle Schurz, *The Manila Galleon*, Manila, 1985, p.64（pp.1–364）.
(64) *The Philippine Islands* 1493–1898, Vol.51, 1973, p.157.
(65) 松浦章『清代海外貿易史の研究』朋友書店、二〇〇二年一月、五〇六~五二一頁。松浦章著・李小林譯『清代海外貿易史研究』国家清史編纂委員会・編譯叢刊、天津人民出版社、二〇一六年五月、下冊、四九一~五〇一頁。
(66) 中国第一歴史檔案館、硃批奏摺、外交類、四-二五八-三二。
故宮博物院編『清代外交史料道光朝』成文出版社、一九六八年二月、二七七~二七八（全四五二）頁。中國第一歴史檔案館編『清代中國與東南亞各國關係檔案史料匯編』第二冊、菲律賓卷、國際文化出版公司、二〇〇四年一月、二二九~二三〇（全五二三）頁。
(67) 大庭脩編『唐船進港回棹録　島原本唐人風説書　割符留帳――近世日中交渉史料集――』関西大学東西学術研究所資料集刊九、関西大学東西学術研究所、一九七四年三月、一九二頁。
(68) 同書、一九〇~一九一頁。

跋

関西大学東西学術研究所の資料集刊の第九番目のシリーズとして、江戸時代漂着唐船の資料を一船ごとに刊行していこうとする方針は、大庭脩教授の発案から始まった。その意図を具体的に記されたものが、第一輯に認められた大庭脩教授の序言「江戸時代漂着唐船資料集刊行の辭」である。ここに一部引用させて頂く。

今回から連續して刊行しようとする『江戸時代漂着船資料集』は、大庭脩、松浦章兩名が分擔協力して蒐集しつつある、江戸時代に日本列島の何方かへ漂着した中國船に關する資料で、われわれがこの種の資料に關心を持ったのは次の理由による。

長崎貿易における個々の唐船に關する資料は、案外に乏しく、その乗組員について、その積荷について、あるいはその船についての細かい數字などは極めて限られたもののみである。たとえばその航海その他については『華夷變態』、その積荷については『唐蠻貨物帳』などをあげることができるが、安全に長崎へ到着し、無事商賣を遂げて歸帆した典型的な唐船については、全く日常的、通常的に經過するため、特筆されることがなく、かえって後世に資料を殘さない。

ところが不幸にして悪天候に遭遇し、長崎以外の土地に漂着した船は、江戸鎖國時代人にとっては極めて珍しいものであり、かつ又、鎖國であるだけに外國人との接觸は愼しまねばならぬことであるから、後患を避ける意味からも叮嚀に記録をとることになる。そのため漂着唐船に關する資料は随分多量であり、無事に往復した貿易船の比ではないのである。

日本人が漂流した經驗談については、その見聞記を集めた業績が多くつまれているのに、漂着した唐船に關しては一向に關心が拂われた形跡がない。まことに研究、資料蒐集のエア・ポケットである。かくして我われは、漂着船一船ごとに資料を集めてみることにした。

經濟性と能率の上から影印を主とする方針であるが、近年中國の研究者との交流の經驗から、和文の、御家流その他の手書きの資料は、中國人研究者にとってはかなり負擔が重いように見受けられるので、我われの資料を利用する中國人研究者のために、和文の手書きの部分は活字印刷にするつもりである。

昭和五十九年十月一日

なお、漂着唐船の資料の多數の部分は『通航一覽』に引用されていることが多い。したがって同書と重複することがあり、資料によっては同書の引用の方が要を得ていると思われることがある。しかし乍ら我われは、『通航一覽』そのものが編纂資料であり、歴史研究の原則はオリジナル資料によるべきであると考えていることを、蛇足として加えておく。


大庭教授が、一九八四年十月に認められたものであるが、その意図は現在でも生きている。とくに後半の中国人研究者に対する気持ちは、この時期では先見性のある意見で、後述のように、中国人研究者から強い関心が示された。

大庭教授は、周知の通り、『江戸時代における中国文化受容の研究』（同朋舎出版、一九八四年六月）により、一九八六年六月第七六回学士院賞を受賞されたように、江戸時代における漢籍の輸入の研究に強い関心をもたれていた。大庭教授が先行する『江戸時代における唐船持渡書の研究』を一九六五年に東西学術研究所から出版された直後に、教授の学生となり、江戸時代の日中文化交流に関心を持ち、その後の研究生活に大きな影響を受け、その後、関西大学で奉職する機会をえた直後に「中国商人の見た『大江戸の世』――『得泰船筆語』を中心に――」（毎日新聞社編『日本史の謎と発見　10大江戸の世』毎日出版社、一九七九年五月、月報一〇、一～四頁）と言う短文を発表する機会を得たが、その時の主題は、文政九年（一八二六）元旦に静岡県の大井川河口に漂着した長崎貿易船の得泰船の乗員と幕府から派遣された古賀精里の門人であった野田笛浦との筆談記録であった。野田笛浦は若干二七歳で、乗員と交わした筆談記録が後に『得泰船筆語』上、下巻として出版されたのである。唐船船主楊啓堂、財福朱柳橋、劉聖孚等と野田笛浦が、清国中国と江戸日本との社会事情に関して筆談でやりとりすることなどについて、筆談を通じて日中文化交渉の一端を述べた。しかし、これら筆談記録の多くは未刊のままであった。

関西大学で教員生活を送らせて頂いてまもなく、東西学術研究所の研究員に加えられ、この江戸時代漂着唐船資料集のシリーズを手伝うことになった。最初の調査が、大庭教授とともに赴いた八丈島の調査である。天候の関係から一度では飛行機は着陸せず、翌朝再度挑戦し八丈島に到着した。調査を開始したところ、第一輯の最大の特色である〝狩野春潮〟の八丈島漂着の唐人の絵姿を描いた資料が存在することがわかったが、八丈島ではなく東京都の公文書館に所蔵されていることが判明して、八丈島の調査を早々に引き上げた記憶がある。それが第一輯『寶暦三年八丈島漂着南京船資料――江戸時代漂着唐船資料集一――』（一九八五年三月、全四七六、書名索引九頁）として刊行された。この第一輯の最大の特徴は、八丈島に漂着した唐船乗員の肖像画が二二図あり、六三名の肖像がわかることである。この時代に日中の庶民の肖像が判明するものとしては大変貴重な絵画が狩野派の絵師の一人であった狩野春潮によって描かれ残されたのである。

第二輯『文政九年遠州漂着得泰船資料―江戸時代漂着唐船資料集二―』（一九八六年三月、全六五〇頁）は、得泰船の記録であるが、江戸時代の刊本『得泰船筆語』とそれの類本を調べ、東西学術研究所の紀要に発表し、その別刷を、当時、文学部中国文学科の教授であった田中謙二教授の差し上げたところ、ある時、電話を頂戴し、わざわざ拙宅のある阪急塚口駅まで来て頂きお話しされた。

「松浦君、君から頂いた跋刷を病院の待ち時間の間に読んで驚きました。江戸の二七歳の青年が、このような漢文を書いていたのかと思うと」と言う趣旨のことを仰って、よく調べましたねと褒めて頂いた記憶がある。

その後、大庭教授の勧めで、田中教授には、『得泰船筆語』の日本語訳をしていただき、調査の部分は松浦が担当して、共編著で出版されることとなった。後に、田中謙二先生の著作集が刊行された際にその第三巻（汲古書院、二〇〇一年二月）に『得泰船筆語訳注』（二一九九～四三二頁）として収録された。

第三輯、第四輯はいずれも土佐に漂着した中国船で、第三輯『寛政元年土佐漂着安利船資料―江戸時代漂着唐船資料集三―』（一九八九年三月、A4版四一六頁）は、長崎に向かう予定であった唐船安利号が土佐に漂着した記録である。土佐潘の岡世孺と唐船船主朱心如等との筆談記録『護送録』等が収録されている。

第四輯『文化五年土佐漂着江南商船郁長發資料―江戸時代漂着唐船資料集四―』（一九八九年三月、A4版一三四頁）は、現在の高知県室戸市付近に漂着した江南の商船であった郁長發号の舵工范廷周と土佐藩の藩校教授戸部良熙の嗣子春行との筆談記録「江南商話」が収録している。郁長發号は、崇明縣の船主《ふなぬし》郁聖蘭の所有船十一隻の内の一隻であったことがわかる。

第五輯『安永九年安房千倉漂着南京船元順號資料―江戸時代漂着唐船資料集五―』（一九九〇年三月、B5版二四八頁）では、方西園の絵画に関する収集は美術史家の山岡泰造教授に御願いし、その乗員の一人が漂着地から長崎までの護送中に紀州の周参見で亡くなったことについて、大庭教授の指示による調査記「附録　元順船乗組員尤廷玉の墓」（二四五～二四六頁）を認めた。

第六輯『寛政十二年遠州漂着唐船萬勝號資料―江戸時代漂着唐船資料集六―』（一九九七年十一月、二七八頁）は、日本の古文書記録が多く残されていたことから、日本近世史の藪田貫教授が担当されたが、漂着唐船の運航関係に関して依頼され「特別寄稿　中国商船萬勝號の運営形態」（二六一～二七四頁）を認めた。

第七輯『文政十年土佐漂着江南商船蔣元利資料―江戸時代漂着唐船資料集七―』（二〇〇六年十一月、A4版二三一頁）は、土佐湾の浦戸に漂着した江南商船蔣元利号の舵工王玉堂と土佐藩の教授方下役であった森本𩋀里との間に交わされた筆談記録「送䑺録」を収めている。王玉堂は長江口に近い南通の人物で、長江口から渤海、黄海方面への航行中に遭難して土佐に漂着した江南商船の舵工であった。

第八輯『安政二・三年漂流小唐船資料―江戸時代漂着唐船資料集八―』（二〇〇八年三月、五六〇頁）は、これまでの方針とはことなり、資料の残存形態から同時期の船をまとめたもので、全一〇輯の中で異色の資料輯である。

第九輯『文化十二年豆州漂着南京永茂船資料―江戸時代漂着唐船資料集九―』（二〇一一年二月、A4版三八五頁）は、伊豆下田付近に漂着した長崎への貿易船永茂号の船主楊秋棠と江戸後期の儒者朝川善庵との間に交わされた筆談記録「清舶筆話」を収める。朝川善庵は、船主の楊秋棠に自著『古文孝経私記』を贈呈するなどの交流を深めている。

第十輯『天保七年薩摩片浦漂着南京船金全勝號資料―江戸時代漂着唐船資料集十―』（二〇一七年）は、江戸後期において永きにわたり長崎貿易に従事した金全勝の来日記録を中心に編輯したものである。

このように、この江戸時代唐船漂着資料は、第一輯の刊行からから本書まで三〇餘年の歴史を重ねたが、この資料輯の刊行は、日本での評価より特に中国で注目されている。一例として孟暁旭『漂流事件與清代中日関係』（中国社会科学出版社、二〇一〇年六月、二五七頁）などで本シリーズが取り上げられている。

本書に収録した資料の掲載を許可された国立公文書館、京都大学図書館そして長崎歴史文化博物館、関西大学図書館に対し謝意を表したい。

第一〇輯の上梓に際して、尽力頂いた関西大学当局、関西大学東西学術研究所内田慶市所長並に編輯にご尽力頂いた研究所事務グループ奈須智子氏、赤井靖子氏等に末筆ながら謝意を表する次第である。

松　浦　　章

二〇一七年一〇月

関西大学東西学術研究所資料集刊十三－十

天保七年薩摩片浦南京船金全勝號資料
―江戸時代漂着唐船資料集十―

平成三十（二〇一八）年二月二十日　発行

編著者　松　浦　　章

発行者　関西大学東西学術研究所
吹田市山手町三丁目三番三五号

発行所　関　西　大　学　出　版　部
吹田市山手町三丁目三番三五号

印刷所　株式会社　遊　文　舎
大阪市淀川区木川東四丁目十七－三一

ISBN978-4-87354-666-7 C3021

'Sources and Materials' Series of the Institute of
Oriental and Occidental Studies, Kansai University

No. 13-10

Materials concerning to The Chinese Ship casted away on the coast of Kagoshima Prefecture in 1836 (Tenpo 7)

Materials Series of Chinese
Ships casted away on the Coast
of Japanese Islands
in the Edo Period No. 10

Edited with an Introduction

by Akira Matsuura

The Institute of Oriental and Occidental Studies
Kansai University

2018